THOMAS MANN
Jahrbuch

Band 29 2016

Begründet von
Eckhard Heftrich und Hans Wysling

Herausgegeben von
Katrin Bedenig und Hans Wißkirchen

KLOSTERMANN

Herausgegeben in Verbindung mit der Deutschen Thomas Mann-Gesellschaft, Sitz Lübeck e.V. und der Thomas Mann Gesellschaft Zürich

Redaktion und Register: Angelina Immoos und Benjamin Bill

Gedruckt auf Alster Werkdruck der Firma Geese, Hamburg, alterungsbeständig ∞ ISO 9706 und PEFC-zertifiziert
Satz: post scriptum, www.post-scriptum.biz
Druck: Hubert & Co., Göttingen
Printed in Germany
ISSN 0935-6983
ISBN 978-3-465-03945-7

Inhalt

Vorwort

Im September 2015 feierte die Deutsche Thomas Mann-Gesellschaft ihr 50-jähriges Bestehen. Zu diesem Anlass wurde das *Thomas Mann Jahrbuch* erstmals bereits im September vorgelegt. Bei einem Festakt im Dom zu Lübeck wurden anlässlich des Jubiläums Grußworte an die Deutsche Thomas Mann-Gesellschaft gerichtet: Es sprachen Kathrin Weiher, Senatorin für Bildung und Kultur der Hansestadt Lübeck, Anke Spoorendonk, Ministerin für Justiz, Kultur und Europa des Landes Schleswig-Holstein, und Katrin Bedenig, Präsidentin der Thomas Mann Gesellschaft Zürich. Den Festvortrag hielt der Präsident der Deutschen Thomas Mann-Gesellschaft, Hans Wisskirchen. Er unterhielt sich anschließend in einem von Manfred Eickhölter moderierten Gespräch mit seinem Amtsvorgänger Ruprecht Wimmer.

Die Tagung selbst wurde gemeinsam mit der Theodor-Storm-Gesellschaft durchgeführt. Die Vorträge zum Thema »Thomas Mann und Theodor Storm« werden – mit den in Husum vom 4.9. und 6.9.2015 auf der Jahrestagung der Theodor-Storm-Gesellschaft gehaltenen Referaten – in einem Band der *Thomas-Mann-Studien* erscheinen. Die auf der Lübecker Tagung gehaltenen Vorträge der Jungen Thomas Mann-Forscher zu zentralen Themen der Wirkungs- und Forschungsgeschichte Thomas Manns sind im vorliegenden Jahrbuch abgedruckt.

Die Thomas Mann Gesellschaft Zürich widmete im Juni 2015 zum 140. Geburtstag des Autors ihre Jahrestagung dem Thema »Höhere Heiterkeit. Thomas Manns Roman *Der Erwählte*«. Die in Zürich gehaltenen Vorträge analysieren Thomas Manns humorvolles Spätwerk sowohl aus literaturwissenschaftlicher als auch aus theologischer Sicht und werden im zweiten Teil dieses Bandes wiedergegeben.

Der Thomas Mann-Förderpreis wurde 2015 von der Deutschen Thomas Mann-Gesellschaft an Hannah Rieger für ihre Arbeit ›Die altersgraue Legende‹. *Thomas Manns ›Der Erwählte‹ zwischen Christentum und Kunstreligion* verliehen. Die Laudatio hielt Ruprecht Wimmer.

In der Rubrik »Abhandlungen« stellt Jonas Narchi Haupt- und Leitmotive von Franz Schuberts *Winterreise* im *Zauberberg* vor.

»Aus der Forschung« berichtet Claire de Oliveira über neue Fundstücke zum *Zauberberg* anlässlich der ersten kritischen Ausgabe in französischer Sprache.

Abgerundet wird dieser Band wie immer durch die Auswahlbibliographie, die diesmal die Erscheinungsjahre 2014–2015 umfasst, sowie durch die Mitteilungen der Deutschen Thomas Mann-Gesellschaft und der Thomas Mann Gesellschaft Zürich.

Die Herausgeber

Matthias Löwe

»Freund, es geht nicht mehr«[1]

Thomas Mann und die Normativität der ästhetischen Moderne

In der tschechischen Literaturzeitschrift *Rozpravy Aventina* erscheint 1931 der Abdruck eines Interviews, das der Prager Links-Intellektuelle Adolf Hoffmeister im selben Jahr mit Alfred Döblin geführt hat. Darin vertritt Döblin die Auffassung, dass die moderne Gesellschaft eine bestimmte literarische Darstellung geradezu erzwinge. Die künstlerischen Freiheiten des modernen Autors seien beschränkt, denn seine Ausdrucksmittel werden ihm durch die Formation der Gesellschaft gleichsam diktiert. Wem es nicht gelingt, diesem Diktat zu entsprechen, wer nicht in der Lage ist, seinen Stil den neuen Verhältnissen anzupassen, der büßt laut Döblin die Zugehörigkeit zur ästhetischen Moderne ein. Es sind vor allem die Brüder Heinrich und Thomas Mann, denen Döblin mit diesem Argument das Prädikat ästhetischer Modernität abspricht:

> Thomas Mann hat von Anfang an seinen unveränderlichen Stil mit nur wenig Möglichkeit an Variation. Heute herrschen andere Verhältnisse, wirtschaftlich wie auch politisch. Unsere Stimmen klingen mit anderen Worten, in denen sich ein ganz neues Leben widerspiegelt. Die Reklame, die Straßen, die Zeitungen. Das, was die Manns schreiben, interessiert uns nicht mehr. Das kann man nicht mehr wiederholen. Es gibt Dinge, zu denen man nicht mehr zurück kann.[2]

Aus Sicht einer ästhetischen Moderne, wie Döblin sie vertritt, klammert sich Thomas Mann an veraltete ästhetische Normen des Realismus, mit denen er den Gegebenheiten des frühen 20. Jahrhunderts ästhetisch nicht mehr zu entsprechen vermag. Und tatsächlich man kann es nicht ganz leugnen: Das Arbeiter- und Angestelltenmilieu, soziale Mobilität, die Populärkultur, neue Geschwindigkeitserfahrungen, Urbanitätsphänomene wie die Leuchtreklame, neue Medien wie das Kino, der Drogenrausch, die Ästhetik des Hässlichen und des Ekels etc., all diese typischen Themen avantgardistischer Ästhetik stehen nicht im Aufmerksamkeitsfokus von Manns Erzählen.[3] Zudem fehlen

---

[1] 10.1, 352.

[2] Alfred Döblin: Gespräche über Gespräche. Döblin am Alexanderplatz, in: ders.: Schriften zu Leben und Werk, Olten/Freiburg im Breisgau: Walter 1986, S. 202–206, 203.

[3] Am Rande kommen zumindest neue Medienphänomene wie das Kino freilich auch in Manns Werk vor (nämlich im *Zauberberg*, im Abschnitt *Totentanz*), haben bei ihm aber nicht eine solche literarische Präsenz wie bei anderen zeitgenössischen Autoren. Vgl. Friedhelm Marx: Kino im

bei ihm formale Aspekte der Avantgarde-Ästhetik wie Formzertrümmerung und Unverständlichkeit, die den Leser verstören sollen.[4] Noch bis heute wird daher Manns Zugehörigkeit zur ästhetischen Moderne immer wieder in Frage gestellt, nicht selten mit jenen Argumenten, die sich schon bei Döblin finden.[5]

Zahlreich sind allerdings auch die Rettungsversuche: Schon 1953 hat der junge Eckhard Heftrich diejenigen als »Flachköpfe« bezeichnet, die nicht begreifen wollen, dass Mann ein moderner Erzähler und keine »Spätgeburt des neunzehnten Jahrhunderts« sei.[6] Ein aktueller Beitrag zu dieser Frage ist der Sammelband *Apokrypher Avantgardismus. Thomas Mann und die Klassische Moderne*, in dessen Einleitung sich eine instruktive Darstellung der Forschungsdiskussion über Manns Avantgardismus und zahlreiche Literaturhinweise finden (vgl. Anm. 6). Die Bandherausgeber Stefan Börnchen und Claudia Liebrand wehren sich mit großem intellektuellen Engagement gegen eine ästhetische Deklassierung Manns. Zum Einsatz kommt dabei allerdings auch eine suggestive Metaphorik, die zugleich das Problem solcher Rettungsversuche offenbart: Börnchen / Liebrand sprechen davon, dass Manns Texte mit einem »traditionellen Firnis«[7] überzogen seien: »Fixiert auf den Firnis und bemüht

---

Roman der Weimarer Republik. Über Thomas Manns »Zauberberg« und Alfred Döblins »Berlin Alexanderplatz«, in: Literatur intermedial. Paradigmenbildung zwischen 1918 und 1968, hrsg. von Wolf Gerhard Schmidt und Thorsten Valk, Berlin / New York: de Gruyter 2009 (= Spectrum Literaturwissenschaft / Spectrum Literature, Bd. 19), S. 139–151; Ders.: Durchleuchtung der Probleme. Film und Photographie in Thomas Manns »Zauberberg«, in: TM Jb 22, 2009, 71–81; Miriam Albracht: Neue Medien, in: Thomas-Mann-Handbuch. Leben – Werk – Wirkung, hrsg. von Andreas Blödorn und Friedhelm Marx, Stuttgart: J. B. Metzler 2015, S. 257–258.

[4] Zumindest am Rande, das hat Moritz Baßler gezeigt, finden sich freilich auch bei Mann hermetische Textelemente, die sich nicht oder kaum erklären lassen, so etwa jener ›Pinguin‹, der in den Josephsromanen als Kosename im Gespräch zwischen Huij und Tuij auftaucht, ohne dass sich ein sinnvoller Zusammenhang mit der Sumpf-Metaphorik all der anderen Kosenamen herstellen ließe, die sich die beiden Alten gegenseitig geben (vgl. Moritz Baßler: Die Entdeckung der Textur. Unverständlichkeit in der Kurzprosa der emphatischen Moderne 1910–1916, Tübingen: Niemeyer 1994, S. 108–110).

[5] Vgl. Sabina Becker: Jenseits der Metropolen. Thomas Manns Romanästhetik in der Weimarer Republik, in: TM Jb 22, 2009, 83–97 (eine kritische Auseinandersetzung mit Beckers Thesen findet sich bei Jens Ewen: Moderne ohne Tempo. Zur literaturgeschichtlichen Kategorisierung Thomas Manns – am Beispiel von »Der Zauberberg« und »Unordnung und frühes Leid«, in: Wortkunst ohne Zweifel? Aspekte der Sprache bei Thomas Mann, hrsg. von Katrin Max, Würzburg: Königshausen & Neumann 2013, S. 77–99, 82–86). Vgl. zudem Peter Jelavich: Döblins Moderne, in: Internationales Archiv für Sozialgeschichte der deutschen Literatur, Bd. 37, H. 1, Berlin / Boston: de Gruyter 2012, S. 119–127 (zu Döblins Äußerung in dem eingangs zitierten Interview mit der tschechischen Literaturzeitschrift vgl. ebd., S. 125).

[6] So Eckhard Heftrich in einer Rezension zu Manns *Der Erwählte* und *Die Betrogene*, in: Atoll. Monatsschrift für junge Dichtung und Kritik, 1. November 1953, unpaginiert (zitiert nach Stefan Börnchen / Claudia Liebrand: Einleitung, in: Apokrypher Avantgardismus. Thomas Mann und die Klassische Moderne, hrsg. von dens., München: Fink 2008, S. 7–27, 12: hier Anm. 23).

[7] Stefan Börnchen / Claudia Liebrand: Apokrypher Avantgardismus (Anm. 6), S. 10.

um seine restaurative Bewahrung hat die Forschung häufig die Farben und Formen darunter aus dem Blick verloren.«[8] Dagegen sei Manns erzählerischer Traditionalismus in Wahrheit eigentlich nur eine »Tarnkappe«[9], unter der sich ›apokrypher Avantgardismus‹ verberge. Wer diesen entdecken wolle, dem empfehlen die Bandherausgeber: »Thomas Mann wie Kafka lesen.«[10]

Obwohl Börnchen / Liebrand mit diesem durchaus sympathischen Vorschlag eine Lanze für Manns Modernität zu brechen versuchen, manifestiert sich auch in ihrer Argumentation jenes Problem, um das es mir im Folgenden geht, nämlich der normative Moderne-Begriff, den Kritiker und Befürworter der These von Manns Modernität gleichermaßen gebrauchen. Bei dem Versuch einer ästhetischen Ehrenrettung Manns geht es häufig darum, sein Werk mit jener normativen Vorstellung von ästhetischer Moderne zu versöhnen, die von Vertretern der Avantgarde selbst in Umlauf gebracht wurde. In der Empfehlung, Thomas Mann wie Kafka zu lesen, steht Kafka metonymisch für eine bestimmte Auffassung von ästhetischer Moderne, die – so die dahinter stehende Annahme – nicht nur für die historischen Akteure, sondern auch für die Literaturwissenschaft den Charakter einer feststehenden Norm besitzt. Die Frage, ob Mann zur Moderne gehört, entscheidet sich dann einzig daran, ob auch sein Werk in das ›Prokrustes-Bett‹ jener Moderne-Norm passt, ob man auch ihm jene Schreibverfahren nachweisen kann, die den Akteuren der Avantgarde als ›zulässig‹ gelten. Genau dadurch aber wird der Normativismus avantgardistischer Moderne-Konzepte in die literaturwissenschaftliche Beschreibungssprache importiert, denn Akteure der ästhetischen Moderne wie Döblin tendieren dazu, bestimmte Themen und Formen zur einzig legitimen ästhetischen Antwort auf den Prozess gesellschaftlicher Modernisierung zu erklären. Im Unterschied zu Börnchen / Liebrand versuche ich im Folgenden daher nicht diejenigen zu widerlegen, die an Manns Zugehörigkeit zur ästhetischen Moderne zweifeln, sondern möchte stattdessen jene Vorstellung von ästhetischer Moderne problematisieren, die überhaupt erst zum Zweifel an Manns Modernität geführt hat.[11]

Mein Beitrag besteht aus zwei Teilen: Im ersten Teil wird die Problematik normativer Moderne-Begriffe erläutert. Im zweiten Teil möchte ich zeigen, dass es auch für die Interpretation von Manns Texten etwas erbringt, wenn man sich offen über den Moderne-Begriff und die damit zumeist verknüpften Normen verständigt. In Manns Werk wird die Normativität avantgardistischer Moderne-Konzepte nämlich selbst literarisch problematisiert, und zwar im

---

[8] Ebd.
[9] Ebd., S. 17.
[10] Ebd.
[11] Vgl. dazu auch die Überlegungen bei Jens Ewen: Moderne ohne Tempo (Anm. 5).

Doktor Faustus: Hier ist es ausgerechnet der ›Teufel‹, der Adrian Leverkühn die normative Rhetorik der Avantgarde beibringt, bestimmte Ausdrucksformen für zulässig, andere dagegen für obsolet erklärt und dabei ausgiebig Adorno zitiert.

I. Germanistische Moderne-Begriffe und das Werk Thomas Manns

Dass der Moderne-Begriff zu den wichtigsten Begriffen der Geisteswissenschaften gehört und ständig in Gebrauch ist, dass aber kaum Konsens darüber besteht, wie dieser Begriff inhaltlich zu füllen sei, dieses Problem ist in den vergangenen Jahren im Rahmen einer Debatte intensiv diskutiert worden, und zwar im *Internationalen Archiv für Sozialgeschichte der deutschen Literatur*, in den Jahrgängen 2007–2012. Entzündet hat sich diese Debatte an der Frage, in welchem Verhältnis jener Prozess, den die Geschichts- und Sozialwissenschaften als gesellschaftliche Modernisierung beschreiben, und die ästhetische Moderne zueinander stehen. Außerdem wurde um die Frage gestritten, welcher Zeitraum sich als ästhetische Moderne bezeichnen lässt. Es gibt hierzu innerhalb der Literaturwissenschaft im Wesentlichen zwei Antworten:

Eine erste und wohl auch dominierende Position versteht ästhetische Moderne als Mikroepoche, die im späten 19. Jahrhundert beginnt und die ersten drei Jahrzehnte des 20. Jahrhunderts umfasst. Bei diesem Mikro-Begriff von ästhetischer Moderne handelt es sich primär um einen Stilbegriff, der keineswegs alle ästhetischen Artefakte dieses Zeitraums erfasst. Der enge Begriff von Moderne ist in der Literaturwissenschaft nur für ein bestimmtes Set von literarischen Themen und Ausdrucksformen reserviert.[12] Problematisch an diesem Moderne-Begriff ist allerdings, dass dabei der polemische Nebensinn, mit dem der Moderne-Begriff seiner ursprünglichen Bedeutung nach ausgestattet ist, in die literaturgeschichtliche Beschreibung übernommen wird:

Der markante deutschsprachige Moderne-Begriff entstand »im Hinterzimmer einer Kneipe am Spittelmarkt in Berlin«[13]. Im Rahmen einer Sitzung des naturalistischen Literaturvereins *Durch!* hält der Germanist Eugen Wolff im

---

[12] Zugrunde liegt ein solcher Begriff von Moderne als Mikroepoche u. a. bei Helmuth Kiesel: Geschichte der literarischen Moderne. Sprache, Ästhetik, Dichtung im zwanzigsten Jahrhundert, München: C. H. Beck 2004; Sabina Becker / Helmuth Kiesel (Hrsg.): Literarische Moderne. Begriff und Phänomen, Berlin / New York: de Gruyter 2007; Sabine Kyora: Eine Poetik der Moderne. Zu den Strukturen modernen Erzählens, Würzburg: Königshausen & Neumann 2007; Moritz Baßler: Deutsche Erzählprosa 1850–1950. Eine Geschichte literarischer Verfahren, Berlin: Erich Schmidt 2015.

[13] Klaus Christian Köhnke: Zum Problem des Begriffs der Moderne – ein Lösungsvorschlag, in: Kulturwissenschaftliche Studien, H. 2, hrsg. von Hans-Jürgen Lachmann und Uta Kösser, Leipzig: Passage 1997, S. 3–10, 5.

September 1886 einen Vortrag, mit dem er sich und seinen Mitstreitern eine programmatische Grundlage zu geben versucht.[14] Dabei prägt er das »eigenwillige Femininum«[15] ›die Moderne‹, denn er umschreibt sein naturalistisches Literatur- und Kunstideal mit dem personifizierten Bild einer »alleinerziehenden Fabrikarbeiterin«[16]. Programmatische Orientierung finde der Naturalist, so Wolff, nicht mehr im Tempel, beim »Bild der antiken Göttin«[17], sondern sein Ideal wird von einer jungen Mutter verkörpert, die selbst für ihren Lebensunterhalt sorgt:

Nicht Ebenmass der Glieder schmückt dies Weib[,] in wilder Schönheit umrahmt ihr Haar Stirn und Nacken, und in wilder Hast eilt sie dahin … Daheim harrt wohl ein geliebter Sprössling ihrer, für den sie tagüber gearbeitet, nun wird sie mit ihm vereint den Lohn der Arbeit geniessen, darum beflügeln sich ihre Schritte.[18]

Diese berufstätige und etwas gestresste wilde Schönheit ist »die Moderne«[19], so Wolff, und damit war der Begriff in der Welt. Von Anfang an besitzt die Rede von der Moderne damit aber zugleich einen exklusiven Nebensinn und ein ausgeprägtes Distanzierungspotential. Wolff diente die Rede von ›der Moderne‹ nämlich vor allem zur Abgrenzung seines naturalistischen Ideals von einer klassizistischen, antike-orientierten Ästhetik, also von Repräsentanten einer älteren Autorengeneration wie Emanuel Geibel, Paul Heyse oder Adolf von Wilbrandt.[20] Die ›Moderne‹ ist ihrer Ursprungsbedeutung nach mithin ein polemischer »Kampfbegriff zur Durchsetzung von Neuerungen«[21] und Wolffs

---

14 Eugen Wolff: Die Moderne. Zur ›Revolution‹ und ›Reform‹ der Litteratur, in: Deutsche academische Zeitschrift für alle geistigen Interessen (Organ der *Deutschen academischen Vereinigung*), Nr. 33, 26. September 1886, Erstes Beiblatt, S. 4 und Zweites Beiblatt, S. 1–2; vgl. dazu Klaus Christian Köhnke: Zum Problem des Begriffs der Moderne (Anm. 13); Christoph Dipper: Moderne, in: Docupedia-Zeitgeschichte. Begriffe, Methoden und Debatten der zeithistorischen Forschung (25.8.2010), URL: https://docupedia.de/zg/Moderne?oldid=80259 (abgerufen am 3.12.2015). – 1886 hat Wolff an anderer Stelle zudem noch zehn programmatische Thesen zur Moderne veröffentlicht: vgl. Gotthart Wunberg/Stephan Dietrich (Hrsg.): Die literarische Moderne. Dokumente zum Selbstverständnis der Literatur um die Jahrhundertwende, 2. Aufl., Freiburg im Breisgau: Rombach 1998, S. 23–26.
15 Klaus Christian Köhnke: Zum Problem des Begriffs der Moderne (Anm. 13), S. 3.
16 Ebd., S. 5.
17 Eugen Wolff: Die Moderne (Anm. 14), Zweites Beiblatt, S. 2.
18 Ebd.
19 Ebd.
20 Vgl. Peter Sprengel: Geschichte der deutschsprachigen Literatur 1870–1900. Von der Reichsgründung bis zur Jahrhundertwende, München: C.H. Beck 1998 (= Geschichte der deutschen Literatur von den Anfängen bis zur Gegenwart, Bd. 9.1), S. 54.
21 Manfred Engel: Wir basteln uns eine Großepoche. Die literarische Moderne, in: Literaturgeschichte. Theorien – Modelle – Praktiken, hrsg. von Matthias Buschmeier, Walter Erhart und Kai Kauffmann, Berlin/Boston: de Gruyter 2014 (= Studien und Texte zur Sozialgeschichte der Literatur, Bd. 138), S. 246–264, 249.

Artikel erscheint daher in der *Deutschen academischen Zeitschrift* nicht ganz zu Unrecht unter der Rubrik »Kritische Waffengänge«[22].

Der Moderne-Begriff macht am Ende des 19. Jahrhunderts rasch Karriere, vor allem weil Hermann Bahr den Begriff aufgreift und popularisiert.[23] Während der 1890er Jahren ist dann bei ganz unterschiedlichen Intellektuellen von ›der Moderne‹ die Rede.[24] In Hugo von Hofmannsthals berühmtem Essay über Gabriele d'Annunzio (1893) wird beispielsweise behauptet, dass zur eigentlichen Moderne nur etwa »zwei- bis dreitausend Menschen«[25] zählen, die »in den großen europäischen Städten verstreut«[26] leben. Die ästhetische Moderne um 1900 versteht sich demnach zumeist als selbsternannte »Minderheiten-Kultur oder -Bewegung«[27], deren diasporisches Identitätskonzept auf einer Frontstellung gründet, auf dem Gefühl sich im Widerspruch zu befinden, und zwar »sowohl zu den Instanzen einer repräsentativen staatlichen Kulturpolitik wie zur trivialen Massenkultur, [...] aber auch zu führenden Vertretern der älteren Autorengeneration.«[28] In den ersten Jahrzehnten des 20. Jahrhunderts kommt der Moderne-Begriff als ästhetische Selbstbeschreibungskategorie zwar rasch aus der Mode,[29] die Semantik der Modernität, die »Ausrichtung auf das Neue«[30] und die damit verbundene polemische Delegitimierung ästhetischer Traditionsbestände prägen aber auch noch im frühen 20. Jahrhundert die Selbstinterpretation der künstlerischen Avantgarde, wie das eingangs zitierte Interview mit Döblin zeigt.

Der Moderne-Begriff und die zugehörige Semantik des radikalen Traditionsbruchs verdankt sich also den polemischen Wertkonzepten der beteiligten Akteure. Mit der Rede von ›der Moderne‹ verknüpft sich um 1900 nicht die Vorstellung einer zusammenhängenden Epoche, sondern ein »Stil- oder Programmbegriff«[31]. Eine Literaturgeschichtsschreibung, die lediglich ein bestimmtes Set von literarischen Themen und Ausdrucksformen als ›modern‹

---

[22] Eugen Wolff: Die Moderne (Anm. 14), Erstes Beiblatt, S. 4.

[23] Vgl. Gotthart Wunberg/Stephan Dietrich (Hrsg.): Die literarische Moderne (Anm. 14), S. 97–102; Gregor Streim: »Die richtige Moderne«. Hermann Bahr und die Formierung der literarischen Moderne in Berlin, in: Hofmannsthal-Jahrbuch, Bd. 4, Jg. 1996, Freiburg im Breisgau: Rombach 1997, S. 323–359.

[24] Vgl. Helmuth Kiesel: Geschichte der literarischen Moderne (Anm. 12), S. 20–23; Gotthart Wunberg/Stephan Dietrich (Hrsg.): Die literarische Moderne (Anm. 14).

[25] Hugo von Hofmannsthal: Gabriele d'Annunzio, in: ders.: Gesammelte Werke in zehn Einzelbänden, Bd. 8: Reden und Aufsätze I (1891–1913), hrsg. von Bernd Schoeller, Frankfurt/Main: Fischer 1979, S. 174–184, 175.

[26] Ebd.

[27] Peter Sprengel: Geschichte der deutschsprachigen Literatur 1870–1900 (Anm. 20), S. 57.

[28] Ebd.

[29] Ebd.

[30] Ebd., S. 53.

[31] Dirk Kemper: Ästhetische Moderne als Makroepoche, in: Ästhetische Moderne in Europa.

bezeichnet, übernimmt daher genau diese, auf Abgrenzung und Negation bedachte Polemik der »selbsternannte[n] Moderne«[32] und transformiert einen
wertenden Programmbegriff in eine wissenschaftliche Beschreibungskategorie.
Dies führt zu einer schwerwiegenden Verquickung von Moderne als litera-
turgeschichtlichem Stilbegriff und Moderne als exklusivem Wertungsbegriff
und hat wiederum zur Folge, dass bei Autoren wie Thomas Mann, denen kein
radikaler Traditionsbruch nachzuweisen ist, häufig Unsicherheiten über ihre
literaturgeschichtliche Einordnung entstehen. Die Fixierung des Moderne-Be-
griffs auf eine »'forminnovative' Moderne«[33] steht immer in der Gefahr, die
Avantgarde und ihre einseitig-polemische Rhetorik des radikalen Traditionsbruchs wissenschaftlich zu sanktionieren und »subtilere Formen des neuen,
spezifisch modernen Umgangs mit der Tradition«[34] zu übergehen.

Anke-Marie Lohmeier hat 2007 die Moderne-Debatte eröffnet, indem sie
genau dieses enge und exklusive Verständnis von ästhetischer Moderne als
Stilbegriff mit kaum kontrollierbaren Wertungsimplikationen kritisiert: Gän-
gige literaturwissenschaftliche Moderne-Begriffe stützen sich zumeist auf die
»Selbstinterpretationen der ästhetischen Moderne«[35], so Lohmeier, und diese
»Bindung an die Wahrnehmungsperspektive der Kunst macht blind für deren
Blindheiten.«[36] Um die Wertungsimplikationen literaturwissenschaftlicher
Moderne-Begriffe abzubauen, plädiert Lohmeier dafür, ästhetische Moderne
nicht nur als Stilbegriff für eine exklusive Auswahl ästhetischer Artefakte zwischen 1890 und 1930 zu handhaben, sondern ästhetische Moderne als Makroepoche zu verstehen, die im späten 18. Jahrhundert beginnt.[37] Dieser Vorschlag
hat den Vorteil, dass ein kunst- und literaturwissenschaftlicher Makrobegriff
von ästhetischer Moderne interdisziplinär anschlussfähig ist. Man kann darüber mit den Geschichts- und Sozialwissenschaften ins Gespräch kommen,

---

Grundzüge und Probleme seit der Romantik, hrsg. von Silvio Vietta und Dirk Kemper, München:
Fink 1998, S. 97–126, 97.

[32] Peter Sprengel: Geschichte der deutschsprachigen Literatur 1870–1900 (Anm. 20), S. 57.

[33] Manfred Engel: Wir basteln uns eine Großepoche (Anm. 21), S. 252.

[34] Dirk Kemper: Ästhetische Moderne als Makroepoche (Anm. 31), S. 126.

[35] Anke-Marie Lohmeier: Was ist eigentlich modern? Vorschläge zur Revision literaturwissenschaftlicher Modernebegriffe, in: Internationales Archiv für Sozialgeschichte der deutschen
Literatur, Bd. 32, H. 1, Tübingen: Niemeyer 2007, S. 1–15, 1.

[36] Ebd., S. 3.

[37] Diese These hat in der Germanistik bereits eine lange Reihe von Vorläufern; vgl. u. a. Jörg
Schönert: Gesellschaftliche Modernisierung und Literatur der Moderne, in: Zur Terminologie
der Literaturwissenschaft, hrsg. von Christian Wagenknecht, Stuttgart: Metzler 1988, S. 393–413;
Silvio Vietta: Die literarische Moderne. Eine problemgeschichtliche Darstellung der deutschsprachigen Literatur von Hölderlin bis Thomas Bernhard, Stuttgart: Metzler 1992; Gerhard Plumpe:
Epochen moderner Literatur. Ein systemtheoretischer Entwurf, Opladen: Westdeutscher Verlag
1995; Silvio Vietta / Dirk Kemper (Hrsg.): Ästhetische Moderne in Europa. Grundzüge und Pro-
blemzusammenhänge seit der Romantik, München: Fink 1998.

innerhalb derer Modernisierung ebenfalls als Makroprozess verstanden wird: In diesen Disziplinen gibt es bereits einen relativ breiten Konsens darüber, dass man Moderne als zukunftsoffenen, bis heute andauernden epochalen Zeitraum deuten kann, dessen Beginn sich ins (späte) 18. Jahrhundert datieren lässt.[38] Im 18. Jahrhundert wird erstmals in größerem Umfang ein Umbau der Gesellschaft registriert, im Zuge dessen die ständische, schichtenmäßige Differenzierung der Gesellschaft an Dominanz verliert und stattdessen verschiedene gesellschaftliche Teilbereiche wie Religion, Politik, Wirtschaft, Recht, Wissenschaft und Kunst miteinander um die Deutung der Wirklichkeit konkurrieren, ohne dass einer dieser Teilbereiche ein für die anderen Bereiche vollends gültiges Deutungsangebot produzieren kann.

Ein Makrobegriff von ästhetischer Moderne besitzt indes für Literaturwissenschaftler nicht selten etwas Abschreckendes, da man dahinter Soziologismus vermuten könnte, also die Verpflichtung der Literatur auf eine Auseinandersetzung mit gesellschaftlicher Modernisierung, oder eine Einebnung von Unterschieden und eine Vernachlässigung des spezifischen Eigenwerts von Literatur und ihrer Geschichte.[39] Diese Befürchtungen lassen sich aber zerstreuen, denn der Makrobegriff von ästhetischer Moderne basiert nicht auf Soziologismus, sondern verdankt sich der Suche nach dem »kleinste[n] gemeinsamen Nenner, auf den das Verhältnis der ästhetischen zur gesellschaftlichen Moderne gebracht werden kann«[40]: Mit der Rede von ästhetischer Moderne als Makroepoche wird in erster Linie dem Umstand Rechnung getragen, dass Kunst sich seit dem späten 18. Jahrhundert als eigenständiger Modus der Beobachtung und Kommentierung von Wirklichkeit zu etablieren versucht.[41] Mit dem Postulat, dass Literatur ein von Religion, Moral, Politik oder Wissenschaft unabhängiger Wirklichkeitsbezug sei, mit ihren Autonomiebestrebungen also ist Kunst Teil jenes Modernisierungsprozesses, im Zuge dessen die ständische Differenzierung der Gesellschaft an Relevanz verliert und die Differenzierung in eigenständige gesellschaftliche Teilbereiche an Dominanz gewinnt. In der modernen Gesellschaft als einer »Kultur ohne Zentrum«[42] konkurriert Kunst mit anderen Deutungssystemen um die Interpretation und Gestaltung der Wirklichkeit. Zunehmend wird daher seit dem 18. Jahrhundert zur Erfahrungstatsache, dass Wahrheitsannahmen prinzipiell verändert

---

[38] Vgl. jüngst Christoph Dipper: Die Epoche der Moderne. Konzeption und Kerngehalt, in: Vergangenheit und Zukunft der Moderne, hrsg. von Ulrich Beck und Martin Muslow, Berlin: Suhrkamp 2014, S. 103–180.

[39] Vgl. etwa Manfred Engel: Wir basteln uns eine Großepoche (Anm. 21), S. 249f.

[40] Anke-Marie Lohmeier: Was ist eigentlich modern? (Anm. 35), S. 9.

[41] Vgl. Karl Eibl: Die Entstehung der Poesie, Frankfurt/Main und Leipzig: Insel 1995.

[42] Richard Rorty: Eine Kultur ohne Zentrum. Vier philosophische Essays, Stuttgart: Reclam 1993.

werden können, weil sie das Ergebnis von Aushandlungsprozessen innerhalb dieser Konkurrenz divergenter Deutungssysteme sind. Moderne Kunst versteht sich seit dem 18. Jahrhundert als unabhängiges Organ, das diesen Prozess der Pluralisierung von Wahrheit anhand ihrer eigenen Maßstäbe und Normen kommentiert, reflektiert und zum Teil auch bekämpft.[43] Gerade aufgrund ihres Eigenständigkeitspathos' treibt Kunst die Modernisierung, die Entstehung einer zentrumslosen Gesellschaft und einer Konkurrenz autonomer Teilbereiche jedoch selbst mit voran. Moderne Kunst ist seit dem 18. Jahrhundert mithin zugleich eines der »Reflexionsorgane«[44] und eines der »Vollzugsorgane«[45] von Modernisierung. Um ästhetische Moderne als Makroepoche zu konturieren, hat Dirk von Petersdorff daher drei Beschreibungsmerkmale vorgeschlagen:

1. Moderne Kunst ist diejenige Kunst, die unter den Bedingungen gesellschaftlicher Modernisierung entsteht, und sie muss sich daher zwangsläufig »mit einer Umwelt auseinandersetzen, in der verschiedene und konkurrierende Weltdeutungen existieren.«[46] Moderne Kunst »kann sich nicht auf ein Zentrum der Gesellschaft beziehen, weil ein solches Zentrum nicht existiert.«[47] Moderne Kunst bleibt auch dann ein Teil dieser zentrumslosen Gesellschaft, wenn sie diese mithilfe ästhetischer Mittel ablehnt oder dafür wirbt, diesen Zustand der Gesellschaft wieder rückgängig zu machen, denn moderne Kunst kann ein neues Zentrum zwar imaginieren und postulieren, aber die Gesellschaft nicht de facto rezentralisieren. Von einer rein gegenmodernen Kunst kann daher eigentlich nicht sinnvoll gesprochen werden, denn auch eine Kunst, die sich als Gegner des modernen Wahrheitspluralismus versteht, bleibt Teil der gesellschaftlichen Moderne: Da moderne Gesellschaften kein zentrales, für alle verbindliches Sinnmonopol besitzen, kann es auch keinen festen ›archimedischen Punkt‹ jenseits des Wahrheitspluralismus geben, von dem aus man die Pluralität negieren könnte. Zwar wurde von unzähligen Intellektuellen immer wieder behauptet, von einem solchen Standpunkt jenseits des Wahrheitspluralismus zu sprechen, etwa von Autoren der sogenannten ›Weltanschauungsliteratur‹[48], de facto konnten sie die Verbindlichkeit ihres Wahrheitsanspruchs dabei aber höchstens für eine bestimmte ›Gemeinde‹ durchsetzen, die dann wiederum mit den Wahrheitsansprüchen anderer ›Gemeinden‹ konkurriert. In moder-

---

43 Vgl. Gerhard Plumpe: Ästhetische Kommunikation der Moderne, Bd. 1: Von Kant bis Hegel, Opladen: Westdeutscher Verlag 1993, S. 39–46.
44 Anke-Marie Lohmeier: Was ist eigentlich modern? (Anm. 35), S. 9.
45 Ebd.
46 Dirk von Petersdorff: Die Öffnung des ästhetischen Feldes, in: Internationales Archiv für Sozialgeschichte der deutschen Literatur, Bd. 34, H. 2, Tübingen: Niemeyer 2009, S. 228–234, 231.
47 Ebd.
48 Vgl. Horst Thomé: Weltanschauungsliteratur. Vorüberlegungen zu Funktion und Texttyp, in: Wissen in Literatur im 19. Jahrhundert, hrsg. von Lutz Danneberg und Friedrich Vollhardt, Tübingen: Niemeyer 2002, S. 338–380.

nen Gesellschaften sind alle Gegner des Wahrheitspluralismus also zugleich Teil desselben, auch die sogenannte Anti- oder Gegenmoderne ist ein genuin modernes Phänomen. Lohmeier hat dies treffend als die Paradoxie einer »die Moderne vollziehenden Verneinung der Moderne«[49] bezeichnet. Beispielsweise sprechen sich einige Texte von Bertolt Brecht signifikanterweise mit den Mitteln forminnovativer Lyrik, nämlich mit freien Versen ohne Reim und ohne Metrum, für eine rasche Beendigung des Wahrheitspluralismus aus, etwa das Gedicht *Lob der Partei* von 1931, in dem dafür geworben wird, die allwissende Partei als neues Zentrum zu installieren. Im Rahmen der These von ästhetischer Moderne als Makroepoche gehören auch diese Texte zur ästhetischen Moderne, genauso wie der poetische Realismus des 19. Jahrhunderts. Auch das realistische Konzept der ›Verklärung‹ bezieht sich auf eine Umwelt, in der verschiedene Weltdeutungen und Wahrheitsansprüche miteinander konkurrieren. ›Verklärung‹ bedeutet für die Realisten, die Welt klarer zu machen, sie zu läutern: Die Unübersichtlichkeit der modernen Gesellschaft soll als bloßer Oberflächeneindruck ausgewiesen werden, indem man im Medium Literatur eine darunter liegende objektive Ordnung der Wirklichkeit sichtbar macht, die sich dann dem Prozess der Pluralisierung von Wahrheit entgegen halten lässt, so hoffen die Realisten.[50] De facto wird dieser Prozess damit aber nicht aufgehalten, im Gegenteil, er wird eher beschleunigt, denn die Wirklichkeitsdeutung der Realisten ist nur ein weiteres Wahrheitsangebot neben anderen.

2. Moderne Kunst bezieht sich demnach nicht nur auf den Prozess der Pluralisierung von Wahrheit, sondern treibt diesen Prozess selbst voran, denn moderne Kunst beharrt auf ihrer Autonomie: Sie »legt ihre Aufgaben, Normen und leitenden Begriffe selber fest [und] erhält diese nicht von anderen Teilbereichen der Gesellschaft (Politik, Wissenschaft, Religion)«[51]. Moderne Kunst produziert demnach eigenständige Wirklichkeitsdeutungen, die mit den Wirklichkeitsdeutungen anderer Teilbereiche konkurrieren. Diese Autonomievorstellung geht manchmal allerdings so weit, dass einige Akteure Kunst als neues Zentrum der modernen Gesellschaft zu etablieren versuchen. Kunst soll als oberstes Sinnmonopol fungieren, also eine Systemstelle einnehmen, die einmal die Religion innehatte, so etwa im Fall von Richard Wagners Forderung nach einer autonomen Kunst als ästhetischer ›Gegen-Kirche‹.[52] Solche kunstreligiösen Konzepte sind auch ein Phänomen der ästhetischen Moderne, denn

---

[49] Anke-Marie Lohmeier: Was ist eigentlich modern? (Anm. 35), S. 10.

[50] Vgl. Gerhard Plumpe: Epochen moderner Literatur (Anm. 37), S. 125–131.

[51] Dirk von Petersdorff: Die Öffnung des ästhetischen Feldes (Anm. 46), S. 231.

[52] Vgl. Heinrich Detering: Was ist Kunstreligion? Systematische und historische Bemerkungen, in: Kunstreligion. Ein ästhetisches Konzept der Moderne in seiner Entfaltung, Bd. 1: Der Ursprung des Konzepts um 1800, hrsg. von Albert Meier, Alessandro Costazza und Gérard Laudin, Berlin/New York: de Gruyter 2011, S. 11–27, 15.

ihre unabdingbare Voraussetzung ist »die funktionale Ausdifferenzierung von Kunst und Religion zu voneinander nicht abhängigen gesellschaftlichen Teilsystemen – mithin ein Prozess, der sich in Europa etwa ab der Mitte des 18. Jahrhunderts umfangreich vollzieht.«[53] Gesellschaftliche Modernisierung schafft überhaupt erst die Bedingungen dafür, dass kunstreligiöse Konzepte formuliert werden können. Erst in einer Situation, in der ein Zentrum der Gesellschaft fehlt, kommen Künstler auf die Idee, Kunst als neues Zentrum zu inthronisieren. An den kunstreligiösen Tendenzen der ästhetischen Moderne kann man überdies gut den inneren Widerspruch und das Dilemma studieren, in das Kunstkonzepte geraten, die sich selbst als Medizin gegen den Wahrheitspluralismus verstehen und eine neue Totalität beschwören. Kunstreligiöse Konzepte bekämpfen etwas, das sie zugleich selbst vorantreiben, denn die Pluralisierung von Wahrheit als gesellschaftliche Tatsache wird durch sie nicht aufgehoben, diese Aufhebung wird nur postuliert oder ästhetisch imaginiert. Mit dem Konzept der Kunstreligion wird der Pluralismus konkurrierender Weltdeutungen nicht rückgängig gemacht, sondern stattdessen wird die Palette der Weltdeutungen noch um ein weiteres Angebot vermehrt, die Pluralisierung der Konzepte schreitet voran.

3. Moderne Kunst legt ihre Maßstäbe selbst fest und dies hat zur Folge, dass diese Maßstäbe immer wieder neu diskutiert werden, denn »es existiert kein zwangsläufiger, ontologisch abgesicherter Modus der Umweltwahrnehmung. Moderne Künstler treffen Entscheidungen, und auch wenn sie diesen Entscheidungen Notwendigkeit zusprechen, bleibt die Pluralität des Kunstsystems und der Umwelt faktisch bestehen.«[54] Gesellschaftliche Modernisierung erzwingt nicht bestimmte ästhetische Antworten und Forminnovationen, gesellschaftliche Pluralisierung führt nicht zwangsläufig zum inneren Monolog, zu erlebter Rede, freien Versen, abstrakter Malerei und Zwölftonmusik, weil es keinen Punkt außerhalb gibt, von dem aus sich objektiv bewerten ließe, welche Verfahren am besten geeignet sind, um mit Kunst gesellschaftliche Modernisierungsprozesse zu beobachten. Künstler wie Döblin und Kunsttheoretiker wie Adorno haben das zwar immer wieder behauptet, dabei aber ein Wahrheitsprivileg für sich in Anspruch genommen, ohne begründen zu können, was sie eigentlich als Verkünder solcher Wahrheiten legitimiert.

Man kann gegen diese drei Kriterien einwenden, dass ästhetische Moderne damit letztlich alles umfasst, was in den letzten 200 Jahren gedichtet, gemalt und komponiert wurde, dass hier eine »im Wortsinn katholische, wahrhaft allumfassende Definition«[55] von ästhetischer Moderne vorliegt. Petersdorffs

---

[53] Ebd., S. 12.
[54] Dirk von Petersdorff: Die Öffnung des ästhetischen Feldes (Anm. 46), S. 231.
[55] Manfred Engel: Wir basteln uns eine Großepoche (Anm. 21), S. 250.

Plädoyer für ästhetische Moderne als deskriptivem Rahmenbegriff resultiert allerdings aus der Einsicht, dass spätestens seit dem frühen 20. Jahrhundert über die Grenze von moderner und nicht-moderner Kunst ein ständiger und ungelöster Streit besteht, »der sich immer nur auf einzelne Merkmale konzentriert, nie aber zu einem systematisch befriedigenden Begriff gelangt.«[56] Sein Konzept von ästhetischer Moderne als Langzeit- und Rahmenbegriff beinhaltet daher stattdessen »[j]egliche ästhetische Wahrnehmung«[57], mit der Kunst die moderne, wahrheitspluralistische Gesellschaft beobachtet. Ein solcher Moderne-Begriff ist zwar weit gefasst, aber keineswegs allumfassend, denn die ästhetische Moderne lässt sich damit immerhin von einer vormodernen Ästhetik abgrenzen, die anderen gesellschaftlichen Rahmenbedingungen unterlag.[58]

Ein deskriptiver Makrobegriff von ästhetischer Moderne kann vor allem verhindern, dass die Literaturgeschichtsschreibung sich zum ›Testamentsvollstrecker‹ einer künstlerischen Avantgarde macht, die Traditionsbruch und unbedingte Forminnovation zu den einzig angemessenen Verfahren von ästhetischer Moderne deklariert. Das schließt Binnendifferenzierungen allerdings keineswegs aus, im Gegenteil: Dass um 1900 mit der Kunst des Fin de Siècle, mit Expressionismus, Dadaismus und schließlich mit der Neuen Sachlichkeit, dass mit den Romanen von Kafka, Rilke, Joyce, Proust, Musil und Döblin Forminnovationen auf den Markt kommen, die sich vom Realismus des 19. Jahrhunderts stark unterscheiden, wird niemand bestreiten. Unbestritten ist auch, dass ein legitimes Interesse daran besteht, den Zusammenhang dieser Ausdrucksformen und ihre Leistung zu beschreiben.[59] Bisherige Beschreibungen von Moderne als Mikroepoche stützen sich jedoch allzu oft auf das normative Selbstverständnis moderner Künstler.[60] In der Literaturgeschichtsschreibung wird beispielsweise immer wieder behauptet, dass im frühen 20. Jahrhundert auktoriale Erzähler obsolet werden.[61] Die von Intellektuellen der Zwanziger-

---

[56] Dirk von Petersdorff: Die Öffnung des ästhetischen Feldes (Anm. 46), S. 231.
[57] Ebd.
[58] Vgl. ebd.
[59] Wie eine solche literaturgeschichtliche Beschreibung aussehen könnte, die sich primär auf innovative Formverfahren der literarischen Moderne fokussiert und dabei Wertungen zu vermeiden versucht, skizziert Manfred Engel: Wir basteln uns eine Großepoche (Anm. 21). Engel legt dabei selbstreflexiv offen, was durch seinen engen Fokus auf Forminnovation alles ausgeklammert wird.
[60] Vgl. Anke-Marie Lohmeier: Was ist eigentlich modern? (Anm. 35); Dirk von Petersdorff: Die Öffnung des ästhetischen Feldes (Anm. 46), S. 229.
[61] Vgl. z. B. Jürgen Schramke: Zur Theorie des modernen Romans, München: Beck 1974, S. 19 f.; Silvio Vietta: Der europäische Roman der Moderne, München: Fink 2007, S. 32 f.; Franz K. Stanzel: Theorie des Erzählens, 8. Aufl., Göttingen: Vandenhoeck & Ruprecht 2008, S. 242. – Vgl. dazu Katja Lintz: Thomas Manns »Joseph und seine Brüder«. Ein moderner Roman, Frankfurt/Main u. a.: Lang 2013, S. 94 und S. 108.

jahre diskutierte ›Krise des Romans‹[62] wird damit in eine literaturgeschichtliche Beschreibungskategorie umgemünzt. Erzähltexte, die nicht personal oder
in der Ich-Form erzählt werden, verspielen aus Sicht der Literaturgeschichtsschreibung deshalb leicht ihre Zugehörigkeit zur ästhetischen Moderne. Hierin
liegt ein wesentlicher Grund dafür, dass in der Germanistik immer wieder
Unsicherheiten über die Modernität von Manns auktorial erzählten Romanen
aufkommen. Auch bei unterhaltsam geschriebenen Texten und bei Texten, die
den Leser nicht durch Hermetik zu verstören versuchen, tut sich die Literaturwissenschaft oft schwer mit einer Zuordnung zur literarischen Moderne.[63]
Texte mit kohärenten Handlungen oder mit Protagonisten, die in der Lage
zu freien Entscheidung sind, stehen im 20. Jahrhundert ebenfalls schnell unter dem Verdacht, überholt zu sein. Diese Normen führen etwa bei Thomas
Manns Josephsromanen dazu, dass diesem Text die Zugehörigkeit zur literarischen Moderne von der Germanistik immer wieder abgesprochen wird: »Auch
wenn die Joseph-Romane den modernen Schwierigkeiten bei der Konstruktion
von Zeit und Kontinuität ebenso Rechnung tragen wie der Gefährdetheit des
Subjekts, bleiben sie im Stilverständnis hinter der Moderne zurück.«[64] Dieses
Urteil stammt aus einer Studie über die *Poetik der Moderne*, in der die Autorin
Sabine Kyora der Frage nachgeht,

wie unter den Bedingungen des 20. Jahrhunderts zeitgemäßes Erzählen aussehen
könnte. Zeitgemäßheit meint, dass die Literatur auf bestimmte Veränderungen des
kulturellen Umfeldes reagiert, ja sogar reagieren sollte, wenn sie der Modernisierung
kultureller Wahrnehmungs- und Ordnungsmuster gerecht werden will.[65]

Das ist ein gutes Beispiel für jenen normativen Moderne-Begriff der Literaturwissenschaft. Hier wird nämlich ein literarisches Programm, eine Regelpoetik
aufgestellt. Die Literaturwissenschaftlerin argumentiert so, wie die Gegenstände, die sie untersucht: Bestimmte ästhetische Verfahren werden als zeitge-
mäß und moderneadäquat deklariert, andere dagegen als überholt stigmatisiert.
Konkrete Vertreter der Avantgarde, etwa Döblin, mögen zwar der Ansicht sein,

---

[62] Vgl. Eberhard Lämmert u. a. (Hrsg.): Romantheorie. Dokumentation ihrer Geschichte in
Deutschland seit 1880, 2. Aufl., Königstein im Taunus: Athenäum 1984, S. 137–182.
[63] Schon Thomas Mann sah sich in den Dreißiger- und Vierzigerjahren mit der normativen
Auffassung konfrontiert, dass Unverständlichkeit bzw. Hermetik eine wesentliche Bedingung
von ästhetischer Modernität sei. Vor allem im Rahmen seiner Beschäftigung mit James Joyce
hat er daher immer wieder über die Frage reflektiert, ob literarische Modernität auch mit Verständlichkeit einhergehen könne: vgl. Friedhelm Marx: Über die Verständlichkeit der modernen
Literatur. Thomas Mann und James Joyce, in: Erzeugen und Nachvollziehen von Sinn. Rationale,
performative und mimetische Verstehensbegriffe in den Kulturwissenschaften, hrsg. von Martin
Zenck und Markus Jüngling, München: Fink 2011, S. 73–82.
[64] Sabine Kyora: Eine Poetik der Moderne (Anm. 12), S. 268.
[65] Ebd., Klappentext.

dass eine Epoche bestimmte Formverfahren geradezu erzwinge, solche normativen Moderne-Begriffe sind aber für die wissenschaftliche Beschreibung von Moderne denkbar ungeeignet, weil sie der Literaturgeschichte eine nicht begründbare Zwangsläufigkeit unterstellen.

Was wäre die Alternative? Um zu vermeiden, dass Vorstellungen von einer zwangsläufig forminnovativen Moderne auch die wissenschaftliche Beschreibungssprache infiltrieren, empfiehlt es sich, stattdessen die spezifische Leistung der jeweils gewählten Ausdrucksmittel zu analysieren und zu erfragen, wie Kunst damit gesellschaftliche Moderne beobachtet.[66] Wird beispielsweise die Sehnsucht nach einer Aufhebung des Wahrheitspluralismus artikuliert oder wird auch ein ästhetischer Ausdruck für dessen Unhintergehbarkeit gefunden oder erfolgt beides zugleich? Über die jeweilige Funktion eines bestimmten Formverfahrens kann man dabei nur am Einzelfall entscheiden, denn es gibt keinen pauschalen Automatismus, demzufolge sich auf Pluralisierungserfahrungen nur mit einem personalen oder einem Ich-Erzähler reagieren ließe. Man kann auch mit forminnovativen ästhetischen Verfahren, etwa mit freien Versen ohne Reim und Metrum, gegen die Entstehung einer ›Kultur ohne Zentrum‹ ankämpfen, wie Brecht in dem Gedicht *Lob der Partei*. Man kann aber auch mit einem auktorialen Erzähler, der über den Figuren steht und der daher eher an poetischen Realismus erinnert, eine Position der Akzeptanz gegenüber dem unhintergehbaren Wahrheitspluralismus der modernen Gesellschaft artikulieren. Genau das ist bei vielen Texten Thomas Manns der Fall, weil von der Ironie seiner Erzählprosa eben häufig auch die Position des auktorialen Erzählers erfasst wird: Insbesondere Jens Ewen hat gezeigt, dass Manns Erzähltexte aufgrund ihrer »ironischen Grundstruktur«[67] nicht bestimmte Positionen der Abwehr oder der Bejahung von gesellschaftlicher Modernisierung literarisieren, sondern die moderne Pluralität konkurrierender Deutungssysteme selbst. Manns Texte ergreifen »keine Partei, sondern halten die auf der Inhaltsebene verhandelten Ansichten und Überzeugungen mit Hilfe ironischer Rede in einem Schwebezustand.«[68] Bei Mann kann man daher oft nicht einmal die Aussagen der auktorialen Erzähler mit der Textposition gleichsetzen, denn auf ihre Werturteile ist allzu oft kein rechter Verlass.[69] Seine Texte artikulieren mit

---

[66] Vgl. Dirk von Petersdorff: Die Öffnung des ästhetischen Feldes (Anm. 46), S. 233.

[67] Jens Ewen: Moderne ohne Tempo (Anm. 5), S. 79 (vgl. auch den Beitrag von Jens Ewen in diesem Band).

[68] Ebd.

[69] Vgl. u. a. Matthias Löwe: Hobbyforscher, Märchenonkel, Brunnentaucher: Der unzuverlässige Erzähler in Thomas Manns Josephsromanen und seine ästhetische Funktion, in: TM Jb 28, 2015, 75–96; Jens Ole Schneider: »Ich will euch Wahrheiten in die Ohren schreien«. Anthropologischer Wissensanspruch und narrative Wissensproblematisierung in Thomas Manns »Der kleine Herr Friedemann« und »Der Weg zum Friedhof«, in: Scientia Poetica. Jahrbuch für Geschichte der Literatur und der Wissenschaften, Bd. 18, Berlin / München / Boston: de Gruyter

ironischer Rede, die auch die Position des Erzählers erfasst, einen Verzicht auf Wahrheitsansprüche, die sich über den unhintergehbaren Wahrheitspluralismus der modernen Gesellschaft erheben. Dennoch muss man fragen, warum Mann nicht gänzlich von auktorialem Erzählen absieht, sondern den Allwissenheitsanspruch seiner auktorialen Erzähler häufig nur ironisch bricht. Man kann dies mit Hermann Kurzke als Indiz dafür deuten, dass es sich bei Mann um eine bestimmte Variante des modernen Künstlers handelt, nämlich um einen »›sentimentalische[n]‹ Dichter«[70]. Bei Mann wird die faktische Unhintergehbarkeit der modernen ›Kultur ohne Zentrum‹ zwar anerkannt und er findet im Modus der Ironie für diese Akzeptanz auch eine ästhetische Ausdrucksform. Mit der ironisch gebrochenen, aber eben nicht vollkommen dekonstruierten Auktorialität seiner Erzählprosa artikuliert er zugleich aber immerhin auch einen Mangel, nämlich das Fehlen letzter (auktorialer) Gewissheiten in der Moderne, allerdings ohne sich über deren Unwiederbringlichkeit hinwegzutäuschen.

Innerhalb der Literaturwissenschaft wird jedoch zumeist nicht in diesem Sinne nach der spezifischen Leistung eines Formverfahrens in einem konkreten Kontext gefragt, sondern verbreitet sind stattdessen Moderne-Begriffe, die auf der ausschließlichen Modernität ganz bestimmter Formverfahren beharren. Einer der zentralen Gründe dafür ist wohl die Strahlkraft, die Adornos Ästhetik in der bundesrepublikanischen Germanistik entfaltet hat. Adorno hat eine Auffassung von ästhetischer Moderne geprägt, die bestimmte Formen legitimiert, andere dagegen abwertet, und er hat damit maßgeblich zur Verbreitung der Vorstellung beigetragen, dass gesellschaftliche Modernisierung Verfahren der Verfremdung, der Formzertrümmerung und Fragmentierung geradezu erzwinge, dass der moderne Künstler eigentlich gar keine freie Wahl mehr hat:[71] »Die Male der Zerrüttung sind das Echtheitssiegel von Moderne«[72], heißt es in Adornos *Ästhetik*. Auf dem Gebiet der Erzähltheorie war besonders Adornos Aufsatz über den *Standort des Erzählers im zeitgenössischen Roman* (1954) einflussreich. Hier vertritt Adorno die Auffassung, dass die Literatur des Realismus überholt, obsolet und antimodern sei, weil sie versucht, Wirk-

---

2014, S. 103–135, 134; Katrin Max: Niedergangsdiagnostik. Zur Funktion von Krankheitsmotiven in »Buddenbrooks«, Frankfurt/Main: Vittorio Klostermann 2008 (= TMS XL), S. 317–330.

[70] Hermann Kurzke: Thomas Mann. Epoche – Werk – Wirkung, 4. Aufl., München: Beck 2010, S. 185.

[71] Vgl. Dirk von Petersdorff: Postmoderne. Bezeichnung eines Transformationsprozesses innerhalb der ästhetischen Moderne, in: Internationales Archiv für Sozialgeschichte der deutschen Literatur, Bd. 37, H. 1, Berlin/Boston: de Gruyter 2012, S. 129–134, 131 f.

[72] Theodor W. Adorno: Gesammelte Schriften, Bd. 7: Ästhetische Theorie, hrsg. von Rolf Tiedemann, Frankfurt/Main: Suhrkamp 1970, S. 41 (zitiert nach Dirk von Petersdorff: Postmoderne [Anm. 71], S. 132).

lichkeit vorzutäuschen, anstatt »die Lüge der Darstellung«[73] zu entlarven und das »Grauen ohne Kompromiß [zu] verkörpern«[74]. Solche normativen Moderne-Konzepte kursieren auch schon zu Thomas Manns Lebzeiten. In den Dreißiger- und Vierzigerjahren treibt ihn daher zunehmend die Angst um, aufs falsche Pferd zu setzen und nur ein »flauer Traditionalist«[75] zu sein. Er reagiert auf dieses Unbehagen allerdings nicht, indem er sich den normativen Moderne-Konzepten anpasst, bestimmte Traditionen gänzlich verwirft und Formzertrümmerung betreibt, sondern indem er die normative Rhetorik der Avantgarde selbst literarisch problematisiert, nämlich im *Doktor Faustus*.

II. Doktor Faustus: *Normative Moderne-Konzepte als Erzählgegenstand*

Adorno hat Thomas Mann insbesondere für den *Doktor Faustus* bewundert und das, obwohl sich sein eigenes dogmatisches Moderne-Konzept eigentlich in vielen Punkten in deutlichem Widerspruch zur Ironie-Ästhetik von Manns Erzählprosa befindet.[76] Auch der Forschung gelingt es noch am ehesten im Falle des *Doktor Faustus*, Thomas Mann mit einem normativen, forminnovativen Moderne-Konzept in Zusammenhang zu bringen.[77] Die Gründe dafür liegen auf der Hand: In diesem Roman setzt Mann keinen auktorialen, sondern

---

[73] Theodor W. Adorno: Standort des Erzählers im zeitgenössischen Roman, in: ders.: Gesammelte Schriften, Bd. 11: Noten zur Literatur, hrsg. von Rolf Tiedemann, Frankfurt/Main: Suhrkamp 1974, S. 41–48, 45.

[74] Ebd., S. 47. – Adorno nimmt in seinem Aufsatz bezeichnenderweise Thomas Mann, den er schätzt, vor seinen eigenen ästhetischen Dogmen in Schutz, ohne diesen Selbstwiderspruch wirklich zu registrieren: vgl. Anke-Marie Lohmeier: Was ist eigentlich modern? (Anm. 35), S. 13: hier Anm. 38.

[75] Br II, 390: Thomas Mann an Gerhard Albersheim, 7. 10. 1944 (zitiert nach Friedhelm Marx: Über die Verständlichkeit der modernen Literatur [Anm. 63], S. 77).

[76] Adornos Sympathie für Mann manifestiert sich insbesondere in einem liebevollen Essay über den Dichter, den er 1962 veröffentlicht. Aber selbst hier deuten sich Spannungen an, die zwischen den ästhetischen Ansichten Adornos und denjenigen Manns bestanden. Sie werden sichtbar an dem, was Adorno von ihrer gemeinsamen Arbeit und ihrer Diskussion über den Schluss von Adrian Leverkühns dodekaphonischem Oratorium *Dr. Fausti Wehklag* berichtet: »[E]ines schönen Nachmittags las mir der Dichter den Text vor. Ich rebellierte wohl ein wenig ungebührlich. Gegenüber der Gesamtanlage von Doktor Fausti Wehklag nicht nur sondern des ganzen Romans fand ich die höchst belasteten Seiten zu positiv, zu ungebrochen theologisch. Ihnen schien abzugehen, was in der entscheidenden Passage gefordert war, die Gewalt bestimmter Negation als die einzig erlaubte Chiffre des Anderen. Thomas Mann war nicht verstimmt, aber doch etwas traurig, und ich hatte Reue« (Theodor W. Adorno: Zu einem Porträt Thomas Manns, in: ders.: Gesammelte Schriften, Bd. 11: Noten zur Literatur, hrsg. von Rolf Tiedemann, Frankfurt/Main: Suhrkamp 1974, S. 335–344, 341 f.). Vgl. auch Anm. 74.

[77] Vgl. u. a. Jens Schmitz: Konstruktive Musik. Thomas Manns »Doktor Faustus« im Kontext der Moderne, Würzburg: Königshausen & Neumann 2009.

einen Ich-Erzähler ein und mittels Montage-Technik und mit der *Entstehung des Doktor Faustus* als einem »nachgeschobenen Paratext«[78] scheint er überdies avantgardistische »Werk-Auflösung«[79] zu betreiben. Aber auch am *Doktor Faustus* zeigt sich, dass Manns Modernität allenfalls als Modernität »auf der Grenze«[80] verstanden werden kann, so lange man versucht, sein Werk anhand jener forminnovativen Moderne-Norm zu beurteilen, die von den Akteuren der historischen Avantgarde proklamiert wurde. Gemessen daran gleicht selbst die Modernität der Montage-Technik im *Doktor Faustus* nur einer Autofahrt mit angezogener Handbremse, denn das Montage-Prinzip wird in diesem Roman nicht ausgestellt, sondern kaschiert. Viele intertextuelle Bezüge sind allenfalls für den gebildeten Leser zu erkennen und manche, besonders zentrale nicht einmal für diesen, nämlich die Übernahmen aus Adornos *Philosophie der neuen Musik* (1949), die zum Zeitpunkt der Erstveröffentlichung des *Doktor Faustus* nur als ungedrucktes Typoskript vorlag. Daher urteilt Hermann Kurzke zu Recht:

Anders als im modernen Roman seiner Zeitgenossen wird bei Thomas Mann das Montieren versteckt. Er verschleift und verputzt die Bruchkanten und Klebestellen, während der moderne Roman sie hervorhebt und sich zur Collage bekennt.[81]

Ein normatives Moderne-Konzept ist daher wenig geeignet, um Manns Werk literaturgeschichtlich einzuordnen, denn damit kann man selbst dem *Doktor Faustus* allenfalls halbherzige Modernität attestieren, übergeht dabei aber gerade den spezifischen Modus, mit dem Manns Texte gesellschaftliche Modernisierungs- und Pluralisierungsprozesse beobachten.[82] Zur Modernereflexion des *Doktor Faustus* gehört nämlich auch, dass hier just die Normativität avantgardistischer Moderne-Konzepte und deren dogmatischer Wahrheitsanspruch literarisch problematisiert werden.

Eines der zentralen Deutungsprobleme, das der *Doktor Faustus* aufwirft, besteht in der Frage, wieso Adrian Leverkühns Zwölftonmusik als Metapher für eine mentale Haltung dient, aus der der Nationalsozialismus hervorgegangen ist. Bei der Beantwortung dieser Frage im Rahmen einer Werkinterpretation, die ich hier nicht leisten kann, muss man freilich berücksichtigen, dass es nicht Mann ist, der diese Ähnlichkeitsbeziehung herstellt, sondern

---

[78] Stefan Börnchen / Claudia Liebrand: Apokrypher Avantgardismus (vgl. Anm. 6), S. 16.

[79] Ebd.

[80] Andreas Blödorn: »Wer den Tod angeschaut mit Augen«. Phantastisches im »Tod in Venedig«?, in: TM Jb 24, 2011, S. 57–72, 72; vgl. dazu auch Moritz Baßler: Moderne, in: Thomas-Mann-Handbuch. Leben – Werk – Wirkung, hrsg. von Andreas Blödorn und Friedhelm Marx, Stuttgart: J. B. Metzler 2015, S. 328–329.

[81] Hermann Kurzke: Thomas Mann (Anm. 70), S. 293.

[82] Vgl. auch Jens Ewen: Moderne ohne Tempo (Anm. 5), S. 79.

der keineswegs unproblematische Erzähler Zeitblom.[83] Die Parallelisierung der atonalen Musik mit einer Haltung, die zum Nationalsozialismus führt, bindet sich an die Perspektive eines bestimmten Intellektuellenmilieus, für das Zeitblom metonymisch steht. Aber auch allein mit diesem Verweis auf den Erzähler lässt sich die Frage, was die Zwölftonmusik als Metapher qualifiziert, nicht erschöpfend beantworten. Die Forschung hat sich hier schwer getan. Hermann Kurzke geht sogar davon aus, dass es durch Manns Bekanntschaft mit Adorno und mit der Zwölftonmusik zu einem Bruch in der Konzeption des Romans kommt: Bei Leverkühns Zwölftonmusik handelt es sich ja gerade nicht, wie in der Roman-Konzeption ursprünglich geplant, um einen »teufelsinspirierte[n] ›Durchbruch‹ zur Irrationalität«[84], sondern die Zwölftonmusik kommt ohne Rausch aus, die Leistung des Teufels bleibt abstrakt. Die atonale Musik scheint sich als Metapher eher schlecht zu eignen, denn sie ist alles andere als faschistisch oder präfaschistisch. Die Metaphorik des Romans will nicht so ganz aufgehen. Allerdings zeigt sich gerade am ›Teufelsgespräch‹, dass man die Zwölftonmusik im *Doktor Faustus* auch als Manns kritische Auseinandersetzung mit einem normativen Moderne-Konzept verstehen kann, wie er es in Adornos *Philosophie der neuen Musik* vorfindet. Gegenstand dieser kritischen Auseinandersetzung sind dabei weniger konkrete Verfahren der Zwölftonmusik, sondern die vom ›Teufel‹ repräsentierte normative Haltung, sein rigides Beharren auf einer zwangsläufig forminnovativen Moderne.

Jener unheimliche Fremde, mit dem Leverkühn seinen Aufzeichnungen zufolge im 25. Kapitel eine Unterhaltung führt, ändert mehrmals seine Gestalt, gleicht erst einem Zuhälter, weist dann aber bezeichnenderweise markante Ähnlichkeiten mit Adorno auf und trägt sogar eine Hornbrille: Der Fremde, so Leverkühn, sieht nun aus wie »ein Intelligenzler, der über Kunst, über Musik, für die gemeinen Zeitungen schreibt, ein Theoretiker und Kritiker, der selbst komponiert, soweit eben das Denken es ihm erlaubt« (10.1, 347). Hans Mayer hatte daher bereits 1950 über Adorno als Vorbild für die Teufelserscheinung spekuliert.[85] Adorno indes zeigt sich reichlich verwundert über diese Vermutung »de[s] gute[n] Hans Mayer« (BrAd, 72), wie er Mann schreibt, da er selbst

---

[83] Vgl. Tim Lörke: Die Verteidigung der Kultur. Mythos und Musik als Medien der Gegenmoderne. Thomas Mann – Ferruccio Busoni – Hans Pfitzner – Hanns Eisler, Würzburg: Königshausen & Neumann 2010, S. 239–242.

[84] Hermann Kurzke: Thomas Mann (Anm. 70), S. 288.

[85] »Zwischendurch aber, im großen Gesprächsabschnitt, der sich mit dem Schicksal der Musik, der modernen Kunst befaßt, hat sich das Aussehen abermals verändert. Der Teufel trägt jetzt die Hornbrille des Intellektuellen [...]. Die vorübergehende Erdengestalt, die ihm Thomas Mann, genau porträtierend für diesen Augenblick verleiht, löst abermals Verwunderung aus. Wir glauben uns nicht zu täuschen, wenn diesmal Leverkühns Partner die Züge jenes bemerkenswerten Musiktheoretikers annimmt, den Thomas Mann [...] für die musikalischen Partien des Buches so ausgiebig befragte. Es handelt sich um Theodor W. Adorno« (Hans Mayer: Thomas Mann.

»sich diabolischer Züge nicht eben bewußt ist« (ebd.) und nach eigener Ansicht mit dem Teufel »kaum mehr als die Hornbrille gemeinsam habe« (ebd.). Als er sich bei Mann erkundigt, was es mit Mayers Behauptung auf sich hat, beschwichtigt dieser umgehend, nennt Mayers Vermutung »ganz absurd« (BrAd, 76) und fragt Adorno mit beinahe gespielter Naivität: »Tragen Sie überhaupt eine Hornbrille?« (ebd.). Inwiefern die Teufelserscheinung also tatsächlich auf Adorno verweist, lässt sich nicht mit Sicherheit sagen. Wirklich zu leugnen ist eine Ähnlichkeit zwischen Manns Teufel und Adorno allerdings auch nicht, gerade weil das, was der Teufel auf den folgenden Seiten sagt, teils wörtlich aus dem Typoskript über die *Philosophie der neuen Musik* stammt, das Adorno Mann überlassen hatte.[86] Was der unheimliche Fremde Adrian Leverkühn beibringt, sind nicht inhaltlich-konkrete Techniken der atonalen Musik, sondern die normative Rhetorik und Haltung einer anti-ironischen Avantgarde, die für sich das Exklusivrecht in Anspruch nimmt, von höherer Warte aus zwischen legitimer und illegitimer Kunst zu unterscheiden. »Was ist heute die Kunst?« (10.1, 348), mit dieser Frage eröffnet der Hornbrillenträger seine Ausführungen, um dann vor Adrian weiter zu dozieren:

[S]o steht es, mein Freund, das Meisterwerk, das in sich ruhende Gebilde, gehört der traditionellen Kunst an, die emanzipierte verneint es. Die Sache fängt damit an, daß euch beileibe nicht das Verfügungsrecht zukommt über alle jemals verwendeten Tonkombinationen. Unmöglich der verminderte Septimakkord, unmöglich gewisse chromatische Durchgangsnoten. Jeder Bessere trägt in sich einen Kanon des Verbotenen, des Sich-verbietenden [...]. Gewisse Dinge sind nicht mehr möglich. Der Schein der Gefühle als kompositorisches Kunstwerk, der selbstgenügsame Schein der Musik selbst ist unmöglich geworden und nicht zu halten [...]. Freund, es geht nicht mehr. (10.1, 349 u. 352)

Im *Doktor Faustus* spricht der Teufel nicht nur teils wörtlich wie Adorno, sondern wie ein Großteil der zeitgenössischen Avantgarde, etwa wie Döblin in meinem Eingangszitat, nämlich mit einem rigoristischen Ausschließlichkeits- und Wahrheitsanspruch. In der Forschung gibt es Positionen, die dennoch davon ausgehen, dass diese normative Kunst- und Moderne-Theorie des Teufels eigentlich von Thomas Mann geteilt werde:

Thomas Mann nutzt dieses Teufelskapitel, um zugleich kunsttheoretische Überlegungen in den Roman einfließen zu lassen: es ist die Absage an den ›Scheincharakter des bürgerlichen Kunstwerks‹, den Thomas Mann hier mit Hilfe Adornoscher Vorstellungen formuliert [...]. Es ist aber auch der Versuch, die These vom Ende der traditionellen

---

Werk und Entwicklung, Berlin: Volk und Welt 1950, S. 370). Vgl. auch den Kommentar von Ruprecht Wimmer (10.2, 563).

[86] Vgl. die entsprechenden Nachweise im Kommentar von Ruprecht Wimmer (10.2, 564–570).

Kunst zu formulieren, um damit auf die Einsicht vorzubereiten, daß der Kunst nicht mehr die Aufgabe zukommen kann, eine schöne zweite Welt zu stiften.[87]

Man sieht an dieser Deutung, wie stark die bundesrepublikanische Germanistik einmal im Bann von Adornos Ästhetik stand: Dass es sich beim ›Teufelsgespräch‹ auch um eine kritische Darstellung von Adornos ästhetischem Normativismus handelt, war nicht so recht vorstellbar, und das, obwohl Mann die Positionen Adornos ausgerechnet dem ›Gottseibeiuns‹ in den Mund legt. Gegen eine Gleichsetzung der kunsttheoretischen Positionen des Teufels mit denen Thomas Manns spricht überdies schon die erklärte Ironie- und Parodiefeindschaft des dozierenden Hornbrillenträgers. Einmal nämlich fragt Adrian, ob sich am ›Scheincharakter des bürgerlichen Kunstwerks‹ nicht wenigstens als Parodie festhalten ließe: »Man könnte das Spiel potenzieren, indem man mit Formen spielte, aus denen, wie man weiß, das Leben geschwunden ist.« (10.1, 353) Der Teufel zeigt sich in seiner Position aber unerschütterlich: »Ich weiß, ich weiß. Die Parodie. Sie könnte lustig sein, wenn sie nicht gar so trübselig wäre in ihrem aristokratischen Nihilismus« (ebd.). Dies entspricht nun so gar nicht den ästhetischen Ansichten Thomas Manns, der in der *Entstehung des Doktor Faustus* erklärt: »Ich kenne im Stilistischen eigentlich nur noch die Parodie« (19.1, 447).[88]
Die Darstellung eines ironiefreien, rigoristischen Teufels, dessen Vorstellung von ästhetischer Moderne einseitig-normativ auf Traditionsbruch fixiert ist, lässt sich, so meine ich, auch über ein Grundmotiv von Manns Faschismusdeutung verstehen: Wie Jens Ewen gezeigt hat, kommt in Manns Essays der späten Zwanziger- und Dreißigerjahre »ein bestimmtes Interpretationsmuster immer wieder zum Tragen, das besonders in faschistischen Gesellschafts- und Politikkonzepten eine Simplifizierung der Komplexität moderner Gesellschaften sieht und mit dem Schlagwort ›Rebarbarisierung‹ versehen ist.«[89] Im Faschismus manifestiert sich für Mann also vor allem der Versuch, dem modernen Wahrheitspluralismus und seiner Kompliziertheit durch Vereinseitigung zu entkommen. Solche problematischen Vereinseitigungstendenzen entdeckt Mann offenbar nicht nur in »simplifizierende[n] Menschenbilder[n]

---

[87] Helmut Koopmann: »Doktor Faustus«, in: Thomas-Mann-Handbuch, hrsg. von dems., 3. Aufl., Stuttgart: A. Kröner 2001, S. 475–497, 490.

[88] Tim Lörke zeigt zudem, dass sich Mann auch von Adornos Modernebild in dessen Aufsatz über den *Spätstil Beethovens* (1937) distanziert, der im *Doktor Faustus* für den Vortrag von Wendell Kretzschmar verwendet wird: vgl. Tim Lörke: Die Verteidigung der Kultur (Anm. 83), S. 233–235.

[89] Jens Ewen: Ein Spiel zwischen Geist und Leben. Thomas Manns Ironie als Sprache der Moderne, Diss. masch., Universität des Saarlandes 2011, S. 206.

und Gesellschaftskonzepte[n]«[90], sondern auch im einseitigen Normativismus avantgardistischer Kunst-Konzepte, die – wie etwa Adorno – fordern, sich von der Tradition abzuschneiden, da jeder echte Künstler einen »Kanon des Verbotenen« (10.1, 349)[91] in sich trage. In seinem normativen Rigorismus ähnelt der Teufel deshalb anderen problematischen Figuren in Manns Werk: Mit seinen Thesen zur Kunst erinnert er etwa an Jaakob und an die Einseitigkeit, mit der dieser sich in den Josephsromanen vom mythischen Denken Ägyptens distanziert, oder an jene Radikalität, mit der Huij und Tuij sich durch die Kastration ihres Sohnes buchstäblich vom ägyptischen Volksglauben abzuschneiden versuchen. Auch diese Figuren hätten Sätze sagen können wie: »Freund, es geht nicht mehr« (10.1, 352). Zumindest strukturell ist ihre Delegitimierung des mythischen Volksglaubens durchaus jener Rhetorik der Legitimität und Illegitimität vergleichbar, mit der der Teufel, Adorno, Döblin und andere Intellektuelle bestimmte künstlerische Verfahren rigoros verwerfen.

Hierin liegt ein intrikates Skandalon des *Doktor Faustus*. Was in diesem Roman als ›diabolisch‹ dargestellt wird, sind weniger die Formverfahren der Avantgarde, sondern die dahinter stehende anti-ironische und normative Haltung. Damit problematisiert dieser Roman bezeichnenderweise eine Position, die auch in Teilen der germanistischen Moderne-Forschung zu finden ist, nämlich immer dort, wo einseitige, auf Traditionsbruch fixierte Moderne-Normen in die wissenschaftliche Beschreibungssprache importiert werden. Das ist freilich starker Tobak, eine solche Deutung des *Doktor Faustus* lässt sich aber mit Blick auf Adornos Positionen im Munde des Teufels nicht leicht von der Hand weisen, denn damit wird deren radikaler Rigorismus hervorgekehrt. Gleichsam hinter dem Rücken des Teufels und seiner ›Es-geht-nicht-mehr‹-Parole scheint Manns Werk seinen Lesern daher augenzwinkernd zuzuflüstern: ›Freund, vielleicht geht es ja dennoch.‹

---

[90] Ebd., S. 207.
[91] Hier handelt es sich beispielsweise um ein direktes Adorno-Zitat des Teufels: vgl. 10.2, 566.

Regine Zeller

Von Denkfiguren und Klischees

Autobiographisches Schreiben

Bedeutende Forschungstraditionen werden nicht zuletzt dann erkennbar, wenn sich eine jüngere Generation von Wissenschaftlern und Wissenschaftlerinnen dezidiert von ihnen abgrenzt – wie bei der Traditionslinie der Thomas Mann-Forschung, die stark an der Biographie ihres Autors orientiert ist und das Werk vor allem als so verstecktes wie klug kalkuliertes Bekenntnis Thomas Manns über sich selbst versteht. In einer über das Netzwerk »H-Germanistik« verschickten Ankündigung einer Tagung zu Manns Œuvre in Zürich vom 02. April 2015 etwa heißt es ganz in diesem Sinne: »Die jüngere Forschung zu Thomas Manns Werk zeigt die Tendenz, sich ihrem Untersuchungsobjekt vermehrt aus kulturwissenschaftlicher, wissensgeschichtlicher, theoretisch fundierter Perspektive zu nähern und traditionalistisch-biographische Ansätze hinter sich zu lassen.«[1] Aufhorchen lässt die gewählte Formulierung vor allem, weil den biographischen Ansätzen eine mangelnde theoretische Fundierung vorgeworfen wird, sie somit als quasi *nicht-wissenschaftlich* abqualifiziert werden.

Innerhalb der »traditionalistisch-biographischen« Ansätze, die für die Mann-Forschung erstaunlich lange prägend waren, lassen sich dabei – ganz grob gesprochen – zwei verschiedene Tendenzen erkennen: Es gibt auf der einen Seite Beiträge, die vor allem Parallelen zwischen biographischen Fakten sowie Aussagen Manns in Briefen, Tage- und Notizbüchern und den fiktionalen Werken herstellen und auf dieser Basis Ähnlichkeiten zwischen Thomas Mann selbst und den Figuren des Werks herausarbeiten. Maren Ermisch spielt das mit Blick auf *Bekenntnisse des Hochstaplers Felix Krull* durch,[2] und auch für andere Texte mit deutlichen Parallelen zum biographischem Hintergrund ist immer wieder so gearbeitet worden (man denke an *Unordnung und frühes*

---

[1] Online einsehbar unter: http://h-net.msu.edu/cgi-bin/logbrowse.pl?trx=vx&list=H-Germanistik&month=1504&week=a&msg=3hJy2YUXEl8smKXayHdiHQ&user=&pw= (zuletzt besucht am 04.12.2015).

[2] Maren Ermisch: »So hält man sein Leben zusammen.« Spuren des Autobiografischen in Thomas Manns »Felix Krull«, in: Thomas Mann (1875–1955), hrsg. von Walter Delabar und Bodo Plachta, Berlin: Weidler 2005 (= Memoria, Bd. 5), S. 265–283. Ermisch stellt dabei unter anderem fest, dass sich Thomas Mann in verschiedenen Figuren des Romans »spiegelt« (ebd., S. 275).

Leid, Herr und Hund oder *Mario und der Zauberer*).[3] Hier geht es also in
gewisser Weise um eine Art positives Wissen, das die Übertragung des biographischen Hintergrundes auf den fiktionalen Text legitimieren soll. Dazu
gehören dann etwa die Ähnlichkeiten der Familie Pringsheim mit den Aaren-
holds in *Wälsungenblut* oder der Familienkonstellation der Manns in München
Anfang der 1920er Jahre mit jener der Familie Cornelius in *Unordnung und
frühes Leid*. Problematisch erscheinen mir diese Beiträge vor allem, weil der
Interpretationsprozess häufig entweder mit dem Aufdecken der Parallelen als
abgeschlossen gilt (diese Enthüllung somit als Selbstzweck erscheint) oder sich
der Fokus der Untersuchung im Folgenden vermehrt auf den Autor und seine
Psyche, nicht aber auf den Text selbst richtet.

Etwas anders argumentieren Beiträge wie Eckhard Heftrichs berühmter
Aufsatz zum *Doktor Faustus*, da er einen anderen Ausgangspunkt wählt: Er
möchte nicht in erster Linie direkte Zitate aus biographischen Quellen, sondern vielmehr *verdeckte* Parallelen zwischen Roman und Biographie aufzeigen und schlägt eine Lektüre des Textes als »radikale Autobiographie« vor.[4]
In diesem Sinne sucht er das »Verborgene und Geheime« des Textes, dessen
»esoterischer Sinn« der »exoterischen Darbietung erst abgewonnen werden
muss«, und kommt zu dem Schluss, dass Thomas Mann die »Ambivalenz seines eigenen Daseins« durch die »geheime Identität der Protagonisten Zeitblom
und Leverkühn« in dem Roman einzubringen vermag, wobei er die Werke
Leverkühns mit den Romanen Manns parallel setzt.[5] Hier handelt es sich nicht
um den Nachweis einer Übertragung biographischer Fakten, sondern um die
Entzifferung einer versteckten – vielleicht auch dem Autor selbst gar nicht bewussten – biographischen Botschaft durch den Forscher bzw. die Forscherin,
um die Entzifferung der »Chiffreschrift dieser Kunst«.[6] Das Werk wird so
als *versteckte* Autobiographie gedeutet – versteckt erstens in dem Sinne, dass
die für die Autobiographie vorausgesetzte Identität von Autor und Erzähler
beziehungsweise von Autor und Figur[7] nicht offen dargelegt werde, für den

---

[3] Vgl. beispielsweise zu *Unordnung und frühes Leid* die Hinweise in: Alke Brockmeier: »… es
ist ihnen alles einerlei«. Das Porträt einer Generation in Thomas Manns »Unordnung und frühes Leid«, in: Literaturwissenschaftliche Beiträge zur Generationsforschung, hrsg. von Gerhard Lauer, Göttingen: Wallstein 2010 (= Göttinger Studien zur Generationsforschung, Bd. 3),
S. 22–46. Mit Blick auf die »in Forte dei Marmi gemachten Erlebnisse«, die in *Mario und der
Zauberer* »in Literatur umgesetzt« werden, siehe die einleitenden Bemerkungen in: Elisabeth
Galvan: »Mario und der Zauberer«, in: Thomas Mann Handbuch. Leben – Werk – Wirkung,
hrsg. von Andreas Blödorn und Friedhelm Marx, Stuttgart: Metzler 2015, S. 137–140, hier S. 137.

[4] Eckhard Heftrich: »Doktor Faustus«. Die radikale Autobiographie, in: Thomas Mann 1875–
1975. Vorträge in München – Zürich – Lübeck, hrsg. von Beatrix Bludau, Eckhard Heftrich und
Helmut Koopmann, Frankfurt/Main: Fischer 1977, S. 135–154.

[5] Ebd., S. 135, 148, 150f.

[6] Ebd., S. 151.

[7] Vgl. zu einer Definition und den charakteristischen Merkmalen von Autobiographien die

kundigen Forscher aber durchaus entschlüsselbar sei.[8] Gleichzeitig impliziert diese Sicht, dass in der Form der Fiktion gar eine Art »entfesselte Autobiographie« entstehen kann, weil der Autor in der verschlüsselten Form Dinge auszudrücken vermag, die er in einer ›normalen‹ Autobiographie aus Rücksichtnahme auf sich selbst und andere nicht wagen würde, zu sagen – man denke bei Thomas Mann etwa an die Thematik des homosexuellen Begehrens.[9]

Mann ist dabei, so könnte man mit Blick auf die biographischen Deutungen etwas polemisch argumentieren, vielleicht ›selbst schuld‹ an der Tatsache, dass seine Erzählungen und Romane immer wieder als in erster Linie autobiographische Texte gelesen werden, die mehr über ihren Autor verraten als über jedes andere Thema – schuld somit auch daran, dass in solchen Ansätzen die Texte entsprechend des biographischen Forschungsinteresses ›zurecht gebogen‹ werden beziehungsweise gar nur als ›verbergende Oberfläche‹ interessieren.[10] Wenn Mann seine frühen Novellen gegenüber dem Freund Otto Grautoff mit dem berühmt gewordenen Zitat »öffentlichkeitsfähige Formen und Masken«[11] nennt – wundert es dann, dass immer wieder versucht wurde, den Texten die ›Maske‹ des gedruckten Wortes herunterzureißen und hinter dem Text, wie er im Buche steht, die geheime Botschaft des Autors zu finden? Wenn er den *Doktor Faustus* als »radikales Bekenntnis« bezeichnet[12] oder in der Diskussion um die *Buddenbrooks* ausführt, im Roman sei »nicht von Euch [...] die Rede [...], sondern von mir«[13], dann verführt das natürlich leicht dazu, die Werke eben auf genau dieser biographischen Ebene zu entschlüsseln, um etwas mehr über den Menschen Thomas Mann zu erfahren. Und schließlich ist es ja eine nicht bestreitbare Tatsache, dass Mann die eigenen Lebensumstände wie auch persönliche Bekanntschaften nicht selten als Inspirationsquelle für sein Werk

einleitenden Bemerkungen in: Frank Zipfel: Autofiktion. Zwischen den Grenzen von Faktualität, Fiktionalität und Literarität?, in: Grenzen der Literatur. Zu Begriff und Phänomen des Literarischen, hrsg. von Simone Winko, Fotis Jannidis und Gerhard Lauer, Berlin / New York: de Gruyter 2009, S. 285–314, hier S. 288.

[8] In diesem Sinne deutet George Bridges beispielsweise auch *Mario und der Zauberer* psychologisch, wenn er die Erzählung versteht als »attempt by the author to banish from his own life with one resolute act [...] the troubling and potentially destructive demon of homosexuality [...]. The author projects himself intellectually and emotionally into three different characters: the respectable, intellectual, stodgy narrator; the magician-artist and social outsider Cipolla; and [...] the mediocre but perhaps potentially artistic (i. e., homoerotic) Mario.« (George Bridges: Thomas Mann's »Mario und der Zauberer«. ›Aber zum Donnerwetter! Deshalb bringt man doch niemand um!‹, in: German Quarterly, Jg. 64 (1991), H. 4, S. 501–517, hier S. 513).

[9] Zum Begriff der »entfesselten Autobiographie« in autofiktionalen Texten vgl. Zipfel: Autofiktion, S. 301.

[10] Heftrichs Analogie zwischen den Romanen Manns und der Musik Leverkühns scheint mir beispielsweise durch den Text nicht legitimierbar.

[11] Brief vom 21. Juli 1897 aus Rom, in: 21, 95.

[12] 19.1, 522.

[13] 14.1, 110.

nutzte, genauso wie es Fakt ist, dass er die Kunst des ›höheren Abschreibens‹ nicht nur bei anderen, sondern auch bei sich selbst praktiziert hat, so dass Formulierungen aus Tage- oder Notizbüchern den Weg in das fiktionale Werk fanden.

Ich möchte im Folgenden zeigen, warum es dennoch erstens methodisch tatsächlich höchst problematisch ist, die Texte auf die Formel der »geheimen Autobiographie« zu reduzieren, wobei ich vor allem auf den besonderen Status fiktionaler Texte eingehen werde. Zweitens möchte ich ausführen, dass Thomas Manns Äußerungen vom Werk als »Bekenntnis« in biographischen Deutungen in der Regel missverstanden werden. Und drittens möchte ich zeigen, dass man mit einer solchen Verkürzung des Interpretationsspielraums vor allem Manns literarischem Werk nicht gerecht werden kann.

Der erste Punkt beinhaltet zunächst die ganz basale Frage, welche Rolle der Autor bei der Interpretation eines literarischen Textes grundsätzlich spielen kann und spielen soll – eine Frage, die wie kaum eine andere in der Literaturwissenschaft anhaltend und durchaus kontrovers diskutiert wird.[14] Darf zum Beispiel nach der Intention eines Autors gefragt werden? Und ist es der Autor selbst, der einen Text erzählt, solange kein anderer, fiktiver Erzähler (wie Zeitblom im *Doktor Faustus*) erkennbar ist? Bei beiden Fragen war es in der Literatur- und Erzähltheorie lange Zeit weitestgehend Konsens, sie mit einem klaren »nein« zu beantworten. Die Suche nach der Intention des Autors galt nach dem wirkmächtigen Debatten-Beitrag der amerikanischen Philologen William K. Wimsatt und Monroe C. Beardsley mit dem programmatischen Titel »Der intentionale Fehlschluss«[15] für Jahrzehnte als naiver Fauxpas. Die zweite Frage diskutierte beispielsweise Wolfgang Kayser in den fünfziger Jahren unter dem Titel *Wer erzählt den Roman?* – und stellte die Behauptung auf, von der etwa meine eigene literaturwissenschaftliche Sozialisation entscheidend geprägt war und ist: nämlich dass man immer davon auszugehen habe, dass ein Erzähltext von einem Erzähler vorgetragen wird, der vom Autor zu unterscheiden sei.[16] Diese Positionen werden inzwischen wieder vermehrt in Frage gestellt, Vertreter eines textorientierten Intentionalismus etwa betonen den kommunikativen

---

[14] Zeugnisse dieser anhaltenden Diskussion sind beispielsweise die Sammelbände »Rückkehr des Autors. Zur Erneuerung eines umstrittenen Begriffs, hrsg. von Fotis Jannidis u. a., Tübingen: Niemeyer 1999« und »Autorschaft. Positionen und Revisionen, hrsg. von Heinrich Detering, Stuttgart/Weimar: Metzler 2002.«

[15] Zuerst publiziert als: William K. Wimsatt/Monroe C. Beardsley: The Intentional Fallacy, in: The Sewanee Review, Jg. 54 (1946), H. 3, S. 468–488; eine deutsche Fassung der überarbeiteten Version von 1954 ist, leicht gekürzt, enthalten in: Texte zur Theorie der Autorschaft, hrsg. von Fotis Jannidis u. a., Stuttgart: Reclam 2000, S. 84–101.

[16] Vgl. Wolfgang Kayser: Wer erzählt den Roman?, in: Texte zur Theorie der Autorschaft, hrsg. von Fotis Jannidis u. a., Stuttgart: Reclam 2000, S. 127–137.

Aspekt von Literatur,[17] stellen also die Frage, was der Autor uns mit einem bestimmten Text sagt, durchaus wieder in den Vordergrund ihrer Analysen. Und es mehren sich auch in der narratologischen Diskussion jene Stimmen, die eine Abkehr vom Konzept des in jeder Erzählung vorhandenen Erzählers fordern und für eine »optional narrator theory« eintreten, eine Theorie also, die den Erzähler lediglich als optionales Element von Erzähltexten begreift.[18]

So möchte ich im Folgenden auch keineswegs dafür plädieren, den Autor aus der Interpretation kategorisch auszuklammern – das wäre methodisch genauso problematisch wie das extreme Gegenteil. Und natürlich spielt der Autor in einer Schriftenreihe wie dem *Thomas Mann Jahrbuch* eine entscheidende Rolle, ist er hier doch immer auch das Auswahlkriterium potentieller Beiträge. Im Übrigen stellt natürlich bereits die Annahme, dass es ein solches ›Werk‹ oder ›Œuvre‹ als mehr oder weniger geschlossene Einheit gibt, den Autor zentral, ist es doch allein der Autor, der ein Werk in diesem Sinne ›zusammenhält‹. Ich möchte die Existenz eines solchen Werk-Ganzen nicht grundsätzlich in Frage stellen, wohl aber möchte ich zeigen, dass die Sinnhaftigkeit eines Rückbezuges vom fiktionalen Werk auf den Autor (und umgekehrt) für die Interpretation stets hinterfragt werden sollte. Der Grund ist ein einfacher: Es sind eben fiktionale Texte, und damit gelten für ihre Aussagen andere Regeln als für Briefe, Tagebücher und Essays.[19] Potenziert wird die Notwendigkeit eines solchen Hinterfragens, wenn man es mit einem Autor zu tun hat, der sich über diesen besonderen Status der Fiktionalität so sehr im Klaren war wie Thomas Mann.

[17] Vgl. etwa Tom Kindt: Unzuverlässiges Erzählen und literarische Moderne. Eine Untersuchung der Romane von Ernst Weiß, Tübingen: Niemeyer 2008.

[18] Vgl. dazu u. a. die einschlägigen Beiträge in: Author and Narrator. Transdisciplinary Contributions to a Narratological Debate, hrsg. von Dorothee Birke und Tilmann Köppe, Berlin u. a.: de Gruyter 2015 (= Linguae & litterae, Bd. 48).

[19] Damit soll nicht behauptet werden, dass Briefe, Essays und Tagebücher einfach nur eine außertextuelle Wirklichkeit abbilden. Es handelt sich natürlich um konstruierte Texte, die sich bestimmter – auch narrativer – Strategien bedienen, etwa um Kausalzusammenhänge herzustellen. Vertretern eines ›panfiktionalen‹ Ansatzes soll an dieser Stelle aber entgegengehalten werden, dass diese Texte in der Praxis (und mit gutem Grund!) in der Regel anders behandelt werden als Romane und Erzählungen, etwa, wenn wir versuchen, den Entstehungskontext eines bestimmten literarischen Werkes zu rekonstruieren (als Beispiel mag die Datierung der Entstehung von *Tobias Mindernickel* dienen: Man nimmt gemeinhin an, der Text sei zwischen Ende Juli und Mitte August 1897 in Rom entstanden, weil Thomas Mann in einem Brief an Otto Grautoff vom 20.08.1897 schreibt, die Erzählung sei »kürzlich« geschrieben worden; vgl. 2.2, 82 und 21, 99). Würden wir den Wahrheitsgehalt aller Aussagen in Briefen, Tagebüchern und Notizen grundsätzlich in Frage stellen, wäre eine solche quellenkritische Arbeit nahezu unmöglich (vgl. dazu auch den Hinweis in: Jan Gertken / Tilman Köppe: Fiktionalität, in: Grenzen der Literatur. Zu Begriff und Phänomen des Literarischen, hrsg. von Simone Winko, Fotis Jannidis und Gerhard Lauer, Berlin / New York: de Gruyter 2009, S. 228–266, hier S. 230, Fußnote 5).

In der Debatte um die Rolle des Autors hat der Romanist Andreas Kablitz vor einigen Jahren mit einem Aufsatz Stellung bezogen, der sich mit der Begriffs-Trias Literatur, Fiktion und Erzählung auseinandersetzt und den etwas polemischen Untertitel trägt »nebst einem Nachruf auf den Erzähler«.[20] Für das vorliegende Thema ist er in mehrfacher Hinsicht interessant: Zum einen reiht er sich ein in die Riege derer, die zur Besprechung eines literatur- oder erzähltheoretischen Themas Texte von Thomas Mann heranziehen, um an ihnen die eigenen Argumente herauszuarbeiten. Das hatten auch schon etwa Käte Hamburger und Wolfgang Kayser getan, und es wäre eine eigene spannende Frage, wieso sich Manns Texte so sehr dafür anbieten, als Experimentierfeld für narratologische Konzepte zu dienen.[21] Zum anderen sind auch Kablitz' Überlegungen zur Rolle des Erzählers wert, zur Kenntnis genommen zu werden, gehört er doch zu denjenigen, die für die Abschaffung des Erzählerkonzeptes in solchen Texten plädieren, die keine explizite Erzählerfigur aufweisen. Ein Schlüsselbegriff in seinen Ausführungen ist dabei »Fiktionalität«: Das Fiktionale definiert Kablitz als eine »Eigenschaft der Darstellung« und unterscheidet es grundlegend vom »Fiktiven« als einer Eigenschaft des Dargestellten. Das Fiktive, das ist das Ausgedachte, das Erfundene, auch das Erlogene.[22] Die Frage nach der Fiktionalität bewegt sich nach Kablitz auf einer anderen Ebene und bezieht sich für ihn nicht auf die Inhalte eines Textes, sondern unter anderem, aber durchaus vorrangig, auf die Einstellung des Rezipienten zum Text. Einen Text als einen fiktionalen Text, als Literatur zu lesen, bedeutet demnach für Kablitz, »von seinem primären Informationscharakter über individuelle außersprachliche Sachverhalte abzusehen und die Aufmerksamkeit auf anderes zu richten.«[23] Indem der Leser den berühmten ›Fiktionsvertrag‹ akzeptiert, sich also entscheidet, einen Text als fiktionale Literatur zu lesen, entbindet er ihn »von der anderweitig geltenden Verpflichtung, dass die Inhalte seiner Prädikationen wahre Sachverhalte sein müssen«.[24]

---

[20] Andreas Kablitz: Literatur, Fiktion und Erzählung – nebst einem Nachruf auf den Erzähler, in: Im Zeichen der Fiktion. Aspekte fiktionaler Rede aus historischer und systematischer Sicht. Festschrift zum 65. Geburtstag von Klaus W. Hempfer, hrsg. von Irina Rajewski und Ulrike Schneider, Stuttgart: Steiner 2008, S. 13–44.

[21] Vgl. zu diesem Themenkomplex auch: Dirk Werle: Thomas Manns »Erwählter« und die Erzähltheorie der 1950er Jahre, in: Euphorion 106 (2012), H. 4, S. 439–464.

[22] Kablitz: Literatur, Fiktion und Erzählung, S. 15.

[23] Ebd., S. 22.

[24] Ebd., S. 15 f. Die fiktionale Lesart wird dem Leser bei literarischen Texten nach Kablitz in der Regel nahegelegt, ja letztlich als einzig sinnvolle Lesart vorgegeben. Gerade das präge unsere Vorstellung von Literatur: Literatur sei eine »spezifische Klasse von Texten [...], welche [...] die Rezipientendisposition der Fiktionalität zu einer Eigenschaft verdichten, welche keine andere Form der Rezeption mehr [sinnvoll] zulässt« (ebd., S. 24). Das würde bedeuten, dass Fiktionalität zum »Bestimmungskriterium« für Literatur wird, was freilich den Bereich der Literatur sehr eng fasst und, wie Frank Zipfel betont, »problematisch« ist, da »manche Autobiographien, Reise-

Was Kablitz' Definition von Fiktionalität allerdings nicht genügend abdecken kann, ist die Möglichkeit einer konsequenten Fehllektüre und die Enttäuschung des Lesers, die daraus resultiert, dass er einen Text eben nicht als Literatur, sondern als faktuale Darstellung liest und sich diese Annahme dann als falsch herausstellt.[25] Jan Gertken und Tilmann Köppe schlagen deshalb vor, in einer Definition von Fiktionalität auch die Absicht des Verfassers zu berücksichtigen, einen fiktionalen Text zu schreiben.[26] Es lohnt also auch vor diesem theoretischen Hintergrund, sich Thomas Manns Äußerungen zur Fiktionalität und dem besonderen Status literarischer Texte nochmal genauer anzusehen – auch, um dabei zu prüfen, ob mit der Rede vom »Bekenntnis« und den »Masken« nicht doch genau die Intention ausgedrückt ist, autobiographische Texte (wenn auch in verschlüsselter Form) zu schaffen.

berichte oder Reportagen« durchaus als »literarische Texte bezeichnet werden [können], ohne dass sie fiktional sein müssten.« (Zipfel: Autofiktion, S. 294). Mit Blick auf Thomas Manns Werk leuchtet das durchaus ein: *Die Entstehung des Doktor Faustus* etwa kann mit gutem Recht als »Literatur« bezeichnet werden, wenn es sich auch nicht um eine fiktionale Darstellung handelt. Umgekehrt lässt sich aber sicher sagen, dass Texte, die man als fiktional rezipiert, in der Regel dem Bereich der Literatur zugeordnet werden (obwohl es auch hier problematische Grenzfälle gibt). Die Frage nach dem definitorischen Zusammenhang von Fiktionalität und Literatur ist für die untersuchte Fragestellung allerdings nicht von vorrangigem Interesse, geht es bei biographischen Lesarten ja nicht darum, dass den Texten ihr Status des Literarischen abgesprochen wird.

25 Ein sehr gutes Beispiel für eine solche – freilich in dem Fall vom Autor durchaus gewollte – Fehllektüre ist die Rezeption von Karl Mays Abenteuerromanen als autobiographische Texte, vgl. Tim Lörke: Wie viel Dichter steckt im Text? Zum Verhältnis von Dichterleben und Literatur am Beispiel Hermann Hesses, in: »Der poetischen Wahrheit nachgeh(n).« Der biographische Aspekt in Hermann Hesses Werk, hrsg. von Michael Limberg, Hannover: Wehrhahn 2013, S. 33–44. Auch folgende Anekdote verdeutlicht die Rolle der Rezipientendisposition nochmal anschaulich: Mit meiner fünfjährigen Tochter habe ich kürzlich die Diskussion geführt, ob es denn »die Pippi« tatsächlich gegeben habe. Gemeint ist natürlich Astrid Lindgrens Pippilotta Victualia Rollgardina Pfefferminz Ephraims Tochter Langstrumpf. Auf meine Antwort, nein, die habe nicht in Wirklichkeit gelebt, sondern sei von einer Frau namens Astrid Lindgren ausgedacht worden, reagierte sie entrüstet. »Der Michel auch nicht?« war die nahezu panische Nachfrage. Bisher hatte sie die Geschichten immer so verstanden, als seien ihre kindlichen Helden tatsächlich existent, was für sie offenbar für die Identifikation mit den Figuren von entscheidender Bedeutung war.

26 Gertken / Köppe: Fiktionalität, S. 253. Diese ›Absicht‹ muss dabei ihrer Meinung nach nicht explizit gemacht werden, es sollte allerdings möglich sein, dem Autor die Absicht »zuzuschreiben«, einen fiktionalen Text vorzulegen. Der Definitionsvorschlag von Gertken und Köppe lautet dabei vollständig: »T ist genau dann ein fiktionaler Text, wenn gilt: T wurde von seinem Verfasser (unter anderem) mit der Absicht A verfasst, dass der Rezipient diesen Text als Hilfsmittel in einem *make-believe*-Spiel einsetzt, und zwar dergestalt, dass der Leser L aufgrund von A (i) sich vorstellt, dass ein Sprecher/Erzähler mit den im Text vorkommenden Sätzen bestimmte Sprechakte ausführt (obwohl L weiß, dass gewöhnliche Sprechaktkonventionen z. T. aufgehoben sind) und (ii) auf der Grundlage dieser vorgestellten Sprechakte zu einer hinreichend umfassenden Vorstellungswelt gelangt« (Gertken / Köppe: Fiktionalität, S. 252 f.). Vgl. auch Zipfel: Autofiktion, S. 292, und ausführlicher: Frank Zipfel: Fiktion, Fiktivität, Fiktionalität. Analysen zur Fiktion in der Literatur und zum Fiktionsbegriff in der Literaturwissenschaft, Berlin: Erich Schmidt 2001, S. 297 f.

Zwei Werke, die für eine solche Betrachtung besonders aufschlussreich erscheinen, sind der Aufsatz *Bilse und ich* von 1906 und der über vierzig Jahre
später erschienene »Roman über einen Roman« *Die Entstehung des Doktor
Faustus* (Erstdruck 1949). Mit *Bilse und ich* hat Thomas Mann bekanntlich zu
dem Vorwurf Stellung bezogen, er habe mit den *Buddenbrooks* einen Schlüs-
sel- oder eben »Bilse«-Roman geschrieben, er wendet sich also an eine Leserschaft, die den Text zumindest über weite Strecken als faktuale Darstellung
über bestimmte Lübecker Bürger und Familienmitglieder Manns rezipiert hat.
Seine Ausführungen zeigen, dass er sich selbst durchaus mit der Frage der Fiktionalität beschäftigt hat, auch wenn seine Darlegung den Schwerpunkt auf
die Beziehung von Fiktionalität und Faktualität legt und die Einstellung des
Rezipienten nicht zentral erscheint (im Gegenteil ›falsche‹ Lektüren ja gerade
zurückgewiesen werden). So beschreibt er etwa recht dezidiert den Transformationsprozess, den ein Stück ›Wirklichkeit‹, sei es beispielsweise ein Zitat, die
charakteristische Eigenschaft einer bekannten Person oder deren Physiogno-
mie, durchläuft, wenn es Literatur wird. Es heißt dort:

> Es ist *nicht* die Gabe der Erfindung – die der Beseelung ist es, welche den Dichter
> macht. Und ob er nun eine überkommene Mär oder ein Stück lebendiger Wirklichkeit
> mit seinem Odem und Wesen erfüllt, die Beseelung, die Durchdringung und Erfül-
> lung des Stoffes mit dem, was des Dichters ist, macht den Stoff zu seinem Eigentum
> […]. [D]ie Wirklichkeit überschätzt dabei den Grad, in welchem sie für den Dichter,
> der sie sich aneignet, überhaupt noch Wirklichkeit bleibt […]. Die Wirklichkeit, die
> ein Dichter seinen Zwecken dienstbar macht, mag seine tägliche Welt, mag als Person
> sein Nächstes und Liebstes sein; er mag dem durch die Wirklichkeit gegebenen Detail
> noch so untertan sich zeigen, mag ihr letztes Merkmal begierig und folgsam für sein
> Werk verwenden: dennoch wird für ihn – und sollte für alle Welt! – ein abgründiger
> Unterschied zwischen der Wirklichkeit und seinem Gebilde bestehen bleiben – der
> Wesensunterschied nämlich, welcher die Welt der Realität von derjenigen der Kunst
> auf immer scheidet.[27]

In *Die Entstehung des Doktor Faustus* spricht Mann davon, ein Zitat (etwa
diejenigen aus Nietzsches Diät-Menüs, die in den *Faustus* hineinmontiert wurden) sei »Wirklichkeit, die sich in Fiktion verwandelt, Fiktion, die das Wirkliche absorbiert, eine eigentümlich träumerische und reizvolle Vermischung
der Sphären«.[28] Den Vorwurf, er habe durch die »Übertragung der Schön-
berg'schen Konzeption« der Zwölf Ton-Musik »auf Adrian Leverkühn« in
gewisser Weise Ideenklau betrieben, wehrt er mit dem Verweis ab, dass »die
Idee der Zwölf Ton-Technik in der Sphäre des Buches […] einen Charakter an-

---

[27] 14.1, 100f.
[28] 19.1, 431f.

nimmt, die sie – nicht wahr? – in ihrer Eigentlichkeit nicht besitzt, und die sie gewissermaßen zu meinem Eigentum, das heißt: zu dem des Buches« macht.[29]

Kunst ist Kunst, und Wirklichkeit ist Wirklichkeit – in dem Moment, in dem ein Fakt ins Medium der Fiktion wechselt, ändert sich seine Bedeutung. Thomas Mann besteht hier darauf, um nochmal die Formulierung von Andreas Kablitz aufzugreifen, »von dem primären Informationscharakter des Erzählwerkes über individuelle außersprachliche Sachverhalte abzusehen und die Aufmerksamkeit auf anderes zu richten«, kurz: dass seine Leser doch bitte den Fiktionsvertrag akzeptieren möchten. Ob es sich bei einem Aspekt des Textes um einen fiktiven oder wahren Sachverhalt handelt, wird somit irrelevant, relevant ist die Bedeutung des Aspekts im Text. Philologisch kann es natürlich spannend sein, zu wissen, wo bestimmte Namen entlehnt wurden, oder ob ein bestimmter Fakt – z. B. dass die Straßenbahnlinie 10 in München nach Schwabing fährt – der (historischen) Realität entsprechend gestaltet ist.[30] Für sich allein genommen haben solche Details aber keinerlei Aussagekraft in Bezug auf die Deutung des Textes, mit ihrer reinen Feststellung ist wenig gewonnen; vielmehr muss stets gefragt werden, welche Bedeutung einem bestimmten Aspekt für die Interpretation zugeschrieben werden kann. Ganz in diesem Sinne argumentiert Yahya Elsaghe in *Die imaginäre Nation* mit Blick auf zwei reale »Vorbilder« Mann'scher Figuren:

Daß ein gewisser Maurice Hutzler als ›Modell‹ für Dr. Sammet diente oder eine in den Hauslehrer ihres Sohnes verliebte Münchner Aristokratin das ›Vorbild‹ Rosalie von Tümmlers war, erscheint […] weniger wichtig. Sondern von Bedeutung ist […], daß Thomas Mann auf die Geschichten dieser beiden ihm gleichermaßen fernstehenden Menschen überhaupt so aufmerksam werden konnte und was ihn so sehr zu faszinieren vermochte an der Verbindung von Judentum, sozialer Demütigung und Suizid aus gekränktem Ehrgeiz respektive von Unterleibskrebs, nationaler Peripherie und sexueller Leidenschaft für einen Jahrzehnte jüngeren Mann.[31]

Mit diesen Fragen – die freilich immer noch die Funktion des Autors stark machen, bestimmte Aspekte für seinen Text auszuwählen, die ihm als besonders passend für das erscheinen, was er erzählen möchte – kann nämlich auch eine Textinterpretation arbeiten; eine die Deutung versperrende, die Interpretation

---

[29] Ebd., 433 f.

[30] In *Die Entstehung des Doktor Faustus* führt Mann aus, er habe im Manuskript zunächst geschrieben, dass Schwerdtfeger in der Trambahnlinie 1 erschossen wird, die tatsächlich aber nie nach Schwabing gefahren sei – diesen »Lapsus«, so merkt er nicht ohne ironischen Unterton an, habe er allerdings behoben, nachdem er bei einer Lesung von einer Zuhörerin darauf aufmerksam gemacht wurde. Jetzt heißt es historisch korrekt »Linie 10«. Vgl. 19.1, 565.

[31] Yahya Elsaghe: Die imaginäre Nation. Thomas Mann und das ›Deutsche‹, München: Fink 2000, S. 25.

verweigernde Feststellung des Vorbildes ohne die anschließende Frage, *warum* Mann diesen oder jenen Aspekt in die Welt seines Textes transformiert und was er im Rahmen des Werkes ›daraus macht‹, kann das nicht.

Ich möchte somit auf keinen Fall bestreiten, dass es die klaren Überführungen biographischer Elemente in die Fiktion gibt – die Parallelen in der Familienkonstellationen der Manns mit denjenigen in *Unordnung und frühes Leid* und in *Mario und der Zauberer* etwa. Oder die direkten Zitate aus Tagebucheinträgen und Notizen. Meine These ist aber, dass für die Montage solcher autobiographischer Realitätszitate das Gleiche gelten muss wie für sozusagen ›fremdes‹ Material. Wenn ein Autor in einem fiktionalen Text aus eigenen, zu einem anderen Zwecke verfassten Schriften Versatzstücke ›borgt‹, dann durchlaufen diese Selbst-Zitate den gleichen Transformationsprozess wie jedes andere Stück ›Wirklichkeit‹. Wenn Mann Sätze, die er in den Tagebüchern unter anderem mit Blick auf sich selbst verfasst hat, nutzt, um sie für eine fiktive Figur wieder zu gebrauchen, dann muss gefragt werden, *warum* er das tut, *warum* ihm diese Formulierung auch im Rahmen des Werkes angemessen scheint. Mit der bloßen Feststellung ist wenig bis gar nichts gewonnen – weder in Bezug auf die Person Thomas Mann noch in Bezug auf den fiktionalen Text. Der Grund dafür liegt noch immer in den besonderen Charakteristika fiktionaler Rede: Der Autor ist in der Literatur ja gerade von der Verpflichtung entbunden, die Wahrheit im Sinne der außertextuellen Realität sagen zu müssen, er ist frei, auf vorgegebenes Material zurückzugreifen und dieses durch die Übertragung in die Kunst zu verfremden. Das gilt auch für Elemente der eigenen Biographie. Schlüsse wie die Hermann Kurzkes beispielsweise, dass Thomas Mann die im Tagebucheintrag vom 15. September 1950 erinnerten »Bleistiftschnitzel W[illiram] T[impe]s« »sicher […] genau wie Hans Castorp seinerzeit auch […] im Pult aufbewahrt« habe, müssen bestenfalls als Spekulation bezeichnet werden, und den Bleistift Hippes schlicht mit demjenigen von Manns Jungendfreund Timpe gleichzusetzen (»es gab ihn wirklich, diesen Bleistift«, argumentiert Kurzke),[32] vernachlässigt den besonderen Status von fiktionalen Texten, ist es doch gerade nicht *derselbe* Bleistift, auch wenn das Original seinem fiktionalen Pendant als Vorbild gedient haben mag.

Aus dem literarischen Text können folglich nicht einfach Rückschlüsse gezogen werden auf biographische Fakten, und in der Tat gehen die meisten biographischen Deutungen in der Regel davon aus, dass die biographischen

---

[32] Hermann Kurzke: Thomas Mann. Das Leben als Kunstwerk, Frankfurt/Main: Fischer 2001, S. 51. Die konsequente Vermischung von Leben und Werk ist – darauf verweist schon der Titel – bei Kurzke freilich Programm, was nur ein weiteres Beispiel illustrieren mag: So setzt Kurzke Mann und Tonio Kröger in eins, wenn er schreibt: »Wenn er [Thomas Mann], maskiert als Tonio Kröger, *Don Carlos* liest, dann identifiziert er sich […] mit dem König, dem einsamen und ungeliebten Philipp dem Zweiten von Spanien« (ebd., S. 38).

Details zwischen einer Reihe fiktiver Informationen ›versteckt‹ sind. Das heißt aber wiederum, dass man die Fakten schon immer kennen muss, bevor man sie dann im fiktionalen Werk *wieder*-erkennen und von fiktiven Elementen unterscheiden kann. Man findet also immer nur das, was man schon kennt – eine solche Argumentation bewegt sich zwangsläufig im Kreis. Das gilt auch für biographische Deutungen wie beispielsweise die, dass in *Der kleine Herr Friedemann* letztlich Manns Homosexualität verhandelt werde: Man muss um Manns homosexuelle Neigungen wissen, um sie als Folie an den Text herantragen zu können, der dann wieder als Beleg für eben diese Homosexualität des Autors angenommen wird.

Das Aufspüren biographischer Versatzstücke im Text birgt also nur sehr wenig Erkenntnis-Potential – weder für den literarischen Text, der im schlimmsten Fall zum Transportmedium einer versteckten Geheimbotschaft degradiert wird, noch für die Biographie Manns. Der Grad des Biographischen spielt dabei übrigens nur bedingt eine Rolle. Sicherlich gibt es im Mann'schen Werk Texte, die man mit dem seit einiger Zeit geläufigen Begriff der »Autofiktion« beschreiben kann, Texte mithin, die zumindest stellenweise sowohl eine literarische als auch eine autobiographische Lesart anbieten, den Leser somit gleichzeitig einladen, den fiktionalen und / oder den autobiographischen Pakt einzugehen.[33] Zu denken wäre besonders an *Herr und Hund*, eventuell an *Die Entstehung des Doktor Faustus*[34], mit größeren Abstrichen auch an *Mario und der Zauberer*. Für alle diese Texte könnte man – je nach Text mit mehr oder weniger guten Gründen – davon sprechen, dass eine Identität von Autor und Figur nahegelegt wird (die Ich-Erzähler in *Herr und Hund* und in *Mario und der Zauberer* bleiben ja bezeichnenderweise namenlos). Aber selbst mit Blick auf diese Texte ist Vorsicht geboten: Bei *Mario und der Zauberer* funktioniert letztlich doch nur die fiktionale Lesart durchgängig, denn trotz aller Gemeinsamkeiten zum Ferienurlaub der Familie Mann in Forte dei Marmi 1926 endet die Novelle ja nicht nur anders als das ›zu Grunde liegende‹ tatsächliche Erlebnis, das andere Ende bestimmt auch das ganze Geschehen im Text von

[33] Vgl. Zipfel: Autofiktion, S. 304f. Das Konzept der »Autofiktion« spielt in der Thomas Mann-Forschung, soweit ich sehe, bisher keine entscheidende Rolle – vor allem nicht für jene Deutungen des fiktionalen Werks, die hier im Zentrum der Kritik stehen und die den Parallelen zwischen Werk und Person in der Regel eher unreflektiert nachgehen. Einen methodisch umsichtigen und theoretisch reflektierten Umgang mit dem Begriff »Autofiktion« verhindern diese Deutungen sogar, wenn die Abgrenzung dazu führt, dass *jede* Form von Bezug auf biographische Details (wie es die eingangs zitierte Konferenzankündigung zeigt) kategorisch abgelehnt wird.

[34] Bei letzterem wird eine autofiktionale Lesart schon durch den Untertitel *Roman eines Romans* angezeigt, der das »strukturbildende Prinzip« des Essays als romanhafte Rückschau auf die eigene Biographie verdichtet abbildet (Tim Lörke: »Die Entstehung des Doktor Faustus«, in: Thomas Mann Handbuch. Leben – Werk – Wirkung, hrsg. von Andreas Blödorn und Friedhelm Marx, Stuttgart: Metzler 2015, S. 206–209, hier S. 208).

Beginn an, verändert also auch die Vorgeschichte zum Tod des angeblichen
Zauberkünstlers Cipolla entscheidend. Der Leser bekommt hier also durchaus
»die Möglichkeit an die Hand [...], den Text [...] nach einem der beiden Pakte
aufzulösen«,[35] womit dann kein autofiktionales Erzählen im engeren Sinne
mehr vorliegt. Das eigene Erleben entfernt sich im Transformationsprozess
der Bearbeitung von seinem biographischen Ursprung; zwischen Kunst und
Realität klafft fortan der von Mann herausgestellte »abgründige Unterschied«,[36]
der beide Sphären auf immer scheidet.[37]

Es wird deutlich, dass die Frage nach Bezügen von Werk und Biographie eine
komplexe ist, die auf methodisch umsichtigem und theoretisch hohem Niveau
geführt werden muss. Sie führt im Kern zu den ganz basalen Fragen unseres
Fachs (etwa: Was macht eigentlich Literatur aus?) und in die Grenzbereiche
zwischen den literarischen Gattungen und zwischen fiktionalem und faktua-
lem Erzählen.[38] Dass Leben und Kunst vielfältige Berührungspunkte aufweisen, ist eine Binsenweisheit – auf die Gefahr, die von einer simplen Analogie-
bildung ausgeht, muss aber offenbar explizit verwiesen werden.

Ich möchte also nochmal zusammenfassen: Es ist methodisch höchst problematisch, von einem fiktionalen, literarischen Text auf die Biographie des
Autors zu schließen, da Elemente der Wirklichkeit, wie Thomas Mann selbst
betont, im Prozess der Bearbeitung eine Transformation erfahren und in der
Sphäre der Kunst eine neue Bedeutung erhalten. Da Mann sich dieser klaren
Trennung der Sphären sehr bewusst war und sie in seinen poetologischen Reflexionen auch deutlich herausstellte, kann ihm der Vorwurf nur bedingt gemacht
werden, seine Leser zu solchen Deutungen angeregt zu haben. Die Reden von
den »Masken«, dem »Bekenntnis«, dem »Stoff eines ganzen Lebens«[39] und dem
»Einsatz von Wirklichkeit und Lebensgeheimnis«[40] sind offensichtlich ganz anders gemeint: Es geht Thomas Mann nicht um »tatsächliche Ereignisse des eigenen Lebens«, wie Tim Lörke mit Blick auf die *Entstehung des Doktor Faustus*
ausführt, sondern das Autobiographische beziehe sich »auf die Deutung und
die Kommentierung der Epoche [...]. Genau darum verführt ihn der Roman in
der Rückschau zu dem Umkehrschluss, im Erfundenen das Biographische zu
erkennen.«[41] Wer dennoch vehement versucht, den Schleier zu lüften, tut dies

---

[35] Zipfel: Autofiktion, S. 305.

[36] 14.1, 101.

[37] Mit einem weiteren Verständnis von Autofiktion wie dem Gérard Genettes, der die Figur
der Erzählung zwar als namensidentisch mit dem Autor, aber dennoch als fiktive Figur begreift,
lassen sich allerdings weit mehr Texte unter diesem Stichwort diskutieren, vgl. Zipfel: Autofiktion, S. 302.

[38] Vgl. ebd., S. 311.

[39] 19.1, 411.

[40] Ebd., 434.

[41] Tim Lörke: »Die Entstehung des Doktor Faustus«, S. 208.

in der Regel auf Kosten der Texte – und auf Kosten einer Anerkennung von Manns ästhetischer Leistung, reduziert man das Werk in dem Fall doch auf das gekonnte ›Verstecken‹ autobiographischer Versatzstücke und vernachlässigt die komplexe Komposition der Texte.

So erklärt sich dann auch die teilweise vehemente Abwehr all jener Forschungsbeiträge, die als »biographisch« erkennbar sind, durch die jüngere Mann-Forschung. Dabei können Untersuchungen, die den Autor als Person einbeziehen, spannende und methodisch auf der Höhe der Zeit stehende Ergebnisse liefern, wenn sie nur die richtigen Fragen stellen. Die richtige Frage ist aber nicht, ob Mann nun eher in Adrian Leverkühn oder in Serenus Zeitblom ein Selbstportrait geliefert hat, oder inwieweit die Beschreibung der Familie Aarenhold »korrekt« ist in Bezug auf die Pringsheims. Die richtige Frage ist, welche Stellung der Text zu den von ihm diskutierten Themen bezieht. Und richtig ist es meiner Meinung nach auch, den Autor für die Aussagen seiner Texte in die Verantwortung zu nehmen, immerhin hat er sie ja zu Papier gebracht (man denke etwa an die Antisemitismen in *Wälsungenblut*, aus denen sich nicht schlussfolgern lässt, dass Thomas Mann als Person Antisemit gewesen wäre – wohl aber, dass er einen mit solchen Antisemitismen durchsetzten Text verfasst hat[42]).

In der Deutschen Thomas Mann-Gesellschaft steht natürlich die Person Thomas Manns zentral. Wie sollte es auch anders sein. Aber wir sollten den Dichter Thomas Mann auch soweit hoch schätzen, dass wir ihm zutrauen, mit seinen literarischen Texten mehr ausdrücken zu wollen als ein verstecktes Bekenntnis für Kenner seiner Biographie.

---

[42] Freilich muss dann wiederum gefragt werden, welche Funktionen diese Elemente im Text erfüllen und wie sie das tun.

Jens Ewen

Thomas Manns Ironie als literarischer Wahrheitspluralismus

Fragt man passionierte Thomas Mann-Leser nach dem herausragenden Stilmerkmal im Werk ihres Lieblingsautors, wird schnell und gerne die allgegenwärtige Ironie genannt. Selten wird sich hier Widerspruch einstellen. Aber die allgemeine Einigkeit hat bereits dann ein Ende, wenn man nach Beispielen fragt. Häufig wird die berühmte Typhus-Episode aus dem Roman-Erstling *Buddenbrooks* genannt: Nachdem der Erzähler eindrücklich geschildert hat, mit welcher emotionalen Energie Hanno Buddenbrook am Klavier Phantasien spielen und sich dabei in einen rauschhaften Zustand versetzen kann, endet die Passage mit der lakonischen Bemerkung »Dies war ein Tag aus dem Leben des kleinen Johann«[1], um das nächste Kapitel mit dem betont sachlichen Hinweis zu beginnen: »Mit dem Typhus ist es folgendermaßen bestellt.«[2] Es folgt bekanntermaßen eine sehr sachliche, weil beinahe wortgetreue Wiedergabe eines Lexikoneintrags zum Erscheinungsbild der genannten Infektionskrankheit. Die Passage wird deshalb häufig als ironisch gedeutet, weil sich darin die Distanz des Erzählers zu seinen Figuren ausdrücke, die selbst dann nicht gegen Empathie eingetauscht werde, wenn der Beginn einer schließlich tödlich verlaufenden Krankheitsgeschichte erzählt werde.

Ironie wird in dieser Deutung als Ausdruck von Distanzierungsbemühungen angesehen, womit man sich in guter Gesellschaft mit den einschlägigen Lexikon- und Handbuchdefinitionen zur Ironie befindet.[3] Eine der wenigen Gemeinsamkeiten zwischen diesen Ironie-Definitionen ist nämlich die Annahme, dass mit Hilfe von Ironie Distanz zum Ausdruck gebracht werden könne. Auch Thomas Mann selbst geht in einer seiner Selbstäußerungen zur Ironie auf diesen Aspekt ein. Im 1940 entstandenen Vortrag *Die Kunst des Romans* wird davon gesprochen, dass Ironie ein geeignetes Mittel zur Darstellung

---

[1] 1.1, 827.
[2] 1.1, 828.
[3] Vgl. Ernst Behler: Art. Ironie/Humor, in: Fischer Lexikon Literatur, hrsg. von Ulfert Ricklefs, Bd. 2, Frankfurt/Main: S. Fischer 1996, S. 810–841. Ernst Behler: Art. Ironie, in: Historisches Wörterbuch der Rhetorik, hrsg. von Gert Ueding, Bd. 4, Tübingen: Francke 1998, Sp. 599–624. Justus Fetscher/Philippe Despoix: Art. Ironie, in: Ästhetische Grundbegriffe, hrsg. von Karlheinz Barck u. a., Bd. 3, Stuttgart: Metzler 2000, S. 196–244. Harald Weinrich: Art. Ironie, in: Historisches Wörterbuch der Philosophie, hrsg. von Joachim Ritter u. a., Bd. 4, Basel, Stuttgart: Schwabe 1976, Sp. 577–582.

von Objektivität sei, denn sie halte Distanz zu allen Seiten und sei deshalb ein
»Prinzip künstlerischer Objektivität«.[4] Auch an anderen Stellen äußert sich
Mann ganz ähnlich über ironische Darstellungsverfahren, wird allerdings auch
keineswegs konkreter, wenn er etwa behauptet: »Ironie ist Erotik« oder: »Der
Ironiker ist konservativ.«[5]

Sucht man eine Antwort auf die Frage, was unter Thomas Manns Ironie zu
verstehen ist, welche Funktion sie in seinen Texten erfüllt, kommt man offen-
kundig mit dem Autor selbst nicht weiter. In meinem Beitrag möchte ich in
knapper Form einen Vorschlag unterbreiten, wie die komplexen Erscheinungs-
weisen und Funktionen von Ironie in Thomas Manns Werk beschrieben und
interpretiert werden können.[6] In diesem Deutungsvorschlag wird Manns Ironie als eine Darstellungsform aufgefasst, die sein Werk als spezifischen Beitrag
zur ästhetischen Moderne erscheinen lässt. Ironische Schreibweisen sind aus
dieser Perspektive eine Reaktion auf Problemstellungen der gesellschaftlichen
Moderne, stellen sein literarisches Werk mithin in ein spezifisches Verhältnis
zu sozialen und wissensgeschichtlichen Herausforderungen in der modernen
Welt seit 1800.[7] Gerade bei so komplexen und begrifflich nicht gut fassbaren
Darstellungsverfahren wie der Ironie kann es hilfreich sein, auf vorhandene
Interpretationen zurückzugreifen, um zu erfahren, wie diese Verfahren wirken
können. Einer der sprachgewaltigsten Interpreten von Thomas Manns Ironie
ist der Lyriker und Essayist Peter Rühmkorf. Seine Deutung ist deshalb besonders interessant, weil gerade in seiner polemischen Abgrenzung und negativen
Wertung ein genauer Blick auf die Funktionsweisen von Manns Ironie enthalten ist. Rühmkorf hat gemeinsam mit 17 anderen Autorinnen und Autoren im
Jahr 1975 anlässlich von Thomas Manns einhundertstem Geburtstag auf eine

---

[4] X, 353.

[5] Betrachtungen eines Unpolitischen: 13.1, 617.

[6] Ich greife hier zurück auf meine umfassendere Darstellung dieser Deutung in Verf.: Erzähl-
ter Pluralismus. Thomas Manns Ironie als Sprache der Moderne. Erscheint Frankfurt/Main:
Vittorio Klostermann 2016 (= Thomas-Mann-Studien).

[7] Meine Deutung geht demnach von der Voraussetzung aus, dass die Literatur der Moderne
als Reaktion auf soziale und philosophische Fragen und Probleme der modernen Welt anzusehen
ist. Dieser soziale bzw. philosophische Moderne-Begriff ist den Geschichts- und Sozialwissenschaften entnommen und geht vom Beginn der Moderne um 1800 aus. Literarische Texte, die
sich mit den Problemen dieser modernen Welt auseinander setzen, sind demnach als Literatur der
Moderne aufzufassen, gleich welcher Art die in ihnen artikulierte Reaktion auf moderne Welt
auch ist. Dieser literaturgeschichtliche Moderne-Begriff ist relational zur sozialen Moderne zu
sehen, er ist demzufolge deskriptiv und nicht normativ. Über die Abgrenzung zwischen normativen und deskriptiven Moderne-Begriffen vgl. den Beitrag von Matthias Löwe in diesem
Jahrbuch, außerdem Anke-Marie Lohmeier: Was ist eigentlich modern? Vorschläge zur Revision
literaturwissenschaftlicher Modernebegriffe, in: Internationales Archiv für Sozialgeschichte der
deutschen Literatur, Bd. 32, H. 1, Tübingen: Niemeyer 2007, S. 1–15; Dirk von Petersdorff: Die
Öffnung des ästhetischen Feldes, in: Internationales Archiv für Sozialgeschichte der deutschen
Literatur, Bd. 34, H. 2, Tübingen: Niemeyer 2009, S. 228–234.

von Marcel Reich-Ranicki initiierte Umfrage geantwortet, die überschrieben war: »Was halten Sie von Thomas Mann?« Diese Antworten erschienen zuerst in der FAZ, später auch in Form eines kleinen Buches. Rühmkorf berichtet in seinem Beitrag zunächst, dass er immer wieder daran gescheitert sei, sich diesem Autor über seine Bücher zu nähern, und zwar wegen einer Sprachbarriere. Sie sei ihm vorgekommen wie eine Klassenschranke, die den Kleinbürger Rühmkorf vom Großbürger Mann trennte. Denn in Manns Prosa drücke sich »eine nur an ihren Rändern gebrochene Großbürgerlichkeit«[8] aus, deren Sorgen, so Rühmkorf weiter, »nie die meinen waren, deren Perspektiven [...] mir schnurz sind, deren Ausdrucksweise mir beinahe physisch zuwider ist.«[9] Weil er es aber trotz dieser gescheiterten Näherungsversuche nicht aufgeben wollte, habe er es auf der persönlichen Ebene probiert, und zwar indem er 1953 eine Lesung Manns in Hamburg besuchte. Dort bestätigte sich der aus der Lektüre schon vorgeprägte Eindruck: Er habe Mann in Hamburg folgendermaßen erlebt: »Die oblatendünne Ironie genüsslich nachkostend und fast affenhaft in den selbstgemachten Zierrat verliebt.«[10] In Rühmkorfs Beitrag wird die Ironie als das herausragende Stilmerkmal von Manns Texten benannt. Hinsichtlich ihrer Funktion sagt er dabei folgendes: »Meiner Auffassung nach handelt es sich bei den ironischen Travestien Thomas Manns um das reichlich primanerhafte Vergnügen, mühselig erworbene Wissensstoffe kunstvoll auszustellen und – gleichzeitig! – den subjektiven Abstand zu den Bildungsunterlagen mitzuinszenieren.«[11] Zum Ende seiner Einlassungen läuft Rühmkorf zu polemischer Hochform auf:

Wo sich die Adaption von kultureller Hinterlassenschaft freilich so leichtfüßig anlässt wie bei diesem Autor und die Widerstandslosigkeit der Anverleibung nur noch durch den mediokren Übersetzungsgrad unterboten wird, beginnt für mich eine Sphäre von gehobener Hausmusik, in der Anwesenheit meinerseits nicht erforderlich scheint. [...] Daß Döblin diesen *Mann* nicht riechen konnte, Jahnn insgeheim sich vor ihm schüttelte, Brecht ihm sarkastisch-kritisch entgegenstand, deutet auf eine doch wohl mehr als privat-persönliche Aversionslinie, die ich, in tiefer Ehrerbietung vor den Letztgenannten, gern noch einmal nachgezogen haben wollte.[12]

Einige wenige Blicke in den Band mit den versammelten Antworten auf Reich-Ranickis Umfrage genügen, um zu sehen, dass Rühmkorfs Aversion

---

8 Peter Rühmkorf: Gestelzte Manierlichkeiten, in: Was halten Sie von Thomas Mann? Achtzehn Autoren antworten, hrsg. von Marcel Reich-Ranicki, Frankfurt/Main: Fischer 1986, S. 69–75, hier S. 70.
9 Ebd.
10 Ebd., S. 71.
11 Ebd.
12 Ebd., 72.

keineswegs individueller Natur war, sondern in dieser Zeit eher die Mehrheitsmeinung unter deutschen Autoren widerspiegelte.

Was nun aber jenseits der fein gearbeiteten Polemik Rühmkorfs Bemerkung zu einer interessanten Interpretation macht, ist seine präzise Beschreibung davon, wie ironische Rede funktioniert und zu welchem Zweck sie eingesetzt werden kann. Er spricht davon, dass Mann einen Traditionsbezug einerseits herstellt und andererseits – zugleich – zurückweist. Genau dieser Schwebezustand ist auch aus der Sicht der Forschung konstitutiv für Ironie: Mit einer ironischen Äußerung wird eine nicht auflösbare Spannung formuliert, eine Spannung zwischen dem Behaupten einer Aussage und ihrem gleichzeitigen Dementi.[13] Auf diese Weise ist nicht zu entscheiden, auf welcher Seite der Urheber dieser Aussage eigentlich steht, denn zwischen Behauptung und deren Dementi entsteht ein unabschließbarer Zirkel.[14] Damit ist ein klarer Unterschied zwischen Ironie und Satire markiert. Denn Satire hat immer einen festen Standpunkt, der als Wahrheit begriffen wird. Es gibt keine Zirkelbewegung der Bedeutungen – hier kann man etwa an politisches Kabarett denken, dort kommt selten ein Zweifel auf, welchen Standpunkt der Redner eigentlich vertritt. Dabei heißt Ironiker zu sein allerdings nicht, keinen Standpunkt zu haben. Ironiker betrachten den Gegenstandpunkt mit der gleichen Wertschätzung und gehen davon aus, dass es keinen archimedischen Punkt gibt, von dem aus sich entscheiden ließe, welcher Standpunkt der richtige ist, wo die Wahrheit liegt.[15]

Geht man von diesem Ironie-Begriff aus, der sich in der philosophie- und ideengeschichtlichen, in der literaturwissenschaftlichen und nicht zuletzt in der linguistischen Forschung in den letzten Jahren etabliert hat, dann hat man für Manns Texte ein gutes Analyseinstrument zur Hand. Man kann zeigen, wie schon die frühesten literarischen Texte von einer ironischen Struktur geprägt sind. Für das sehr frühe Werk findet sich die Ironie am ehesten auf der Figurenebene. Damit ist gemeint, dass die Figuren ironisiert werden, und zwar durch andere Figuren, in einzelnen Fällen auch vom Erzähler. Wie sieht das im Einzelnen aus?

Für die ganz frühen Texte möchte ich das an der Erzählung *Gefallen* aus dem Jahr 1896 illustrieren. Sie ist deshalb besonders interessant, weil hier eine Figur

---

[13] Uwe Japp etwa spricht davon, dass Ironie ein Versuch zur »Versprachlichung der Welt in Form einer gleichzeitigen Gegenrede« sei. Uwe Japp: Theorie der Ironie, Frankfurt/Main: Vittorio Klostermann 1983, S. 279.

[14] Linguisten sprechen in Anlehnung an sprechakttheoretische Grundannahmen davon, dass in einer ironischen Aussage zwei Propositionen zugleich artikuliert werden, der Rezipient dieser Aussage aber nicht entscheiden könne, welcher der beiden Propositionen der Sprecher den Vorzug gebe. Die erste wird durch die zweite Proposition in ihrer Geltung begrenzt, die zweite aber auch wieder durch die erste. Vgl. Edgar Lapp: Linguistik der Ironie, Tübingen: Gunter Narr 1992.

[15] In der Philosophie hat Richard Rorty eine solche Position formuliert. Vgl. Richard Rorty: Kontingenz, Ironie und Solidarität. Frankfurt/Main: Suhrkamp 1989.

auftritt, die im Text als »Ironiker« bezeichnet wird.[16] Gemeint ist die Figur des
Dr. med. Selten, der sich in seiner Jugend in Irma verliebt hatte. Die Beziehung
der beiden wird als großes Glück, als zwischenmenschliche Idylle beschrieben.
Der Protagonist lebt in diesem »lieben, dummen, süßen, sprudelnden Glück«[17]
und idealisiert seine Geliebte bis hin zur Selbstaufgabe. Entsprechend tief ist
der Fall, als er entdeckt, dass sich Irma prostituiert. In der Konsequenz verändert sich seine Haltung zu sozialen Beziehungen grundlegend, und auch die
Frage nach der Selbstbestimmungsfähigkeit des Subjekts beantwortet er nun
nicht mehr ausschließlich positiv. Im Freundeskreis erzählt er seine Geschichte
und es entspinnt sich eine Diskussion über die gesellschaftliche Stellung der
Frau. Die Rolle des idealistischen Sozialrevolutionärs nimmt dabei ein Herr
namens Laube ein, der in den Frauen immerzu »die Verlorene, von der Gesellschaft Ausgestoßene, Verfemte, die Gefallene«[18] sieht. Auch Dr. Selten war
einmal ein Idealist, aber er hat einen Prozess der gründlichen Desillusionierung
hinter sich. Die Erzählung markiert eine solche idealistische Haltung dabei
als naiv-unreflektiert, während Selten zum kritisch-reflexiven Zeitgenossen
geworden ist. Der Erzähler spricht davon, dass »Welterfahrung und -verach-
tung« seine »wegwerfenden Gesten«[19] grundierten. Dieser Ironiker Dr. Selten
vertritt die kritische Norm des Textes, man kann davon sprechen, dass seine
Haltung derjenigen der impliziten Autorinstanz entspricht. Allerdings lässt
sich zeigen, dass damit die Gegenpositionen nicht absolut disqualifiziert werden. Der Idealist Laube wird von Anfang an wie seine eigene Karikatur dargestellt: »Laube [...] war schon wieder ganz außer sich und gestikulierte von
seinem tiefen Polsterstuhl aus verzweifelt in der Luft herum«,[20] allerdings kann
man gegen seine Argumente in der Sache wenig vorbringen, denn das soziale
Ungleichgewicht zwischen Männern und Frauen tritt im späten 19. Jahrhundert noch sehr deutlich zutage. Laubes Vorträge werden daran wenig ändern,
denn am Ende eines solchen Vortrags lenkt der Erzähler den Blick auf einen
der Umsitzenden und stellt ohne jeden weiteren Kommentar fest: »Meysen-
berg schälte sich eine Orange.«[21] Der Ironiker Dr. Selten vertritt eine ganz
andere Auffassung. Er vermittelt seinen Zuhörern die durchaus fragwürdige
Überzeugung: »Wenn eine Frau heute aus *Liebe* fällt, so fällt sie morgen um
Geld.«[22] Die Fragwürdigkeit dieser Haltung lässt sich kaum bestreiten, wichtig ist aber, welche Schlussfolgerung Selten aus ihr gezogen hat. Er tritt als

[16] 2.1, 14.
[17] 2.1, 40.
[18] 2.1, 16.
[19] 2.1, 14.
[20] 2.1, 15.
[21] Ebd.
[22] 2.1, 49.

der kritisch-reflexive, durchschauende Intellektuelle auf, der im Unterschied zu seinen Zuhörern verstanden hat, wie es um die Welt eigentlich bestellt ist.

Ist es aber überhaupt treffend, diese Haltung als die eines Ironikers zu bezeichnen, passen hier der Textbegriff und der analytische Begriff überhaupt zusammen? Denn dieser Ironiker scheint einer zu sein, der hinter die Fassade blickt, der sie durchschaut und versteht, was sich dahinter abspielt, der einen festen Wahrheitsbegriff hat. Es kommt eine weitere Ebene hinzu: Denn das performative Setting, in dem Dr. Selten seine Erzählung und seine Thesen zur Frauenfrage vorträgt, unterstützt seine Aussagen und relativiert sie zugleich. Im Text heißt es: »Der Doktor saß in einem großen, altertümlich geschnitzten Kirchenstuhl, über den er sich beständig in seiner scharfen Weise lustig machte.«[23] Er verschafft sich und seinen Aussagen einerseits geradezu kirchliche Autorität, um diese Autorität gleichzeitig zu unterlaufen, wenn er sich über die Symbolik dieser Autorität lustig macht. Die Haltung des Ironikers kann man deshalb so beschreiben: Sie setzt eine analytisch-kritische Grundhaltung voraus, bleibt aber nicht dabei stehen, einfach nur einen entgegengesetzten Standpunkt einzunehmen, denn auch dieser Gegenstandpunkt wird wieder in Zweifel gezogen. Dadurch werden beide Standpunkte nicht auf einer höheren Ebene vereinigt, sondern ihr Gegensatz und die Spannung zwischen ihnen wird gerade aufrechterhalten.

Damit wäre ein ironisches Textverfahren im Frühwerk Thomas Manns beschrieben. Diese Beschreibung gibt aber noch keine Erklärung dafür ab, warum er auf Ironie zurückgreift, was mit Hilfe der Ironie ausgedrückt werden soll. Hier hilft es weiter, die Probleme in den Blick zu nehmen, die Thomas Mann mit Hilfe ironischer Redeweisen bearbeiten will. Bei dieser Erzählung sind es die unterschiedlichen Welthaltungen, die miteinander konfrontiert und jeweils problematisiert werden. Es sind zwei Welthaltungen, die spätestens im Verlauf des späten 19. Jahrhunderts immer stärker in Konkurrenz miteinander treten, nämlich eine idealistisch-engagierte Welthaltung einerseits, die als naiv gekennzeichnet wird, eine kritisch-reflexive auf der anderen Seite. Beide Zugänge zu Welt, zu Geschichte, zu Gesellschaft werden als gleichrangig inszeniert, die Lösung des verhandelten Problems (nämlich: wie verhält es sich um die gesellschaftliche Stellung der Frau) wird nicht einer der beiden Seiten zugeschlagen, sondern das Problem wird stattdessen als unlösbar dargestellt. Und diese Unlösbarkeit wird mit Hilfe von Ironie ausgedrückt.

An der Erzählung *Tonio Kröger* will ich nun kurz vorführen, wie Thomas Mann sich immer stärker auf das Problem des Künstlertums in der Moderne konzentriert. Man kann auf diese Weise darstellen, inwiefern Thomas Mann mit Problemen der Moderne beschäftigt ist, inwiefern er als moderner

---

[23] 2.I, 14.

Autor kategorisiert werden kann, wenn man es nur unterlässt, einen empha-
tisch-avantgardistischen Moderne-Begriff an diesen Autor heranzutragen – so
wie es Matthias Löwe in seinem Beitrag vorgeführt hat. Das Problem des modernen Künstlertums drückt sich für Thomas Mann in etwa folgendermaßen
aus: An den literarischen wie den essayistischen Texten des Frühwerks zeigt
sich, wie die Frage für Mann immer drängender wird, was den Künstler in der
Moderne eigentlich ausmacht, welcher Ort ihm in den sozialen und wissensgeschichtlichen Bedingungen der Moderne zukommt. Man kann sehen, dass
Thomas Mann unterschiedliche Antworten auf diese Frage ausprobiert und
auch wieder verwirft. In seinem Koordinatensystem sieht das so aus, dass die
Kunst entweder dem Geist oder dem Leben zugeordnet wird. Diese Begriffe
erklären sich nicht gerade von selbst und außerdem versteht Thomas Mann
unter ein und demselben Begriff gerne auch einmal zwei völlig verschiedene
Dinge. Man kann sich deshalb so behelfen, dass man das Spannungsfeld, in
dem er sich mit seiner künstlerischen Identitätsfrage bewegt, auf andere Weise
beschreibt. Im Kern geht es ihm in dieser frühen Zeit um die Frage, ob die
Kunst sich einer aufklärerisch inspirierten, kritisch-reflexiven und am Ende
emanzipatorischen Funktion verschreiben soll, oder ob sie sich auf eine reflexiv
nicht einholbare, ästhetisch-emotionale Wirkung konzentrieren sollte, die sich
eher an die affektiven Vermögen des Menschen richten sollte. Ein Beispiel für
letztere Kunstauffassung ist etwa die Musik Richard Wagners, die Mann in
seinen frühen poetologischen Überlegungen zum letztlich ungeschriebenen
Essay *Geist und Kunst* als »Tempelkunst«[24] bezeichnet. In *Tonio Kröger* wird
dieses Problem in die Identitätsfrage der Titelfigur hineinverlegt. Er fragt sich,
welche Art der Weltwahrnehmung eigentlich die angemessene sei: eine Welthaltung, die einen Ausweg aus den Komplexitäten der Moderne bietet, oder
diejenige, die diese Komplexitäten aushält, die die Spannungen nicht aufzulösen versucht. Tonio Kröger sucht nach einem Weg, mit der Spannung zwischen Bohème und Bürgerlichkeit umgehen zu können. Er gehört nicht zu den
Schülern »von solider Mittelmäßigkeit« und fragt sich: »Was aber ist mit mir
und wie wird dies alles ablaufen?«[25] Sein Anspruch auf Intellektualität ver-
bietet ihm einen Anschluss an das naive Leben der blonden und Blauäugigen,
die er aber gerade so sehr liebt. Nachdem sich der schriftstellerische Erfolg
eingestellt hat, wird ihm aber klar, dass man durchaus nicht »gestorben sein
muß, um ganz ein Schaffender zu sein«,[26] dass eine künstlerische Identität in
der Nähe des Lebens zumindest möglich ist. Seine Zweifel richten sich des-

[24] Hans Wysling: »Geist und Kunst«. Thomas Manns Notizen zu einem »Literatur-Essay«, in:
Quellenkritische Studien zum Werk Thomas Manns, hrsg. von Paul Scherrer und Hans Wysling,
Bern, München: Francke 1967 (= TMS I), S. 123–233, S. 158.
[25] 2.1, 248.
[26] 2.1, 266.

halb nun darauf, welche Form des Künstlertums die angemessene sei. Wie, so lautet die Leitfrage des sog. Künstlergesprächs zwischen Tonio und Lisaweta Iwanowna, kann das Verhältnis des Künstlers zur Gesellschaft gestaltet werden? Sollte man sich – wie Adalbert, der Novellist – als Kaffeehausliterat ganz davon verabschieden, als Künstler eine soziale Wirkung haben zu können, oder sollte man als Künstler gerade darauf hinarbeiten, gesellschaftliche Wirkung zu entfalten? Tonio möchte Adalbert in seine soziale Isoliertheit nicht folgen, auch wenn er die Distanz zum Leben als notwendige Voraussetzung des Künstlertums ansieht. Es geht ihm um die Legitimation künstlerischer Lebens- und Ausdrucksformen, zugleich aber will er die Anbindung an ein bürgerliches Leben nicht verlieren. Deshalb lautet die Frage in diesem Gespräch ganz explizit: »Aber was ist der Künstler?«[27] Ob er ein verirrter Bürger sei, wie ja die berühmte Antwort Lisawetas lautet, bleibt am Ende offen, genauso wie alle anderen Positionen problematisiert werden, die die Protagonisten des Textes verkörpern. Tonio Kröger findet schließlich einen Weg, wie er mit der Spannung zwischen Kunst und Leben umgehen kann, wie er diese Spannung aufrechterhalten kann, er setzt sein künstlerisches Selbstverständnis in ein Verhältnis zu den gesellschaftlichen und kulturellen Bedingungen der Moderne: Dieser Weg läuft über den Humor, wie Tonio das selbst nennt, der die Haltung des Künstlers zum Leben der Blonden und Blauäugigen hin kennzeichnet. Seine Kunst wendet sich nicht gegen das Leben, akzeptiert vielmehr dessen Komplexität. Wenn er mit viel Pathos verkündet, dass alle seine Wärme und Güte aus seiner Bürgerliebe zum Menschlichen und Lebendigen komme und dass es ihm scheine, als sei sie jene Liebe selbst, von der geschrieben steht, dass einer mit Menschen- und Engelszungen reden könne und ohne sie doch nur ein tönendes Erz und eine klingende Schelle sei,[28] dann ist dieses Bekenntnis eines Künstlers in eine ironische Struktur eingebunden. Denn es handelt sich dabei bekanntlich um ein Zitat aus dem 1. Korintherbrief. Tonio Kröger kann also die für das Künstlertum notwendige Kreativität und Originalität nicht aus sich selbst schöpfen, er greift vielmehr auf eine kulturelle Tradition zurück. Sein Künstlertum zeigt sich nun aber gerade darin, dass er dieses Zitat ausgewählt hat, gerade weil – nicht zuletzt wegen der langen Überlieferungtradition – so eine immense ästhetische Wirkung von ihm ausgeht.

Dieses beständige Changieren zwischen Behauptung und Gegenbehauptung kennzeichnet ironisches Sprechen. Kennzeichnend für Thomas Manns ironische Rede im Speziellen ist, dass sie eine Reaktion darstellt auf eine zentrale Frage der kulturellen Moderne. Die Frage nämlich nach Ort und Funktion des Künstlertums unter den Bedingungen der Moderne. Thomas Mann reagiert

---

[27] 2.1, 273.
[28] Vgl. 2.1, 318.

auf die Problematik des Künstlertums, das sich den Bedingungen der Moderne stellen muss und etwa mit Wahrheitspluralismus umzugehen hat, im Modus der Ironie. Interessant ist nun, dass er zunächst davon nichts zu wissen scheint. Denn eine theoretische Reflexion über Ironie gibt es erst in den *Betrachtungen eines Unpolitischen* von 1918. Die Essays des Frühwerks dokumentieren interessanterweise eher das Gegenteil, der Ironiker Thomas Mann taucht dort eher nicht auf. Konzentriert man sich auf diese Texte, dann gewinnt man den Eindruck, dass er immer auf der Suche nach eindeutigen Antworten und nach einer festen Wahrheit ist. In seinen poetologischen Überlegungen wird das immer wieder deutlich, denn dort entscheidet er sich für einseitige Lösungswege, für eine kritisch-reflexive, aufklärerische Kunstauffassung z. B. in *Bilse und ich*, und auch der groß angelegte, nie geschriebene Essay *Geist und Kunst*, das zeigen die Notizen, tendiert zunächst in diese Richtung, bevor es dann eine Wandlung gibt. Die späteren Notizen nämlich betonen eine der Moderne gegenüber kritisch eingestellte Kunstauffassung, mit der eindeutige, d. h. unterkomplexe Antworten gegeben und einseitige ästhetische Normen vertreten werden. Er versucht damit, die kritisch-reflexive Distanz, die Tonio Kröger noch als notwendig angesehen hatte, zu überwinden, er will sich an die Lebenspraxis annähern, und sieht im Leiblichkeits- und Vitalitätskult der Jugendbewegung eine Realisierung dieser Norm. »… Alles [ist] um seiner selbst willen da, […] reine unverhunzte Gefühlsintensität«, und zufrieden stellt er in der 103. Notiz fest: »Ich rieche Morgenluft.«[29] Aber es ist kennzeichnend, dass sich Thomas Mann am Ende offenbar doch nicht entscheiden und eine Lösung finden konnte, die es ermöglicht hätte, einen kohärenten Text zu schreiben: *Geist und Kunst* ist nicht über das Stadium des Notizenkonvoluts hinaus gekommen.

Dass es dennoch eine theoretische Lösung für das Problem geben kann, wird Mann erst im Verlauf des Ersten Weltkriegs klar, während er eine Generalinventur seiner poetologischen Auffassungen unternimmt und als Ergebnis die *Betrachtungen eines Unpolitischen* schreibt. Dort gibt es das große Kapitel *Ironie und Radikalismus*. Beide Begriffe werden als Gegensatz begriffen. Man kann behaupten, dass sich die *Betrachtungen* als zentrales Dokument seiner Poetik verstehen lassen, denn dort wird den einseitigen ästhetischen Normen eine Absage erteilt. Sie treten auf in Gestalt des sog. Zivilisationsliteraten, konkret gesprochen in Gestalt des Bruders Heinrich. Er sieht sich einer Situation gegenüber, in der die ästhetische und weltanschauliche Norm des auf gesellschaftliche Veränderung gerichteten Künstlers dominant geworden ist. Thomas Mann fühlt sich also in die Ecke gedrängt, aber er behauptet, dass man der Gesellschaft auch auf mehr als eine Weise dienen kann und »dass die meine

---

29 TMS I, 207.

nicht unbedingt die falsche, schlechte und unfruchtbare zu sein braucht.«[30] Die Weigerung, sich in Dienst stellen zu lassen, wird begründet mit einer Analyse moderner Gesellschaftsstrukturen, die im Ergebnis die Einsicht Manns in eine pluralistisch verfasste Sozial- und Wissensordnung zeigt:

Ich glaube nicht, daß es Wesen und Pflicht des Schriftstellers sei, sich ›mit Geheul‹ der Hauptrichtung anzuschließen, in der die Kultur sich eben fortbewegt. Ich glaube nicht und kann es meiner Natur nach nicht glauben, daß es dem Schriftsteller natürlich und notwendig sei, eine Entwicklung auf durchaus positive Weise, durch unmittelbare und gläubig-enthusiastische Fürsprache zu fördern, – als ein rechtschaffener Ritter der Zeit ohne Skrupel und Zweifel, geraden Sinnes, ungebrochenen Willens und Mutes zu ihr, seiner Göttin. Schriftstellertum selbst erschien mir vielmehr von jeher als ein Erzeugnis und Ausdruck der Problematik, des Da und Dort, des Ja und Nein, der zwei Seelen in einer Brust, des schlimmen Reichtums an inneren Konflikten, Gegensätzen und Widersprüchen. Wozu, woher überhaupt Schriftstellertum, wenn es nicht geistig-sittliche Bemühung ist um ein problematisches Ich?[31]

Nicht zuletzt diese Sätze zeigen, dass es neben den nationalistischen Tönen in diesem Buch auch eine explizit liberale Haltung gibt.

Wie sieht nun seine Antwort auf diese Fragen aus? Wenn sich Kunst darum bemühen will, alle menschlichen Vermögen anzusprechen, wenn Kunstwerke sowohl die kritisch-reflexive Seite als auch die naiv-instinktive ansprechen, wenn sie also einen umfassenden Zugriff bieten sollen, dann dürfen sie sich nicht auf eine der beiden Seiten schlagen. Gleichzeitig glaubt Thomas Mann nicht daran, dass eine Synthese gelingen kann. In der Ironie findet dieser Gedanke ein adäquates Ausdrucksmittel, denn die Redeform der Ironie ist dazu geeignet, Spannungen aufrechtzuerhalten, die Unvereinbarkeit von Gegensätzen in einem Atemzug zu formulieren – problemgeschichtlich gesprochen: Ironie ist eine Möglichkeit, auf ästhetischem Wege die Unlösbarkeit von Problemen zu inszenieren.

Genau das kennzeichnet Thomas Manns Modernität, das macht seinen Ort im Horizont der modernen Wissens- und Ideengeschichte aus. Die Geltungskraft verschiedener Haltungen und Positionen wird behauptet und zugleich in Frage gestellt, weil sich dahinter der Blick auf eine komplex und plural verfasste Welt verbirgt, so sollen unterkomplexe Antworten auf komplexe Probleme vermieden werden.

Ein kurzer abschließender Blick auf den Roman *Der Zauberberg* soll das illustrieren. Dort bezieht sich die Ironie ganz ausdrücklich nicht mehr auf das moderne Künstlerproblem, sondern wird auf allgemeine weltanschauliche Fragen ausgedehnt. Bekanntlich treffen hier zwei Vertreter ganz unterschied-

---

[30] 13.1, 22f.
[31] 13.1, 23

licher Weltdeutungskonzepte aufeinander: der idealistisch-aufklärerische Settembrini einerseits, Naphta, der kommunistisch-anarchistische Gotteskrieger andererseits. Beide stehen sie im Koordinatensystem Manns für eindimensionale Lösungskonzepte, weil sie die Problemstellungen der Moderne auf jeweils eine kategoriale Ursache, nämlich den Verlust von Sinngebungsmodellen, zurückführen und auf jeweils eigene Art diesen Sinnverlust kompensieren, die Probleme der Moderne lösen wollen. Beide versuchen sie Hans Castorp auf ihre Seite zu ziehen, beide werden im Sinnmodell des Romans als defizitär gekennzeichnet. Auch dies geschieht auf ironische Weise, genauer gesagt mit dem schon bekannten performativen Widerspruch. Settembrini, der von der Kraft des Wortes überzeugt ist, versagt als Redner immer wieder. Argumentativ kann immer wieder sein Gegenspieler Naphta punkten, schließlich ist ihm sogar ein Stück Baumkuchen wichtiger als der Sieg in einem argumentativen Wettkampf. Naphta dagegen, der Enthaltsamkeit und Askese predigt, lebt in luxuriöser Umgebung und hat großes Interesse an einer ästhetischen Lebensgestaltung. Wichtiger und interessanter ist aber die Ironisierung der Erzählerinstanz im *Zauberberg*. Denn durch den sog. Vorsatz am Anfang des Romans sowie durch seinen Schluss wird das vom Roman präsentierte Weltdeutungsmodell gleichfalls in Frage gestellt und in seiner Geltungskraft limitiert. Dass der Text einen umfassenden Weltdeutungsanspruch erhebt, wird am Ende des Vorsatzes deutlich, wenn in einer biblischen Anspielung behauptet wird: »Im Handumdrehen also wird der Erzähler mit Hansens Geschichte nicht fertig werden. Die sieben Tage einer Woche werden dazu nicht reichen und auch sieben Monate nicht. […] Es werden, in Gottes Namen, ja nicht geradezu sieben Jahre werden.«[32] Der Anspielungscharakter dieser Bemerkung und ihr biblischer Bezugspunkt befeuern und begrenzen die Erwartungshaltung des Lesers in gleichem Maße, und dass es am Ende eben doch sieben Jahre werden, die Hans auf dem Zauberberg zubringt, verleihen der Aussage eine zusätzliche ironische Volte. Entscheidend ist aber, dass in den Roman eine ironische Bespiegelung des eigenen erzählerischen Anspruchs eingebaut ist. Und diese ironische Darstellungsform dokumentiert, als wie begrenzt die Kompetenzen des weltdeutenden Erzählers hier inszeniert werden.

Blickt man aus dieser Perspektive auf Thomas Manns Ironie, dann wird deutlich, was sie leistet, worin ihre Funktion liegt. Ironische Erzählverfahren Manns werden erklärbar als Reaktionen auf Problemstellungen der kulturellen Moderne, die vor allem unter dem Stichwort Wahrheitspluralismus zusammengefasst werden können. Gerade weil es für Mann in der Moderne kein kulturelles Zentrum mehr gibt, das allgemeingültige Gewissheiten formulieren könnte, bleibt als Reaktion die Ironie. Im Redemodus der Ironie können

---

[32] 5.1, 10.

Aussagen formuliert werden, die zugleich ihr Dementi mit sich führen. Diese Art ironischen Sprechens bezieht sich dabei nicht nur auf Figurenironie, sondern bezieht auch die Ebene der Erzählinstanz und damit die Geltungskraft künstlerischer Weltdeutungen mit ein. Ironisiert wird nicht nur, was eine Figur als Teil der literarischen Welt sagt, sondern auch die Deutungsaussage, die im Sinnmodell etwa des Romans *Der Zauberberg* enthalten ist und sich auf die außerliterarische Welt richtet.

Die ironischen Darstellungsverfahren eignen sich demnach in besonderer Weise, Thomas Manns Werk im Feld der ästhetischen Moderne zu verorten. Im Unterschied zu den Werken vieler anderer zeitgenössischer Autoren produzieren seine Texte keine neuen Sinnmodelle, die einer Kultur ohne Zentrum ein Gegenmodell gegenüberstellten. Seine Texte inszenieren und problematisieren im Modus ironischer Rede den Wahrheitspluralismus der Moderne.

Frank Weiher

Über die Gegensätze ›Geist und Leben‹ und ›Künstler und Bürger‹ in der Thomas Mann-Forschung

Antithetische Gegenüberstellungen sind in der Wissenschaft immer beliebt. Dies hängt sowohl unmittelbar mit dem Wesen der Wissenschaft, wie mit ihrer Geschichte zusammen, für die der Sokratische Dialog mit seinem Aufbau aus Rede und Gegenrede letztlich bis heute prägend ist. Antithetische Gegensätze und Oppositionspaare bringen Licht ins Dunkel, lichten das Wirrwarr und schlagen eine Breche in den Dschungel des Faktischen. De facto ist die Welt natürlich immer komplexer und also komplizierter als wir uns durch Begriffe weiß machen wollen. Deshalb ist es praktisch und ebenso einleuchtend, Dinge zunächst von ihrem Gegenteil, ihrem Gegensatz abzuheben, voneinander abzugrenzen und sie hierdurch fürs Erste in einem Spannungsverhältnis zu definieren.

Diese Tendenz zeichnet natürlich auch die wissenschaftliche Auseinandersetzung mit dem Werk Thomas Manns aus, so dass die Forschung und Forschungsgeschichte – und hier sogar in einem ausgesprochen hohen Maß – durch oppositionelle Gegenüberstellungen geprägt ist. Um einige Evergreens Thomas Manns wie der Thomas Mann-Forschung zu nennen, sei hier verwiesen auf: Kultur versus Zivilisation, Literatur versus Dichtung, das Apollinische und das Dionysische, im fehlinterpretierten Rekurs auf Schopenhauer die Welt als Wille auf der einen und als Vorstellung auf der anderen Seite, und die im Folgenden behandelten Gegensätze Geist und Leben sowie Künstler und Bürger.

Bedeutsamer als antithetische Gegenüberstellungen sind für die Wissenschaft Definition und die aus ihr resultierende Begrifflichkeit. Dies gilt für die Geisteswissenschaft in besonders hohem Maße, da sie nur durch Begrifflichkeit über ihre Gegenstände zu urteilen vermag.[1] Die Dinge auf den Begriff zu bringen, ist also hier jener Schritt, der für den weiteren Erkenntnisprozess der wissenschaftlichen Auseinandersetzung unabdingbar ist. Vor diesem Hintergrund ist eben jede Forschungsgeschichte immer auch Begriffsgeschichte.

Nun hat aber wohl kaum ein Begriff so viel an seinem intellektuellen Anspruch und seiner Präzision eingebüßt, wie der Begriff ›Begriff‹ selbst. Seine Selbstverständlichkeit im 18. Jahrhundert – um von seiner großen Blütezeit bei Hegel und im deutschen Idealismus zu schweigen – wird z. B. deutlich, wenn

---

[1] Der Begriff des Urteils wird hier von mir im Sinne Kants verwendet. Es sei daran erinnert, dass in Kants Terminologie darüber hinaus Kritik und Wissenschaft noch ein und dasselbe meint.

der naseweise Schüler in Goethes *Faust* auftritt, und schon vor seiner Immatrikulation über den hohen Stellenwert des Begriffs in den heiligen Hallen der Akademie, die er von nun an ja betreten möchte, Bescheid weiß:

Mephisto gibt dem Schüler für seinen akademischen Werdegang bekanntlich den äußerst klugen Rat: »Im ganzen – haltet Euch an Worte! / Dann geht Ihr durch die sichre Pforte / Zum Tempel der Gewißheit ein.«[2] Intellektuell redlich und sachlich richtig entgegnet der Schüler: »Doch ein Begriff muss bei dem Worte sein.« (*Faust*, Vs. 1993)

Hierauf nun aber gibt Mephisto eine Antwort, die jenseits der idealistischen Vorstellungen von Begrifflichkeit und Geist den Nerv häufig praktizierter akademischer Realität trifft – und, wenn man sich die Freiheit nimmt, sie auf aktuelle Tendenzen der Literaturwissenschaft zu beziehen, schon manch aktuelles Phänomen bereits hellsichtig aufs Korn nimmt:

Schon gut! Nur muß man sich nicht allzu ängstlich quälen; / Denn eben wo Begriffe fehlen, / Da stellt ein Wort zur rechten Zeit sich ein. / Mit Worten läßt sich trefflich streiten, / Mit Worten ein System bereiten, / An Worte läßt sich trefflich glauben, / Von einem Wort läßt sich kein Jota rauben. (*Faust*, Vs. 1994–2000)

Hier wird auf eine inhärente Differenz zwischen Wort und Begriff verwiesen, und eben diese Differenz, so Mephisto, lässt sich als Taschenspielertrick einsetzen: für den akademischen Diskurs reichen Worte ohne alle Begrifflichkeit unter Umständen völlig aus. Begrifflichkeit – um von den aus ihr generierten Erkenntnissen zu schweigen – ist für die wissenschaftliche Auseinandersetzung gar nicht nötig; Worte genügen völlig, um »die leiernde Diskurs-Platte«[3] laufen zu lassen.

»An Worte läßt sich […] glauben« und somit ist bei Mephisto vom »Tempel der Gewißheit« keine Rede mehr, denn Glaube und Gewissheit schließen einander aus. Zwar ist auch der Tempel ein religiöses Motiv; er verweist aber auf einen emphatischen, nicht diskursiven Erkenntnisbegriff, letztlich sogar auf einen erotischen. Platons *Symposion*, als einer der Urtexte der abendländischen Philosophie wie der Geistesgeschichte, stellt ja die Frage, welche Rolle der Eros, von dem die Dichtung Homers so gut wie diejenige Sapphos noch nichts weiß, innerhalb des Erkenntnisprozesses der Wissenschaft einnimmt. »So kommt es, daß alles europäische Reden über die Liebe mit verkaterten Männern beginnt, deren Prosa als medientechnische, nämlich aufschreibbare Innovation nur eine

---

[2] Johann Wolfgang von Goethe: Faust, Vs. 1990–1992. Frankfurt/Main: Deutscher Klassiker Verlag 2005.
[3] Friedrich Kittler: Draculas Vermächtnis. In: Ders.: Draculas Vermächtnis. Technische Schriften. Leipzig: Reclam 1993, 11–57, 39.

Leerstelle der Poesie ausfüllen soll.«[4] Aus einem philologischen Problem, der Frage, warum die Dichtung über den Gott Eros schweigt, wird ein philosophisches. Zwischen Dichtung und Philosophie zeichnet sich also bereits am Ursprung der, in jeder Hinsicht, zweiten Disziplin eine Differenz ab, welche heute noch, meist unbeachtet oder unterschlagen, jenseits der Hermeneutik den philosophischen Einfluss auf Methoden der Literaturwissenschaft *ob ovo* in ein zweifelhaftes Licht stellt. Der Fortgang der Philosophiegeschichte aber zementiert diese Differenz, anstatt die Kluft zwischen Philosophie und Dichtung zu überbrücken, da die Kunst »[a] priori [...] die Menschen zum Staunen [bringt], so wie vor Zeiten Platon von der Philosophie es verlangte, die fürs Gegenteil sich entschied.«[5]

Vor diesem Hintergrund erzählt eben auch Thomas Manns *Zauberberg* zu weiten Teilen die Geschichte, wie Männer, wenn auch – außer Peeperkorn – nicht verkaterte, auf »ein[en] einfache[n] junge[n] Mensch[en]« (5.1, 11) einreden, um ihm die Welt begreifbar und begrifflich fassbar zu machen, und somit Hans Castorp, »dies unbeschriebene Blatt« (5.1, 59), zum Homo politicus zu bilden. Aus Hans Castorps *Schnee*-Traum Vision aber wissen wir, dass die endlos erscheinenden Dialoge zwischen Naphta und Settembrini, eben mit Worten, die um Begrifflichkeit ringen, so gut wie gar nichts bringen, und das Dunkel in Hans Castorps Sucherherzen »mit seiner Frage und seinem Rätsel« (5.1, 720) nicht zu lichten im Stande sind. »Die beiden Pädagogen! Ihr Streit und ihre Gegensätze sind [...] nur ein guazzabuglio und ein verworrener Schlachtenlärm, wovon sich niemand betäuben läßt, der nur ein bißchen frei im Kopfe ist und fromm im Herzen.« (5.1, 747) Hans Castorps Weg zur Erkenntnis hingegen läuft an Propyläen vorbei, zwischen Tempelsäulen hindurch; und schließlich heißt es vor der letzten Erkenntnis vielsagend: »Da stand ihm die metallene Tür der Tempelkammer offen[.]« (5.1, 744 f.)

Es kann hier natürlich nicht darum gehen, den altehrwürdigen Begriff wieder in den Rang zu heben, welcher ihm im deutschen Idealismus zukam. Es geht hier nur darum, darauf aufmerksam zu machen, dass ein Wort nicht zwingend ein Begriff ist, jeder Begriff aber zwingend ein Wort. Sich dieses Unterschieds bewusst zu sein, in diesem Punkt eine Sensibilität auszubilden, ist die Pflicht jedes Rezipienten, des Wissenschaftlers zumal, der in beiden Fällen – wie immer – ja nur schwarze Zeichen auf weißem Papier liest.

---

[4] Friedrich Kittler: Eros und Aphrodite. In: Ders.: Die Wahrheit der technischen Welt. Hrsg. von Hans Ulrich Gumbrecht. Frankfurt/Main: Suhrkamp 2013, 329–341, 330.

[5] Theodor W. Adorno: Ästhetische Theorie. Hrsg. von Gretel Adorno und Rolf Tiedemann. Frankfurt/Main: Suhrkamp 1973, 191.

Mit begrifflicher Definition schlechthin setzt sich so etwa auch Sokrates in Platons Dialog *Phaidros* auseinander, bevor er mit dem schönen Jüngling das Wesen der Liebe ergründen wird.

In allen Dingen, mein Kind, gibt es nur einen Anfang für die, welche richtig [καλῶς, gut, wahr, schön, F. W.] ratschlagen wollen: sie müssen wissen, worüber sie Rat pflegen, oder werden notwendig das Ganze verfehlen. Die Meisten nun merken nicht, daß sie das Wesen der Dinge nicht kennen.[6] Als kennten sie es also, verständigen sie sich nicht darüber im Anfange der Untersuchung, und im Fortgange bezahlen sie dann die Gebühr, sie sind nämlich weder jeder mit sich selbst noch unter einander einig. […] [S]o laß uns also über die Liebe, was sie ist und welche Kraft ihr zukommt, eine Erklärung einstimmig festsetzend, in Hinsicht und Beziehung auf diese dann die Untersuchung anstellen, ob sie Vorteile oder Schaden hervorbringt.[7]

Was hier im hohen Stil der Schleiermacher-Übersetzung rätselhafter klingt als in Platons Original, verweist exakt auf die Bedeutung wissenschaftlicher Begrifflichkeit, die ausschlaggebend für den durch sie geleisteten Erkenntnisprozess bzw. wissenschaftlichen Mehrwert ist: nur wo »das Wesen der Dinge«, wenn nicht ohnehin dämonisch geschaut[8], begrifflich definiert wird, kann der diskursive Prozess der Wissenschaft einsetzen. Wo bloße Worte anstele von Begrifflichkeit verwendet werden, sind alle ›Ergebnisse‹ zweifelhaft, alle Teilnehmer einer Diskussion »weder […] mit sich selbst noch unter einander einig.«[9] Denn dies ist das große Problem »leiernde[r] Diskurs-Platte[n]«[10]: sie prägen über den akademischen Dialog hinaus den Forscher auch beim selbstständigen Erarbeiten und Erfassen des Gegenstands.

So bietet, um ein aktuelles Beispiel aus der Thomas Mann-Forschung zu nennen, der Artikel über *Dilettantismus* im neuen *Thomas Mann-Handbuch* ein Musterbeispiel für treffsichere Begriffsdefinition;[11] während etwa Artikel

---

[6] Durch den emphatischen Erkenntniszustand, der Sokrates regelmäßig heimsucht, wenn wieder der δαίμων in ihn fährt, lässt sich eine Brücke zum emphatischen Erkenntniszustand Hans Castorps schlagen. Auch Castorp wird von seiner Erkenntnis im *Schnee*-Traum eher heimgesucht, als dass er sie deduktiv erarbeitet. Diese genialische Schau (der griechische δαίμων ist mit dem römischen *genius* weitgehend identisch), auf die die Wissenschaft aus Gründen des diskursiven Nachvollzugs der Argumentation verzichten muss, unterscheidet Sokrates von den »Meisten«, so dass jene sich erst über »das Wesen der Dinge« begrifflich im Klaren werden müssen, bevor sie sich wissenschaftlich mit ihm auseinandersetzen können.

[7] Platon: Phaidros. In: Ders.: Sämtliche Werke in zehn Bänden. Griechisch und Deutsch. Nach der Übersetzung Friedrich Schleiermachers, ergänzt durch Übersetzungen von Franz Susemihl u. a. Hrsg. von Karlheinz Hülser. Frankfurt/Main: Insel 1991. Bd. VI., 9–149, 37 f.

[8] Vgl. Anm. 4.

[9] Platon: Phaidros. A.a.O., 37.

[10] Kittler: Draculas Vermächtnis. A.a.O., 39.

[11] Vgl. Andreas Blödorn u. Friedhelm Marx (Hrsg.): Thomas Mann-Handbuch. Stuttgart: Metzler 2015, 291 f.

wie derjenige über *Dekadenz* oder derjenige über *Liebe und Erotik* allein durch begriffliche Unschärfe zwangsläufig in eine nicht unerhebliche Schieflage geraten. Letzterer, statt den Eros zu Platon in Bezug zu setzen, was ja sowohl durch die im Titel erwähnte Erotik als auch durch *Der Tod in Venedig* und *Der Zauberberg* nahegelegen hätte, um anschließend dem Wesen der Liebe, wie es für Thomas Manns Werk konstituierend ist, nachzugehen, handelt in erster Linie von Sexualität; jenem römisch-lateinischen Ausdruck, den die Griechen – und wohl aus guten Gründen – noch nicht kannten.[12] Ersterer setzt Dekadenz und französische décadence sogleich im ersten Satz gleich und bringt sich somit um die Differenz zwischen (auch polemischer) Verfallsbeschreibung (Dekadenz) und sowohl ästhetischer wie psychologischer Verfeinerung (décadence), um anschließend die Ambivalenz des Dekadenz-Begriffs auszumachen.[13]

Wirft man nun einen Blick in die Schaffensphase Thomas Manns, in der er sich selbst ganz ausdrücklich und massiv mit der begrifflichen Definition von Worten auseinandersetzt – also grob in die Zeit um den *Tod in Venedig* und die Schaffensphase des *Zauberbergs*, also inklusive der *Betrachtungen eines Unpolitischen* – dann springt ins Auge, dass Thomas Mann an begrifflichen Definitionen immer wieder scheitert. Die *Betrachtungen eines Unpolitischen* sind ja u. a. so umfangreich, weil permanent Worte wie etwa Kultur und Zivilisation, Literatur und Dichtung hinterfragt, modern gesprochen, letztlich dekonstruiert werden. Die *Betrachtungen* sind ja gerade nicht das reaktionäre Buch, das Schlagworte klischeehaft bemüht und bedient, sondern sich selbst, wie die Stellung ihres Verfassers permanent hinterfragt, dekonstruiert.

Thomas Manns Alter Ego Gustav von Aschenbach ist seinem Urheber hierin in gewisser Weise überlegen, denn er ist »der Verfasser [...] der leidenschaftlichen Abhandlung über ›Geist und Kunst‹, deren ordnende Kraft und antithetische Beredsamkeit ernste Beurteiler vermochte, sie unmittelbar neben Schillers Raisonnement über naive und sentimentalische Dichtung zu stellen[.]« (2.1, 508) Überhaupt ist Aschenbach ja Verfasser der Werke, die sein Autor als Entwürfe liegen ließ. (Vgl. ebd.)

Das Alter Ego hat hier eine »antithetische Beredsamkeit«, von der sein Autor in der großen Phase seiner Entwürfe und Versuche nur träumen konnte und wohl auch geträumt hat; allerdings gilt es hierbei zu bedenken, ob antithetische Beredsamkeit, das Aufzeigen von Oppositionspaaren denn nun wirklich für Dichter so erstrebenswert ist, wie es hier den Anschein zu machen versucht, denn dichterische Qualität hängt gar nicht von »antithetische[r] Beredsam-

---

[12] Vgl. ebd., 320–322.
[13] Vgl. ebd., 289f. In Bausch und Bogen wird hier sogar der wichtigste Analytiker des Dekadenz-Begriffs, Friedrich Nietzsche, lediglich auf der Seite der Kritiker der Dekadenz verortet.

keit« ab, und »ordnende Kraft« ist für Dichtung nicht bzgl. des Logos und
der Begrifflichkeit entscheidend, sondern im Lichte ihrer Ästhetik. Was in
ästhetischer Hinsicht geordnet ist, muss dies in begrifflicher nicht sein. Auch
hat Dichtung immer eine Lösung parat, wenn Antithetik sich verzettelt und
Widersprüche unentwirrbar werden; und wenn diese Lösung – wie im Falle
von Naphta und Settembrini – in einem Duell und schließlich im Kopfschuss
Naphtas, der als strenger Logiker ja »fast immer recht hat« (5.1, 719), endet.
Hier zeigt sich also auch eine Divergenz zwischen Dichtung und Wissenschaft:
Dichtung kann die Dinge anders lösen, als dies in der Wissenschaft üblich ist.

Wenn ich nun von den antithetischen Gegenüberstellungen, von denen ich
eingangs einige genannt habe, die Antithesen Geist und Leben sowie Künstler
und Bürger näher betrachten möchte, dann stellt sich also im Folgenden primär
die Frage, ob es sich hierbei nun bloß um Worte oder doch um Begriffe handelt.

Beide Antithesen hängen bezogen auf Thomas Mann eng, fast unmittelbar
zusammen, so dass man letztlich die Wahl hat, mit welchem Oppositionspaar
man denn beginnen möchte. Fangen wir mit Geist und Leben an.

Vor allem in Bezug auf die Helden der frühen Werke Thomas Manns hat es
sich innerhalb der Forschung schnell etabliert, und von Thomas Mann wurde
hierzu der Grundstein gelegt, sie unter antithetischen Paradigmen zu untersuchen. So stehen etwa die Helden Tonio Kröger und Johannes Friedemann
zwischen kontemplativer Geistigkeit und (teils verdrängter) Sehnsucht nach
dem Leben. Der Roman *Buddenbrooks* zeichnet die Linie des vitalen Verfalls
vor dem – inzwischen oft vernachlässigten – Hintergrund des geistig-ästheti-
schen Aufstiegs der Familie, denn von des alten Johann jovialer Art und seinem
barocken Flötenspiel à la Friedrich dem Großen bis hin zu Hannos Wagner-
Paraphrasen am Klavier, das ist in ästhetischer Hinsicht, aus der der Erzähler
auch keinen Hehl macht, eine Höherentwicklung, ein Verfeinern der künstlerischen Raffinesse. Selbst für Thomas Buddenbrooks Schopenhauer-Lektüre
ist natürlich ein geistiges Reflexionsniveau von Nöten, wie es seinen Ahnen
wohl doch nicht zukam. Das ist natürlich die geistige Sensibilisierung vor dem
Hintergrund des vitalen Verfalls; primär natürlich eine Modeerscheinung der
französischen Literatur des Fin de siècle. Der Rückgang der Vitalität steigert
die Sensibilität der Nerven; und als Angriff, als Narkotikum für die Nerven
wird ja eben auch die Musik Wagners – vor allem in der europäischen, weniger
in der deutschen Wagnerrezeption – gesehen. Wobei vor diesem Hintergrund
auch Nietzsches und Thomas Manns Wagnerrezeption – wie Hans Rudolf
Vaget gezeigt hat[14] – in der europäischen Dimension zu verorten ist.

---

[14] Vgl. Hans Rudolf Vaget: Thomas Mann, Wagner und der Fall Knappertsbusch. In: Udo
Bermbach u. a. (Hrsg.): Wagnerspectrum. Jg. 7. H. 2. Thomas Mann und Wagner. Würzburg:
Königshausen und Neumann 2011, 21–37, 27.

Der Geist erscheint im Frühwerk also primär als antivitalistisch, als gegen die Macht und Kraft des Lebens gerichtet. Und diese Geistigkeit ist ausschließlich eine künstlerische, was natürlich dem Umstand zu verdanken ist, dass sie unmittelbar mit dem anderen Oppositionspaar Künstler und Bürger zusammenhängt. Die Bürger erscheinen als die Ordentlichen und Gewöhnlichen, als diejenigen, die stark und kräftig, solide und fest im Leben wurzeln und von den Marotten, Launen und Fantasiegebilden der sensiblen, vergeistigten Künstlerfiguren nichts wissen, von dieser Geistigkeit nicht behelligt werden.

Allerdings ist die Gegenüberstellung von Geist und Leben nicht allein für das Frühwerk prägend. Seine stärkste Ausformung erfährt diese Antithetik wohl in der Figur der Mut em Enet – also in Potiphars Weib in *Joseph in Ägypten*.

Durch ihre – von Josephs artistischer Tricksternatur auch noch be- und geförderte – Liebe zum schönen Jüngling blüht Mut förmlich auf, legt an vitalen Kräften zu. Aus der schlanken, beinahe androgynen Mondnonne wird so schließlich die Liebesvettel. Ein Weib, das zulegt, durch den Lebensdrang förmlich aufschwämmt, und – wie eine wuchernde Pflanze – förmlich und im wahrsten Sinne vergeilt. In Mut zeigt das Leben seine vitalistische Kraft, seinen blinden Drang, rücksichtslos, unförmig und hierdurch eben auch unästhetisch, antiartistisch und antiathletisch.

Und dies alles vor dem Hintergrund, dass ihr Eheleben mit dem kastrierten Potiphar nichts als ein scheinhafter Kunstbau ist, eine Verfassung – wie Thomas Mann seine Ehe mit Katia im Brief an Bruder Heinrich ja bezeichnet hat (vgl. 21, 340). Eine Verfassung, die das Triebhafte des Lebens im Zaune hält. Dies ist im Wesentlichen das alte Motiv aus dem *Kleinen Herrn Friedemann*, der eben auch nicht die Geschichte einer Heimsuchung des Apollinischen durch das Dionysische erzählt, sondern eine detaillierte Pathogenese des Verdrängten bietet. Durch Muts Liebesdrang stürzt der Kunstbau des geordneten Lebens an Potiphars Hof in sich zusammen; und die heimliche Angst hiervor, sorgt schon seit jeher dafür, dass Potiphar immer nur angst- und schamvoll an seinen Hof zurückkehrt. Immer ist er von der Angst gepeinigt, dass heute der Tag sein könnte, an dem während seiner Abwesenheit, sein scheinhaft geordnetes Dasein zum Einsturz gebracht wurde. Der gegen das Leben errichtete Schutzwall garantiert, psychologisch betrachtet, nichts als ein Leben in permanenter Sorge und Angst. Denn das ist ja das ohnehin unabdingbare Dilemma beim Antagonismus Geist und Leben: selbst die, die primär auf das Geistige, den Kunstsinn, den Schein setzen, auch sie müssen leben, und sei es in Skepsis und Sorge, weil ohne Leben Geist ja nicht zu haben ist.

Dieser primär banale, weil basale Gedanke, dass ohne Leben kein Geist ist – organisches Leben muss ja allein schon als Trägermasse vorhanden sein –, erfährt bei Thomas Mann seine intellektuelle wie kosmologische Unterfütterung in der atheistischen Dreifaltigkeitslehre Professor Kuckucks im *Felix Krull*. Diese Dreifaltigkeitslehre beinhaltet die drei Urzeugungen, von denen Kuckuck spricht: »Das Entspringen des Seins aus dem Nichts, die Erweckung des Lebens aus dem Sein und die Geburt des Menschen« (12.1, 313), also des Geistes und des Bewusstseins der Vergänglichkeit, das den Menschen vom übrigen Leben wie dem restlichen Sein unterscheidet.

Mit dem Geist – und das muss man natürlich nicht werkchronologisch verstehen, dies ist also nicht erst im *Krull* der Fall – kommt das Moment der Erkenntnis in die Welt. Geist ist die Fähigkeit, über die Dinge, die ja das Leben sind, zu urteilen, sie zu beurteilen. Und Geist steht immer – konkret sagt Thomas Mann dies etwa 1952 in *Der Künstler und die Gesellschaft* – in einem engen Verhältnis zum Wort, bzw. das Wort ist primär geistig, das Wort ist Kritik.

Ich sprach eingangs vom fehlinterpretierten Rekurs auf Schopenhauer, nach welchem die Welt in die Antithesen Wille und Vorstellung getrennt wird. Unter Umständen wird dieses Oppositionspaar dann noch mit dem Dionysischen auf der einen und dem Apollinischen auf der anderen Seite verglichen. Dabei ist der hermeneutische Titel *Die Welt als Wille und Vorstellung* buchstäblich zu begreifen, da die Welt, das Sein nach Schopenhauer immer beides ist: blinder Wille, ohne den bei Schopenhauer ja nicht einmal ein Stein zu Boden fällt, die Erde nicht um die Sonne kreisen würde, und Vorstellung, weil alles Sein gekettet ist an Individualität und nur das Subjekt überhaupt einen Zugang zur Welt haben kann. Wenn man nun den Willen nach Schopenhauer und das Dionysische nach Nietzsche in eins setzt, so geschieht dies wohl auf Grund einer Verwechslung: weil wir als dionysisch die rauschhaften Momente erfahren, in denen der Wille temporäre Befriedigung erfährt; aber: hierbei schweigt zwar das reflektierende Moment des Geistes in gewissem Maß, aber nicht die Vorstellung, da es jenseits des Subjekts überhaupt keine Erfahrung, keinen Weltzugang geben kann. Dies ist bei Schopenhauer ein metaphysisches Apriori, aus dem es keinen Ausweg gibt.

Aus diesem Grund kann man Thomas Buddenbrooks Schopenhauer-Lektüre eben auch vor einem völlig anderen Hintergrund lesen, als dem des Pessimismus.

Eine ungekannte, große und dankbare Zufriedenheit erfüllte ihn. Er empfand die unvergleichliche Genugtuung, zu sehen, wie ein gewaltig überlegenes Gehirn sich des Lebens, dieses so starken, grausamen, und höhnischen Lebens, bemächtigt, um es zu bezwingen und zu verurteilen … die Genugtuung des Leidenden, der vor der Kälte und Härte des Lebens sein Leiden beständig schamvoll versteckt hielt und plötzlich aus der Hand eines Großen und Weisen die grundsätzliche und feierliche Berechtigung erhält, an der Welt zu leiden – dieser besten aller denkbaren Welten, von der mit spielendem Hohne bewiesen ward, daß sie die schlechteste aller Denkbaren sei. (1.1, 721)

Es geht hier gar nicht so sehr darum, dass Schopenhauer einen wichtigen Weg-
punkt im Verfall einer Familie markiert, sondern darum, dass die Philosophie
Schopenhauers etwas beweist und hierbei einen ethischen Anspruch erhebt
und erfüllt: dass das Leben so beschaffen ist, dass dem Subjekt das Recht zu
kommt, an und in diesem Leben zu leiden. Und dieses Urteil über das Leben
fällt der Geist; materialistisch heißt es sogar im Text – und das ist vollkommen mit Schopenhauer zur Deckung zu bringen – »ein gewaltig überlegenes
Gehirn.«

Und hiermit ist ein zentrales Problem angesprochen, wenn man sich auf die
vermeintliche antithetische Gegenüberstellung von Geist und Leben im Werk
Thomas Manns einlässt: denn das Urteil über das Leben fällt ja ausschließlich
der Geist. Die Betrachtung des Lebens ist immer eine geistige Betrachtung,
nur durch einen geistigen Akt kann so etwa Tonio Kröger über Hans Hansen
sagen: »Zu sein wie Du! [A]ufwachsen gleich dir, rechtschaffen, fröhlich und
schlicht, regelrecht, ordnungsgemäß[.]« (2.1, 311) Das ist ein geistiges Urteil, es
ist sogar im Wesentlichen ein geistig-ethisches Urteil.

Eine bemerkenswerte Textstelle aus dem *Zauberberg* wirft nun wiederum
ein interessantes Licht auf das Verhältnis von Geist und Leben. Hans Castorp
hat Herzrasen, wie er dies beinahe ständig hat, seitdem er in der Davoser Höhe
weilt.

Es pochte hartnäckig und vordringlich, sein Herz, wie es das fast beständig tat, seitdem
er hier oben war; doch nahm Hans Castorp neuerdings weniger Anstoß daran als in
den ersten Tagen. Man konnte jetzt nicht mehr sagen, daß es auf eigene Hand, grund-
los und ohne Zusammenhang mit der Seele klopfte. Ein solcher Zusammenhang war
vorhanden oder doch unschwer herzustellen; eine rechtfertigende Gemütsbewegung
ließ sich der exaltierten Körpertätigkeit zwanglos unterlegen. Hans Castorp brauchte
nur an Madame Chauchat zu denken – und er dachte an sie –, so besaß er zum Herzklopfen das zugehörige Gefühl. (5.1, 215)

Ist Hans Castorps Herzrasen wohl in erster Linie dem Höhenunterschied
zwischen Hamburg und den Schweizer Bergen zu verdanken, so »nahm [er
zunächst] Anstoß [daran]«, weil sein Herz aus rein körperlichen Gründen,
»ohne Zusammenhang mit der Seele klopfte.« Seitdem Hans aber das Phänomen des rasenden Herzens mit seinem psychischen Zustand, seiner Liebe zu
Madame Chauchat, begründen kann, lässt »sich der exaltierten Körpertätigkeit
zwanglos [eine rechtfertigende Gemütsbewegung] unterlegen«. Das Ich will
hier seiner Körperlichkeit nicht geistlos, nicht seelenlos ausgeliefert sein. Der
Geist und die Seele wollen hier, auch wenn dies auf einer erst im Nachhinein
hergestellten Rechtfertigung beruht, das Heft der Autonomie nicht aus der
Hand geben. Sein Herz rast seit er in Davos eingetroffen ist; aber seit er in
Madame Chauchat verliebt ist, rast sein Herz aus ›guten Gründen‹. Das ver-

meintlich autonome Ich braucht also für die geistige wie seelische Rechtfertigung seines Gemütszustandes Argumente, wie jede Logik sie braucht. Leben
ohne Geistigkeit wäre für das Subjekt ein unerträglicher Zustand, weil er dem
Faktischen ohnmächtig ausgeliefert wäre; und bestünde dieses Faktische im
eigenen »hartnäckig [pochenden]« Herzen. Dem Leben ist, wie jedem Text,
der Zwang zur Deutung eo ipso eingeschrieben.

Das geistige und somit ethische Urteilsvermögen bildet darüber hinaus die
Demarkationslinie zwischen Künstler und Bürger, dem anderen Oppositionspaar, das in der Forschung zum Teil Kultstatus genießt. Was sich übrigens auch
daran erkennen lässt, dass das neue *Thomas Mann-Handbuch* auch ein Kapitel
mit dem Titel »Bürger / Künstler« enthält, was im alten Handbuch ja nicht der
Fall war. Das ist natürlich ein Beispiel für Einbürgerungstendenzen innerhalb
der Forschungslandschaft, inklusive ihres inhärenten Hangs zum Selbstläufer.

Wenn wir also auf der einen Seite die Bürger, die Ordentlichen und Gewöhnlichen haben, dann haben wir auf der anderen Seite die Künstler, die – allerdings nur in ihrem geistigen Selbstbild – am Rande der Gesellschaft stehen.
Nun müsste man zunächst detailliert ergründen, was ein Bürger ist; etymologisch stammt das Wort von burgha, vom althochdeutschen Schutz, von dem
sich auch die Burg ableitet. Bürger ist, wer unter diesem Schutz steht, somit
Teil des Rechtskodexes ist, in der Siedlung, in der Stadt lebt; sein Gegenpol ist
der Vogelfreie, der Stadt- und Landstreicher, der »Zigeuner im grünen Wagen.«
(2.1, 248) Der Bürgerbegriff ist germanischen und nordischen Ursprungs, und
anders als die lateinische civis aufs Engste nicht mit dem Imperium, in dem
die civitas Romana gilt und stets über lokalem Recht steht, sondern mit der
Stadt verbunden. Völlig zu Recht wird deshalb bei Thomas Mann im Hinblick
auf die Bürger auch immer wieder die Stadt, die Heimatstadt, die Vaterstadt
betont. Durch die Freien- und Hansestädte wird dieser Umstand natürlich
in der norddeutschen Heimat der Protagonisten unterstrichen. Von diesem
Status her betrachtet sind nun einmal die Künstlerfiguren im Werk Thomas
Manns Bürger. Dies liegt auch allein am Milieu, das wesentlicher Bestandteil
der Werke Manns ist.

Wenn man nun von Künstlerfiguren spricht – man spricht ja nicht von
Künstlern im Werk Thomas Manns, sondern von Künstlerfiguren, wohl um
auch hier den Begriff des Künstlers zu erweitern, wobei man ihn letztlich natürlich auch um seine begriffliche Schärfe bringt –, so tut man dies in diesem
Fall allerdings aus gutem Grund: eine Trennung zwischen den Hauptprotagonisten, die Künstler sind und denen die Nicht-Künstler, also vermeintlich
Bürger, sind, führt in Manns Werk aus folgendem Grund zu nichts. Bei Tonio
Kröger, Gustav von Aschenbach und Adrian Leverkühn ist der Fall zugegebenermaßen klar, da sie von Beruf her Künstler sind. Bei Detlev Spinell im
Tristan liegt der Fall schon schwieriger. Er hat ein einziges Buch geschrieben,

was stets auf seinem Schreibtisch liegt, schreibt ansonsten aber nur Briefe, auf die auch niemals jemand antwortet.[15] Dann ist da schließlich noch Hanno Buddenbrook als glänzender Klaviervirtuose.

Und Hans Castorp, der meisterhaft talentiert die großen Schiffe im Hamburger Hafen malte? Nach Settembrinis Diktum als Ingenieur in seiner Heimat die Welt durch Innovation und Kreativität vorwärts bringen soll? Ist er nun Künstler, oder nicht? Krull etwa wäre ja kein buchstäblicher Künstler, schreibt aber mit seinen Bekenntnissen einen buchstäblich glänzenden Roman. Schließlich ist da Joseph, der ja nur durch Kunstfertigkeit, Trickserei, durch Können in Ägypten Staatskarriere macht. Und da wäre sogar Moses als Bildhauer, als Michelangelo, auf dem Berg Sinai, der froh ist, dass er beim Gehudel am goldenen Kalb die zwei Tafeln zerschlagen muss, denn sie waren stümperhaft gearbeitet und die nächsten beiden werden schöner werden.

Allen Künstlerfiguren Thomas Manns ist gemeinsam, dass sie in seinem Werk die Protagonisten sind, die das geistige Urteil über das Leben fällen. Durch den skeptischen, reflektierenden, geistigen Blick auf das Leben, auf die Welt, erreichen sie überhaupt den Status, Protagonisten in einem Kunstwerk zu sein, wie Thomas Manns Werk es bildet.

Es ist ein primär und im höchsten Maße geistiges Werk, das im deutenden, entlarvenden, kommentierenden Umgang mit dem Leben sich entspinnt. Deshalb sind natürlich Thomas Manns Säulenheilige auch Schopenhauer, Nietzsche und Richard Wagner. Nur wird in weiten Teilen der Forschung zu jedem der drei jeweils etwas für Thomas Mann Marginales in den Mittelpunkt der Bedeutung gerückt. So ist etwa Schopenhauers Pessimismus für Thomas Mann nicht so zentral, wie die metaphysische Grundbetrachtung der Welt als Wille und Vorstellung. Bei Nietzsche geht es für Thomas Mann viel weniger um die Entlarvung des Künstlers in moralischer Hinsicht, als um die subtile Analyse des Künstlertums und des Kunstphänomens; eben um die Tatsache, dass Kunst ihrem Wesen nach gemacht ist, kalkuliert, auf Wirkung ausgerichtet; dass Kunst Arbeit ist und es Genies nicht gibt. Und so geht es bei Richard Wagner eben nicht in erster Linie um den dionysischen Rausch, sondern: Die Bedeutung Wagners für Thomas Mann besteht wohl im Wesentlichen darin, dass Wagner durch seine Beethovenrezeption erkannt hat, dass Musik ein Medium geistiger Reflexion sein kann, eine Logik aufweist, die der Philosophie geistig in nichts nachsteht. Deshalb auch und nicht wegen dionysischer Rauscherfahrungen, oder neuer Harmonik, ist das musikalische Werk schlechthin *Tristan und Isolde*, eben weil hier die unmittelbare Logik der Musik der unmittelba-

---

[15] Manns *Tristan* diskutiert in hohem Maße die Frage nach der Möglichkeit künstlerischer Produktivität unter dem Einfluss des Werks Richard Wagners, das eine betäubende Wirkung auf Spinell auszuwirken droht. Für diesen Hinweis danke ich Hans Rudolf Vaget.

ren Logik ihres Themas, der Liebe, so nahesteht. Liebe und Musik haben ein
engverbundenes eigenständiges Argumentationsniveau, das zwar verstanden
werden kann, sogar unmittelbar verstanden wird, sich rein logischer Erfassung
und diskursivem Zugang aber zu weiten Teilen verweigert. Dies markiert eben,
abgesehen von aller musikalischen Neuerung, die *Tristan*-Partitur und deshalb
geht in ihr die Musik »höher [...] als alle Vernunft.« (2.1, 352)

Und mit der Liebe ist auch die zentrale Kategorie für die vermeintlichen
Oppositionspaare Künstler und Bürger angesprochen. Wenn es im neuen
Handbucharfikel heißt:

Den ›Blonden und Blauäugigen‹ (2.1, 318), die naiv und lebenstüchtig ›herumgehen und
lachen und Geld verdienen und sich den Bauch vollschlagen‹ (5.1, 303), stehen sentimen-
talisch und distanziert die Künstler gegenüber, die die Scheinhaftigkeit der Welt durch-
schauen und sich deshalb ihren unreflektierten Mitmenschen überlegen fühlen[,][16]

dann repräsentiert dies zwar eine gewisse Betrachtung innerhalb der Forschung, die Vermischung der Zitate aus *Tonio Kröger* »Blonden und Blauäugigen« und des Zitats aus dem *Zauberberg* »herumgehen und lachen und Geld
verdienen und sich den Bauch vollschlagen«, verwischt aber eine Diskrepanz,
indem die Blonden aus *Tonio Kröger* naiv und gesund sind, sich das Zitat aus
dem *Zauberberg* aber auf die, so Settembrini, »Härten und Kruditäten des
unbedachten Weltlebens [bezieht und sich] gegen seinen Zynismus« richtet (5.1,
304). Zynismus aber ist das Gegenteil von Naivität, er ist eine geistige Haltung,
ist – nach der Definition Sloterdijks – »das aufgeklärte falsche Bewußtsein.«[17]
Es ist jener zynische Zeitgeist übrigens, dem sich Hans Castorp in der Davoser
Höhe entzieht, um Humanismus zu erträumen.

Vom vermeintlichen Überlegenheitsgefühl der Künstlerfiguren gegenüber
den »Blonden und Blauäugigen« nun aber distanziert sich bereits Tonio Kröger
im Brief an seine Freundin Lisaweta:

Ich bewundere die Stolzen und Kalten, die auf den Pfaden der großen, dämonischen
Schönheit abenteuern und den ›Menschen‹ verachten, – aber ich beneide sie nicht. Denn
wenn irgendetwas imstande ist, aus einem Literaten einen Dichter zu machen, so ist
es diese meine Bürgerliebe zum Menschlichen, Lebendigen und Gewöhnlichen. Alle
Wärme, alle Güte, aller Humor kommt aus ihr, und fast will mir scheinen, als sei sie
jene Liebe selbst, von der geschrieben steht, daß Einer mit Menschen- und Engelszungen reden könne und ohne sie doch nur ein tönendes Erz und eine klingende Schelle
sei. (2.1, 318)

---

[16] Thomas Mann-Handbuch (2015). A.a.O., 285.
[17] Peter Sloterdijk: Kritik der zynischen Vernunft. Frankfurt/Main: Suhrkamp 2003, 37.

Das Alter Ego Thomas Manns, Tonio Kröger, setzt an den Ursprung seines Kunsttriebes eine sehnsuchtsvolle, erotisch konnotierte Grundspannung zwischen Geist und Leben, die für Thomas Manns Gesamtwerk konstituierend ist. Sie ist der Grundimpuls aus dem der geistige Akt der schöpferischen Anverwandlung von Welt im Kunstwerk sich entspannt. Sie ist für Thomas Mann in der Lage aus »einem Literaten einen Dichter zu machen«, also aus einem reinen Wortakrobaten einen buchstäblichen Künstler, mit einem Werk aus Leben, Fleisch und Blut. Diese drei aber werden organisch zusammengehalten durch den Geist, als »Geist der Erzählung« sowohl, wie als reflektierender, kommentierender, komponierender Geist. Und deshalb ist der Gott Thomas Manns natürlich der Gott Hermes, der deshalb auch immer ein Stück weit der Gott seiner Deuter und Forscher bleiben muss. So richtig und unaufhaltsam die Ausdifferenzierung der wissenschaftlichen Methodik auch ist, so innovativ neue Ansätze auch an das Werk Thomas Manns herangeführt werden können, nicht sollten diese Diskurse aber am lebendigen Geist scheitern, oder frühzeitig oder gar freiwillig vor ihm kapitulieren.

Grundsätzlich gilt für die Oppositionspaare im Werk Thomas Manns, dass sie nicht antithetische Gegenüberstellungen mit streng auszumachenden Begrifflichkeiten sind, sondern Worte, die bei Thomas Mann – vor allem im essayistischen Werk – dekonstruiert werden. Forschungsgeschichte zeichnet sich ein Stück weit immer auch dadurch aus, dass Dekonstruiertes wieder begrifflich zusammengesetzt wird, und hierbei zwangsläufig in eine gewisse Schieflage gerät. Diese Differenz zwischen Dichtung und Wissenschaft, zwischen Kunst und Forschung, hängt grundsätzlich auch damit zusammen, dass die Kunst die Liebe weiß und die Wissenschaft das Wissen liebt.[18]

[18] Vgl. zu diesem Aspekt: Kittler: Eros und Aphrodite. A.a.O., 329.

Tim Lörke

Thomas Manns republikanische Wende?

I.

Am 13. Oktober 1922 widerfährt Thomas Mann ein Damaskus-Erlebnis. Er hält eine Rede, die ihn urplötzlich und zur Überraschung vieler zum Republikaner macht, zum Fürsprecher von Weimar sogar. Entsprechend groß ist die Bestürzung derjenigen, die in Mann bislang einen Kampfgenossen gegen die Demokratie sahen. Während der Rede fingiert Thomas Mann bereits häufiges Füßescharren, um die von ihm erwartete Entrüstung zu betonen (15.2, 349). Später titeln antirepublikanische Zeitungen, die über die Rede berichten: *Mann über Bord.*[1] Und noch elf Jahre später ist im *Protest der Richard-Wagner-Stadt München*, der zu Manns Exil führt, ein fernes Echo zu hören, wenn die Protestierenden sich beklagen, Mann sei schon immer unzuverlässig gewesen, er habe ja sogar seine antirepublikanische Einstellung einfach gewechselt.[2]

Die Vorgänge sind allesamt bekannt und zusammengefasst unter dem in der Forschung eingebürgerten Begriff der republikanischen Wende. Die Metaphorik ist sprechend, sie hat den Vorgang populär gemacht. Wenn von Thomas Mann die Rede ist, darf der Hinweis auf seine republikanische Wende nicht fehlen. Sein Werk wird mitunter eingeteilt in die Texte vor und nach der Wende; zumindest gilt die Wende als ein solch fixes und identitätsstiftendes Datum in Manns Biographie, dass man leicht darauf verweisen kann. Der Begriff der republikanischen Wende trug sicherlich bei zu der ungeheuren Popularität Thomas Manns in der Bundesrepublik Deutschland: Hier war ein deutscher Dichter, der nicht nur große Romane schrieb, sondern auch schon

---

[1] Werner Otto: Mann über Bord. Zu Thomas Mann's Vortrag: »Von deutscher Republik«, in: Das Gewissen, 23. Oktober 1922, hier zitiert nach Hans Wysling und Yvonne Schmidlin (Hg.): Thomas Mann. Ein Leben in Bildern. Frankfurt/Main: Fischer 1997, S. 252. Otto führt Zitate aus den *Betrachtungen eines Unpolitischen* gegen Thomas Manns Republik-Rede an, um den vermeintlich Abtrünnigen vorzuführen.

[2] »Herr Mann, der das Unglück erlitten hat, seine früher nationale Gesinnung bei der Errichtung der Republik einzubüßen und mit einer kosmopolitisch-demokratischen Auffassung zu vertauschen, hat daraus nicht die Nutzanwendung einer schamhaften Zurückhaltung gezogen, sondern macht im Ausland als Vertreter des deutschen Geistes von sich reden.« – Zitiert nach Dieter Borchmeyer: Thomas Mann und der ›Protest der Richard Wagner-Stadt München‹ im Jahre 1933. Eine Dokumentation, in: Jahrbuch der Bayerischen Staatsoper 1983. Hg. von der Gesellschaft zur Förderung der Münchner Opernfestspiele zusammen mit der Direktion der Bayerischen Staatsoper. München: ohne Verlag 1983, S. 51–103, hier S. 69.

in den 1920er Jahren gegen den Nationalsozialismus zu Felde zog – und was diese Tat noch größer scheinen ließ, war eben, dass hier jemand einen Bildungs- und Reifeprozess vollzogen hatte: vom Saulus zum Paulus eben. Die Metapher der Wende suggeriert eine radikale, umfassende Kehre, einen umstürzenden Meinungswechsel. Zuvor, so fasst es der Begriff zusammen, war Thomas Mann antirepublikanisch und antidemokratisch, ein begeisterter Monarchist, der widersinnig-begeistert dem Kaiserreich die Treue im Weltkrieg hält; danach ein von der Demokratie überzeugter Vernunftrepublikaner, vielleicht nicht ganz so sehr mit dem Herzen dabei, aber doch so, dass er die Republik von Weimar durchaus zu seiner eigenen Sache erklärte.

Ziel meiner Überlegungen ist es, den Begriff der republikanischen Wende auf seine Tauglichkeit für die Rede über Thomas Mann zu prüfen. Der Begriff ist immer wieder der Kritik ausgesetzt, er treffe gar nicht zu, weil Thomas Mann zu wenig demokratisch, zu wenig republikanisch gewesen sei. Gerade jüngere, besonders historisch geprägte Studien haben sich von dem Begriff abgewandt; ein Beispiel sei etwa Manfred Görtemakers Buch *Thomas Mann und die Politik*. Andere Studien dagegen beharren auf dem von dem Begriff bereitgestellten Deutungsmuster, etwa Philipp Guts *Thomas Manns Idee einer deutschen Kultur*. Meine Überzeugung ist es, dass der Begriff der republikanischen Wende in die Irre führt, weil er überraschende Kontinuitäten in Thomas Manns Werk ignoriert und überdies Thomas Manns eigentümliches Verständnis von Demokratie verzerrt, insofern mit dem Begriff der republikanischen Wende demokratie- wie republiktheoretische Prämissen verknüpft sind, die Thomas Mann nicht teilt. Um dies zu verdeutlichen, beginne ich meine Analyse mit der Rede *Von deutscher Republik*, ehe ich verschiedene politische Gedanken Manns aus der Zeit danach mustere, um wieder zu den Kriegsessays von 1914 den Bogen zurückzuschlagen. Auf diese Weise wird deutlich, wie konstant Thomas Manns politisches Denken grundsätzlich bleibt, obwohl die begriffliche Oberfläche recht dynamisch zu sein scheint. Warum bereits die zeitgenössische Rezeption den Vorgang als eine Wende empfunden hat, versuche ich abschließend zu deuten.

II.

Thomas Manns Rede *Von deutscher Republik* setzt ein mit einer Novalis entlehnten Huldigung Gerhart Hauptmanns, die in unserem Zusammenhang von Bedeutung ist. Kein König könne ohne Republik, keine Republik ohne König bestehen, wie Thomas Mann betont (15.1, 515). Er zwingt hier gewissermaßen einander Ausschließendes zusammen. Der König, von dem hier gesprochen wird, ist auf den ersten Blick Hauptmann; bei näherem Betrachten aber wird deutlich, dass die Könige in der Republik diejenigen sind, die Kultur und Kunst nahestehen, wie zu zeigen sein wird. Sodann definiert Thomas Mann, wieder unter Rückgriff auf Novalis, die Republik: die eben nicht »nur unter der repräsentativen Form zu erkennen ist«, nicht nur da ist, »wo es Primär- und Wahlversammlungen« gibt (15.1, 521). Einem solchen Republikbegriff, der auf Demokratie und freiheitlicher Partizipation beruht, setzt Thomas Mann nun einen anderen entgegen, der ganz so demokratisch gar nicht scheint. Die Republik ist »die Einheit von Staat und Kultur« (15.1, 532). Zuvor, so Mann mit kurzem Blick auf die vergangene Kaiserzeit, seien Staat und Kultur voneinander geschieden gewesen, scharf abgetrennt. Die Sphäre des Staates und der Regierung habe keinerlei Rücksicht genommen auf die Kultur. Dagegen erkennt er in der Republik nun die historische Möglichkeit, die Kultur als Staatskern anzuerkennen.

Thomas Mann greift hier auf den besonderen deutschen Kulturbegriff zurück.[3] Kultur versteht er als einen autonomen, unverfügbaren Zweck, allein auf den Einzelnen und seine innerliche Bildung ausgerichtet und somit zunächst frei von sozialen Ansprüchen. Er reiht sich damit ein unter diejenigen, die in der Kultur eine tiefere Sphäre erkennen, in der sich besondere Wahrheiten artikulieren. Denn gerade in der Kultur manifestiert sich das besondere Seelenleben eines Volkes, wie Thomas Mann festhält. Der Begriff der Kultur wird von Thomas Mann und anderen geradezu numinos aufgeladen, indem die Kultur als metaphysischer Raum verstanden wird, in dem sich orientierende und handlungsleitende Sinnstiftungsprozesse ereignen. Es ist besonders die Schicht des Bildungsbürgertums, die diesen Begriff emphatisch zur Leitidee erklärt und sich einer Form der Kulturidolatrie ergibt. Kultur rückt so an die Stelle der Religion, und ihr werden divinatorische Qualitäten zugesprochen. Dabei bleibt der Begriff ›Kultur‹ notorisch unbestimmt; er wird im Sinne Reinhart Kosellecks zu einem Bewegungsbegriff, der inhaltlich nicht scharf definiert wird, um eine größere Wirkung der ideologischen Vergemeinschaftung zu erzielen und soziale Gruppen so auf ein gemeinsames Ziel zu verpflichten.[4] Gerade die inhaltliche Offenheit umgibt den Begriff mit einem ästhetischen Reiz des Raunens, das sich jedem sachlichen und vernünftigen Zugang entzieht – und gerade darum sinnstiftend wirkt. Wenn Ernst Cassirer über die Religion sagt, sie offenbare

---

[3] Vgl. dazu Georg Bollenbeck: Bildung und Kultur. Glanz und Elend eines deutschen Deutungsmusters. Frankfurt/Main: Suhrkamp 1996 und Tim Lörke: Die Verteidigung der Kultur. Mythos und Musik als Medien der Gegenmoderne. Thomas Mann – Ferruccio Busoni – Hans Pfitzner – Hanns Eisler. Würzburg: Königshausen & Neumann 2010.

[4] Reinhart Koselleck: Einleitung, in: Geschichtliche Grundbegriffe. Historisches Lexikon zur politisch-sozialen Sprache in Deutschland. Hg. von Otto Brunner, Werner Conze und Reinhart Koselleck. Stuttgart: Klett-Cotta 1972, S. XIII–XXVII, hier S. XVII.

»eine Tatsache, für die es keine rationale Erklärung gibt«,[5] so trifft dieser Befund gerade auch für den deutschen bildungsbürgerlichen Kulturbegriff zu.

Thomas Manns in der Rede entwickelter Republikbegriff rückt nun die Kultur in den Mittelpunkt; im engen Zusammengehörigkeitsgefühl von Staat und Kultur blitzt der Traum von der Kulturnation auf, den das deutsche Bildungsbürgertum seit dem 19. Jahrhundert träumte und der bislang immer enttäuscht wurde. Thomas Mann hält in seiner Rede an diesem Traum fest, indem er eine Republik fordert, die ihr politisches Handeln und ihre Regierungsziele aus der Kultur ableitet. Gerade das Kaiserreich, so beklagt Mann, hatte dagegen den Staat, also das Regierungshandeln, vom nationalen Leben getrennt; das nationale Leben aber lag in den Händen derer, die sich »dem Gewerbefleiß, der Kunst, dem absoluten Gedanken« widmeten (15.1, 529). Kultur und Kunst setzt Mann an dieser Stelle mit dem Nationalen gleich. Er schließt an die bildungsbürgerliche Überzeugung an, allein in der Kultur die Identität eines Gemeinwesens zu finden. Den Vorwurf an das Kaiserreich, die deutsche Identität preisgegeben zu haben, erhebt Thomas Mann hier nicht zum ersten Mal; er spielt auch in den Kriegsschriften von 1914 eine bedeutende Rolle, wie zu zeigen sein wird. Aber in der Republik-Rede fügt er den Vorwurf ein in seine rhetorische Werbestrategie: Denn er will ja zeigen, dass die deutsche Identität in der Republik wieder die große Wertschätzung erfährt, die ihr im Kaiserreich versagt wurde. Entsprechend betont er denn auch, dass der Systemwechsel von der Monarchie zur Republik letztlich eine oberflächliche Kleinigkeit ist, weil »das Nationale [also Kultur und Kunst; T. L.] weit mächtiger und lebensbestimmender bleibt, als der staatsrechtliche Buchstabe, als jede positive Form« (15.1, 529). Ausdrücklich nennt er die Weimarer Republik eine »Deutsche Republik«, weil sie sich aus der deutschen Identität speist und so dem deutschen Wesen angemessen ist (15.1, 529).

Allerdings äußert Thomas Mann durchaus auch Kritik an den Künstlern und Intellektuellen, die an der Misere des deutschen Kaiserreichs nicht unschuldig gewesen sind. Die »politische Enthaltsamkeit« des Bildungsbürgertums insgesamt hat dazu beigetragen, die deutsche Identität im Kaiserreich zu schwächen (15.1, 525). Darum spielen in der Republik die Künstler und anderen kulturtragenden Berufe eine herausragende Rolle. Sie nimmt Thomas Mann in die Pflicht, erzieherisch zu wirken: also gerade die Kultur so zu vermitteln, dass Staat und Politik ihr nachfolgen. Darum richtet sich seine Rede in erster Linie an das Bildungsbürgertum, das Thomas Mann aufruft, endlich seine Verantwortlichkeit wahrzunehmen – auch wenn dies »eine schwere Belastung ist: und zwar namentlich für das geistige Talent« (15.1, 526).

---

[5] Ernst Cassirer: Versuch über den Menschen. Einführung in eine Philosophie der Kultur. 2. Auflage. Hamburg: Meiner 2007, S. 31.

Daraus ergibt sich die besondere Stellung der Könige der Republik. Könige sind diejenigen, die Anteil haben an der deutschen Kultur. Als Beispiele nennt Mann vor allem die Dichter, die deswegen Könige sind, weil sie die Republik anleiten. Sie sind darum auch Lehrer des Staates und der Nation, deren Ideen auf dem Boden der Republik weit besser verwirklicht werden können »als auf dem Grunde des alten Staates« (15.1, 533). Aus ihren Werken spricht eine »pädagogische[] Idee«, die in die »Sphäre des Sozialen« führt und von dort zur »höchsten Stufe des Menschlichen, des Staates nämlich« (15.1, 536). Dichter werden in Thomas Manns Deutung zu Propheten, die »politische Humanität« predigen und so zur »Einheit des Geistig-Nationalen und des staatlichen Lebens« beitragen (15.1, 538). Thomas Mann hält an der gleichsam religiösen Bedeutung der Kultur fest, weil sie metaphysisch-sinnstiftend das Regierungshandeln vorgibt. Die Republik feiert er als die Einheit von Kultur und Politik, die im Kaiserreich aufgebrochen war – das, so darf man folgern, darum kein wirklich deutscher Staat war. Erst die Republik, die auf Kultur basiert, kann deutsche Identität verwirklichen. Sie wird in Thomas Manns Perspektive somit nachgerade zur Realität dichterischer Träume.

Zusammenfassend lässt sich sagen, dass die berühmte Republik-Rede, die Ausweis einer umstürzenden Wende Thomas Manns sein soll, doch mehr Fragen offenlässt als beantwortet: gerade unter dem Gesichtspunkt von Republik und Demokratie. Legt man die heute gültige politikwissenschaftliche Definition von Demokratie zugrunde, weicht Thomas Mann in seiner Rede, die doch eine republikanische Wende sein soll, deutlich davon ab. Ein »demokratischer Verfassungsstaat« setzt die Interessen des Volkes durch parlamentarische Repräsentation um und engt zugleich die Durchsetzung des Volkswillens durch Grund- und Menschenrechte ein.[6]

Manns Republikdefinition dagegen schließt zwar ein wahlberechtigtes Volk ein, er vertraut aber besonders einer elitären Schicht, die aufgrund ihres Verhältnisses zur Kultur schon die Geschicke in rechter Weise zu lenken weiß. Wenn Thomas Mann hier von Republik spricht, meint er weniger die politische Staatsform, die dem Staatsvolk die Staatsgewalt gibt, sondern eher einen Staat, der am Gemeinwohl orientiert ist; das Gemeinwohl ergibt sich aber aus der Kultur. Das ist für jemanden, der – so will es der Begriff der republikanischen Wende – zuvor monarchistisch, also antidemokratisch eingestellt war, keine große Anstrengung, es ist erst recht keine Wende.[7]

---

[6] Steffen Kailitz: Staatsformen im 20. Jahrhundert II. Demokratische Systeme, in: Staatsformen. Von der Antike bis zur Gegenwart. Hg. von Alexander Gallus u. Eckhard Jesse. Bonn: Bundeszentrale für politische Bildung 2007, S. 281–328, hier S. 286.

[7] Die Idee einer »Herrschaft der Geistigen« findet sich auch bei anderen Intellektuellen der Zeit, wie Daniel Münzner mit Blick auf Kurt Hiller beschreibt; besonders interessant dabei ist,

Thomas Mann bleibt bei diesem Republik- und Demokratieverständnis. Auch spätere Reden, etwa in den USA, bewegen sich immer wieder in diesen Argumentationsbahnen. So hält er 1938 den Vortrag *Vom kommenden Sieg der Demokratie*, der ein grundsätzlich pessimistisches Menschenbild vertritt. Der Mensch benötigt, so Thomas Mann, eine ihn übersteigende Idee, die ihn auf Sittlichkeit und Moral verpflichte. Diese Idee erkennt er in der Demokratie, die den Menschen hebt und erzieht, weil sie den Menschen die Kultur vermittelt (XI, 920f.). Wieder ist es die Kultur, die den Kern des Staatswesens ausmacht, und wieder ist es eine besondere Schicht, die das Volk anleitet. Thomas Mann geht sogar so weit, zu diagnostizieren, dass eine Demokratie, die sich nicht der Kultur verpflichtet, geradewegs in die Diktatur abgleitet (XI, 924). Diesen Gedanken wiederholt er in der Rede *Schicksal und Aufgabe*, die er auf den Tag genau 21 Jahre nach der Republik-Rede in den USA hält:

Erlauben Sie mir hier eine kurze Bemerkung über die Idee der Demokratie. Ich verstehe Demokratie nicht hauptsächlich als einen Anspruch und ein Sich-gleich-stellen von *unten*, sondern als Güte, Gerechtigkeit und Sympathie von *oben*. Ich finde es nicht demokratisch, wenn Mr. Smith oder little Mr. Johnson Beethoven auf die Schulter schlägt und ausruft: ›How are you, old man!‹ Das ist nicht Demokratie, sondern Taktlosigkeit und Mangel an Sinn für Distanz. Wenn aber Beethoven singt: ›Seid umschlungen, Millionen, diesen Kuß der ganzen Welt!‹, *das* ist Demokratie. (XII, 933)

Thomas Manns Bild von Demokratie und Republik ist bestimmt von einer elitären, kulturtragenden Schicht, die ihr Wissen für das Wohl des Volkes einsetzt. Es ist eine Meritokratie der Gebildeten, die gleichwohl in die Pflicht genommen werden, sozial zu handeln und ihr Wissen zu teilen. Es ist keine Republik der Gleichberechtigten, die Thomas Mann entwirft, sondern eine, in der von oben zum Wohle der unten regiert wird. Dem, was der Begriff der republikanischen Wende suggeriert, steht Mann damit durchaus fern.

III.

Der Begriff wird vollends problematisch, wenn man sich Thomas Manns politische Texte vor 1922 anschaut – und feststellen muss, dass die später vertretenen, eigenen Ideen von Demokratie und Republik unter Anleitung des Bildungsbürgertums schon lange vor der Republik-Rede entwickelt wurden.

Sechs Tage nach Ausbruch des Weltkriegs schreibt Thomas Mann an seinen Bruder Heinrich:

dass diese Haltung sich aus linken, nicht rechten politischen Überzeugungen speist. Daniel Münzner: Kurt Hiller. Der Intellektuelle als Außenseiter. Göttingen: Wallstein 2015, S. 181.

Welche Heimsuchung! [...] Muß man nicht dankbar sein für das vollkommen Unerwartete, so große Dinge erleben zu dürfen? Mein Hauptgefühl ist eine ungeheuere Neugier – und, ich gestehe es, die tiefste Sympathie für dieses verhaßte, schicksals- und rätselvolle Deutschland [...]. (22, 38)

Dieses »verhaßte« Deutschland: So charakterisiert Thomas Mann am 7. August 1914 sein Verhältnis zu seinem Heimatland.[8] »Verhaßt« zeugt nicht unbedingt von einer innigen, widerspruchslosen Bindung, von einem kritiklosen Heimisch-Sein; »verhaßt« klingt auch nicht nach jemandem, der sich als Monarchist gut aufgehoben fühlt im Deutschen Kaiserreich.

Dieses Gefühl der Distanz, um das Mindeste zu sagen, gegenüber Deutschland prägt auch subtil Thomas Manns Kriegsessays – überraschenderweise! So stellen sich die *Gedanken im Kriege* gegen ideologische Überzeugungen, die in Deutschland die Kriegspropaganda anleiten. Der Erstdruck dürfte für einen mobilisierenden Kriegsessay Verwunderung ausgelöst haben, denn es ist vor allem von Kultur die Rede, dann von einem besonderen deutschen Nationalcharakter. Die Beschwörung militärischer Stärke, die Hoffnung auf einen Sieg und die Verurteilung der Feinde, wie sie sich für einen Kriegsessay doch eigentlich gehören, rücken etwas in den Hintergrund – oder besser: sie werden allesamt als nachfolgende Konsequenz der Analyse der deutschen Kultur begriffen. Was Deutschland im Kriege zusammenschweißt, will dieser Essay sagen, ist die besondere deutsche Kultur, die sich der Zivilisation der westlichen Feinde widersetzt.

In den deutschen zeitgenössischen Debatten um den Krieg bildet die Antithese von Kultur und Zivilisation einen wichtigen Bezugspunkt. Was wird da einander entgegengesetzt? Grundsätzlich wird Kultur als der Zivilisation überlegen verstanden. Es werden Begriffspaare gebildet. Der Kultur zugeordnet werden Moral, Ethos, Bildung, Kunst und Literatur und besonders Musik; als Zivilisation abgewertet werden Politik, Wissenschaft – besonders die Natur- und Ingenieurswissenschaften –, Industrialisierung, bourgeoise Erwerbswelt. Im Kern zielt die Antithese von Kultur und Zivilisation auf den Gegensatz von autonomem Zweck und fremdbestimmtem Mittel. Frankreich und England erscheinen als paradigmatische Nationen der Zivilisation, in denen alle menschlichen Lebensbereiche allein der Wirtschaft und der ihr dienenden Politik untergeordnet sind; diese Länder haben keine Kultur, weil selbst Bildung und Kunst einzig wirtschaftlichen Regeln gehorchen. Dagegen setzt man Deutschland ab als Land der Kultur; einer Kultur, die stets ihr eigener Zweck ist. Bildung ist

---

[8] Während der Diskussion meines Vortrages auf der Herbsttagung der Deutschen Thomas Mann-Gesellschaft 2015 kam die Frage auf, ob Mann hier nicht gleichsam einen Außenblick auf Deutschland wirft, so dass »verhaßt« den Gefühlszustand der Kriegsgegner beschreibt. Da Mann in dem gesamten Brief aber keinen Perspektivwechsel vornimmt, scheint mir die Annahme schlüssig zu sein, dass es sein eigenes Gefühl ist.

nicht Berufsausbildung wie in Frankreich oder England, Bildung ist die zweck-
freie innerliche Bildung der eigenen Persönlichkeit. Kultur wird damit zuletzt
zu einem Bereich, in dem sich unverfügbare Wahrheiten artikulieren. Es sind
in Deutschland vor allem die meinungsbildenden Vertreter des Bildungsbürgertums, die dieser Ideologie folgen.

Thomas Mann greift in seinem Aufsatz ebenfalls auf die Antithese von Kultur und Zivilisation zurück, mit dem entscheidenden Unterschied jedoch, sie
im Gegensatz zur herrschenden Propaganda aufzuweichen, mit eigenen Ak-
zenten zu versehen und so in sein ästhetisches wie politisches Konzept ein-
zufügen.[9] Zwar zählt er Kultur und Zivilisation zu den »Erscheinungsformen
des ewigen Weltgegensatzes und Widerspieles von Geist und Natur« (15.1, 27),
doch so trennscharf scheinen die beiden Begriffe in seinem politischen Denken
eben doch nicht zu sein, wie weitere Definitionsbemühungen zeigen. Denn
Kultur ist »Geschlossenheit, Stil, Form, Haltung, Geschmack« und – das ist
der entscheidende Punkt in Manns Text – Kultur ist »irgendeine gewisse geistige Organisation der Welt« (15.1, 27). Kunst und Kultur gehören für Thomas
Mann zum Bereich des Irrationalen und höchst Lebendigen. Die ungezügelten
Kräfte eines Volkes kommen in der Kultur zum Ausdruck, wie seine weiteren
Ausführungen über »Vitzliputzli, Menschenopfer, orgiastische Kultformen«
zeigen (15.1, 27). Kultur ist somit Ausdruck einer gewissen religiösen oder wesenhaften Gestimmtheit eines Volkes, die der Künstler in seinem Werk artikuliert oder darstellt.

Davon grenzt er die Zivilisation ab als »Vernunft, Aufklärung, Sänftigung,
Sittigung, Skeptisierung, Auflösung, – Geist« (15.1, 27). Kultur und Zivilisation
will er kategorisch zu unaufhebbaren Gegensätzen erklären, wobei er allerdings der Kultur eine »geistige Organisation« zuspricht. Geist, als ein Haupt-
charakteristikum der Zivilisation, ist damit gewissermaßen Teil der Kultur,
Zivilisation ist der Kultur als untergeordneter Teil eingeschrieben.

Das kann man als Selbstwiderspruch abtun.[10] Aber man kann diesen Gedanken auch anders lesen als erste Formulierung einer Idee, die Thomas Mann von
seinen ästhetischen Prinzipien in den politischen Bereich überträgt. Die Kultur
ist die sinnstiftende Kraft, die aber der Zivilisation bedarf, um ausgedrückt

[9] Gerade im Vergleich mit Rudolf Borchardts Festhalten an einem scharfen Gegensatz von
Kultur und Zivilisation wird Thomas Manns Position deutlich; vgl. Peter Sprengel: Rudolf
Borchardt. Der Herr der Worte. München: Beck 2015, S. 230 f.

[10] Vgl. dazu Heinrich Deterings Aufsatz, der bei vielen Punkten in Manns Argumentation auf
ihre Widersprüchlichkeit hinweist; Heinrich Detering: Das Akut-Männliche. Thomas Manns
»Gedanken im Kriege« und ihre Vorgeschichte, in: TM Jb 28, 2015, 115–128, 117. Dagegen hat
Dieter Borchmeyer gezeigt, dass gerade die Selbstwidersprüche zu Manns ironischem Reform-
konservatismus gehören, der immer wieder gegen sich selbst argumentiert; vgl. Dieter Borchmeyer: Politische Betrachtungen eines angeblich Unpolitischen. Thomas Mann, Edmund Burke
und die Tradition des Konservatismus, in: TM Jb 10, 1997, 83–104.

werden zu können. Die Zivilisation als Geist übernimmt damit die »geistige Organisation« des zu Sagenden. Das, was gesagt werden soll, wird dionysisch geschaut, um sodann apollinisch geformt und sagbar gemacht zu werden. Die Zivilisation ist hier recht eigentlich kein Gegensatz zur Kultur, sondern nimmt eine dienende Funktion ein.

Was Thomas Mann jedoch stark angreift, ist das Vorherrschen der Zivilisation ohne Kultur. Darin will er einen gefährlichen Verfall erkennen, der dann auch zum Krieg führt. Mann beschreibt in krassen Metaphern das Europa der Zivilisation, überzogen »von dem Ungeziefer des Geistes« und stinkend »von den Zersetzungsstoffen der Zivilisation« (15.1, 32). So weit, so bekannt, und unablässig beschworen in vielen antiwestlichen Kriegsschriften aus deutscher Hand. Aber – und dies ist der entscheidende Punkt: Thomas Mann erkennt die vergiftende Zivilisation, den um sich greifenden Kapitalismus, der einhergeht mit einer Entwertung der Kultur, weil er die Menschen von sich selbst entfremdet, gerade auch im deutschen Kaiserreich. Hier verfolgt er keine simple politische Gleichung der Kultur-Zivilisations-Antithese, die Kultur einzig den Deutschen, die Zivilisation einzig Frankreich und England zuschreibt;[11] Thomas Mann zeichnet vielmehr ein Deutschland, das seine Kultur preisgegeben hat, als es sich der Zivilisation verschwor.

Deutlich wird dies, als Mann den ausländischen Vorwurf des Militarismus aufgreift und versucht, ihn durch den Hinweis auf Deutschlands Zivilisations- und Modernisierungsleistungen zu entkräften (15.1, 43). Zugleich jedoch leitet er einen Selbsthass der Deutschen daraus ab, der erst im Moment des Kriegsausbruchs beruhigt wurde, wie es bereits im zitierten Brief an Heinrich Mann anklingt: »Aller innere Haß, den der Komfort des Friedens hatte giftig werden lassen – wo war er nun?« (15.1, 33) Die Errungenschaften der Zivilisation, die »Krankenhäuser, Volksschulen, wissenschaftlichen Institute, Luxusdampfer und Eisenbahnen« (15.1, 37), haben Deutschland zu einem in sich unzufriedenen, zerrissenen Land gemacht. Mann argumentiert im Einklang mit der

---

[11] Übersehen wird dieser wichtige Punkt etwa von Stephan Stachorski und Alexander Honold, die beide Thomas Mann zu einem Vertreter der nationalistischen Kultur-Zivilisations-Antithese stilisieren und seine Kritik am Kaiserreich nicht erwähnen. Vgl. Alexander Honold: »Betrachtungen eines Unpolitischen« (1918), in: Thomas Mann Handbuch. Leben – Werk – Wirkung. Hg. von Andreas Blödorn u. Friedhelm Marx. Stuttgart: Metzler 2015, S. 160 und Stephan Stachorski: Kultur vs. Zivilisation, in: ebd., S. 316. Dort jeweils weitere Literatur zu dieser vermeintlichen Antithesenbildung bei Thomas Mann. Georg Kreis weist in seinem thematisch einschlägigen Aufsatz sogar die genaue und differenzierte Lektüre einzelner Texte von einzelnen Autoren zurück und betont stattdessen das aus seiner Sicht geschichtswissenschaftlich angemessene Verständnis solcher »Stellungnahmen« allein aus den zeitgenössischen Debattenzusammenhängen heraus; auf diese Weise erkennt er in Manns Begriffsarbeit aber nur »Gemeinplätze«, weil er dessen individuellen Zugriff auf die Kultur-Zivilisations-Antithese nicht nachvollzieht. Vgl. Georg Kreis: Die politischen Gemeinplätze in den »Betrachtungen eines Unpolitischen«. Zu Thomas Manns Rechtfertigen des Kriegs von 1914–1918, in: TM Jb 28, 2015, 129–145, 131 f.

Zivilisationsschelte des marginalisierten Bildungsbürgertums, das durch die Bevorzugung der Wissenschaft und Wirtschaft die kulturelle Grundlage des Reiches zerstört sieht. Die Heiligkeit der deutschen Kultur wird im Reich nicht anerkannt, das stattdessen auf die oberflächlichen Annehmlichkeiten des technischen Fortschritts setzt, damit aber der Moderne Tor und Tür öffnet. Damit ist zugleich die soziale Bindekraft der Gemeinschaft geschwächt worden: Die durch analytische Wissenschaft und geistlosen Kapitalismus verursachte Entfremdung des deutschen Wesens im Kaiserreich führt zugleich zu einer Entfremdung und sozialen Bindungslosigkeit der Volksgemeinschaft, wie es vor allem das Bildungsbürgertum diagnostiziert.[12] Zwar kann Thomas Mann in dieser Stunde der Kriegsbegeisterung seine Kritik am Deutschen Reich nicht laut äußern, weil es seinen Wunsch nach Versöhnung der Sphären von Geist und Macht behindern könnte, trotzdem spielt er darauf an, dass im Kaiserreich die Kultur keineswegs den ihr gebührenden Platz eingenommen hat. Die bildungsbürgerliche Kritik, die nach der ersten Begeisterung durch die Reichsgründung 1871 einsetzt, als die Hegemonie der Kultur durch die neuen Wissenschaften und die Technik abgelöst wird, findet ihren Nachhall in Thomas Manns Kriegsessay von 1914.[13]

Der Krieg wird von Mann begeistert als das Mittel begrüßt, die Fehlentwicklungen im Reich zu korrigieren. Darum ist für ihn »der gewaltige und schwärmerische Zusammenschluß der Nation« so wichtig (15.1, 33). Indem die Kultur in den vergemeinschaftenden Gefühlsüberschwang mit einstimmt, wird sie wieder Teil der meinungsbildenden und -bestimmenden Macht. Indem sich aber die kulturtragenden Schichten an die Spitze der Begeisterung setzen, um die Heiligkeit des Krieges als Abbild der Heiligkeit der Kultur zu erklären, lässt sich – so Manns Hoffnung – die Kultur wieder zur letztlich dominierenden Kraft machen. Darum meint Mann, Deutschland sei schöner geworden. »Deutschlands ganze Tugend und Schönheit – wir sahen es jetzt – entfaltet sich erst im Kriege.« (15.1, 39) Denn erst jetzt vereinigt Deutschland sich wieder zu einer echten Gemeinschaft, die ihre zivilisatorischen Auswüchse hinter sich lässt und sich wieder auf das deutsche Wesen verpflichtet. Dem Krieg schreibt er reinigende Kräfte zu, die den Ekel der Zivilisation fortspülen und damit ein

---

[12] Vgl. dazu die Studien von Peter Sprengel: Geschichte der deutschen Literatur 1870–1900: von der Reichsgründung bis zur Jahrhundertwende. München: Beck 1998, S. 3–22; Wolfgang J. Mommsen: Bürgerliche Kultur und künstlerische Avantgarde. Kultur und Politik im deutschen Kaiserreich 1870 bis 1918. Frankfurt/Main u. Berlin: Propyläen 1994; Volker Ullrich: Die nervöse Großmacht. Aufstieg und Untergang des deutschen Kaiserreichs 1871–1918. Frankfurt/Main: Fischer 2004.

[13] Darum ist Børge Kristiansen zu widersprechen, der behauptet, Mann habe die Staatsverhältnisse »vollauf bejaht«. Børge Kristiansen: Kultur und Zivilisation bei Thomas Mann. Überlegungen zu den »Betrachtungen eines Unpolitischen«, in: Text & Kontext 22 (1999), H. 1–2, S. 7–19, 9.

deutsches Kaiserreich, das die deutsche Kultur marginalisiert hat. Mann träumt abschließend von der Verwirklichung der »deutschen [...] Geistesgesetze« (15.1, 44) und führt über die Zusammenbindung von »deutsch« und »Geist« Kultur und Zivilisation zusammen zu einem besonderen deutschen Staat.

Die verschiedenen Formeln, die Kultur und Politik in der Republik-Rede von 1922 miteinander verknüpfen, werden in den *Gedanken im Kriege* durch die Inklusion der Zivilisation in die deutsche Kultur vorbereitet. In seinem Aufsatz *An die Redaktion des »Svenska Dagbladet«, Stockholm* führt Mann diese Strategie fort, indem er dort Geist synonym mit Kultur benutzt. Er bezeichnet dort den von ihm erhofften Staat als »Synthese von Geist und Macht« (15.1, 129). Wäre er ein Verfechter der Antithese von Kultur und Zivilisation, hätte er hier nicht »Geist« schreiben dürfen, den er ja mit der Zivilisation assoziiert. Zudem ist die Formel der »Synthese von Geist und Macht« schon eine Variation der »Einheit von Staat und Kultur«, die die Republik-Rede fordern wird.

Der Begriff der republikanischen Wende setzt voraus, dass Mann zuvor ein begeisterter Monarchist gewesen sei, was aber gerade seine Kriegsessays nicht bestätigen, indem sie deutliche Kritik am Kaiserreich üben. Außerdem suggeriert der Begriff der republikanischen Wende, Thomas Mann hätte die Demokratie für sich entdeckt. Dass er eine eigentümliche Vorstellung von der Demokratie hat, ist bereits deutlich geworden. Und diese Vorstellung prägt schon sein politisches Denken vor 1922.

In den *Betrachtungen eines Unpolitischen* verwirft Mann zwar die Demokratie nach französischem Muster, einen deutschen Volksstaat hingegen kann er sich gut vorstellen. Wie Steffen Bruendel gezeigt hat, wird die Forderung nach einem Volksstaat spätestens ab 1917 immer lauter. »Angestrebt wurde die Ablösung des Obrigkeitsstaates durch den Volksstaat, d. h. die Etablierung der parlamentarischen Monarchie im Reich und die Einführung des Reichstagswahlrechts in Preußen.«[14] Verbunden mit diesen Forderungen ist der Gedanke einer »Deutschen Freiheit«, »die sich im Gegensatz zur rein formalen, vermeintlich abstrakten und leeren westlichen Liberät durch Pflichtbewußtsein und elementare Gemeinwohlorientierung, d. h. einen materialen Gehalt qualifiziere«, wie Bruendel mit Blick auf Friedrich Meinecke schreibt.[15] Thomas Mann übernimmt den Gedanken des Volksstaats und verknüpft ihn mit seiner bildungsbürgerlichen Politikidee. Thomas Mann bleibt in seinen Ausführungen, was er sich genau unter dem Volksstaat vorstellt, recht unpräzise.[16] So

---

[14] Steffen Bruendel: Volksgemeinschaft oder Volksstaat. Die »Ideen von 1914« und die Neuordnung Deutschlands im Ersten Weltkrieg. Berlin: Akademie-Verlag 2003, S. 240.

[15] Ebd., S. 260.

[16] Vgl. Hermann Kurzke: Das Kapitel »Politik« in den »Betrachtungen eines Unpolitischen«, in: TM Jb 13, 2000, 27–41, 32: »Obgleich ist stark ist in pessimistischen Sentenzen, gelingt es

finden sich in den *Betrachtungen eines Unpolitischen* nur wenige konkrete Ideen. Mann weiß immerhin, dass es wohl weiterhin einen Kaiser geben soll: »Ich will die Monarchie, ich will eine leidlich unabhängige Regierung, weil nur sie die Gewähr politischer Freiheit, im Geistigen wie im Ökonomischen, bietet.« (13.1, 285)

Die Monarchie wird allerdings in ihrer Machtausübung eingeschränkt durch die politische Willensbekundung des Volkes, dem ein Wahlrecht zugestanden wird. Dies ist der einzige Punkt seiner Volksstaatstheorie, den Thomas Mann breiter entfaltet:

Für mich besteht kein Zweifel, daß gerade in einem differenzierten Volk mit großen geistigen Abständen, wie dem deutschen, ein mit Weisheit geregeltes Mehrstimmenrecht, welches nach Verdienst, Alter, Bildungsgrad, geistigem Range fragte, auch bedacht darauf nähme, ob einer Söhne hat und also an der Gestaltung des Staates einen nicht nur egoistisch-persönlichen, sondern weiterschauenden Anteil nimmt, – daß ein solches Stimmrecht relativ gerechter sein könnte, als das gleiche: denn um relative Gerechtigkeit kann es sich bei aller menschlichen Rechtsordnung ja immer nur handeln. Je durchdachter, aristokratischer, geistreicher abgestuft und erfinderischer in der Annäherung an die Gerechtigkeit aber ein solches Wahlrecht wäre, desto weniger wäre es geeignet, der Masse als gerecht einzuleuchten, welcher nämlich immer nur die schlichteste, plumpste und primitivste Art von Gerechtigkeit, jene, die ohne Federlesen allen das Gleiche gibt, als gerecht erscheinen wird. (13.1, 293)

Innerhalb der verschiedenen Demokratietheorien der Moderne vertritt Thomas Mann damit eine Position, die sich als eine elitäre Oligarchie, als eine Herrschaft der Gebildeten bezeichnen lässt und die in der politischen Theorie mit dem Schlagwort der Meritokratie belegt wird.[17] Die Machtverteilung im Staat wird nicht über Abstammung und Wohlstand organisiert, sondern abhängig gemacht vom Bildungsgrad. Mann plädiert also für eine Art Zensuswahlrecht, das nicht nach Einkommen und Besitz, sondern nach Bildungsgrad Stimmen verteilt. Er wird damit zum Vertreter einer Elitentheorie, die den Hegemonialansprüchen des Bildungsbürgertums wesentlich entspricht. Die so gegebene Herrschaft der Gebildeten tritt ein für das Gemeinwohl. Kultur wird von oben eingesetzt, um Politik zu gestalten. Und diesem Verständnis von Demokratie bleibt Thomas Mann treu, wenn man an die Rede *Schicksal und Aufgabe* von 1943 denkt.

Thomas Mann auch auf über 150 Seiten nicht, wirklich deutlich zu machen, was er positiv politisch eigentlich will.«

17 Vgl. dazu Michael Young: The Rise of the Meritocracy. An Essay on Education and Equality. Harmondsworth: Penguin 1968; Giovanni Sartori: Demokratietheorie. Darmstadt: Wissenschaftliche Buchgesellschaft 1992.

IV.

Nach all diesen Überlegungen bleibt die leitende Frage, wie es um eine republikanische Wende Thomas Manns steht und ob der Begriff der »republikanischen Wende« förderlich ist für ein vertieftes und den Texten angemessenes Verständnis Thomas Manns. Betrachtet man frühe wie späte Essays und Reden Thomas Manns, so fällt auf, dass sein Verhältnis zur Demokratie nahezu konstant bleibt. Eine republikanische Wende, die gleichzeitig suggeriert, Thomas Mann ändere seine Einstellung zur Demokratie, bleibt aus. In Thomas Manns politischem Denken ist sorgfältig zu unterscheiden zwischen den Begriffen »Republik« und »Demokratie«, die für uns heute zwar recht eigentlich zusammengehören und nahezu synonym sind: weil sie in unserem politischen Denken einander bedingen. Für Thomas Mann sind Republik und Demokratie aber keine Synonyme, er trennt sie von einander und kann sie nur einzeln in sein politisches Ideengebäude integrieren.

Das heißt: eine republikanische Wende vollzieht Thomas Mann allenfalls mit Blick auf die Staatsform; das eigentlich bedeutsame Staatsleben, die Weise, in der seiner Meinung nach das Gemeinwesen organisiert werden muss, bestimmt Thomas Mann dagegen zeitlebens nahezu gleich. Demokratie heißt für Thomas Mann immer Kultur *und* Zivilisation. Die Kultur stellt die Ideen und Ziele bereit, denen sich die politische und soziale Gemeinschaft verpflichtet. Die Kultur ist das staatstragende und handlungsleitende, grundlegende Element. Darum spielt es für Thomas Mann keine allzu große Rolle, ob die Staatsform nun eine Monarchie ist oder eine Republik. Das für ihn Entscheidende ist die Vorrangstellung der Kultur über die Politik, weil nach seinem Verständnis die Kultur die Politik anleitet.

Das ist ein aus heutiger Sicht durchaus heikler Punkt seiner politischen Überzeugungen. Thomas Mann trifft damit aber hinein in ein großes Problem von Staatlichkeit und Politik. Es geht darum, dass ein politisches Gemeinwesen einer Form der Letztbegründung bedarf. Letztbegründungen übersteigen den Einzelnen wie den Staat insgesamt, sie geben ein Ziel vor, an dem sich politisches Handeln messen lässt. Letztbegründungen bilden das Fundament von Staaten, weil sie – wie Jürgen Habermas es auf den Punkt bringt – »die einzelnen Individuen mit ihrer besonderen politischen Gemeinschaft im Horizont einer allgemeinen kosmischen Ordnung« vereinigen unter den Bedingungen »der Freiheit und der vollständigen Individualität«.[18] Anders gesagt: Letztbegründungen stiften die verbindlichen Normen und Werte, denen sich die Politik verpflichtet, damit alle Bürger sich als Gemeinschaft wahrnehmen.

---

[18] Jürgen Habermas: Zur Rekonstruktion des Historischen Materialismus. Frankfurt/Main: Suhrkamp 1982, S. 103.

Eine Gemeinschaft, der eine Letztbegründung fehlt, verliert ihre Legitimation, gleich welche Staatsform sie annimmt.

Seit der Aufklärung stehen Letztbegründungen unter einem verschärften Rechtfertigungszwang. Das weiß Thomas Mann, und darum dreht sich sein politisches Denken um die Frage, wie eine Letztbegründung unter den Bedingungen einer pluralistischen Moderne zu finden ist. Die alten Begründungen sind allesamt entwertet und zusammengebrochen: die Religion, die Monarchie; neue Letztbegründungsversuche wie Kommunismus und Nationalsozialismus lehnt Thomas Mann als totalitäre Ideologien ab.

Thomas Mann entwirft selbst keine Letztbegründung, aber er stellt den Weg vor, den er demokratisch gehen will. Für ihn liegt in der Kultur, also der Literatur, Philosophie, Religion und Musik, die Möglichkeit, Werte und Normen zu definieren, die sodann dem Gemeinwesen als Letztbegründung dienen können. Doch seine Demokratie ist bildungsbürgerlich angeleitet: das Bildungsbürgertum hat Teil an der Kultur, darum kann es die entsprechenden Normen und Werte daraus ableiten. Die deutlichste Wende, die Thomas Mann vollzieht, betrifft darum das Bildungsbürgertum selbst, das aus machtvergessener Innerlichkeit aufwachen muss und sich in den Dienst der Gemeinschaft stellen, um die Politik anzuleiten. Das Bildungsbürgertum nimmt eine Mittlerrolle ein zwischen Kultur und Politik. 1797 träumen Hegel, Schelling und Hölderlin von einem neuen, radikal demokratischen Staat, dessen Lehrerin die Poesie sein soll.[19] Hier schließt Thomas Mann an. Entsprechend gilt für seine erzählenden Texte, dass sie demokratische Romane sind: nicht unbedingt in der Themenwahl, nicht unbedingt im Inhalt der erzählten Welt, aber ihrer Faktur nach. Ironie ist die demokratische Haltung, die Letztbegründungen entwirft, sie zugleich auf den Prüfstand stellt und über ihre Annahme entscheidet. Prinzipielle Offenheit für Lebens- und Politikentwürfe steht im Kern von Manns Schreiben,[20] daraus leitet sich zumal sein Unbehagen an einer verabsolutierten Zivilisation ab, die keinerlei ironische Selbstreflexion kennt.

Diese Schreibweise gehört zu Thomas Mann von früh an; auch die sich dahinter verbergende Haltung, in Möglichkeiten und Alternativen zum Bestehenden zu denken. Schon in den Texten vor 1922 vertritt er diese grundsätzliche politische Haltung. Das Bildungsbürgertum hat die Politik anzuleiten; und noch in den aufgeregten Kriegsessays von 1914 und den späteren *Betrachtungen eines Unpolitischen* bleibt dieser Gedanke mit einer Kritik am Kaiserreich bestehen und dem Aufruf an das Bildungsbürgertum, endlich die Verantwortung anzunehmen.

---

[19] Mythologie der Vernunft. Hegels ›ältestes Systemprogramm‹ des deutschen Idealismus. Hg. von Christoph Jamme u. Helmut Schneider. Frankfurt/Main: Suhrkamp 1984, S. 13.
[20] Siehe dazu die Beiträge von Jens Ewen und Matthias Löwe in diesem Jahrbuch.

Der in der Forschung etablierte Begriff der republikanischen Wende ist schwierig. Es gibt Kritiker, die Thomas Mann vorwerfen, nie ein richtiger Demokrat geworden zu sein, die republikanische Wende nur halbherzig vollzogen zu haben. Darin steckt etwas Wahres: Thomas Manns Demokratiebegriff ist aus unserer heutigen Perspektive tatsächlich defizitär, weil er allein auf Kultur setzt. Und das ändert er auch nach 1922 nicht. Der Begriff der republikanischen Wende verdeckt den tatsächlichen Gedankengang Thomas Manns. Er prägt eine Interpretation vor, die den Texten Manns nicht gerecht wird. Der Begriff funktioniert wie eine getönte Brille: weil man ihn aufsetzt, sieht man in den Texten vor 1922 die vielen, aus heutiger Sicht antidemokratischen Momente, während man sie in den Texten nach 1922 so leicht übersieht. Der Begriff der republikanischen Wende entspricht nicht dem tatsächlichen Denken Thomas Manns, das an seinen Reden und Essays abzulesen ist, weil er den starken, kontinuierlichen Zug demokratischen Denkens in Manns Werk unterschätzt und überschätzt – der Begriff ist nicht präzis. Der Begriff der republikanischen Wende reduziert Manns politisches Denken auf ein Vorher/Nachher, das an Manns Reden gemessen nicht zu finden ist.

Thomas Mann hat das selbst wirkungsvoll inszeniert mit dem für ihn typischen Einerseits – Anderseits. Denn in der Rede *Von deutscher Republik* fingiert er ja die entrüsteten Gefühle derer, die sich durch sein Eintreten für die Republik nun von ihm verraten fühlen müssen, hat er doch seine »antipolitisch-antidemokratischen Betrachtungen von anno 18« vermeintlich verdreht. Denen entgegnet er: »Ich widerrufe nichts. Ich nehme nichts Wesentliches zurück.« (15.1, 533) Und wirklich haben die Vorwürfe derjenigen, die Mann die Zuwendung zur Republik übel nahmen, nicht lange auf sich warten lassen. Im Vorwort zur Druckfassung der Republik-Rede stellt er fest: »Daß eine Sinnesänderung, ein Gesinnungswechsel überraschender, verwirrender und selbst frivoler Art vorliege, schien fast allgemeine Meinung.« (15.1, 583). Und widersetzt sich dieser Meinung: »Ich weiß von keiner Sinnesänderung. Ich habe vielleicht meine Gedanken geändert – nicht meinen Sinn.« (15.1, 583) Thomas Mann bringt es damit recht genau auf den Punkt. Die Wende zur Republik ist nur oberflächlich, weil das Fundament weiterhin von der Kultur beherrscht wird. Die, die ihm nun vorwerfen, von Bord gegangen zu sein, übersehen, dass Thomas Mann niemals mit ihnen gefahren ist: er teilt ihre monarchistischen Überzeugungen nicht und auch nicht ihren Nationalismus. Und er fordert die politische Partizipation des Bildungsbürgertums als in seinem Ideenhorizont genuin demokratisches Element. Manns rechte Kritiker haben seine Essays nicht gründlich gelesen und sich von dem rhetorischen Furor gegen die Kriegsgegner so weit begeistern lassen, dass sie Manns Distanz zu Deutschland, das eben doch »verhaßt« ist, völlig übersehen haben.

Thomas Manns Demokratieverständnis ist erstaunlich konstant, und es ist eben dieses Demokratieverständnis, das ihn so früh und entschieden gegen den Nationalsozialismus antreten lässt. Thomas Mann tritt ein für einen Staat, in dem Kultur die Politik anleitet, Alternativen bereitstellt und diskutiert, und über Kultur Letztbegründungen entworfen werden. Das muss in Thomas Manns Denken keine Republik heutigen Zuschnitts sein; die Kultur ist die Demokratie. Der Begriff der republikanischen Wende umfasst das nicht, er bildet Thomas Manns politisches Denken nicht ab. Der Begriff suggeriert heutige Vorstellungen von Republik und Demokratie, die untrennbar zusammengehören, und er eröffnet neue Kritik an Thomas Manns Ideen, die an Horizonten gemessen werden, die Mann nicht teilt. Kurz gesagt: der Begriff der republikanischen Wende bringt keineswegs die Forschung zu Thomas Mann gebündelt auf den Punkt. Er war wichtig, um einen politischen Blick auf Thomas Mann zu schärfen. Heute sehen wir klarer, den Begriff benötigen wir nicht länger. Lassen wir ihn weg.

Bernd Hamacher

»… meine imitatio Goethe's«

Thomas Mann und Goethe – Eine lebenslange Auseinandersetzung in neuer Beleuchtung

Als Fundamente seiner »geistig-künstlerischen Bildung« nannte Thomas Mann in den *Betrachtungen eines Unpolitischen* die Namen eines »Dreigestirn[s] ewig verbundener Geister [...]: Schopenhauer, Nietzsche und Wagner« (13.1, 79). Vielleicht nicht als ein solches Fundament, aber im Hinblick auf die später darauf errichteten Bauten könnte dabei der Name Schopenhauers durch denjenigen Goethes ausgetauscht werden. Nietzsche war die entscheidende philosophische, Wagner die musikalische und allgemein künstlerische Orientierungsgröße für Thomas Mann, wobei er sich in beiden Fällen auch an ihren Persönlichkeiten abarbeitete, was bei Schopenhauer nicht in gleichem Maße der Fall war. Anders bei Goethe, der als schriftstellerischer Maßstab diente, und dies ebenfalls in Ausrichtung an der Gesamtpersönlichkeit. Thomas Mann selbst hat seine lebenslange Auseinandersetzung mit Goethe auf die Begriffe Identifikation, Nachfolge und *imitatio* gebracht. Terminologisch bietet sich für diese Form der Bezugnahme nicht nur auf die Texte eines anderen Autors, sondern auf dessen Autorschaft selbst der Begriff der Interauktorialität an, den (nicht in Bezug auf Thomas Mann) die Anglistin Ina Schabert vorgeschlagen,[1] der sich jedoch nicht recht durchgesetzt hat, da das seinerzeitige wissenschaftliche Klima einer Untersuchung von Autorschaft insgesamt eher entgegenstand. In der Thomas-Mann-Forschung aber hat der von Roland Barthes polemisch und metaphorisch geforderte »Tod des Autors«[2] nie stattgefunden. Umgekehrt könnte man meinen, dass sich die Untersuchung der sogenannten Goethe-*imitatio* Manns in der jüngeren Forschung, die sich von den Interpretationsvorgaben des Autors freigemacht und – ebenfalls nicht ohne Polemik – die ›Komplizenschaft‹ mit ›ihrem‹ Autor aufgekündigt hat,[3] nach den

---

[1] Vgl. Ina Schabert: Interauktorialität, in: Deutsche Vierteljahrsschrift für Literaturwissenschaft und Geistesgeschichte, Jg. 57, Stuttgart: Metzler 1983, S. 679–701.

[2] Vgl. Roland Barthes: Der Tod des Autors [1968], in: Texte zur Theorie der Autorschaft, hrsg. und kommentiert von Fotis Jannidis, Gerhard Lauer, Matías Martínez und Simone Winko, Stuttgart: Reclam 2000, S. 185–193.

[3] Vgl. Yahya Elsaghe: Die imaginäre Nation. Thomas Mann und das ›Deutsche‹, München: Fink 2000, S. 14, der von den »konsequent blinden Stellen der Rezeption« und den »unbewußte[n] Allianzen der Wissenschaftler [...] mit ›ihrem‹ Autor« spricht.

Arbeiten von Hans Wysling[4] und Hinrich Siefken[5] erledigt hätte, zumal alles gesagt schien. Erst die Neuedition und -kommentierung von *Lotte in Weimar* im Rahmen der Großen kommentierten Frankfurter Ausgabe durch Werner Frizen 2003 rückte nicht nur diesen Roman, sondern auch das Thema Thomas Mann und Goethe wieder stärker in den Fokus.

Unabhängig von solchen Konjunkturen der Forschung kann die Bedeutung des Goethe-Komplexes für Thomas Mann nicht in Zweifel stehen, und wenn im Folgenden nicht nur die bislang gewonnenen Erkenntnisse resümiert, sondern um einige Aspekte ergänzt werden sollen, so geschieht dies in der Überzeugung, dass manche Facetten noch nicht hinreichend beachtet wurden und sich daher ein neuer Blick lohnt. Dies betrifft vor allem den Anfang und das Ende von Thomas Manns Auseinandersetzung mit Goethe. Am Beginn stand bekanntlich die emphatische Lektüre von Eckermanns *Gesprächen mit Goethe in den letzten Jahren seines Lebens*.[6] Zweierlei fällt bereits hier auf: zum ersten, dass es der *alte* Goethe ist, der als Orientierungsgröße dient, und zum zweiten, dass es die Persönlichkeit als ganze ist, die Mann beeindruckt. Beide Punkte gewinnen auch für die folgenden Jahrzehnte stärkeres Profil, wenn man sie vor dem Hintergrund der zeitgenössischen Goethe-Forschung betrachtet, was bislang nicht geschehen ist, da man einen solchen Forschungsbezug bei Mann zumindest zu diesem frühen Zeitpunkt nicht ausmachen kann. Gleichwohl bewegte er sich ganz in Übereinstimmung mit deren wesentlichen Tendenzen oder nahm sie in einzelnen Fällen gar vorweg. Ich nenne sechs Aspekte, in denen sowohl Manns Goethe-*imitatio* als auch die frühe Thomas-Mann-Forschung in ihrem Stellenwert deutlicher hervortreten, wenn man sie im Kontext der Goethe-Philologie beleuchtet:

1. Die Disziplin der Neueren deutschen Literaturwissenschaft nahm ihren Beginn in der Goethe-Philologie. Nach dem Tode des letzten Enkels von Johann Wolfgang von Goethe im Jahre 1885 erlebte die Germanistik mit der Öffnung des Nachlasses und der Gründung des Weimarer Goethe-Archivs als des ersten deutschen Literaturarchivs einen ungeheuren institutionellen Aufschwung. Goethe wurde zum ersten und lange Zeit unangefochten wichtigsten Gegenstand der Neugermanistik. Dies hatte zur Folge, dass die ger-

---

[4] Vgl. Hans Wysling: Thomas Manns Goethe-Nachfolge [1978], in: ders.: Ausgewählte Aufsätze 1963–1995, hrsg. von Thomas Sprecher und Cornelia Bernini, Frankfurt/Main: Klostermann 1996 (= TMS XIII), S. 17–63.

[5] Vgl. Hinrich Siefken: Thomas Mann. Goethe – »Ideal der Deutschheit«. Wiederholte Spiegelungen 1893–1949, München: Fink 1981.

[6] Vgl. Helmut Koopmann: Aneignungsgeschäfte. Thomas Mann liest Eckermanns Gespräche mit Goethe, in: Thomas Mann und seine Quellen. Festschrift für Hans Wysling, hrsg. von Eckhard Heftrich und Helmut Koopmann, Frankfurt/Main: Klostermann 1991, S. 21–47.

manistischen ›Gründerväter‹ sich im methodischen Design der Disziplin und bis in die theoretischen Formulierungen hinein programmatisch an den Vorgaben ›ihres‹ Autors orientierten – eine wissenschaftsgeschichtliche ›Erblast‹, die in einigen Aspekten noch bis heute nachwirkt. Die erkenntnistheoretische Begründung für ein solches methodisches Vorgehen konnte ein aus Goethes Plotin-Übertragungen stammendes *Zahmes Xenion* liefern: »Wär' nicht das Auge sonnenhaft, / Die Sonne könnt' es nie erblicken; / Läg' nicht in uns des Gottes eigne Kraft, / Wie könnt' uns Göttliches entzücken?«[7] Im Hinblick auf die frühe Goethe-Forschung ist es keineswegs respektlos, sondern folgt ihrem programmatischen Selbstverständnis, wenn man die Verse variiert: Läg' nicht in uns des Goethes eigne Kraft, / Wie könnt' uns Goethesches entzücken? Ein identifikatorischer Blick auf Goethe, wie er dann bei Thomas Mann konstatiert werden kann, ist nicht nur zeittypisch, sondern in diesem Kontext sogar geboten.

2. Die Forschung hat hinreichend dargestellt, dass es sich bei Manns Identifikation mit Goethe nicht nur um eine Selbststilisierung nach dessen Vorbild, sondern ebenso um eine Stilisierung Goethes nach dem problematischen Selbstbild Manns handelte. Manns Goethe trug deutliche Züge von Thomas Mann selbst, was Hinrich Siefken noch 1981 als »erstaunlich« bezeichnete.[8] Auch dies lässt sich wissenschaftsgeschichtlich begründen und rechtfertigen. Wilhelm Scherer formulierte bereits 1877 in einem programmatischen Aufsatz mit dem Titel *Goethe-Philologie*: »Man könnte denken, in ihm [sc. Goethe] ruhe die wahre Einheit unserer Bildung und Wissenschaft. Ihm zu Liebe werden Naturforscher, Historiker, Künstler zu Philologen und Commentatoren.« Das führe dann allerdings auch dazu, »daß jeder seinen eigenen Goethe hat und daß diese mehreren Goethes die allerverschiedensten Gesichter zeigen und die allerverschiedensten, manchmal wunderbarsten Dinge verrichten«.[9] Auch Manns Goethe ist daher ein höchst persönlicher, aufgrund des wiederum an Goethe gewonnenen Bewusstseins der Repräsentativität jedoch mit dem Anspruch, damit die Einheit der deutschen Kultur zu vertreten.

3. Die Goethe-Forschung konzentrierte sich zunächst positivistisch auf die Entstehungsgeschichte der einzelnen Texte – wiederum nach einer Maßgabe

[7] Johann Wolfgang Goethe: Sämtliche Werke. Briefe, Tagebücher und Gespräche, hrsg. von Friedmar Apel u. a., Abt. I, Bd. 2: Gedichte 1800–1832, hrsg. von Karl Eibl, Frankfurt/Main: Deutscher Klassiker Verlag 1988 (= Bibliothek deutscher Klassiker, Bd. 34), S. 646.

[8] Vgl. Siefken (wie Anm. 5), S. 164 f.: »Es ist erstaunlich zu sehen, wie stark die Goethedeutung Thomas Manns Selbstaussage ist, wie bis in die Formulierung hinein von Goethe gesagt wird, was von Thomas Mann galt. [...] Es ist ja keineswegs Mann der mythische Nachfolger, der sich in Goethe wiederfindet. Es handelt sich um eine Stilisierung Goethes auf den Vorläufer Thomas Manns.« Vgl. auch Wysling (wie Anm. 4), S. 52 f.

[9] Wilhelm Scherer: Goethe-Philologie [1877], in: ders.: Aufsätze über Goethe [hrsg. von Erich Schmidt], Berlin: Weidmannsche Buchhandlung 1886, S. 3–27, 4 f.

Goethes, formuliert in einem Brief an Karl Friedrich Zelter vom 4. August 1803: »Nehmen Sie heute mit Nachstehendem vorlieb und lassen sich meine genetische Entwicklungen gefallen [sic]. Natur- und Kunstwerke lernt man nicht kennen wenn sie fertig sind; man muß sie im Entstehen aufhaschen, um sie einigermaßen zu begreifen.«[10] Man nahm damit vorlieb, und man ließ es sich gefallen. Die Thomas-Mann-Forschung reproduzierte ihrerseits diese frühe Forschungsperspektive auf Goethe in ihrer Persektive auf Mann, nämlich in der Dominanz der Quellenkritik nach der Einrichtung des Zürcher Thomas-Mann-Archivs.

4. Der Schwerpunkt auf der Entstehungsgeschichte führte außerdem zu einer vorwiegend biographischen Deutung der Werke. Hier folgte die Selbstdeutung Manns der Selbstdeutung Goethes, der im siebenten Buch von *Dichtung und Wahrheit* seine Werke als »Bruchstücke einer großen Konfession« bezeichnete.[11] Die biographische Deutung der Texte, sowohl durch die Autoren selbst als auch durch die Forschung, ist indes nur das eine; darüber hinaus rückte das Leben des Autors selbst als zentraler Gegenstand wissenschaftlicher Darstellung in den Brennpunkt des Interesses. Richard M. Meyer etwa (den Mann später kennenlernte) urteilte 1895 in seiner preisgekrönten Goethe-Biographie: »als ein wundervoll organisiertes Ganzes steht dies Leben vor uns – das größte seiner Kunstwerke.«[12] Kein Wunder also, dass Goethes Leben und seine Gesamtpersönlichkeit den Zielpunkt von Thomas Manns Aneignung bildeten. Wie stark diese Vorgaben untergründig fortwirkten, zeigt besonders prägnant der Untertitel von Hermann Kurzkes Biographie, *Das Leben als Kunstwerk*,[13] den man geradezu als unbewusstes Meyer-Zitat lesen kann.

Der Topos der Vorbildhaftigkeit von Goethes Leben, der in der Scherer-Schule von Meyer inauguriert und neuerdings von Rüdiger Safranski reaktiviert wurde,[14] findet sich bei Georg Simmel auf die Spitze getrieben: »Wir empfinden seine Entwicklung als die typisch menschliche – [...] in gesteigerteren Maßen und klarerer Form zeichnet sich an ihm, in und unter all seinen Unvergleichlichkeiten, die Linie, der eigentlich jeder folgen würde, wenn er so-

[10] Goethe (wie Anm. 7), Abt. II, Bd. 5: Mit Schiller. Briefe, Tagebücher und Gespräche vom 24. Juni 1794 bis zum 9. Mai 1805, Teil 2: Vom 1. Januar 1800 bis zum 9. Mai 1805, hrsg. von Volker C. Dörr und Norbert Oellers, Frankfurt/Main: Deutscher Klassiker Verlag 1999 (= Bibliothek deutscher Klassiker, Bd. 162), S. 368.

[11] Goethe (wie Anm. 7), Abt. I, Bd. 14: Aus meinem Leben. Dichtung und Wahrheit, hrsg. von Klaus-Detlef Müller, Frankfurt/Main: Deutscher Klassiker Verlag 1986 (= Bibliothek deutscher Klassiker, Bd. 15), S. 310.

[12] Richard Moritz Meyer: Goethe, Berlin: Hofmann 1895 (= Geisteshelden. Führende Geister, Bd. 13–15), S. 3.

[13] Vgl. Hermann Kurzke: Thomas Mann. Das Leben als Kunstwerk. Eine Biographie, München: Beck 1999.

[14] Vgl. Rüdiger Safranski: Goethe – Kunstwerk des Lebens. Biographie, München: Hanser 2013.

zusagen seinem Menschentum rein überlassen wäre.«[15] Thomas Mann grenzte sich insofern von dieser Panegyrik ab und ist daher ›moderner‹ als diese, als er auch negative Aspekte, die eigenen und beim Vorbild ausgemachten bzw. auf dieses projizierten Fragwürdigkeiten – in Werner Frizens Worten »Goethes Triebhemmung, seine Furcht vor der Frau, sein Fluchtverhalten, die abnorme Erbbelastung« (9.2, 483) –, in das Gesamtbild integrierte, so dass gerade ein psychisch und sozial problematisches Leben als repräsentativ erscheinen und seine Rechtfertigung finden konnte.

5. Manns Konzentration auf den *alten* Goethe verstand sich im Zeitkontext durchaus nicht von selbst, wurde Goethes Laufbahn doch nach einem dreiteiligen pyramidalen Schema mit Aufstieg im Sturm und Drang, Höhepunkt in der Klassik und Abstieg im Spätwerk gedeutet. Hier setzte erst allmählich ein Umdenken ein, bis sich gegen die Mitte des 20. Jahrhunderts avancierte Goethe-Deutungen im Widerspruch zu einem harmonisierenden Goethebild auf den nach-klassischen Goethe und das im 19. Jahrhundert unverstandene und abgewertete Spätwerk konzentrierten.[16] Thomas Manns Goethe-Verständnis ist im Kontext der zeitgenössischen Forschung auch in diesem Punkt als dezidiert modern zu bezeichnen.

6. Bei Thomas Manns Rezeption der Naturwissenschaften, die sich in seinem Werk zunehmend niederschlug, handelt es sich ebenfalls nicht zuletzt um eine Goethe-*imitatio*,[17] die wiederum in entscheidenden Zügen mit der Goethe-Forschung konform ging. Schon für Wilhelm Scherer spielte das umfangreiche naturwissenschaftliche Korpus Goethes eine große Rolle, war er doch in seiner philologischen Forschung um eine Integration der avanciertesten zeitgenössischen naturwissenschaftlichen Theorien, insbesondere der Entwicklungsbiologie Darwins, bemüht, da sich auf diese Weise Goethes eigene Naturforschung und seine Verbindung von Geist und Natur im methodischen Design der Literaturwissenschaft abbilden ließen. Unter veränderten methodischen Vorzeichen rückten Goethes theoretische und naturwissenschaftliche Schriften dann auch in den 1920er Jahren im Kontext der Geistesgeschichte in den Fokus.[18]

---

[15] Georg Simmel: Goethe, Leipzig: Klinkhardt & Biermann 1913, S. 263.

[16] Einige Beispiele: Wilhelm Emrich: Die Symbolik von »Faust II«. Sinn und Vorformen, Berlin: Junker & Dünnhaupt 1943; Paul Hankamer: Spiel der Mächte. Ein Kapitel aus Goethes Leben und Goethes Welt, Tübingen / Stuttgart: Wunderlich 1947; Hans M. Wolff: Goethe in der Periode der Wahlverwandtschaften (1802–1809), Bern: Francke 1952; Hans Pyritz: Goethe-Studien, hrsg. von Ilse Pyritz, Köln / Graz: Böhlau 1962.

[17] Vgl. Anja Schonlau: Naturwissenschaften und Medizin, in: Thomas Mann Handbuch. Leben – Werk – Wirkung, hrsg. von Andreas Blödorn und Friedhelm Marx, Stuttgart: Metzler 2015, S. 255–256, 255.

[18] Vgl. Karl Robert Mandelkow: Goethe in Deutschland. Rezeptionsgeschichte eines Klassikers, 2 Bde., Bd. 2: 1919–1982, München: Beck 1989, S. 38.

Bevor eine Identifikation mit Goethe möglich war, musste sich Thomas Mann indes an dem übermächtigen Vorbild abarbeiten. Ein früher Werkplan, aus dem dann *Der Tod in Venedig* wurde, sollte bekanntlich die »Entwürdigung« des alten Goethe in seiner letzten Liebe darstellen (XIII, 148). Die Reihe von Manns Goethe-Essays beginnt erst 1921 mit *Goethe und Tolstoi*. Sein schriftstellerisches Selbstbild – ausgedrückt in der Erzählung *Schwere Stunde* (1905) – gewann er zunächst am Vorbild Schillers. Im *Tod in Venedig* erfolgte dann eine Auseinandersetzung mit der Goethe-Orientierung der Neuklassik.[19] Diese Erzählung stellt einen Wendepunkt in seinem Verhältnis zu Goethe dar, denn er musste – wie Peter von Matt unter psychoanalytischem Blickwinkel grundlegend dargestellt hat – erst die Aggression gegen Goethe durcharbeiten, ehe der Weg zur Identifikation frei wurde und die Aggression von der Vater-Instanz auf die »Brüder-Instanzen«,[20] also die Konkurrenten verschoben werden konnte, im Falle der Goethe-Nachfolge und -Repräsentanz in der Weimarer Republik vor allem gegen Gerhart Hauptmann:

Er [Goethe] wollte nicht sterben, und er wollte nicht aufhören zu produzieren. Die Gegenwärtigkeit und der nie erreichbare Rang – nie mehr erreichbar, weil die Verwandlung einer europäischen Provinzsprache in eine Kultursprache sich eben nur einmal vollzieht – bestimmen das Urbild des deutschen Nationalautors. Genau diese beiden Faktoren nun aber rücken Goethe für die Erfahrung des Schriftstellers, des ehrgeizigen und ruhmwilligen deutschen Autors, in die Nähe jener Stelle, an der in ihrer infantilen Erfahrung einst der Vater stand.[21]

In den *Betrachtungen eines Unpolitischen* versuchte sich Thomas Mann an einer nationalistischen Instrumentalisierung Goethes, die, wie die Forschung gezeigt hat, in den verschiedenen Fassungen von *Goethe und Tolstoi* zurückgenommen wurde, wobei die Grundstruktur der Aneignung allerdings stabil blieb.[22] Damit war im Wesentlichen der Boden bereitet für den Höhepunkt

---

[19] Vgl. Hans R. Vaget: Thomas Mann und die Neuklassik. »Der Tod in Venedig« und Samuel Lublinskis Literaturauffassung [1973], in: Stationen der Thomas-Mann-Forschung. Aufsätze seit 1970, hrsg. von Hermann Kurzke, Würzburg: Königshausen und Neumann 1985, S. 41–60.

[20] Peter von Matt: Zur Psychologie des deutschen Nationalschriftstellers. Die Bedeutung der Hinrichtung und Verklärung Goethes durch Thomas Mann [1978], in: ders.: Das Schicksal der Phantasie. Studien zur deutschen Literatur, München / Wien: Hanser 1994, S. 242–256, 254.

[21] Ebd., S. 243. Die Grenze dieser Interpretation der Venedig-Erzählung liegt darin, dass von Matt die komplexe narrative Perspektivierung der Erzählung nicht erkennt und behauptet, dass sie sich »sehr streng an die Perspektive des Helden selber« halte, was »unausweichlich die Fixierung der Sympathie des Zuschauers« auf Aschenbach bewirke (ebd., S. 252). Damit wird außer Acht gelassen, dass Aschenbach durch etliche normative Wertungen der Erzählinstanz diffamiert wird.

[22] Vgl. Herbert Lehnert / Eva Wessell: Nihilismus der Menschenfreundlichkeit. Thomas Manns »Wandlung« und sein Essay »Goethe und Tolstoi«, Frankfurt/Main: Klostermann 1991 (= TMS IX).

seiner Auseinandersetzung mit Goethe, die großen Festreden im Jubiläumsjahr 1932 – mit einer entscheidenden Ausnahme. Während die anderen, durchaus überschaubaren Sekundärquellen seiner Goethe-Kenntnis – am wichtigsten ist die Biographie Bielschowskys[23] – sich völlig im Mainstream des populären Goethe-Bildes bewegten (ein Grund, weshalb man auch Mann lange Zeit keine avancierte Perspektive auf Goethe zugetraut hat), wurde die von ihm gelesene Psychobiographie *Goethe. Sexus und Eros* von Felix Theilhaber aus dem Jahre 1929[24] von der Fachwissenschaft einhellig abgelehnt, wenn nicht rundheraus ignoriert. Dies änderte sich erst mit Kurt R. Eisslers monumentaler psychoanalytischer Studie von 1963,[25] bei der die Vorläuferschaft Theilhabers, der nicht erwähnt wird, unklar ist. Eisslers Werk wurde erst zwei Jahrzehnte später, 1983 bis 1985, ins Deutsche übersetzt,[26] ein Indiz dafür, welchen Tabubruch dieser Blick auf Goethe bedeutete. Eine Rezeption in Deutschland war erst nach der Destruktion der sogenannten ›Klassik-Legende‹[27] in den 1970er Jahren möglich, zuvor galt Goethe in einem Maße für sankrosankt, wie er es für Thomas Mann nie war. Mann las das Buch des jüdischen Arztes Theilhaber bereits vor 1932, entscheidend greifbar ist dessen Einfluss dann im Roman *Lotte in Weimar*. Doch schon 1932 stellte sich Mann dem nationalistischen Goethe-Kult bei den Jubiläumsfeierlichkeiten zu Goethes 100. Todestag entgegen.[28] Die entscheidenden Provokationen stecken in den Titeln der Reden, während die Texte der Ansprachen selbst sich weitgehend im konventionellen Rahmen der Goethe-Panegyrik halten: *Goethe als Repräsentant des bürgerlichen Zeitalters* und *Goethes Laufbahn als Schriftsteller*. Im einen Fall entwickelt er eine sozialgeschichtliche Perspektive *avant la lettre*: Goethe ist weder der nationale Heros noch der große Ausnahmemensch – auch wenn die entsprechenden Superlative durchaus fallen –, sondern eben Repräsentant, und zwar der bürgerlichen Welt, der sich Thomas Mann zugehörig fühlte und die er durch den aufkommenden Nationalsozialismus gefährdet sah. Im anderen Fall wurde Goethe im Titel als »Schriftsteller« bezeichnet, nicht als »Dichter« – ein semantischer Streit, der Thomas Mann aus eigener Erfahrung nur zu

[23] Albert Bielschowsky: Goethe. Sein Leben und seine Werke, 2 Bde., München: Beck 1896/1904.
[24] Felix A. Theilhaber: Goethe. Sexus und Eros, Berlin-Grunewald: Horen 1929.
[25] Kurt Robert Eissler: Goethe. A psychoanalytic study. 1775–1786, 2 vols., Detroit: Wayne State University Press 1963.
[26] Kurt R. Eissler: Goethe. Eine psychoanalytische Studie. 1775–1786, in Verbindung mit Wolfram Mauser und Johannes Cremerius hrsg. von Rüdiger Scholz, 2 Bde., Basel u. a.: Stroemfeld / Roter Stern 1983/1985.
[27] Vgl. Reinhold Grimm / Jost Hermand (Hrsg.): Die Klassik-Legende. Second Wisconsin Workshop, Frankfurt/Main: Athenäum 1971 (= Schriften zur Literatur, Bd. 18).
[28] Vgl. Wolfgang Frühwald: Das Goethejahr 1932. Thomas Mann liest Goethe, in: Goethes Kritiker, hrsg. von Karl Eibl und Bernd Scheffer, Paderborn: Mentis 2001, S. 101–116.

gut vertraut war.[29] »Schriftsteller« war im Unterschied zu »Dichter« eindeutig negativ besetzt. Dass *der* deutsche Dichter schlechthin von Thomas Mann als Schriftsteller bezeichnet wurde, als der man ihn selbst diffamierte, stellte eine immense Provokation dar. Man muss dabei im Kontext der Reden auch bedenken, dass das Gros der Germanisten in der Weimarer Republik und erst recht zu deren Ende völkisch-deutschnational eingestellt war; die Ablehnung der Republik gehörte bei Professoren wie Studenten überwiegend zum schlechten ›guten Ton‹.

Bereits zuvor hatte sich Thomas Mann im tagespolitischen Sinne zu Goethe bekannt: Im Jahre 1930 betitelte er einen Essayband seiner Werkausgabe mit *Die Forderung des Tages.* Der Titel ist den *Betrachtungen im Sinne der Wanderer* in *Wilhelm Meisters Wanderjahren* entnommen: »Wie kann man sich selbst kennen lernen? Durch Betrachten niemals, wohl aber durch Handeln. Versuche deine Pflicht zu thun und du weißt gleich was an dir ist. Was aber ist deine Pflicht? Die Forderung des Tages.«[30] Im Jahr darauf verlieh der Kölner Germanist Friedrich von der Leyen in seiner *Übersicht über die deutsche Dichtung der letzten Zeit* seiner Hoffnung Ausdruck, »daß eine nahe Zukunft auch diese ›Forderung des Tages‹ wegfegt«.[31] Der Kehraus traf also Goethe gleich mit.

Im Zuge der Arbeit an *Joseph und seine Brüder* brachte Thomas Mann seine Goethe-*imitatio* selbst auf den Begriff. In seinem Vortrag *On Myself* von 1940 schrieb er: »Der imitatio Gottes, in der Rahels Sohn sich gefällt, entspricht meine imitatio Goethe's: eine Identifizierung und unio mystica mit dem *Vater.*« (XIII, 169) Dabei spielte er natürlich mit der graphischen und phonetischen Ähnlichkeit des Namens Goethes mit dem Namen Gottes im Genitiv. Thomas Manns Goethe-*imitatio* war auch eine *imitatio* Gottes, die mit einem wortgetreuen Selbstzitat aus dem Vortrag *Freud und die Zukunft* von 1936 präzisiert wird:

Leben heißt: in Spuren gehen, Nachleben, Identifikation mit einem sichtbarlichen oder überlieferten, mythischen Vorbild! Die Vaterbindung, Vaternachahmung, das Vaterspiel und seine Übertragungen auf Vaterersatzbilder höherer, göttlicher Art – wie bestimmend wirken diese ›Infantilismen‹ auf das individuelle Leben ein! (XIII, 165; vgl. IX, 498 f.)

---

[29] Vgl. Hans Wysling (Hrsg.): Dichter oder Schriftsteller? Der Briefwechsel zwischen Thomas Mann und Josef Ponten 1919–1930, Bern: Francke 1988 (= TMS VIII).

[30] Goethe (wie Anm. 7), Abt. I, Bd. 13: Sprüche in Prosa. Sämtliche Maximen und Reflexionen, hrsg. von Harald Fricke, Frankfurt/Main: Deutscher Klassiker Verlag 1993 (= Bibliothek deutscher Klassiker, Bd. 102), S. 128.

[31] Friedrich von der Leyen: »Die Forderung des Tages«. »Das neue Reich«. Eine Übersicht über die deutsche Dichtung der letzten Zeit (1925/30), Jena: Diederichs 1931, S. 26 f.

Kein Wunder, dass die Forschung hierin die Substanz seiner Auseinandersetzung mit Goethe formuliert fand. Psychoanalytisch geschult, reflektiert er selbst einen Vorgang, der sich üblicherweise unbewusst vollzieht. Das Vaterbild von Gott respektive Goethe war dann in *Lotte in Weimar* ein dezidiert menschliches, das die Erniedrigung des Vaters, eins damit aber auch die Erhöhung des Sohnes ermöglichte. Thomas Mann scheint also in der Tat der kompetenteste Interpret seiner selbst zu sein. Der Philologe sieht sich in der Rolle des Hasen, der den Igel Thomas Mann immer schon am Ziel findet. Yahya Elsaghe hat diesen Befund in Bezug auf *Lotte in Weimar* wie folgt formuliert:

Als [...] virtueller Vatermord gelesen, scheint *Lotte in Weimar* geradezu mustergültig Harold Blooms Theoretisierung des literarischen Einflusses als eines ›ödipalen‹ Syndroms von Identifikation und gleichzeitiger Aggression zu erhärten. [...] Der Verifikationswert, den *Lotte in Weimar* für Blooms Literaturtheorie augenscheinlich hat, wird allerdings dadurch relativiert, daß dem Autor zwar selbstverständlich nicht diese Jahrzehnte jüngere Theorie selbst, sehr wohl aber deren psychoanalytische Voraussetzungen vertraut waren und daß er sein Verhältnis zum literarischen ›precursor‹ in theoretisch schon sehr ähnlicher Weise reflektierte, wie Bloom es getan hätte.[32]

Die fragwürdigen ›menschlichen‹ Züge Goethes entlieh sich Mann dabei von Theilhaber:

Die bis heute ziemlich weitgehende, aber eben gar nicht zufällige Vergessenheit Theilhabers trägt sehr erheblich zu dem Eindruck des Unerhörten bei, welchen Thomas Manns Goethe-Bild im Vergleich mit den heute noch gut bekannten Tendenzen der älteren Goethe-Forschung zu erwecken vermag.[33]

Das hat sich, wie erwähnt, durch Eissler inzwischen relativiert, so dass es scheinen könnte, als sei Thomas Manns Goethe-Bild, und damit auch der Roman *Lotte in Weimar*, nur noch von historischem Wert. In der Nachkriegszeit, als der Roman für die deutsche Leserschaft bekannt wurde, war er indes dem Goethe-Bild seiner Zeit weit voraus. In den Worten Werner Frizens war die geistige Bewegung, »die das erste Nachkriegsjahrzehnt prägt[e]«, bestimmt von einer »Neubesinnung auf die Klassik und den Humanismus und eine neue Wertorientierung nach dem moralischen Vakuum des nationalsozialistischen Nihilismus. Die geistesgeschichtliche Goethe-Deutung gewinnt in der kulturellen Trümmerlandschaft wieder an Gewicht [...].« (9.2, 147) Folglich kristallisierten sich »in der westdeutschen Einschätzung zwei konträre Tendenzen

---

[32] Yahya Elsaghe: Zu Thomas Manns ›mythischer‹ Selbstidentifikation mit Goethe in »Lotte in Weimar«, in: Jahrbuch des Wiener Goethe-Vereins 102/103, 1998/1999, Wien: Fassbaender 2003, S. 157–177, 173.
[33] Ebd., S. 163.

heraus: neben der Reklamation des Romans für die humanistische Wertsu-
che die Abwehr der dann doch erspürten Traditionskritik« (9.2, 149). Thomas
Manns Goethe, so Frizens Fazit, »ist modern – in jenem emphatischen Sinne, in
dem sich die Zeit um 1900 selbst als Moderne genannt hat. Und das Vorhaben,
Goethe für die Moderne zu reklamieren, behauptet Thomas Mann auch gegen
die Tendenz seiner wichtigsten und vornehmlich benutzten Quellen.« (9.2, 483)

In Bezug auf die Rezeption des Romans ist noch daran zu erinnern, dass
der britische Chefankläger bei den Nürnberger Prozessen die Deutschland-
schelte, die Thomas Mann seiner Romanfigur in den Mund legte, als authenti-
sche Goethe-Worte auffasste. Die Identifikation hatte also funktioniert. Noch
heute kursieren im Internet etliche Goethe-Zitate, die in Wirklichkeit von
Thomas Mann stammen.

Damit ist nach der mehrheitlichen Auffassung der Forschung ein Höhe- und
Endpunkt von Thomas Manns Auseinandersetzung mit Goethe erreicht. Auch
dabei konnte man sich wieder auf eine Selbstaussage des Autors stützen, der
öfters – wie etwa in dem Aufsatz *Goethe und die Demokratie* (1949) – bekannte, er habe zu Goethe »nichts Neues zu sagen. […] es ist alles gesagt, von
Deutschen und Nicht-Deutschen, und das Schlimme ist: ich selbst habe das
Meine gesagt und meinen Sack geleert« (19.1, 606). Hinrich Siefken stellte 1981
in seiner Quellenstudie fest, dass sich die wesentlichen Grundzüge von Manns
Goethe-Bild nach 1932 nicht mehr änderten, es folgten nur noch »Nachklänge
der kritischen Aneignung des großen Vorbildes«:[34]

> Bei genauerer Lektüre bestätigt sich der Eindruck, daß Manns öffentliche Bekenntnisse
> zu dem großen deutschen Vorbild der Menschheit, das Goethe heißt, nach dem Kriege
> keine neuen Züge mehr an Goethe entdecken. Mann faßt zusammen oder greift aus-
> wählend zurück auf jenes Verständnis Goethes, das sich schon in den ›Betrachtungen
> eines Unpolitischen‹ angekündigt hatte und sich vor allem nach 1922 ganz entwickelt
> hatte.[35]

Generell hat die frühere Forschung dem Thomas Mann der 1950er Jahre häufig
keine neuen Ansichten und avancierten Perspektiven mehr zugetraut. Zu dieser
Fehleinschätzung trug der Umstand bei, dass die entsprechenden Tagebücher
erst spät veröffentlicht wurden und damit beispielsweise Art und Ausmaß der
Lektüren Manns in jenen Jahren noch nicht bekannt waren. Die Goethe-*imitatio* Manns hat entgegen der Auffassung Siefkens erst im Spätwerk – genauer:
1952/53 – einen Höhe- und Endpunkt erreicht. Yahya Elsaghe hat in der jüngsten Untersuchung zu Thomas Manns Goethe-Essayistik nachgewiesen, dass

---

[34] Siefken (wie Anm. 5), S. 245.
[35] Ebd., S. 246. Vgl. auch Herbert Lehnert: »Goethe, das deutsche Wunder«. Thomas Manns
Verhältnis zu Deutschland im Spiegel seiner Goethe-Aufsätze, in: TM Jb 12, 1999, S. 133–148.

zu Manns Charakterisierungen Goethes nach 1945 die unscharfe Kategorie des ›Dämonischen‹ hinzukommt oder gar in den Vordergrund tritt. Es sei nämlich darum gegangen,

Goethe als deutschen Nationalschriftsteller zu retten. Das hieß: die Person und die Positionen Goethes für die überwiegende Mehrheit der Deutschen als Integrationsangebot zu wahren und nicht ganz und gar kompromisslos gegen das in Frontstellung zu bringen, was in und mit Deutschland geschehen war in der jüngsten Vergangenheit. Auf diese Vergangenheit, ohne sie ausdrücklich beim Namen zu nennen, konnte mit der unscharfen Größe des Dämonischen Bezug genommen werden; je nachdem, was alles man sich unter dem diffusen ›Begriff‹ noch vorzustellen bereit fand.[36]

Dass Thomas Mann damit Erfolg hatte, belegt seine Lesung in der Hamburger Musikhalle am 9. Juni 1953. Der Hamburger Ordinarius Hans Pyritz, einer der Exponenten eines ›dämonischen‹ Goethe-Verständnisses, das dem ansonsten vorherrschenden harmonistischen Klassikerbild der Nachkriegszeit zuwiderlief, sprach die Einführung und begrüßte Mann mit wirklichem Enthusiasmus im Zeichen Goethes, bezeichnete ihn als Dichter – ein Wertprädikat, das er sonst von konservativer Seite praktisch nie erhielt – und hob, für einen ehemaligen Mitläufer der Nationalsozialisten wohl singulär, gar den Exilroman *Doktor Faustus* besonders hervor.[37] Manns spätes Goethe-Verständnis floss zur gleichen Zeit in die Erzählung *Die Betrogene* ein, was teilweise durchaus bemerkt wurde, so etwa von dem Schriftsteller und evangelischen Pfarrer Albrecht Goes, der in einer Rezension sein Urteil auf den Punkt brachte: »wenn schon alt, dann goethisch alt.«[38] Entscheidend beeinflusst wurde Mann durch die 1952 erschienene Monographie von Hans M. Wolff, *Goethe in der Periode der Wahlverwandtschaften*,[39] und durch die Lektüre des zwanzigsten und letz-

---

[36] Yahya Elsaghe: Thomas Manns Goethe-Essays, erscheint in: Düsseldorfer Beiträge zur Thomas-Mann-Forschung. Schriftenreihe der Thomas-Mann-Gesellschaft Düsseldorf, Bd. 3, Düsseldorf: Wellem (im Druck). Ich danke Yahya Elsaghe (Bern) für die Einsicht in das Manuskript.

[37] Vgl. Bernd Hamacher: Goethe in Hamburg. Robert Petsch, Hans Pyritz, Karl Robert Mandelkow, in: 100 Jahre Germanistik in Hamburg. Traditionen und Perspektiven, hrsg. von Myriam Richter und Mirko Nottscheid in Verbindung mit Hans-Harald Müller und Ingrid Schröder, Berlin / Hamburg: Reimer 2011 (= Hamburger Beiträge zur Wissenschaftsgeschichte, Bd. 19), S. 311–330, 326 f. Vgl. zu den Hintergründen Rainer Nicolaysen: Auf schmalem Grat. Thomas Manns Hamburg-Besuch im Juni 1953, in: Zeitschrift des Vereins für Hamburgische Geschichte, Jg. 101, Hamburg: Verlag Verein für Hamburgische Geschichte 2015, S. 115–161.

[38] Albrecht Goes: Thomas Manns Alters-Novelle, in: Die Neue Zeitung, Jg. 9, Nr. 256, Berlin, 1. 11. 1953, S. 14. Vgl. zum Folgenden ausführlicher Bernd Hamacher: »Wenn schon alt, dann goethisch alt«. »Die Betrogene« – Thomas Manns poetisches Resümee im Zeichen Goethes, in: Thomas Mann (1875–1955), hrsg. von Walter Delabar und Bodo Plachta, Berlin: Weidler 2005 (= Memoria, Bd. 5), S. 305–329.

[39] Vgl. Anm. 16.

ten Buchs des postum erschienenen vierten Teils von Goethes *Dichtung und Wahrheit*. Die – in Thomas Manns Worten – »grausame Natur-Dämonie« (XI, 529) der Erzählung *Die Betrogene* ist nicht zuletzt, wenn nicht sogar in erster Linie durch Goethes Verständnis des Dämonischen bestimmt, wie er es am Ende seiner Autobiographie ausführt: »Am furchtbarsten [...] erscheint dieses Dämonische, wenn es in irgend einem Menschen überwiegend hervortritt. [...] Es sind nicht immer die vorzüglichsten Menschen, weder an Geist noch an Talenten, selten durch Herzensgüte sich empfehlend [...].«[40] Letzteres gilt allerdings für Rosalie, bei der es sich geradezu um eine Travestie der dämonischen Individuen bei Goethe handelt, die dieser auch noch im Sperrdruck als »Betrogene« bezeichnet.

Ein letzter wichtiger Punkt betrifft Thomas Manns finale Werkpolitik im Zeichen Goethes.[41] Ebenfalls 1953 erschien im Rahmen der Stockholmer Gesamtausgabe der letzte von ihm selbst zusammengestellte Aufsatzband, *Altes und Neues. Kleine Prosa aus fünf Jahrzehnten*, den Peter de Mendelssohn noch 1980 abschätzig als »Lückenbüßer« bezeichnete.[42] Eine solche Abwertung ist nur möglich um den Preis der Ignoranz oder Ausblendung der ziemlich offensichtlichen Goethe-Bezüge in dem im März 1952 verfassten Vorwort. Vor allem Freunde seien es gewesen, so Thomas Mann, die ihn schriftlich und mündlich zu der Sammlung gedrängt hätten (vgl. XI, 694), der er schließlich programmatischen Charakter zuspricht: »Wenn schon gesammelt werden sollte, warum dann nicht aufs Ganze gehen und in tagebuchartiger Folge aufreihen, was, über die Jahrzehnte hin, zwischen den Werken gewachsen, guten Freunden meines Lebens beinahe als Ersatz für eine Autobiographie willkommen sein mochte?« (XI, 695) Die Programmatik ist aus dem Vorwort zu *Dichtung und Wahrheit* übernommen, worin er am 23. und 24. Januar 1952 liest, während er mit der Zusammenstellung des Essaybandes beschäftigt ist.[43] Auch bei Goethe werden Freunde bemüht, die in der Reihe der Gesammelten Werke den Zusammenhang vermissen und die Lücken gefüllt sehen wollen. Was Goethes Autobiographie leisten sollte, wird von Thomas Mann – ersatzweise, aber immerhin – einer Essaysammlung scheinbar halb zufälligen Charakters übertragen. Es geht hier wie bei Goethe um nichts weniger als um »das Individuum [...] und sein

---

[40]   Goethe: Sämtliche Werke, Abt. I, Bd. 14 (wie Anm. 11), S. 841.
[41]   Vgl. zum Folgenden Bernd Hamacher: Der lange Schatten des Autors. Der Editor Thomas Mann und seine Editoren, in: Autoren und Redakteure als Editoren, hrsg. von Jochen Golz und Manfred Koltes, Tübingen: Niemeyer 2008 (= Beihefte zu editio, Bd. 29), S. 325–333, 331 f.
[42]   Peter de Mendelssohn: Die Frankfurter Ausgabe der Gesammelten Werke Thomas Manns, S. Fischer Verlag, Frankfurt am Main. Vortrag, gehalten in der Bayerischen Akademie der schönen Künste zu München am 10. November 1980. Hier zitiert nach dem Typoskript in der Hamburger Arbeitsstelle für deutsche Exilliteratur, Sig. 1. [Mendelssohn, P.], S. 12.
[43]   Vgl. Tb, 23./24. 1. 1952.

Jahrhundert«.[44] Indem Mann diese autobiographische Aufgabe einer Zusammenstellung eigener Texte überantwortet, nimmt er eine Goethe'sche Rezeptionssteuerung vor, die zwar recht erfolgreich war – wurde doch sein Leben lange Zeit vor allem in seinen Texten und in seinen Texten vorwiegend sein Leben gesehen –, aber in Bezug auf dieses späte Korpus noch nicht analysiert wurde. Die rezeptionssteuernde Intention bekennt er im letzten Abschnitt des Vorwortes ganz offen:

Hätte ein Nachlaßverwalter den Band herausgegeben, seine Auswahl wäre vermutlich ungefähr die gleiche gewesen. Vielleicht hätte ich wirklich einem solchen Getreuen das Geschäft überlassen sollen,[45] denn ich sehe wohl, daß der Sammlung etwas Posthumes anhaftet, und gewiß ist manches darin, was wieder in Erinnerung zu bringen allenfalls der Pietät des ›Nachher‹ hätte anheimgegeben werden sollen. Aber wenn nun doch einmal die launische Natur uns gewährt, gleichsam ins Nachher hineinzudauern und ›uns selber historisch zu werden‹[46], – warum sollten wir uns da nicht der Philologie zuvorkommend erweisen? (XI, 700)

Das kann heißen: Der Autor ist (wie im Falle Goethes) schon da, wo die Philologie erst hin möchte, er ist früher am Ziel, so dass er sich gegenüber dem philologischen Hasen wiederum als Igel geriert; das kann aber auch heißen: Er nimmt der Philologie die Mühe ab – und wer könnte da widerstehen? Bekanntlich haben die Thomas-Mann-Philologen dieses Angebot aufs Ganze gesehen gerne angenommen. Wenn aber der Band *Altes und Neues* eine Autobiographie ersetzen sollte, so wäre diese anhand der Textauswahl erst noch zu rekonstruieren und außerdem zu untersuchen, inwiefern sie sich von derjenigen unterscheidet, die der in der Zusammenstellung durch Thomas Mann selbst veränderte gleichnamige Band in der Geburtstagsausgabe des Aufbau-Verlags 1955, einer Art Ausgabe letzter Hand, bietet, der allerdings kein Vorwort enthält. Wenn Thomas Mann den alten Goethe zitiert mit dem Gefühl, sich selbst historisch zu werden, so bedeutet das bei ihm wie bei Goethe, dass die eigenen früheren Lebensabschnitte ihr Eigenrecht behaupten und ihm nicht mehr selbst angehören. Das aber ist ein Eingeständnis, auf Analyse und Interpretation von außen angewiesen zu sein. Der Autor hat keine Deutungshoheit – weder

---

[44] Goethe: Sämtliche Werke, Abt. I, Bd. 14 (wie Anm. 11), S. 13.

[45] Hierbei handelt es sich um eine Anspielung auf Eckermann als Nachlassverwalter Goethes.

[46] Es handelt sich um ein aus dem Gedächtnis angeführtes Zitat aus Goethes Brief an Wilhelm von Humboldt vom 1. Dezember 1831: »So gesteh' ich gern, daß in meinen hohen Jahren, mir alles mehr und mehr historisch wird: ob etwas in der vergangenen Zeit, in fernen Reichen, oder mir ganz nah räumlich im Augenblicke vorgeht, ist ganz eins, ja ich erscheine mir selbst immer mehr und mehr geschichtlich [...].« Goethe (wie Anm. 7), Abt. II, Bd. 11: Die letzten Jahre. Briefe, Tagebücher und Gespräche von 1823 bis zu Goethes Tod, Teil 2: Vom Dornburger Aufenthalt 1828 bis zum Tode, hrsg. von Horst Fleig, Frankfurt/Main: Deutscher Klassiker Verlag 1993 (= Bibliothek deutscher Klassiker, Bd. 90), S. 494f.

über sein Werk noch über sein Leben. Der Igel gesteht, den Hasen getäuscht zu haben. Das Geschäft der Philologie geht also weiter – auch beim Thema Thomas Mann und Goethe.

Hans Wißkirchen

50 Jahre Deutsche Thomas Mann-Gesellschaft

Ein Rückblick aus festlichem Anlass[1]

Liebe Gäste aus nah und fern, liebe Mitglieder der Deutschen Thomas Mann-Gesellschaft, Sitz Lübeck e.V.!

An einem solchen Festtag muss man korrekt beginnen und daher sei am Anfang der vollständige Name unserer Gesellschaft genannt. Fünfzig Jahre sind im Allgemeinen eine Zäsur im Leben eines Menschen und manchmal eben auch in der Existenz einer Institution – eine Zäsur zudem, die nicht selten (und in diesem Fall: erstmals) zu einem intensiven Blick zurück verleitet und damit zu einer einsetzenden Historisierung führt.

Daher gestatten Sie mir, mit einigen grundsätzlichen Bemerkungen zum literarischen Gedenken zu beginnen. Insbesondere in Deutschland stellen die Literaturgesellschaften ein Phänomen dar, das wir in dieser Breite und Vielfalt nirgendwo auf der Welt finden. Ich war gerade am vergangenen Wochenende in Münster auf der Jahrestagung der ALG, der »Arbeitsgemeinschaft Literarischer Gesellschaften und Gedenkstätten e.V.«. Im Rahmen der Tagung wurden weitere Gesellschaften in die ALG aufgenommen, es sind nunmehr 249. Der Bogen spannt sich weit: Die Goethe-, Schiller-, Fontane-, Storm- und natürlich die Thomas Mann-Gesellschaft sind als die großen Vereine Mitglieder der ALG. Aber auch Gesellschaften zu unbekannteren und weniger repräsentativen Autorinnen und Autoren haben sich in großer Zahl dem Dachverband angeschlossen. Für alle diese Vereinigungen – und damit auch für die Deutsche Thomas Mann-Gesellschaft – gilt: Literarische Gesellschaften sind Sachverwalter des Gedenkens. Sie haben in ihren Statuten festgelegt, dass sie sich um das Andenken einer Dichterin, eines Dichters kümmern wollen – mit Vorträgen, Ausstellungen, Veranstaltungen und mit wissenschaftlicher Arbeit. Das hat sicherlich seine Richtigkeit, denn wer wollte bestreiten, dass die Literatur ein ganz besonderes Gedächtnismedium ist. In ihr ist Vergangenheit auf eine ganz besondere – und im Falle Thomas Manns zudem sicher unvergleichliche – Art und Weise aufgehoben.

[1] Bei der hier wiedergegebenen Rede handelt es sich um den Festvortrag, den ich am 12. September 2015 im Rahmen der Jahrestagung der Deutschen Thomas Mann-Gesellschaft in Lübeck aus Anlass des fünfzigjährigen Bestehens der Gesellschaft gehalten habe. Die Form des Vortrags wurde beibehalten.

Schaut man sich daher den Zweck der Deutschen Thomas Mann-Gesellschaft an, wie er in der Satzung definiert wurde, dann finden sich in den sechs Absätzen neben den oben genannten Aspekten noch einige besondere Aufgaben: Die Unterstützung des Buddenbrookhauses als Gedenk- und Forschungsstätte, die Mitwirkung bei der Herausgabe des *Thomas Mann Jahrbuchs*, das Veranstalten von Thomas Mann-Gedenktagen sowie die Verleihung der Thomas Mann-Medaille und des Thomas Mann-Förderpreises.

So eindrucksvoll sich diese Auflistung liest und so begrüßenswert diese Form des Gedenkens ist, so sehr muss man dabei eine Gefahr immer im Blick haben: Die Gefahr der Heroisierung des Vergangenen, die alles Alte und Althergebrachte unterschiedslos feiert. Oder um mit Nietzsche zu sprechen, der zu dieser Form der Geschichtsversessenheit, die er die »antiquarische« nennt, das gültige Urteil gesprochen hat: Eine zu starke Fixierung auf das Vergangene führt in letzter Konsequenz dazu, dass das Vergangene das Gegenwärtige überlagert und erstickt, weil »alles Alte und Vergangene, das überhaupt noch in den Gesichtskreis tritt, einfach als gleich ehrwürdig hingenommen«[2] wird. Wer so mit der Vergangenheit umgehe, der hülle sich »in Moderduft«[3].

Sie werden mir sicher zustimmen: Das hat die Thomas Mann-Gesellschaft nie getan, sie hat sich zwar in den vergangenen fünfzig Jahren intensiv mit der Vergangenheit ihres Namenspatron beschäftigt, freilich ohne dabei die Gegenwart aus den Augen zu verlieren; sie hat es vielmehr auf eine ganz besondere Art und Weise getan, die sich mit Lothar Müllers Darstellung der Aufgaben literarischer Gesellschaften beschreiben lässt:

Es ist, auch wenn wir einen längst verstorbenen Autor lesen, nicht primär der Vergangenheitscharakter, aus dem der Enthusiasmus hervorgeht. Sondern die Gegenwart der Begegnung, die Gegenwart der Lektüre. Alle intensive Lektüre ist gesteigerte Gegenwart. [...] Die literarischen Gesellschaften sind darum Sachverwalter nicht nur des Diachronen, der Vergangenheit, sondern auch der alles verschlingenden synchronen Gegenwart der Lektüre, die sich von der Vergangenheit nicht vorschreiben lässt, wie sie sich deren Früchte einverleibt.[4]

Das ist eine schöne Beschreibung und indem ich sie mir zu eigen mache, kann ich die fünfzigjährige Geschichte der Deutschen Thomas Mann-Gesellschaft als eine Geschichte der immer wieder neuen Aneignung von Werk und Leben Thomas Manns erzählen. Sie lässt sich damit auch sehr sinnvoll in fünf Phasen

---

[2] Friedrich Nietzsche: Unzeitgemäße Betrachtungen II, in: ders.: Sämtliche Werke. Kritische Studienausgabe in 15 Bänden, Bd. 1, hrsg. von Giorgio Colli und Mazzino Montinari, München: dtv 1999, S. 267.
[3] Ebd., S. 268.
[4] Lothar Müller: Herkunft und Zukunft literarischer Gesellschaften, hrsg. von der Arbeitsgemeinschaft Literarischer Gesellschaften und Gedenkstätten ALG, Bielefeld: Aisthesis 2007, S. 19.

periodisieren, die (mehr oder weniger) mit den fünf Präsidentschaften zusammenfallen. Dabei stehen die Präsidenten, das ist mir sehr wichtig, jeweils pars pro toto für die gesamte Gesellschaft. Nie war es der Präsident, der Vorstand alleine, der die Geschicke der Gesellschaft lenkte. Ihre Entwicklung, wichtige Entscheidungen, Weichenstellungen mussten immer von der Gesamtheit aller Mitglieder, also von Ihnen allen, mitgetragen werden.

Und noch etwas ist ganz wichtig: Wenn ein Werk über Jahrzehnte hinweg in einer immer wieder neuen Gegenwart immer wieder neu gelesen wird, dann kann auch die Geschichte der Deutschen Thomas Mann-Gesellschaft nicht als eine von äußeren Einflüssen abgeschottete Entwicklung verstanden werden. Denn die Geschichte der Gesellschaft steht in enger Korrelation zu der Rezeption des Thomas Mann'schen Werkes in den vergangenen fünfzig Jahren. Thomas Mann hat über *Buddenbrooks* einmal sehr weit vorausschauend gesagt, dass dieses Erstlingswerk mit der Zeit wachsen werde. So ist es mit seinem gesamten Werk geschehen. Es hat sich in der stetig wandelnden Zeit behauptet, weil es immer wieder neu gelesen wurde. Darauf hat die Gesellschaft immer agierend und reagierend Bezug genommen.

Eine solche Darstellung kann heute Abend natürlich nur sehr kursorisch geleistet werden, weil ich Ihre Aufmerksamkeit nicht über Gebühr strapazieren möchte. Aber ich weise schon jetzt darauf hin, dass im kommenden Jahrbuch eine Chronik veröffentlicht wird, an der Dr. Manfred Eickhölter in den vergangenen Monaten im Auftrag unserer Gesellschaft gearbeitet hat. Ich danke ihm dafür, dass ich einige der Fakten, die er zusammengetragen hat, nachfolgend verwenden kann.

1. Die Anfänge von 1965 bis 1974

Gegründet wurde die Gesellschaft am 6. Juni 1965 – zu Thomas Manns 90. Geburtstag und knapp zehn Jahre nach seinem Tod – in Lübeck. Dr. Klaus Matthias, ein Oberstudienrat, wurde ihr erster Vorsitzender. Er blieb es fast zehn Jahre.

Am 5. Juni hatte der *Lübecker Morgen* ebenso wie die *Lübecker Nachrichten* die Gründung einer Gesellschaft angekündigt, die sich des »literarischen Erbes« annehmen wolle.[5] Ab Montag, den 7. Juni, würden in der Buchhandlung Listen ausliegen, in die sich Interessierte eintragen könnten. Zwei Tage später wurde in einem der Säle der »Gemeinnützigen« die erste Mitgliederversamm-

---

[5] Lübecker Nachrichten, 5.6.1965, S. 3; Sigrid Petersen: Morgen wäre Thomas Mann 90 Jahre alt geworden, in: Lübecker Morgen, 5.6.1965, S. 14.

lung abgehalten. Sigrid Petersen, Mitarbeiterin der Tageszeitung *Lübecker Morgen*, berichtete am 11. Juni von ihrem Besuch dieser Versammlung:

Ich schrieb mich als Nr. 17 ein. Und hätte den Namen fast wieder ausgestrichen. Der Grund? Die honorige ältere Dame, die kurz vor mir durch Unterschrift ihr Interesse an der neuen Gesellschaft bekundet hatte, überflog kritischen Blicks noch einmal die noch nicht sehr lange Liste, um dann zu einem neben ihr stehenden Studienrat zu bemerken: ›Wir werden doch exklusiv sein? – Fünfzig Mark Beitrag im Jahr müssen wir doch mindestens bezahlen?‹ Der Studienrat lächelte und meinte, so schlimm könne es wohl nicht werden. Es wäre schlimm, wenn es so wäre. Die Gründung einer ›Thomas-Mann-Gesellschaft in Lübeck‹ ist überaus begrüßenswert, den Initiatoren gebührt großer Dank. Nichts aber wäre falscher, als aus dieser Gesellschaft von vornherein einen ›exklusiven‹ Zirkel zu machen, die Mitgliedschaft sozusagen zu einer Prestigeangelegenheit aufzuputzen. Jüngeren Menschen, Studenten vor allen Dingen, wäre der Zutritt dadurch unmöglich gemacht.«[6]

Die Sorgen waren unbegründet. Natürlich ist Thomas Mann ein ganz besonderer Autor, aber die Exklusivität hat er immer abgelehnt. Und das hat die Gesellschaft von Beginn an bis heute ebenfalls getan. Qualität: ja, aber nicht für wenige, sondern für die »Wenigen […] und die Vielen« (13.1, 119 f.), wie Thomas Mann es einmal, in Anklang an die Musik Wagners, für sein Werk als Wirkungsintention eingefordert hat.

Bei der ersten Mitgliederversammlung am Mittwoch, dem 9. Juni 1965, wurde auch ein erster Vorstand gewählt. Klaus Matthias und Lisa Dräger wurden als erster Vorsitzender und zweite Vorsitzende gewählt, Otto Hamkens als Schatzmeister. Wenig wissen wir derzeit über das Innenleben der Gesellschaft in den ersten Jahren. Am 22. August 1965 wurde der 10. Todestag Thomas Manns (12. August 1955) unter großer Publikumsbeteiligung im »Kleinen Haus« des Theater Lübeck begangen. 1967 erschien im Verlag Schmidt-Römhild als wohl erste eigenständige Publikation der Gesellschaft ein Büchlein von Klaus Matthias mit dem Titel *Studien zum Werk Thomas Manns*. Käte Hamburger hielt 1966 einen Vortrag über »Thomas Manns Humor«, weitere Vorträge wurden in der Volkshochschule gehalten.

Eine überregionale Wirkung lässt sich hingegen nur in einem – allerdings problematischen – Fall feststellen. Als erstes Großprojekt nahm sich die Gesellschaft vor, ein mehrtägiges Symposium aus Anlass des 100. Geburtstags von Heinrich Mann im März 1971 durchzuführen. Klaus Matthias konnte namhafte Fachleute als Referenten gewinnen. Auf der Tagung selbst, die im Audienzsaal des Lübecker Rathauses abgehalten wurde, kam es zu erheblichen Störungen und Irritationen. Zahlreiche aus Frankfurt angereiste studentische Besucher mahnten Diskussionen im Anschluss an die Vorträge an, die jedoch

---

[6] Sigrid Petersen: Wir werden doch exklusiv sein?, in: Lübecker Morgen, 11. 6. 1965, S. 9.

verweigert wurden, und es wurde kritisch gefragt, warum der in Hamburg
lebende Heinrich Mann-Forscher Alfred Kantorowicz nicht zu der Tagung
eingeladen worden war. Die Tagung löste ein starkes lokales und auch überregionales Presse-Echo aus. Als 1973 ein umfangreicher Tagungsband erschien,
in dem Klaus Matthias in einer ausführlichen Einleitung seine Einschätzung
zu Heinrich Mann als Schriftsteller formulierte, die überregional als Generalabrechnung gelesen wurde, fühlte sich die Hansestadt Lübeck zum Eingreifen
veranlasst. Bürgermeister Werner Kock lud den Vorstand der Gesellschaft ohne
den Vorsitzenden am 14. Februar 1974 ins Rathaus und teilte ihm mit: Wenn
die Thomas Mann-Gesellschaft an den Feierlichkeiten zu Thomas Manns
100. Geburtstag im Juni 1975 beteiligt werden wolle, müsse sie sich von Klaus
Matthias trennen. Zwei Wochen später, am 28. Februar, erzwang der Vorstand
Klaus Matthias' Rücktritt vom Vorstandsvorsitz. Sein Nachfolger wurde der
Arzt Dr. Ulrich Thoemmes.

Deutlich wird durch das Erzählte: Die Anfänge unserer Gesellschaft waren nicht leicht. Nun wäre es aber zu kurz gegriffen, diese Tatsache einzig
den agierenden Personen anzulasten. Hier ist ein erster Blick auf die Rezeptionsgeschichte notwendig. 1965 war eine Thomas Mann-Gesellschaft noch
etwas beinahe »Randständiges« und Thomas Mann war noch nicht als einer
der großen Autoren des 20. Jahrhunderts kanonisiert. Wir müssen uns heute
in Erinnerung rufen, dass der Zweite Weltkrieg gerade zwanzig Jahre vorbei
war. Und wir müssen uns heute ebenso in Erinnerung rufen, dass Thomas
Mann und seine Familie nicht nach Deutschland zurückgekommen waren und
dass vor allem Thomas Mann mit dem, was in den Jahren zwischen 1945 und
1955 in der Bundesrepublik geschah, überhaupt nicht einverstanden war. »Die
Fremde als andauernde Erfahrung«[7] hat Günter Grass das sehr treffend in seiner Dankesrede für den Thomas-Mann-Preis im Jahr 1996 genannt.

Bewusst machen kann man sich dieses Außenseitertum der Familie bei einem Gang über den Kilchberger Friedhof, auf dem die Manns – bis auf Klaus
Mann, der in Cannes, und Heinrich Mann, der in Berlin die letzte Ruhe fand –
gleichsam wiedervereint begraben sind. So paradox es aus heutiger Sicht wirkt:
Diese Familie, die neben den Wagners weltweit für Deutschland steht, war
am Ende alles andere als deutsch. In dem Familiengrab liegen amerikanische,
britische, ungarische, kanadische und Schweizer Staatsbürger – aber nicht ein
einziger Deutscher.

Von daher war eine Thomas Mann gewidmete Gesellschaft noch lange nicht
in der Mitte der Stadtgesellschaft angekommen, musste sich gar von einem

---

[7] Günter Grass: Die Fremde als andauernde Erfahrung. Rede zur Verleihung des Thomas-
Mann-Preises in Lübeck am 5. Mai 1996, in: Thomas Mann Jahrbuch 9, hrsg. von Eckhard Heftrich und Thomas Sprecher, Frankfurt/Main: Klostermann 1996, S. 257–264.

Bürgermeister sagen lassen, wie sie mit ihrem Vorsitzenden umzugehen habe. Heute wäre das natürlich nicht mehr möglich. Zwei Stimmen von vielen mögen die damalige Stimmung charakterisieren. In der *Trierischen Landeszeitung* wird Thomas Mann scharf kritisiert, in perfider Zuspitzung heißt es dort:

Aber auch hier muß man mildernd hinzufügen, die Wut des aus seinem Vaterland vertriebenen Künstlers war so groß und seine Selbstkontrolle so schwach, daß er es mit Vergnügen tat. Gar nicht reden wollen wir von den Ansprachen, die Thomas Mann während des letzten Krieges über den Londoner Rundfunk an die Deutschen richtete. […] Es stehen entsetzliche Sachen darin.[8]

Und in einem Leserbrief an die *Stuttgarter Zeitung* finden wir das folgende Verdikt:

Es ist sehr bedauerlich, daß die Angelegenheit Thomas Mann immer noch nicht zur Ruhe kommt […]. Niemand, der das Werk Thomas Manns kennt, wird bestreiten, daß sich mit ihm in unserer Literatur etwas vollendet hat, was bisher nicht übertroffen wurde […]. Gerade das aber macht es so schmerzlich, daß der Dichter uns nach seiner Emigration und besonders nach 1945 so sehr enttäuscht hat.[9]

2. Die Jahre von 1974 bis 1985

In den elf Jahren unter der Führung von Ulrich Thoemmes entwickelte sich die Thomas Mann-Gesellschaft zu einer renommierten literarischen Gesellschaft. Die Mitgliederzahl wuchs seit 1975 sprunghaft an, es wurde üblich, jährlich eine Frühjahrstagung abzuhalten. Ab 1982 erschienen als Reihenpublikation in zunächst unregelmäßiger Erscheinungsweise die *Hefte der Deutschen Thomas-Mann-Gesellschaft*, der Vorläufer des heutigen *Thomas Mann Jahrbuchs*. Ulrich Thoemmes verstand es, zu motivieren und zu binden. Wichtig für die prosperierende Entwicklung der Gesellschaft war aber auch, dass Heinrich Dräger ihr zwischen 1975 und 1985 ein jährliches Budget von 10.000 DM zur freien Verfügung stellte. Als Ulrich Thoemmes die Führung der inzwischen in »Deutsche Thomas Mann-Gesellschaft« (1981) umgetauften Vereinigung in die Hände des von ihm von langer Hand auserkorenen Professors Eckhard Heftrich legte (April 1985), da hatte die Gesellschaft im Herbst 1984 auch bereits ihre erste »Internationale Thomas-Mann-Tagung« mit Erfolg durchgeführt.

---

[8] Alphons Nobel: Nachruf auf Thomas Mann, in: Trierische Landeszeitung, 15. 8. 1955.
[9] Rudolf Ventzki: Für und wider Thomas Mann. Eine Entgegnung, in: Stuttgarter Zeitung, 27. 5. 1958, S. 15.

Die Gesellschaft war zudem maßgeblich an der großen Festwoche in Lübeck zum 100. Geburtstag Thomas Manns im Juni 1975 beteiligt. Thomas Manns Söhne Michael und Golo Mann kamen nach Lübeck und auch Katia Mann war zu Gast. Neben der Tagung, die in München stattfand, markiert diese Festwoche einen Wendepunkt. Thomas Mann wurde in den späten siebziger und frühen achtziger Jahren zu dem unbestrittenen Autor von Rang in der öffentlichen Wahrnehmung, als den wir ihn heute alle wahrnehmen. Er wurde es ohne Frage auch durch die intensive Arbeit der Deutschen Thomas Mann-Gesellschaft, aber es gab darüber hinaus natürlich weitere Gründe, die wieder in die allgemeine Wirkungsgeschichte führen.

Von zentraler Bedeutung für diese Wirkungsgeschichte war, dass ab 1978 jede künftige Lesergeneration den Thomas Mann las, dessen *Tagebücher* veröffentlicht worden sind. Wie hier die Rezeptionslenkung Thomas Manns ihre Wirkung zeigte, hat Marcel Reich-Ranicki aufgezeigt. Er schreibt 1978 in der *Frankfurter Allgemeinen Zeitung*:

Sein Porträt, dessen Umrisse schon erstarrt und im Bewußtsein eines großen Teils der deutschen Leserschaft fest eingeprägt schienen, hat seine Deutlichkeit wieder eingebüßt: Die Linien verblassen und verschwimmen, die Legende kann ihre Fragwürdigkeit nicht mehr verbergen, das Denkmal bröckelt ab. Und allmählich entsteht ein anderes Porträt, fast unmerklich bildet sich die nächste Legende, in der Ferne wird ein neues Denkmal sichtbar. [...]
Meisterhaft hat er seinen Ruhm verwaltet: Er hat in diese Tätigkeit unendlich viel Kraft und Energie, List und Diplomatie investiert. [...]
Und fast will es scheinen, als sei er zu dem Ergebnis gekommen, daß es leichtsinnig und inopportun wäre, den postumen Revisionsprozeß, der schließlich auch ihm nicht erspart bleiben konnte, anderen, möglicherweise Inkompetenten zu überlassen, daß es vielmehr richtiger sei, sich der Sache beizeiten und persönlich anzunehmen und so diesem Prozeß von vornherein die ihm gebührenden Dimensionen zu sichern. Der kluge Mann baut vor.
Wie auch immer: jenen, die schon seit Jahren seine radikale Entmonumentalisierung für das Gebot der Stunde halten, ging er, wie wir jetzt wissen, mit gutem Beispiel voran. Und sie läßt sich schwerlich noch weiter treiben, als er selber es schon getan hat – eben in seinen Tagebüchern. Wieder einmal zeigt es sich, daß man Thomas Mann nicht übertreffen kann. [...]
So steht er am Ende vor uns da: schwach und wehrlos, leidend und Mitleid erweckend, ichbezogen und selbstgefällig, abstoßend für die einen, imponierend für die anderen. Seine stärkste Passion war die Eigenliebe. Sie hat ihn veranlaßt, alle Hemmungen zu überwinden und die Wahrheit über seine Person zu enthüllen oder, richtiger gesagt, das, was er für diese Wahrheit hielt. Er hatte den Mut und die Größe, sich den Nachgeborenen auszuliefern.[10]

---

[10] Marcel Reich-Ranicki: Die Wahrheit über Thomas Mann. Zu den Tagebüchern aus den Jahren 1933 und 1934, in: Frankfurter Allgemeine Zeitung, 11.3.1978.

Besser und richtiger kann man es nicht auf den Punkt bringen und hinzufügen muss man, dass es Marcel Reich-Ranicki war, der das oben skizzierte Thomas Mann-Bild in die breiteste Öffentlichkeit brachte. Seine Rezensionen der *Tagebücher* in den folgenden Jahren waren meisterhafte Essays und haben entscheidend dazu beigetragen, dass Thomas Manns Rang sich immer mehr verfestigte. Es war daher auch nur folgerichtig, dass die Thomas Mann-Gesellschaft und die Hansestadt Lübeck ihn zu Tagungen einluden und ihm im Jahre 1987 den Thomas-Mann-Preis verliehen.

3. *Die Jahre von 1985 bis 1994*

Im Frühjahr 1985 wurde Eckard Heftrich, Professor für Neuere Deutsche Literatur an der Universität Münster, Vorsitzender der Gesellschaft. Es gelang ihm, die in Fachkreisen inzwischen gut bekannte Gesellschaft innerhalb weniger Jahre in der literarischen und wissenschaftlichen Öffentlichkeit zu einer ersten Adresse zu machen. Die von ihm initiierten Frühjahrs- und Herbsttagungen lockten mit großen Namen wie Marcel Reich-Ranicki oder Inge und Walter Jens, bekannten Schriftstellern, Wissenschaftlern mit internationalem Ruf sowie mit einigen jungen Thomas Mann-Forschern wie Hans Rudolf Vaget und Hermann Kurzke eine bislang unbekannte Zahl an Interessierten ins Lübecker Rathaus.

Die »Internationalen Symposien« machten erstmalig auch überregionale Feuilletons auf die Gesellschaft aufmerksam. Für die wissenschaftliche Kommunikation war von Bedeutung, dass die Gesellschaft seit 1988 im renommierten Frankfurter Klostermann Verlag ein *Thomas Mann Jahrbuch* herausbringen konnte. Das Jahrbuch löste die seit 1981 erscheinenden *Hefte der Deutschen Thomas-Mann-Gesellschaft* ab. Wer wollte heute bestreiten, dass es zu einem grundlegenden wissenschaftlichen Forum der Thomas Mann-Forschung geworden ist. Aber es ist von Anfang an immer auch als ein Medium konzipiert gewesen, in dem die Begegnung von Werk, Wissenschaft und den Lesern ihren Ort hat. Das war Eckard Heftrich im Sinne Thomas Manns sehr wichtig und dieser Konzeption fühlen sich auch die heutigen Herausgeber weiterhin verpflichtet.

1985, als Eckard Heftrich den Vorsitz der Gesellschaft übernahm, war auch das Jahr, in dem Birgitt Mohrhagen als Schriftführerin in den Vorstand gewählt wurde. Mit ihr zusammen brachte Heftrich das Thema einer Gedenkstätte im Buddenbrookhaus wieder auf die politische Tagesordnung in Lübeck. Um Lübecker zur aktiven Unterstützung für dieses Vorhaben zu gewinnen, wurde von Mitgliedern der Deutschen Thomas Mann-Gesellschaft der Förderverein Buddenbrookhaus e.V. gegründet. 1991 entschied die Hansestadt, das Haus in der Mengstraße 4 anzukaufen und zu einer Forschungs- und Gedenkstätte auszubauen. Im Mai 1993 konnte das Literaturmuseum im Beisein des Bundespräsidenten Richard von Weizsäcker eröffnet werden.

An der Erarbeitung der ersten Dauerausstellung im Buddenbrookhaus war Eckard Heftrich als Vertreter für die Thomas Mann-Gesellschaft, zusammen mit dem Präsidenten der Heinrich Mann-Gesellschaft, Peter Paul Schneider, und meiner Person maßgeblich beteiligt. Ohne sein strategisch kluges Wirken, ohne den Einfluss der Deutschen Thomas Mann-Gesellschaft, das kann ich aus eigener Erfahrung sagen, gäbe es kein Buddenbrookhaus. Und mehr noch: Eckard Heftrich hat den Grundstein dafür gelegt, dass die Deutsche Thomas Mann-Gesellschaft zu der großen und wichtigen Literaturvereinigung geworden ist, als die wir sie heute feiern können. Es ist daher nur folgerichtig, dass er als bisher einziger zum Ehrenpräsidenten ernannt worden ist. Als er den Führungsstab 1994 an Ruprecht Wimmer weitergab, war die Zahl der Mitglieder auf rund 800 angewachsen.

Als ein Beispiel, das einen guten Einblick in die Form der damaligen Veranstaltungen verschafft, sei der nachfolgende Blick auf das Tagungsgeschehen in den neunziger Jahren zitiert:

Das mit Spannung erwartete Ereignis dieser Tage war der Doppelauftritt von Walter Jens und Marcel Reich-Ranicki. Beide hatten ein gemeinsames Thema – Thomas Manns Roman ›Der Erwählte‹, die Geschichte von dem sündig begnadeten mittelalterlichen Papst Gregor. ›Aber wir haben uns nicht abgesprochen‹, sagte Reich-Ranicki. Das war zu spüren. Denn während Jens ›dieses in Gott heitere Büchlein‹ unter den Aspekten von Gnade und Erlösung beschrieb und sich nicht scheute, den Roman Thomas Manns frommstes Buch zu nennen, meinte Reich-Ranicki, im ›Erwählten‹ den bedeutendsten deutschen Unterhaltungsroman des Jahrhunderts auszumachen. Er jedenfalls habe immer wieder lachen müssen bei der Lektüre, und mit der so geschätzten wie zuweilen gefürchteten Reich-Ranicki-Apodiktik fügte er hinzu: ›Ich bin überzeugt davon, niemals unter meinem Niveau zu lachen.‹ Da lachte das Auditorium. Mit Niveau. So eine Inszenierung kann kein Theater bieten.[11]

---

[11] Wolfgang Tschechne: Drei schöne Tage zeigten: Geist braucht Gesellschaft. Versuch einer Summe des Lübecker Thomas-Mann-Kolloquiums, in: Lübecker Nachrichten, 6.5.1990.

4. Die Jahre von 1995 bis 2005

Ruprecht Wimmer, Professor für Neuere deutsche Literatur an der Katholischen Universität Eichstätt, setzte die Intentionen seines Vorgängers erfolgreich fort. Aber auch unter seiner Ägide wurden eigene und neue Akzente gesetzt und es fand ein für die Zukunft der Gesellschaft zentrales Ereignis statt: Der »Kreis Junger Thomas Mann-Forscher« wurde auf seine Initiative gegründet und die Beiträge der jungen Wissenschaftlerinnen und Wissenschaftler wurden unter ihm zu einem festen Bestandteil der Tagungsprogramme. Erstmalig 1997 tagten die Jungen Forscher in Rendsburg und diskutierten über das Frühwerk des Autors. Auch wurde die Idee, einen Förderpreis der Gesellschaft zu vergeben, die lange Jahre geruht hatte, wieder aufgegriffen. Als Ziel wurde ausgegeben, junge Wissenschaftler durch die Prämierung ihrer Doktorarbeiten zu fördern und anzuspornen.

Beide Ideen haben sich als äußerst erfolgreich und wie man heute zu sagen pflegt: nachhaltig erwiesen. Dass die Jungen Forscher die diesjährige Tagung mit einer Sektion zur Forschungsgeschichte sehr bereichert haben, ist nur der aktuellste Punkt dieser Erfolgsgeschichte. Hier rundet sich eine Entwicklung. Inzwischen führen die Forscher eigene Tagungen neben der Lübecker Tagung durch und geben eigene Sammelbände heraus. Und regelmäßig erhalten wir Spenden für die Jungen Forscher aus dem Kreis der Mitglieder.

Für mich ist es immer wieder eine große Freude zu sehen, dass sich regelmäßig neue Arbeiten mit neuen theoretischen Ansätzen mit Thomas Mann beschäftigen. Sie sind auch ein Beweis für die ungebrochene Lebendigkeit der Thomas Mann-Gesellschaft. Thomas Manns Werk erweist sich gegenüber den nachkommenden Forschergenerationen als äußerst anschlussfähig. Das ist für eine literarische Gesellschaft, die ihren Autor immer wieder im Hier und Jetzt verorten muss, eine ganz entscheidende Grundlage.

Auch hier möchte ich wieder auf den Kontext der Rezeptionsgeschichte eingehen. Die Jahre unter dem Vorsitz von Ruprecht Wimmer waren auch dadurch bestimmt, dass Thomas Mann zum Filmstar wurde. Dass dank der Breloer-Verfilmung *Die Manns – Ein Jahrhundertroman* von 2001 dann Armin Mueller-Stahl von den Menschen für Thomas Mann gehalten wurde, ist dabei mehr als eine putzige Marginalie. Es weist vielmehr auf eine der zentralen neuen Aufgaben hin, die der Thomas Mann-Gesellschaft in den vergangenen Jahren zugewachsen und die bis heute prägend sind. Seit Beginn des neuen Jahrtausends muss man klar und deutlich konstatieren: Thomas Mann gehört nicht mehr den Germanisten alleine, er ist zu einer Projektionsfigur für das Deutschland des 20. Jahrhunderts geworden, zu einer repräsentativen Figur, in der sich Zeitgeschichte und kulturelle Entwicklung verdichten, in der die Grenzen von Literatur, Leben und Geschichte zunehmend verschwimmen.

Das kann auf höchstem Niveau geschehen, wie etwa bei Marcel Reich-Ranicki, der 2006 anlässlich der Verleihung der Ehrendoktorwürde der Freien
Universität Berlin sagte:

Deutschland wird im 20. Jahrhundert durch zwei Figuren personifiziert: Adolf Hitler und Thomas Mann. Und ich habe später erst begriffen, dass es ein Unglück für
Deutschland wäre, wenn man einen von beiden vergessen oder verdrängen wollte.[12]

Das kann aber auch in ganz andere Richtungen gehen. Ich gebe Ihnen einige
Zitate aus dem Blätterwald:

Die Manns waren die deutschen Kennedys, Royals und noch mehr. Unser halbes Jahrhundert lang. Hätte es Fernsehen schon gegeben, ›BUNTE‹, ›Bild‹ oder ›Spiegel‹ – kein
Tag, keine Woche wäre vergangen ohne eine saftige Schlagzeile.[13]

Oder:

Was für eine Familie! Die Geschichte von Thomas und Heinrich Mann und ihren Lieben stellt jede Seifenoper in den Schatten. Schon jeder Einzelne böte genug Stoff für
ein packendes Drama, aber richtig erzählen kann man diese Familiensaga nur, wenn
man sie mit all den anderen Mann-Biografien verwebt.[14]

Vor diesem Hintergrund wuchs der Deutschen Thomas Mann-Gesellschaft
die Aufgabe zu, den literaturwissenschaftlichen Blick auf Thomas Mann immer wieder und immer weiter präsent zu halten. Ruprecht Wimmer und sein
Vizepräsident Manfred Dierks haben das auf den Tagungen stets erfolgreich
getan. Der Erfolg gab dem Team Wimmer / Dierks recht: Als sie 2005 ihre Vorstandstätigkeit beendeten, war die Gesellschaft auf inzwischen 1031 Mitglieder
angewachsen. Und 2005 war die Thomas Mann-Gesellschaft gemeinsam mit
dem Buddenbrookhaus Veranstalter der Festwoche zum 50. Todesjahr Thomas
Manns. Höhepunkt war hier der Festvortrag von Marcel Reich-Ranicki und
die Rede des Bundespräsidenten Horst Köhler in der vollbesetzten Lübecker
Marienkirche.

---

[12] Marcel Reich-Ranicki: Berlin und ich, in: Die Literatur, eine Heimat. Reden von und über
Marcel Reich-Ranicki, hrsg. von Thomas Anz, München: Deutsche Verlags-Anstalt 2008, S. 133–
144, 143.
[13] Anonym: Die Manns. Eine deutsche Familie, in: Bunte 18/1994.
[14] Anonym: Eine öffentliche Familie, in: Brigitte 26/2001.

5. Von 2006 bis heute

Damit bin ich bei der fünften und aus heutiger Perspektive vorerst letzten Phase in der Entwicklung der Deutschen Thomas Mann-Gesellschaft angelangt. Deren Darstellung ist aus zwei Gründen nicht ganz einfach: Zum einen, weil die Distanz noch fehlt, zum anderen, weil es gilt, über eigene Angelegenheiten zu reden.

Mir war in den vergangenen Jahren dreierlei wichtig und ich hoffe, dass es mir zusammen mit dem neuen Vorstand gelungen ist, diese Dinge umzusetzen. Wenn ich »zusammen mit dem neuen Vorstand« sage, dann ist das weitaus mehr als eine Floskel, denn der *Teamgedanke*, wie man passend zu unserer Wahl im Jahre 2006 sagen könnte, steht für uns im Mittelpunkt. Elisabeth Galvan, Andreas Blödorn und Friedhelm Marx, die drei Vizepräsidenten der Gesellschaft, sind daher entscheidend an dem beteiligt, was zu berichten ist.

Da ist zum einen die Gründung der Ortsvereine. Bei einem Autor wie Thomas Mann gibt es Leser und Liebhaber nicht nur in Lübeck. Deshalb haben sich, wie in der Goethe-Gesellschaft, Ortsvereine gegründet: 2008 der »Ortsverein BonnKöln der Deutschen Thomas Mann-Gesellschaft e.V.«, 2012 der »Thomas-Mann-Kreis Berlin in der Deutschen Thomas Mann-Gesellschaft e.V.«. Vom Ortsverein BonnKöln ist Professor Hans Büning-Pfaue seit der Gründung Vorsitzender und unermüdlicher Antreiber, zum Erfolg des Berliner Vereines hat der Gründungsvorsitzende Dr. Wilfried Opitz entscheidend beigetragen. Seine Nachfolge hat in diesem Jahr Claus-Walter König angetreten. Sie alle drei sind heute anwesend und es ist mir ein Bedürfnis, Ihnen Dank zu sagen. Dank zu sagen dafür, dass Sie sich für Thomas Manns Werk und Leben engagieren und dazu beigetragen haben, dass die Mitgliederzahlen stabil geblieben sind. Denn das ist eine Besonderheit: Diese Vereine vor Ort stehen in engem Kontakt mit der Gesellschaft in Lübeck und wer vor Ort Mitglied ist, der ist es auch in der Muttergesellschaft.

Aus diesen und anderen Gründen liegt mir zum zweiten das Thema Zusammenarbeit sehr am Herzen, weil die Arbeit, verzeihen Sie den Begriff, im Netzwerk immer wichtiger wird – nicht zuletzt deshalb, weil auch die Familie Mann als ein »Familiennetzwerk« immer stärker in den Fokus der Forschung rückt. Auch hier muss der Blick sich wieder auf die aktuelle Rezeptionsgeschichte richten, die von einer deutlichen Tendenz geprägt ist: Die Familie Mann wird zur Signatur eines ganzen Zeitalters. Im Frühjahr ist von Manfred Flügge ein Buch mit dem Titel *Das Jahrhundert der Manns* erschienen. Der Titel ist hier Programm: Das ist die Ausweitung der literarischen und biographischen Zone auf die ganze Familie und in die Zeitgeschichte hinein. Das erweckt nicht zufällig Assoziationen mit dem Begriff der *Goethezeit*, den die Wissenschaft für die Jahre um 1800 als Ordnungsschema nutzt. Am 9. Oktober erscheint im S. Fischer Verlag ein Buch von Tilmann Lahme. Der Titel ist schlicht und wuchtig: *Die Manns*. Diese Familie ist zu einer Chiffre geworden, die man ohne weitere Erklärung aufrufen kann. Vergleichbares funktioniert nur noch mit der Familie Wagner.

Die Ränder verwischen sich weiter, die Kontextualisierung nimmt zu. Thomas Mann und seine Familie sollen nun gar den Blick auf das 20. Jahrhundert mitsteuern. Das ist sicherlich in manchen Aspekten eine Zumutung und Übertreibung, aber auch dieser Tendenz musste sich die Thomas Mann-Gesellschaft stellen.

Und damit bin ich beim dritten Punkt angelangt: Sie hat sich dieser Herausforderung gestellt, indem wir in den vergangenen Jahren versucht haben, die Kontexte, das Umfeld, in dem Thomas Mann gelebt und geschrieben hat, stärker in den Fokus zu rücken. Wir haben, gemeinsam mit dem Ortsverein BonnKöln, im Rahmen einer Tagung in Bonn nach Thomas Manns Verortung im Nachkriegsdeutschland gefragt, auch nach seinem Verhältnis zur Bildenden Kunst, was nicht nur zu einer Tagung, sondern auch zu einer großen Ausstellung im Lübecker Museum Behnhaus Drägerhaus geführt hat. Mit einem Wort: Wir haben versucht, neue Themen zu besetzen. Vieles davon ist Ihnen sicherlich noch in sehr frischer Erinnerung. Ich breche daher hier ab und werfe abschließend noch einen kurzen Blick in die Zukunft.

6. Ausblick

Wir müssen uns nicht um die Popularität unseres Autors sorgen, wie es bei vielen anderen literarischen Gesellschaften der Fall ist. Ich glaube, wir haben einen anderen Auftrag: Wir müssen dafür sorgen, dass der Grund und die Ursache seines Ruhms nicht unter all den schicken Aktualitäten begraben wird; wir müssen dafür sorgen, dass Thomas Manns Literatur weiter im Blick bleibt.

Heinrich Mann hat am Ende seines Lebens einmal darüber geklagt, dass die Schönheiten seines Werkes von der Öffentlichkeit nicht wahrgenommen würden, dabei sei es ihm gerade um diese eigentlich immer gegangen. Das gilt sicherlich auch für Thomas Mann. Wir müssen daher, und ich spreche hier hoffentlich auch in Ihrem Sinne, dafür Sorge tragen, dass bei dem immer mächtiger werdenden Blick auf die Kontexte und das Leben Thomas Manns (und seiner Familie) der Blick auf das Eigentliche, auf die Literatur nicht zu kurz kommt. Natürlich ist das Leben der Manns spannend und interessant und mir ist bewusst, dass viele der Mitglieder daran ein großes Interesse haben. Der biographische Blick auf Thomas Mann gehört damit jetzt und künftig zur Arbeit der Deutschen Thomas Mann-Gesellschaft. Aber er darf sich nicht verselbständigen und er muss auch der literaturwissenschaftlichen Annäherung an das Werk weiterhin Raum lassen.

Das ist keine ganz leichte Aufgabe! Wie können wir das überzeugend angehen? Den richtigen Weg hat meines Erachtens Daniel Kehlmann in seiner Dankesrede zum Erhalt des Thomas-Mann-Preises 2008 aufgezeigt. Er erzählte damals die rührend-komische Geschichte von der Begegnung der fünfzehnjährigen Susan Sontag mit dem fast achtzigjährigen Thomas Mann in Pacific Palisades. Der Schriftsteller fragte nach der Lektüre des jungen Mädchens, das daraufhin darüber nachdachte, was Thomas Mann als »ältlicher Würdenträger« wohl zu den ihm völlig fremden und unbekannten Wirklichkeiten einer amerikanischen Highschool in den frühen fünfziger Jahren des 20. Jahrhunderts gesagt hätte: den Drogen, den Waffen und den Kondomen, die damals den Schulalltag bestimmten.

Daniel Kehlmann richtete dann zunächst den Blick auf das Werk Thomas Manns, das er als modern bestimmt und als grundlegend für sein eigenes Schreiben erklärt. Man könnte von kollegialer Aktualisierung sprechen, die mehr zählt als vieles andere, weil sie auf den Kern zielt. Beispielhaft seien seine Worte über den *Joseph*-Roman zitiert:

Joseph, das ungelesene Hauptwerk, der ignorierte Jahrhundertroman, der so leicht der deutschen Literatur hätte eine andere Richtung weisen können. Ein Buch, dessen Figuren im Lauf der Handlung erst aus dem mythischen ins geschichtliche Zeitalter treten, ein Spiel mit Charakteren, die nur halb schon Individuen sind und halb noch Ausführende mythischer Verhaltensmuster – Menschen, die sich noch mit ihren Altvordern verwechseln, erst im Übergang begriffen in moderne Psychologie. Ein Roman, der viel gemeinsam hat mit Joyces Traummythenbuch *Finnegans Wake*, aber so viel heiterer und lesbarer ist und letztlich auch umfassender im philosophischen Entwurf: Ein Epos über die Herauslösung des Individuums aus dem archaischen Kollektiv und die dabei wie nebenher sich ereignende Erfindung Gottes – und all das so verspielt und voll Leichtigkeit erzählt, als koste es keine Anstrengung. Doch das literarische Deutschland wollte anderes lesen, machte sich lieber auf in Richtung von Engagement und treuherzigem Realismus, und die immer noch fortwirkende Abkoppelung Deutschlands von den Strömungen der Weltliteratur nahm ihren traurigen Anfang.[15]

Das ist wunderbar formuliert und dem ist nichts hinzuzufügen. Aber Kehlmann geht noch einen Schritt weiter, indem er den Hiatus von Leben und Werk, das Auseinanderfallen von Literatur und Leben in ganz disparate Sphären, wie es mancherorts in der Gegenwart zu beobachten ist, wieder zu vereinen sucht. So kommt er am Ende seines Vortrags auf den Anfang, die Begegnung Susan Sontags mit Thomas Mann in Pacific Palisades, zurück:

---

[15] Daniel Kehlmann: Dionysos und der Buchhalter, in: Thomas Mann Jahrbuch 23, hrsg. von Thomas Sprecher und Ruprecht Wimmer, Frankfurt/Main: Klostermann 2010, S. 132f.

Ja, man versteht Susan Sontags Enttäuschung gut. Wer möchte schon gerne einem nicht gestrauchelten Gustav Aschenbach gegenübersitzen, einem alten Lübecker Honoratioren, der alles Unheimliche auf den gut aufgeräumten Schreibtisch und in die Bücher verbannt hat und nunmehr spricht wie eine Buchrezension? ›Jahre später‹, schließt sie ihren Rückblick, ›nachdem ich selbst Schriftstellerin geworden war, nachdem ich viele andere Schriftsteller kennengelernt hatte, lernte ich, toleranter zu sein gegenüber der Kluft zwischen der Person und dem Werk.‹ Wie wahr – und doch ganz falsch. Denn die scheinbare Kluft zwischen Person und Werk ist eigentlich eine Kluft in seiner Person, und sie ist ganz und vollständig im Werk ausgedrückt.[16]

Das Werk, so Kehlmann, ist der zentrale Grund der Beschäftigung mit Thomas Mann. Denn wenn man das Werk ernst nimmt, dann enthält es alles, auch den vielbeschworenen Gegensatz von Literatur und Leben. Darauf zielt seine Rede, deren Schluss ich auch an das Ende dieses Rückblicks auf fünfzig Jahre Deutsche Thomas Mann-Gesellschaft setzen möchte:

Wäre Thomas Mann nun also schockiert gewesen über all das, was sie ihm nicht sagen wollte – Kondome auf der Wiese, der Schulkollege mit der Waffe, die Drogenhändler? Ja und nein; als ältlicher Würdenträger sicherlich, als Künstler wohl kaum, denn noch der zahmste Teil seines Werks enthält mehr Chaos und Brutalität als all diese Schreckensbilder vom kalifornischen Schulhof. Es ist ein Werk von unvergleichlicher Perfektion, voll Witz und voller Dämonen, voll Schönheit und dunkler Winkel, denen man sich nur unter Aufbietung seines ganzen Mutes nähern kann. Erzengel treten in ihm auf und der Teufel und eine Menge zivilisierter Leute aus dem Zwischenreich; sie alle versuchen ordentlich zu sein und respektabel, aber es will ihnen nicht gelingen. Nur er selbst brachte es einigermaßen fertig und war sehr stolz darauf – mehr noch als auf alle seine großen Romane. So wie ich sehr stolz bin auf diesen in seinem Namen vergebenen Preis.[17]

Und wir sind stolz, in dieser Gesellschaft Mitglied zu sein und sie mitgestalten zu können.
    Auf die nächsten 50 Jahre!

[16] Ebd., S. 133.
[17] Ebd.

Manfred Eickhölter

50 Jahre Deutsche Thomas Mann-Gesellschaft 1965 bis 2015

Eine Chronik

Schwierige Anfänge (1965 bis 1974)

Rückblickend auf die ersten Jahre der Gesellschaft sind auf der Oberflächen-ebene der Ereignisse kleinere und größere Pannen, Ungeschicklichkeiten und auch unglückliche Zufälle zu verzeichnen. Zugleich wird von Anbeginn eine tragfähige Grundkonstellation erkennbar, die eine, wenn nicht die er-folgreichste deutsche Literaturgesellschaft des 20. Jahrhunderts als kulturel-les Gebilde ermöglichte. Und so sprechen wir im Nachhinein von holperigen Anfängen, nicht aber davon, dass wider Erwarten gut wurde, was rasch auch wieder hätte verschwinden können.

Die Gründungsphase

Am 24. Mai, zwei Wochen vor dem 6. Juni 1965, fragte der bereits als Vorsit-zender auserkorene Dr. Klaus Matthias beim Direktor der Gesellschaft zur Beförderung gemeinnütziger Zwecke (künftig: Die Gemeinnützige), Dr. Rolf Sander, an, ob für eine Gesellschaftsgründung anlässlich des 90. Geburtstages von Thomas Mann geeignete Räumlichkeiten zur Verfügung ständen. (Abb. 1) Der 6. Juni 1965 fiel auf einen Sonntag, für gewöhnlich ein Ruhetag in der Ge-meinnützigen. Man disponierte rasch um. Am 5. Juni lag in der Buchhandlung Weiland, Inhaber Otto Hamkens, ein Gründungsaufruf aus und dazu eine Liste, in die an einer Mitgliedschaft Interessierte sich eintragen konnten. Am Mittwoch, den 9. Juni, der Saal der Gemeinnützigen war frei, hielt Dr. Matthias aus Anlass der für den 6. Juni geplanten, nun aber verschobenen Gründung einen Vortrag, Thema: »Zur Erzählweise in den Buddenbrooks«; die Liste für Interessierte lag erneut aus.

Am 28. Juni 1965 fand nach Auskunft eines Protokolls im Amtsgericht der Hansestadt Lübeck, Abteilung Vereinsregister, die erste ordentliche Mitglie-derversammlung statt. Anwesend waren die 18 Personen, die sich in die aus-gelegten Listen eingetragen hatten. Rechtsanwalt Hans Ewers, er war einer der fünf Unterzeichner des Gründungsaufrufes vom 5. Juni, übernahm die Wahlleitung für alle anstehenden Abstimmungen. Zum Vorsitzenden wurde

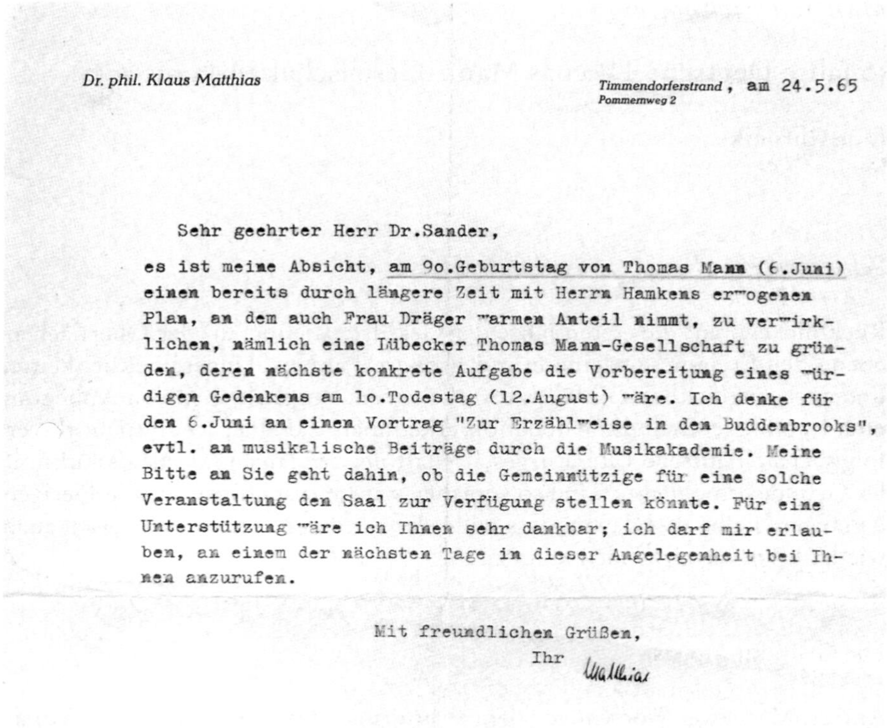

Dr. phil. Klaus Matthias   Timmendorferstrand, am 24.5.65
                                                Pommernweg 2

Sehr geehrter Herr Dr.Sander,

es ist meine Absicht, am 9o.Geburtstag von Thomas Mann (6.Juni)
einen bereits durch längere Zeit mit Herrn Hamkens er~ogenen
Plan, an dem auch Frau Dräger ~armen Anteil nimmt, zu ver~irk-
lichen, nämlich eine Lübecker Thomas Mann-Gesellschaft zu gründen, deren nächste konkrete Aufgabe die Vorbereitung eines ~ür-
digen Gedenkens am 1o.Todestag (12.August) ~äre. Ich denke für
den 6.Juni an einen Vortrag "Zur Erzähl~eise in den Buddenbrooks",
evtl. an musikalische Beiträge durch die Musikakademie. Meine
Bitte an Sie geht dahin, ob die Gemeinnützige für eine solche
Veranstaltung den Saal zur Verfügung stellen könnte. Für eine
Unterstützung ~äre ich Ihnen sehr dankbar; ich darf mir erlauben, an einem der nächsten Tage in dieser Angelegenheit bei Ihnen anzurufen.

                        Mit freundlichen Grüßen,
                                Ihr *Matthias*

Abb. 1: Bislang erste bekannte briefliche Erwähnung der Absicht des Dr. Klaus
Matthias, eine Thomas Mann-Gesellschaft in Lübeck zu gründen. Der Briefpartner Dr. Rolf Sander war zu dieser Zeit Direktor der Gesellschaft zur Beförderung
gemeinnütziger Tätigkeit in Lübeck.
© Archiv Hansestadt Lübeck, Bestand Gemeinnützige

Dr. Klaus Matthias gewählt und zu seinen Stellvertretern Frau Lisa Dräger
und Dr. Gustav Hillard-Steinbömer; Schatzmeister wurde Otto Hamkens. Die
am selben Tage verabschiedete Satzung nennt als Ziele des Wirkens der Gesellschaft drei Aufgaben: 1. der Ausbau einer umfassenden Erinnerungsstätte,
2. die Vertiefung der Kenntnisse des Lebenswerkes und 3. die Ausgestaltung
von Thomas-Mann-Gedenktagen. Als Tag der Gründung der Gesellschaft mit
dem Namen »Thomas Mann-Gesellschaft in Lübeck e.V.« steht im Protokoll:
6. Juni 1965.
   Die erste große öffentliche Veranstaltung war ein Festakt im Theater Lübeck
zum 10. Todestag Thomas Manns am 12. August 1965. Im »kleinen Saal« spielte
das Orchester der Schleswig-Holsteinischen Musikakademie unter Leitung

von Günter Behrens, Dr. Peter Henschel, Redakteur der *Lübeckischen Blätter*, las aus dem *Zauberberg* und Dr. Matthias hielt einen Vortrag über »Thomas Manns Universalität«. Mit dieser gut besuchten Veranstaltung in dem Saal, der heute Kammerspiele genannt wird, war die Gründungsphase der neuen literarischen Gesellschaft abgeschlossen.

Öffentliches Echo in der lokalen Presse

Alle drei Printmedien in der Hansestadt, die beiden Tageszeitungen *Lübecker Nachrichten* und *Lübecker Morgen* sowie die Zeitschrift *Lübeckische Blätter* begleiteten die Gründungsphase aufmerksam, wohlwollend und unterstützend. Die *Lübeckischen Blätter* druckten den Gründungsaufruf ab und den Vortrag »Zur Erzählweise in den Buddenbrooks« in mehreren Folgen.

Sigrid Petersen, Berichterstatterin des *Lübecker Morgen*, äußerte sich in ihren Reportagen jedoch auch sorgenvoll. In einem Beitrag nach dem Vortragsabend am 9. Juni heißt es:

Ich schrieb mich als Nr. 17 ein. Und hätte den Namen fast wieder ausgestrichen. Der Grund? Die honorige ältere Dame, die kurz vor mir durch Unterschrift ihr Interesse an der neuen Gesellschaft bekundet hatte, überflog kritischen Blicks noch einmal die noch nicht sehr lange Liste, um dann zu einem neben ihr stehenden Studienrat zu bemerken: ›Wir werden doch exklusiv sein? – Fünfzig Mark Beitrag im Jahr müssen wir doch mindestens bezahlen?‹ Der Studienrat lächelte und meinte, so schlimm könne es wohl nicht werden. Es wäre schlimm, wenn es so wäre. Die Gründung einer ›Thomas-Mann-Gesellschaft in Lübeck‹ ist überaus begrüßenswert, den Initiatoren gebührt großer Dank. Nichts aber wäre falscher, als aus dieser Gesellschaft von vornherein einen ›exklusiven‹ Zirkel zu machen, die Mitgliedschaft sozusagen zu einer Prestigeangelegenheit aufzuputzen. Jüngeren Menschen, Studenten vor allen Dingen, wäre der Zutritt dadurch unmöglich gemacht.

Nach dem Festakt am 12. August zog Sigrid Petersen ein kritisches Resümee:

Es war immerhin ein erster Erfolg. Obwohl es der Würde des Festaktes keinen Abbruch getan hätte, wenn Dr. Klaus Matthias seinen weit ausschweifenden Vortrag über Thomas Manns Universalität etwas gerafft hätte. Dr. Matthias neigt dazu, in Büchern zu reden. Das mag im kleinen Kreis eher angebracht sein, sprengte aber leider etwas den Rahmen dieser größeren Veranstaltung. Doch das nur am Rande für künftige Veranstaltungen solcher Art. [...] Mit diesem angemessenen Festakt haben die Thomas-Mann-Gesellschaft und die Kultusverwaltung dankenswerterweise nachgeholt, was zum 90. Geburtstag des Dichters im Juni versäumt worden war.

Mit der letzten Bemerkung knüpfte Frau Petersen an den Anfang ihres Beitrages an. Dort hatte sie daran erinnert, dass am 6. Juni 1965 im Hamburger

Schauspielhaus eine Galaveranstaltung aus Anlass des 90. Geburtstages stattfand. Nach Petersens Urteil war der Todestag am 12. August nur der zweitbeste
Termin für eine Gedenkveranstaltung gewesen.

Bemerkenswert ist auch ein ganzseitiger Beitrag in den *Lübecker Nachrichten* vom 6. Juni 1965. Ein vergessener Lübecker Schriftsteller mit Namen
John (Johannes) Halding, der im März 1971 einen ebenfalls bemerkenswerten
Beitrag zum 100. Geburtstag Heinrich Manns schrieb, zog eine Verbindung
zwischen Thomas Manns 90. Geburtstag und dem von Emanuel Geibel 1905:

Als sich im Jahre 1905 der Tag von Geibels Geburt zum neunzigsten Male jährte, war
dessen Werk, – mit Ausnahme von ein paar volkstümlich gewordenen Versen – nur
noch ein literarhistorisches Faktum, es hatte keine lebendige, noch weiterwirkende
Kraft. Das vielschichtige Werk von Thomas Mann dagegen hat heute, an seinem 90. Geburtstag, noch nichts von seiner unmittelbaren Wirkung verloren, sondern ganz offenbar (wenn man die ständig steigenden Auflagenziffern berücksichtigt) nur noch an
Faszination gewonnen. Und beinah scheint es so, als würde man erst jetzt, hinter der
Vielfalt der einzelnen Romane, Erzählungen und Aufsätze der inneren Geschlossenheit
dieses außerordentlichen Lebenswerkes ansichtig: eines Werkes, das unanzweifelbar
zur Weltliteratur gehört (jener Wert-Kategorie, die Geibel niemals erreichte), das aber
gleichzeitig eine der großartigsten Emanationen deutschen Wesens ist – eben jenes
deutschen Wesens, an dem – nach einem Worte und einer Hoffnung Emanuel Geibels,
die Welt genesen sollte. Und eben das war ja die tiefere Ursache allen Streites und Wi-
derstreites zwischen Thomas Mann und seinen deutschen Zeitgenossen, dass er stets
unbeirrbar dem ›wesentlich‹ Deutschen verpflichtet blieb, und darum umso heftiger
alles nur phrasenhaft Deutsche ablehnte. […] Deshalb war es auch gar nicht anders
möglich, dass Thomas Mann – als die Spannung zwischen Phrase und Wesen die deutsche Wahrheit und die deutsche Wirklichkeit endgültig auseinanderriß, – dass da der
Platz von Thomas Mann nicht länger bei den Phrasenhörigen sein konnte: eben um
seiner wesenhaften Deutschheit willen! Dieser so schicksalsträchtige Abfall Deutschlands von sich selber hat in dem großen Roman ›Doktor Faustus‹ eine symbolische
Gestaltung erfahren, die nicht nur bezeugt, wie klar und wissend Thomas Mann diesen
selbstmörderischen Konflikt der Deutschen miterlebt und mit durchlitten hat, sondern
die überdies es für uns alle möglich macht, im Erkennen der Irrwege uns wieder zu
dem rechten, richtigen, dem wesensdeutschen Wege hinzufinden. Diese Entdeckung
des Werkes Thomas Manns als eines der großen geistigen und seelischen Heilmittel
für das sich selbst entfremdete deutsche Wesen steht noch ganz in den Anfängen und
es wird noch manche Zeit vergehen, bevor dieses außerordentliche Werk in seiner ganzen – insbesondere in seiner so spezifisch deutschen – Bedeutsamkeit erkannt sein wird.
Dann aber wird der Name Thomas Mann ein Ruhmestitel sein für Lübeck, auf den die
Bürger dieser Stadt stolz pochen werden.

Rückblick auf die Zeit vor der Gründung

Schon bald nach Ende des Zweiten Weltkrieges gab es Bestrebungen, die ehemals starken Bindungen Thomas Manns an Lübeck zwischen 1904 und 1931 zu revitalisieren. Klassenkamerad Oskar Wendt bot sich an, in der Stadtbibliothek ein Archiv aufzubauen. Thomas Mann schickte, so seine Umschreibung, »[e]ine Monstre-Sendung« mit Materialien (Br III, 36). Äußerungen im Dankesschreiben von Bibliotheksdirektor Dr. Peter Karstedt, ein Thomas-Mann-Archiv und eine Thomas Mann-Gesellschaft gründen zu wollen, kommentierte er in einem Brief an seinen Bruder Viktor als »[l]auter Possen« (ebd.).
 Aber die Freunde in der Hansestadt ließen nicht locker. Zum 75. Geburtstag am 6. Juni 1950 reiste eine Delegation nach Basel, überbrachte Rotspon und Marzipan sowie eine von Alfred Mahlau gestaltete Grußkarte von etwa 30 Freunden. Schließlich war es Thomas Mann selbst, der, kaum aus den USA endgültig zurückkehrend, in Hamburg Station machte, in einem Vortrag für Studenten Lübeck auf sich aufmerksam machte, eine neuerliche Delegation mit Rotspon / Marzipan zu sich lockte, tags darauf am 10. Juni 1953 zusammen mit Katia auf eine Stippvisite in die Stadt und nach Travemünde kam, sich mit Katia vor der Ruine des Buddenbrookhauses ablichten ließ und fortan durch gezielte Schreiben seine Ernennung zum Ehrenbürger einfädelte. Eine Schlüsselfigur war der ihm zutiefst ergebene, 12 Jahre jüngere Hans Ewers, Abgeordneter des Stadtparlamentes schon zu Zeiten der Weimarer Republik. (Abb. 2) Ewers war an allen Rotspon / Marzipan Delegationen Lübecker Freunde nach 1945 als Abgesandter beteiligt. Nicht ganz zufällig schrieb ihm Thomas Mann im Januar 1955 einen langen Brief. Ewers als ehemaligem Vorsitzenden der nationalkonservativen Deutschen Partei (DP) kam ein besonderes Gewicht für die angestrebte Ehrenbürgerwürde, über die in der Bürgerschaft abgestimmt werden musste, zu, weil er schon wiederholt gegen die Parteiraison verstoßen hatte. Er war es schließlich auch, der beim Festbankett im Anschluss an die Ehrenbürgerernennung am 20. Mai 1955 die Tischrede hielt: »Lübeck im Werk Thomas Manns«.

Gründungsmitglieder und erster Vorstand

Mit Hans Ewers ist diejenige Persönlichkeit bezeichnet, die zwischen dem Autor und der neuen literarischen Gesellschaft eine direkte Verbindung herstellte. Welche Gründe Ewers bewogen haben, nicht für den Vorstand zu kandidieren, ist nicht bekannt.
 Otto Hamkens (1906–2000), Eigentümer der Buchhandlung Weiland, stellte sein Geschäft vom ersten Tage an in den Dienst der Gesellschaft als Geschäfts-

Abb. 2: Lübeck, Hauptbahnhof, 16. Mai 1955: Ankunft von Katia und Thomas Mann. Zwischen den beiden im Hintergrund Hans Ewers (1887–1968), Senator und Vorsitzender der nationalkonservativen Deutschen Partei, die keinerlei Verständnis dafür aufbrachte, dass Ewers seine Freundschaft mit Thomas Mann höher stellte als die Parteiraison und für die Verleihung der Ehrenbürgerwürde votiert hatte. © Buddenbrookhaus

stelle. Die agile Lisa Dräger (1920–2015) und ihr im Hintergrund agierender Ehemann Dr. Heinrich Dräger (1898–1986) hatten bis zum Jahre 1965 bereits wiederholt Entscheidendes zur Stärkung Lübecks als Standort der Thomas-Mann-Gedenkpflege getan, beispielsweise durch den Erwerb von Briefwechseln oder durch die Finanzierung eines Gedenkzimmers im Restaurant »Schabbelhaus«. Auch sorgten beide für eine konstruktive Zusammenarbeit mit dem in Zürich beheimateten Thomas-Mann-Archiv. Dr. Gustav Hillard-Steinbömer (1881–1972) hatte seit Jahrzehnten in literarischer Korrespondenz mit Thomas Mann gestanden. Ihm war es als einzigem Lübecker Autor vergönnt gewesen, mit Thomas Mann bei dessen »Staatsbesuch« im Mai 1955 bei einer Tasse Tee am Nachmittage in dessen Travemünder Hotelsuite zu plaudern. Für den jungen, wissenschaftlich ehrgeizigen Dr. Klaus Matthias war der Vorsitz der Thomas Mann-Gesellschaft eine Chance, den Ruf Lübecks als Ort fundierter Erinnerungsarbeit zu stärken.

Aktivitäten zwischen 1965 bis 1974

Wenig wissen die uns zugänglichen Archive über das Innenleben der Gesellschaft in den ersten Jahren. In einer Mitteilung an die Mitglieder resümierte der Vorsitzende am 2. Januar 1967, man habe 1966 einzig mit einem Vortrag von Käte Hamburger über »Thomas Manns Humor« in die Lübecker Öffentlichkeit hineingewirkt. Angekündigt wurde eine Vortragsreihe an fünf Abenden in der Volkshochschule unter dem Obertitel »Thomas Manns Literatur-Essays als Zeugnisse der Deutung und Selbstdeutung«, beginnend ab dem 13. Januar im Rhythmus von 14 Tagen. Für Mitglieder war der Besuch der Vorträge kostenfrei. Genaue Mitgliederzahlen sind übrigens nicht bekannt, man darf jedoch für das erste Jahrzehnt von einer Größenordnung deutlich unter 100 Personen ausgehen, wenn es denn überhaupt 50 waren. 1967 erschien im Verlag Schmidt-Römhild als erste eigenständige Publikation der Gesellschaft ein Büchlein von Klaus Matthias mit dem Titel *Studien zum Werk Thomas Manns*. (Abb. 3) Es enthielt die beiden Vorträge des Vorsitzenden vom 9. Juni und vom 22. August 1965 in erweiterter Fassung sowie die von ihm formulierten »Aufgaben der Thomas Mann-Gesellschaft in Lübeck«. (Abb. 4)

Als erstes, auch logistisch anspruchsvolles Großprojekt nahm sich die Gesellschaft vor, eine Art Festwoche aus Anlass des 100. Geburtstages von Heinrich Mann im März 1971 durchzuführen. Kernstücke des Programms waren ein mehrtägiges Symposium (24.–27. März) und eine Ausstellung im Dommuseum. Aufmerksamkeit erzielte die Präsentation von drei der ersten Erzählungen Heinrich Manns in der *Eisenbahn-Zeitung* aus dem Jahre 1889, es handelte sich damals um Erst- und Einzigdrucke. Die *Lübecker Nachrichten* berichteten am 25. März: »Dass diese drei Zeitungsbände hier zu sehen sind, ist dem glücklichen Zufall zu verdanken, dass bei der Auslagerung der Bestände der Stadtbibliothek im Kriege die letzte Kiste auf dem Lastwagen keinen Platz mehr fand. Sie wurde in einem städtischen Safe untergebracht und überlebte den Krieg.«

Klaus Matthias konnte namhafte Fachleute als Referenten für das Symposium gewinnen. Auf der Tagung selbst, die im Audienzsaal des Lübecker Rathauses durchgeführt wurde, kam es zu Störungen und Irritationen. Etwa 20 aus Frankfurt angereiste studentische Besucher mahnten Diskussionen im Anschluss an die Vorträge an, die jedoch verweigert wurden. In gereizter Stimmung beim Publikum und bei den Verantwortlichen kam es zu Kritik an der Ausstellung, sie stilisiere Heinrich Mann zum entrückten Klassiker, hieß es, und an Vorträgen, die entweder Heinrichs politisches Engagement zu sehr lobten oder kritisierten. Auch wurde kritisch gefragt, warum der in Hamburg lebende Heinrich-Mann-Forscher Alfred Kantorowicz nicht zur Tagung eingeladen worden war. Der Vorsitzende der Gesellschaft geriet in Erklärungs-

**THOMAS-MANN-GESELLSCHAFT
IN LÜBECK E.V.**

GESCHÄFTSSTELLE:
BUCHHANDLUNG GUSTAV WEILAND NACHF.
24 LÜBECK, KÖNIGSTRASSE 79

Dr.Klaus Matthias

LÜBECK, DEN 1.Dezember 1966
24o9 Scharbeutz/Ostsee,
Konsulweg 5

An die Gesellschaft zur Beförderung gemeinnütziger Tätigkeit
      Dr.Ing.h.c.Bernhard Dräger-Stiftung

Sehr geehrte Damen und Herren!
Die Thomas-Mann-Gesellschaft in Lübeck plant, eine erste Publika-
tion herauszugeben, die die Arbeiten enthalten soll, mit denen im
Gedenkjahr 1965 die Wirksamkeit unserer Gesellschaft in Lübeck be-
gann. Es handelt sich um den Aufsatz "Aufgaben einer Thomas-Mann-
Gesellschaft in Lübeck" und die beiden Vorträge, die zum Druck erweitert wurden, "Zur Erzählweise in den Buddenbrooks" und "Thomas
Manns Universalität". Mit diesem Band soll eine breitere literarische
Öffentlichkeit auf die Lübecker Pläne aufmerksam gemacht und zugleich
der Lübecker Beitrag zum Gedenkjahr sichtbar gemacht werden. Die
Notwendigkeit dafür bedarf keiner näheren Erläuterung. Das Interesse
an den hiesigen Bestrebungen reicht, wie mir vielfältige Zuschriften
während des abgelaufenen Jahres zeigten, weit über Deutschland hinaus - es ist aber erforderlich, solche Anteilnahme besser zu koordi-
nieren, als es vorläufig 1965 durch die bloßen Pressemeldungen über
die Gründung der hiesigen Gesellschaft geschehen konnte. Der Ver-
lagsleiter des Verlages Max Schmidt-Römhild, Herr Laudien, hat inzwischen die Druckkosten für diese Publikation errechnet - sie betragen
bei einer von ihm für erforderlich gehaltenen Auflage von 1ooo Exem-
plaren 2.8oo,-DM. Diese Summe ist für das Unternehmen vorweg beizu-
bringen. Von dem Verkauf sind dann die Rückflüsse zu erwarten, die
den Druckkostenzuschuß wieder einbringen sollen.
Namens der Thomas-Mann-Gesellschaft bitte ich die Dr.Bernhard Dräger-
Stiftung, zu prüfen, ob zu dem genannten Zweck ein entsprechender
Vorschuß geleistet werden könnte.

                              Hochachtungsvoll

                              Matthias

Abb. 3: Hinweis auf die erste von der Gesellschaft geplante Publikation.
Die Dr. Ing. h. c. Bernhard-Dräger-Stiftung war von dessen Sohn Heinrich Dräger
eingerichtet worden, um kulturelle Zwecke zu fördern.
© Archiv Hansestadt Lübeck, Bestand Gemeinnützige

KLAUS
MATTHIAS

STUDIEN
ZUM WERK
THOMAS MANNS

Veröffentlichung der Thomas-Mann-Gesellschaft in Lübeck

Abb. 4: Titel der ersten Publikation der Gesellschaft: Sie enthält zwei Vorträge von Dr. Klaus Matthias sowie die ursprünglichen Statuten. © Verlag Max Schmidt-Römhild, Lübeck

nöte. Eine Resolution prangerte das Versäumte an und forderte die Einrichtung eines Heinrich-Mann-Arbeitskreises.

Die Tagung löste ein starkes lokales und auch überregionales Presseecho aus. Als 1973 ein umfangreicher Tagungsband erschien, in dem Klaus Matthias eine Art Gesamtschau Heinrich Manns als Schriftsteller formulierte, die überregional als Generalabrechnung des Vorsitzenden der Thomas Mann-Gesellschaft gelesen werden konnte, zog die Hansestadt Lübeck die Notbremse. Bürgermeister Werner Kock lud den Vorstand der Gesellschaft ohne deren Vorsitzenden am 14. Februar 1974 ins Rathaus und teilte ihm mit: Wenn die Thomas Mann-Gesellschaft an den Feierlichkeiten zu Thomas Manns 100. Geburtstag im Juni 1975 beteiligt werden wolle, müsse sie sich von Klaus Matthias trennen. Zwei Wochen später, am 28. Februar, erzwang der Vorstand den Rückzug von Dr. Matthias vom Vorstandsvorsitz. Im Vereinsregister des Amtsgerichtes findet sich eine Postkarte von Dr. Matthias mit Datum vom 14. März: »Ich bin nicht mehr Mitglied des in Frage stehenden Vereins«. Sein Nachfolger wurde der Arzt Dr. Ulrich Thoemmes. Das Ehepaar Thoemmes gehörte zu den Gesellschaftsmitgliedern der ersten Stunde, seit Februar 1972 war Dr. Thoemmes als zweiter Vorsitzender tätig. (Abb. 5)

Aufstieg zu einer angesehenen literarischen Gesellschaft (1974 bis 1985)

In den 11 Jahren mit Ulrich Thoemmes als Vorsitzendem entwickelte sich die Thomas Mann-Gesellschaft zu einer renommierten literarischen Gesellschaft. Die Mitgliederzahl wuchs seit 1975 stetig, in manchem Jahr auch sprunghaft an, 1985 waren es 246 (200 aus der BRD, davon 71 aus Lübeck, und 46 im Ausland). Es wurde üblich, im Winterhalbjahr regelmäßig zwischen vier und sechs Fachvorträge anzubieten. Vortragsort war in der Regel die Gemeinnützige, bei besonders attraktiven Themen wich man ins Rathaus oder ins Theater aus. Am 20. März 1977 etwa las das Gerd Westphal, Zürich, zum 100. Geburtstag von Hermann Hesse in den Kammerspielen, am 2. Dezember 1983 sprach Prof. Dr. Joachim Kaiser im Audienzsaal über Thomas Mann und Richard Wagner.

Ab 1982 erschienen als Reihenpublikation die *Hefte der deutschen Thomas-Mann-Gesellschaft*, der Vorläufer des heutigen *Thomas Mann Jahrbuches*. Am Ende jedes Heftes findet sich eine Übersicht über die Themen und die Vortragenden. Man kommt für den Zeitraum zwischen 1974 und 1985 auf 60 Vorträge.

Ulrich Thoemmes, kein Fachmann im engeren Sinne, aber ein Mann mit einer tiefen literarischen Bildung, verfügte über ein außergewöhnlich sicheres gesellschaftliches Auftreten und war ein herzlicher Briefschreiber, wovon mehr als 270 Briefe Zeugnis ablegen und seine zahlreich erhaltenen Grußworte zu

Tagung der Lübecker Thomas-Mann-Gesellschaft
Nach lähmenden Jahren wieder stärkere Aktivität

Daß seit 1965 in Lübeck eine Thomas-Mann-Gesellschaft existiert, hat die Öffentlichkeit zuletzt anläßlich der Heinrich-Mann-Tagung erfahren, die von dem damaligen 1. Vorsitzenden, Dr. Klaus Matthias, 1971 organisiert wurde. Diese Tagung, auf der eine Reihe interessanter Vorträge gehalten wurde, hatte mancherlei Querelen im Gefolge, auf die noch einmal näher einzugehen sich erübrigt, da es seinerzeit ausführlich darüber berichtet worden. In der Nachfolge dieser Unerfreulichkeiten, die wegen eines Nachwortes von Dr. Matthias zur Dokumentation der Heinrich-Mann-Tage, die wir in den nächsten Tagen rezensieren werden, wieder einen aktuellen Bezug erhielten, ist der 1. Vorsitzende aus der Gesellschaft ausgeschieden.

Nach einer zu langen Pause von zwei Jahren, in denen keine Mitgliederversammlung stattfand — die letzte war am 15. Mai 1972 —, schien die Gesellschaft gelähmt und wieder am Punkt Null angelangt zu sein. Dies war um so bedauerlicher, als ein wichtiges Jahr bevorsteht: 1975 ist der 100. Geburtstag Thomas Manns (6. Juni) vor 20 Jahren wurde er Lübecker Ehrenbürger, ebenso jährt sich der 20. Todestag.

Es wäre nicht zu verstehen, wenn eine Thomas-Mann-Gesellschaft in des Schriftstellers Heimatstadt mit weiterhin angesichts des bedeutenden Jubiläumsjahrs zurückhielte wie bisher. Deshalb wurde für Donnerstag in der „Gemeinnützigen" endlich wieder eine Hauptversammlung einberufen. Eröffnet wurde der Abend durch die Lesung eines kurzen Essays von Gustav Hillard-Steinbömer, — der bis zu seinem Tod Ehrenmitglied der Gesellschaft war —, zum 10. Todestag Thomas Manns. Nach einem Bericht über die Vorstandstätigkeit der vergangenen Jahre und über die Kasse wurde ein neuer Vorstand gewählt, um die Organisation wieder funktionsfähig zu machen. Das Ergebnis der Wahl: 1. Vorsitzender Dr. med. Ulrich Thoemmes, 2. Vorsitzender Lisa Dräger, Beisitzer Dr. Eberhard Groenewold und Leonhard Fischer.

Hauptthema des Abends waren die Vorbereitungen für die wichtigen Gedenktage. Entsprechend dem Vorschlag von Dr. Thoemmes soll 1975 als Thomas-Mann-Jahr deklariert werden. Die Lübecker Kultusverwaltung hat unabhängig von der Gesellschaft einen Plan ausgearbeitet, bei dem die Bibliotheken, die Volkshochschule, die Museen, Theater und Konzertwe-

sen einbezogen werden sollen. Daneben wird die Thomas-Mann-Gesellschaft Vorschläge erarbeiten, die mit denen der Stadt koordiniert werden können. Im Gespräch mit dem Theater ist eine für die Bühne bearbeitete Szenenfolge aus den „Buddenbrooks", einige Stimmen traten für eine Neuinszenierung von Thomas Manns einzigem Bühnenwerk „Fiorenza" ein. Auch werde angeregt, die Lübecker Schulen zu aktivieren, sämtliche Filme in Lübeck zu zeigen, die nach Stoffen Thomas Manns gedreht worden sind, weiterhin sprach man davon, daß versucht werden sollte, Walter Jens, Hans Mayer und Theodor Eschenburg für Vorträge zu gewinnen. Beim Stichwort „Jens" gab es seitens zweier Mitglieder Widerstand — der Freiburger Professor ist ihnen zu kritisch, zu intellektuell, er stelle eher sich selbst dar als sein Thema.

Wenn man das Thomas-Mann-Jahr gründlich vorbereiten will, bleibt nicht mehr viel Zeit. Es ist nur gut, daß die Stadt bereits Schritte in dieser Richtung unternommen hat; wenn die Gesellschaft, was man ihr angesichts der unerquicklichen Vorgänge in der Vergangenheit nicht anlasten sollte, nun etwas hinterherhinkt, kann der Zeitverlust durch gesteigerte Aktivität wieder wettgemacht werden. Nach der recht lebhaft verlaufenen Versammlung sieht es so aus, als ob die langjährige Lähmung nun endgültig überwunden sei. Das ist erfreulich, denn der Name Thomas Mann verpflichtet.

J. H.

Rolf Hochhuths Untergang i
Komödie „Lysistrate und die NATO" auch im Ernst-De

Beim Zeus, das haben weder Aristophanes noch seine Komödie „Lysistrata" nach 2385 Jahren verdient, was der papierraschelnde Politphilologe Rolf Hochhuth mit ihnen angestellt hat! Denn dessen fünftes Bühnenstück „Lysistrate und die NATO" macht aus der unsterblichen Vorlage ein schwindsüchtiges Werk, beutet sie schamlos aus wie ein Kapitalist das rohstoffreiche Entwicklungsland — und kann dann doch nichts gegen die eigene innere Armut ausrichten ...
Den Liebesstreik der athenischen

Frauen, die des Dauerkriegs gegen Sparta müde waren und somit die Männer zu Friedensschluß und Heimkehr zwangen, verlegt Hochhuth aus der Antike in die jüngste Vergangenheit des griechischen Militärputsches. Eine Regierungskommission prüft eine ägäische Insel auf Tauglichkeit zum NATO-Stützpunkt. Die Bauern wittern im Landverkauf das große Geschäft — doch sie stemmen sich mit der verwitweten Studiendirektorin und Parlamentabgeordneten Dr. Lysistrate Soulidis, der Pazifistin, Sozialistin,

Kunstausstellungen im März

Hamburg: *Altonaer Museum,* Museumstraße 23: „Alfred Mahlau — Reiseskizzen" zum 80. Geburtstag des Künstlers (bis 31. März).
Kunstverein in Hamburg, Ferdinandstor 1: „Malerei um 1945/50. Alternativen" mit Werken von Dix, Max Ernst, Grieshaber, Picasso, Pollock, Vaserely u. a. (bis 24. 3. tägl. 10—18, mittw. 10—20 Uhr). „Günter Grass — Zeichnungen, Radierungen" (bis 31. 3.). Am 6. 3., 20 Uhr Lesung veröffentlichter und unveröffentlichter Werke durch den Dichter.
Kunsthaus Hamburg, Ferdinandstor 1: „Scotish Colourists" und „Glasgow Boys" anläßlich der Glasgow-Woche in Hamburg, beschickt durch die Glasgow Art Galery (5.—24. März). Ferner: „Serigrafien, Reliefs, Objekte aus der Meißner Edition". Und im Glassgang Arbeiten des Hamburger

Galerie Brockstedt, Magdalenenstr. 11: „Jost Stapper — Bilder".
Galerie Josef Brendebach, Georg-Raloff-Ring 28: „Karin Witte — Aquarelle, Gouachen; Horst Janssen — Radierungen".
Kiel: *Landesverband Schleswig-Holsteinischer Künstler,* Brunswiker Pavillon: „Man müte malen können — man müte malen können" (8.—30. 3.).
Lübeck: *Gemeinschaft Lübecker Maler und Bildhauer,* Sozialpfarramt, Königstr. 23: „Heinz Joachim Draeger. Comics und Metamorphosen" (bis 14. 4., Montag bis Freitag 9—14 Uhr, Sonntag 11—13 Uhr).
Gemeinschaft Lübecker Maler und Bildhauer, Museum am Dom: „14 Lübecker Künstlerinnen zeigen Reihen und Variationen" (Eröffnung 2. 3. um 17.30 Uhr durch Frau Dr. Schleppe; Kiel. Dauer bis 31. 3.).

Abb. 5: Beitrag von Jan Herchenröder (J. H.) in den *Lübecker Nachrichten* vom 2. März 1974: Rekapitulation der Entwicklung der Gesellschaft in den zurückliegenden zwei Jahren und Mitteilung über den Rücktritt des ersten Vorsitzenden Dr. Klaus Matthias.
© Archiv Hansestadt Lübeck, Bestand Gemeinnützige

entsprechenden Anlässen. Thoemmes, geprägt auch durch seine Freundschaft mit dem Thomas-Mann-Forscher Hans Wysling sowie mit dem Philosophen Hans Blumenberg – einst am Katharineum sein Klassenkamerad – verstand es, zu motivieren und zu binden.

Einen Vortrag in Lübeck zu halten, wurde auch deshalb attraktiv, weil die Thomas Mann-Gesellschaft sehr gute Honorare zahlen konnte. Dr. Heinrich Dräger stellte der Gesellschaft zwischen 1975 und 1985 ein jährliches Budget von 10.000 DM zur freien Verfügung. (Abb. 6 / Abb. 7). Für diese großzügige Geste ernannte die Gesellschaft Dr. Dräger 1978 zum Ehrenmitglied. (Abb. 8) 1985 legte Dr. Thoemmes die Führung der inzwischen in »Deutsche Thomas Mann-Gesellschaft, Sitz Lübeck« (1981) umgetauften Vereinigung in die Hände des von ihm von langer Hand auserkorenen Professors Eckhard Heftrich (April 1985). In seinem Tagebuch hielt Thoemmes fest, dass er bei Gelegenheit eines Grußwortes der Gesellschaft zum 100. Geburtstag 1975 in München einen Vortrag von Heftrich hörte, der ihn stark beeindruckte. Von da an ließ er den Mann nicht mehr aus den Augen. Vom 23. bis 28. April 1984 konnte Thoemmes die erste »Thomas Mann Jahresversammlung« mit Erfolg durchführen. 126 Teilnehmer, mehrheitlich Lübecker, aber die Gesellschaft hatte inzwischen auch schon Mitglieder weltweit, wurden in einem mehrtägigen Programm mit Orten vertraut gemacht, die für Thomas Manns Lübecker Herkunft und für dessen literarische Werke von Bedeutung waren.

Als Einzelmaßnahmen des Zeitraumes hervorzuheben sind die Bemühungen um die Einrichtung eines Museums Buddenbrookhaus (1974), die Festwoche aus Anlass des 100. Geburtstages von Thomas Mann (1975), die Beteiligung an der Auslobung des Thomas-Mann-Preises (1975) sowie die Auslobung und erste Vergabe eines Thomas Mann-Förderpreises (1982). Im Herbst 1974 entwickelte die Gesellschaft in Kooperation mit der Dräger-Stiftung und der Kaufmannschaft den Plan, im Haus Mengstraße 4 ein Literaturmuseum einzurichten. Die Pläne reiften von einer detaillierten Funktions- und Arbeitsplatzskizze bis zu ersten Vertragsentwürfen für den Ankauf des Hauses, kamen aber dann doch nicht zu einem glücklichen Abschluss.

Für die Festwoche zum 100. Geburtstag Thomas Manns war am 14. Juni 1974 ein Kuratorium, bestehend aus Golo Mann, Peter de Mendelssohn, Hans Bürgin und Hans Wysling im Lübecker Rathaus unter der Leitung von Bürgermeister Werner Kock zusammengekommen. Die Thomas Mann-Gesellschaft kündigte dort an, sich mit einer eigenen Ausstellung zu beteiligen (»Visite bei Buddenbrooks«, Kuratorin Lisa Dräger, Gestalter Dr. Jürgen Soenke) (Abb. 9) sowie mit einer Publikation (*Thomas Mann, geboren in Lübeck*, herausgegeben von Ulrich Thoemmes und Jan Herchenröder). (Abb. 10) Angeregt wurde auch die Vergabe eines Thomas-Mann-Preises für Literatur ab 1975 durch die Hansestadt Lübeck in Verbindung mit der Gesellschaft. Schon zu diesem Zeit-

DRÄGER-STIFTUNG

An die
Thomas-Mann-Gesellschaft
z.Hd. Herrn Dr. Ulrich Thoemmes   Lübeck,   22. Dez. 1976
                                              München, den

Fleischhauerstraße   14

24oo   L ü b e c k

Sehr geehrter Herr Dr. Thoemmes,

aufgrund des anliegenden Schreibens von Herrn Dr. Schadendorf
und der Anlagen dazu entfällt jetzt die Rechtsgrundlage für
die bisherigen Zusagen, nämlich das Vorhaben einer Thomas-Mann-
Gedächtnisstätte im Buddenbrookhaus in der Mengstraße.

Ich bin bereit, anstelle der bisherigen Zusagen, die jetzt ohne
Rechtsgrundlage sind, die nachfolgende Zusage treten zu lassen:
Der Thomas-Mann-Gesellschaft steht, abzüglich von DM 5.000,-,
die schon überwiesen wurden und abzüglich erheblicher Beträge,
die schon in der Angelegenheit Buddenbrookhaus an Mietezahlungen
und dergleichen aufgewendet wurden, einschließlich noch fälliger
sonstiger Unkosten, die bis zum Fortfall aller Verpflichtungen in
dieser Angelegenheit noch zu zahlen sein werden, ein Betrag von
DM 150.000,- zur Förderung kultureller Zwecke gemäß Stiftungssatzung
zur Verfügung.
Tatsächlich sind für Mietezahlungen und dergleichen einschließlich
der überwiesenen DM 5.000,- und noch zu erwartende Forderungen schon
ungefähr verbraucht bis zu ca. bezw. noch fällig 50.000,- DM, so daß
von den DM 150.000,- nur noch rund DM 100.000,- oder mehr oder
weniger verbleiben.

Bedingung ist ferner, daß der verbleibende Restbetrag für die Zwecke
der Thomas-Mann-Gesellschaft auf 10 Jahre zu verteilen ist, also in
10 gleichen Jahresraten von ca. nominaler DM 10.000,- zur Verfügung
steht. Ferner ist Bedingung, daß die Frage der Abzugsfähigkeit dieser
Ausgaben wegen ihres gemeinnützigen Charakters mit Hilfe von Spenden-
scheinen oder auf andere Art und Weise, vom Finanzamt anerkannte Ent-
nahmewege aus der DRÄGER-STIFTUNG befriedigend geregelt wird. Solange daher die Thomas-Mann-Gesellschaft mangels eigener Rechtsper-
sönlichkeit selbst nicht steuerlich anerkannte Spendenscheine er-
stellen kann, wird es nötig sein, daß die betreffenden Aufwendungen
- wie z.B. Reisekosten, Vortragshonorare, Hotelkosten für den Vortragenden - unmittelbar der DRÄGER-STIFTUNG in Rechnung gestellt
werden. Bedingung ist ferner, daß entsprechend ausreichende Stiftungs-
einnahmen und die Genehmigung der Stiftungsaufsichtsbehörde vorliegen.

Da die hier zu zahlenden Gelder direkt oder indirekt von Dräger kommen
und infolgedessen in der Öffentlichkeit auch sehr leicht mit dem Werk
in Verbindung gebracht werden können, so ist es erforderlich, die Ver-
wendung der Gelder mit mir abzustimmen.

Mit freundlichen Grüßen   Ihr

Anl.

            Vorstand Dr. Heinrich Dräger, Moislinger Allee 53/55, 2400 Lübeck
                         Sitz der Stiftung München

Abb. 6: Brief Dr. Heinrich Drägers vom 22. Dezember 1976: Absichtserklärung, die
Gesellschaft in den kommenden zehn Jahren regelmäßig finanziell zu fördern.
© Archiv Deutsche Thomas Mann-Gesellschaft im Buddenbrookhaus

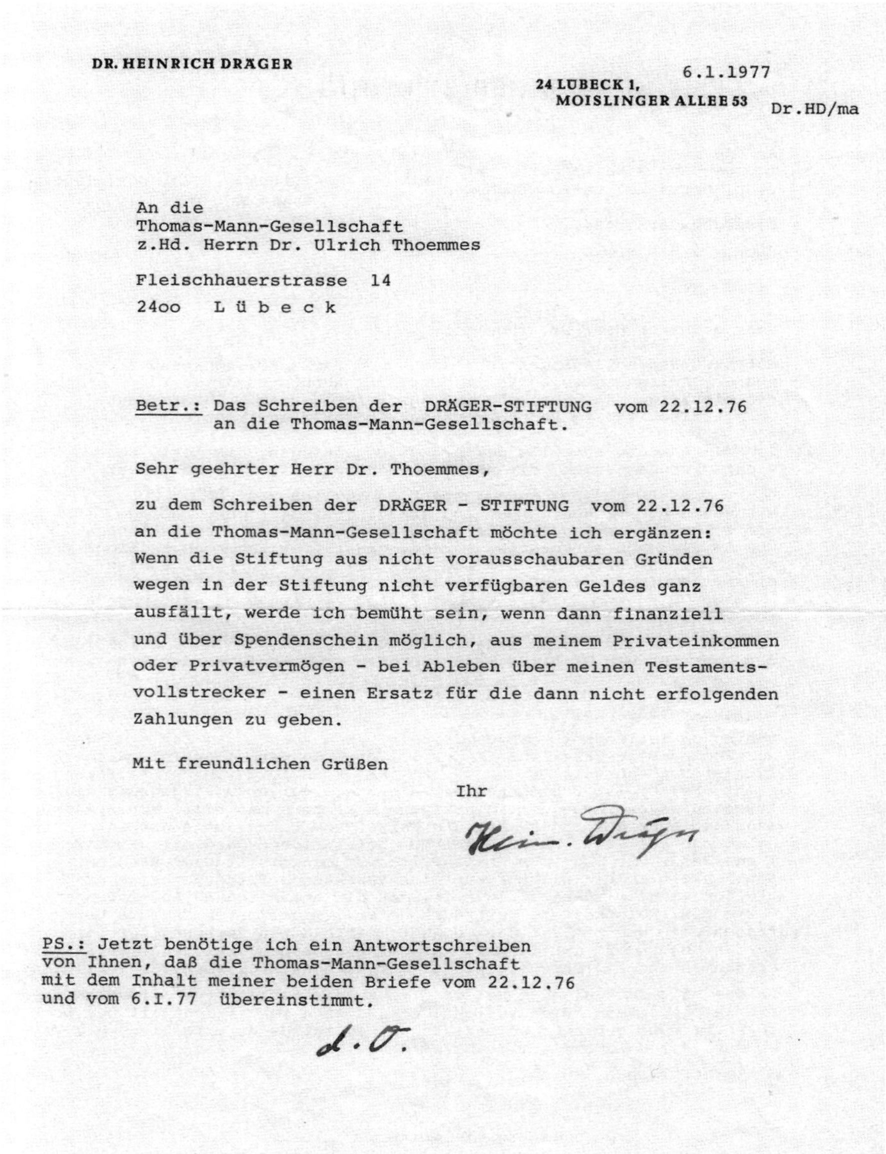

DR. HEINRICH DRÄGER

24 LÜBECK 1,
MOISLINGER ALLEE 53

6.1.1977

Dr.HD/ma

An die
Thomas-Mann-Gesellschaft
z.Hd. Herrn Dr. Ulrich Thoemmes

Fleischhauerstrasse 14
24oo   L ü b e c k

Betr.: Das Schreiben der DRÄGER-STIFTUNG vom 22.12.76
       an die Thomas-Mann-Gesellschaft.

Sehr geehrter Herr Dr. Thoemmes,

zu dem Schreiben der DRÄGER - STIFTUNG vom 22.12.76
an die Thomas-Mann-Gesellschaft möchte ich ergänzen:
Wenn die Stiftung aus nicht vorausschaubaren Gründen
wegen in der Stiftung nicht verfügbaren Geldes ganz
ausfällt, werde ich bemüht sein, wenn dann finanziell
und über Spendenschein möglich, aus meinem Privateinkommen
oder Privatvermögen - bei Ableben über meinen Testamentsvollstrecker - einen Ersatz für die dann nicht erfolgenden
Zahlungen zu geben.

Mit freundlichen Grüßen

                        Ihr

PS.: Jetzt benötige ich ein Antwortschreiben
von Ihnen, daß die Thomas-Mann-Gesellschaft
mit dem Inhalt meiner beiden Briefe vom 22.12.76
und vom 6.I.77 übereinstimmt.

Abb. 7: Brief Dr. Heinrich Drägers vom 6. Januar 1977: Absichtserklärung, die Gesellschaft aus privaten Mitteln zu fördern, falls die Dräger-Stiftung zahlungsunfähig werden sollte. © Archiv Deutsche Thomas Mann-Gesellschaft im Buddenbrookhaus

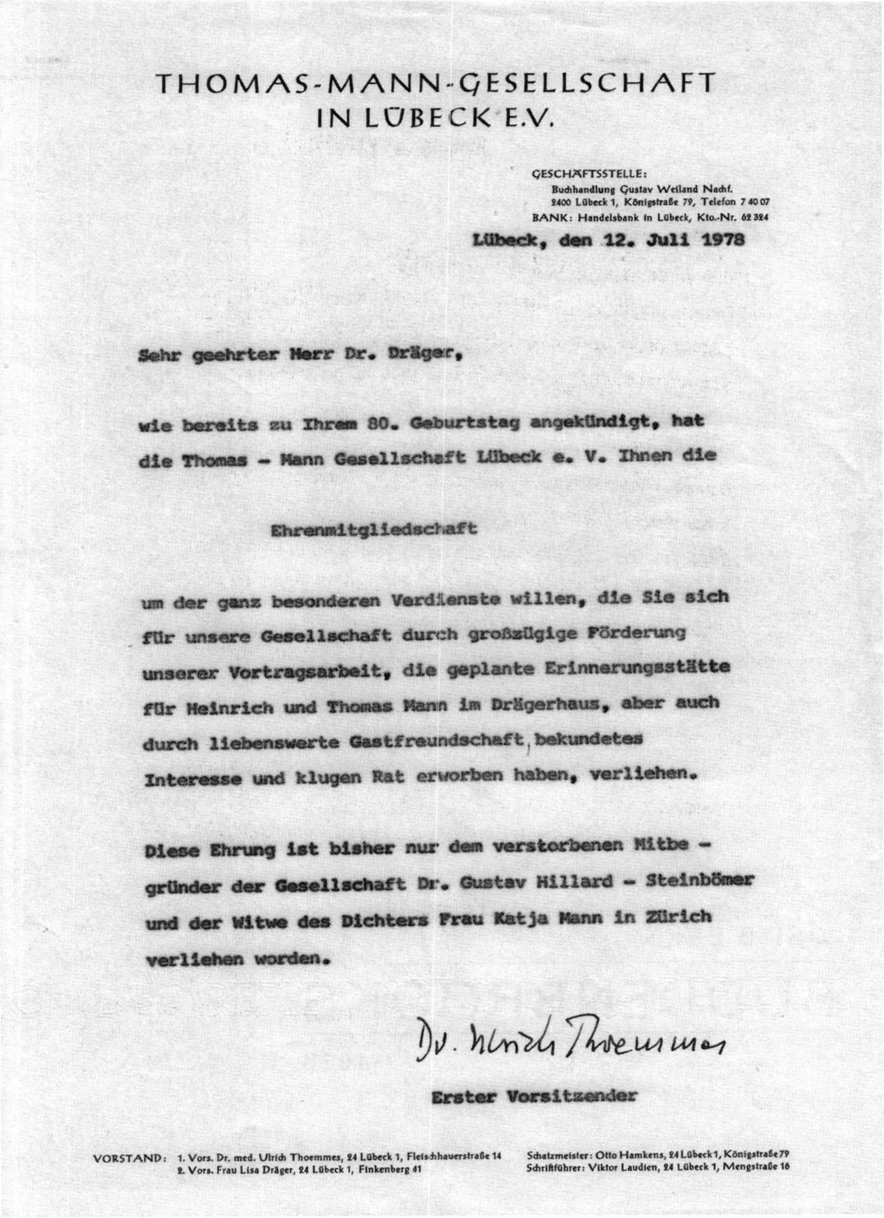

THOMAS-MANN-GESELLSCHAFT
IN LÜBECK E.V.

GESCHÄFTSSTELLE:
Buchhandlung Gustav Weiland Nachf.
2400 Lübeck 1, Königstraße 79, Telefon 7 40 07
BANK: Handelsbank in Lübeck, Kto.-Nr. 62 324

Lübeck, den 12. Juli 1978

Sehr geehrter Herr Dr. Dräger,

wie bereits zu Ihrem 80. Geburtstag angekündigt, hat
die Thomas – Mann Gesellschaft Lübeck e. V. Ihnen die

Ehrenmitgliedschaft

um der ganz besonderen Verdienste willen, die Sie sich
für unsere Gesellschaft durch großzügige Förderung
unserer Vortragsarbeit, die geplante Erinnerungsstätte
für Heinrich und Thomas Mann im Drägerhaus, aber auch
durch liebenswerte Gastfreundschaft bekundetes
Interesse und klugen Rat erworben haben, verliehen.

Diese Ehrung ist bisher nur dem verstorbenen Mitbe –
gründer der Gesellschaft Dr. Gustav Hillard – Steinbömer
und der Witwe des Dichters Frau Katja Mann in Zürich
verliehen worden.

Dr. Ulrich Thoemmes

Erster Vorsitzender

VORSTAND: 1. Vors. Dr. med. Ulrich Thoemmes, 24 Lübeck 1, Fleischhauerstraße 14   Schatzmeister: Otto Hamkens, 24 Lübeck 1, Königstraße 79
2. Vors. Frau Lisa Dräger, 24 Lübeck 1, Finkenberg 41   Schriftführer: Viktor Laudien, 24 Lübeck 1, Mengstraße 16

Abb. 8: Brief der Gesellschaft an Dr. Heinrich Dräger vom 12. Juli 1978: Mitteilung über die Verleihung der Ehrenmitgliedschaft.
© Archiv Deutsche Thomas Mann-Gesellschaft im Buddenbrookhaus

Abb. 9: Katalog zur Ausstellung »Visite bei Buddenbrooks. 1975«: Ausstellung der Thomas Mann-Gesellschaft Lübeck nach einer Idee von Lisa Dräger in Verbindung mit der Dräger-Stiftung München.
© Thomas Mann-Gesellschaft, Lübeck / Dräger-Stiftung, München (Hrsg.)

Thomas Mann
geboren in Lübeck

**Ein Beitrag der Thomas–Mann–Gesellschaft
Lübeck zum 100. Geburtstag**

Abb. 10: Publikation der Gesellschaft zum 100. Geburtstag von Thomas
Mann, herausgegeben von Jan Herchenröder und Ulrich Thoemmes.
© Verlag der Buchhandlung Gustav Weiland Nachfolger, Lübeck 1975

punkt bestand Einigkeit bei allen Beteiligten, dass der erste Preisträger Peter de Mendelssohn heißen würde.

Im Vorfeld der Festwoche (31. Mai – 6. Juni 1975), von der die Presse schrieb, es sei eine Art Volksfest geworden, lud die Gesellschaft Hans Bürgin, Alfred Kantorowicz, Peter de Mendelssohn und den frühen Lübecker Thomas-Mann-Forscher Ulrich Horstmann zu Vorträgen ein. Die Festwoche selbst, an der Bundespräsident Scheel sowie Katia, Golo, Elisabeth und Michael Mann teilnahmen, geriet zum national beachteten Großereignis gegen den allgemeinen Trend. Während Thomas Manns Ruf bei Schriftstellern den niedrigsten Stand seit 1945 erreicht hatte, wurden in Lübeck sämtliche Verfilmungen gezeigt, Theaterstücke, Ballettaufführungen, gleich vier Ausstellungen, und es wurden Vorträge international namhafter Wissenschaftler geboten.

Am 7. Mai 1982 vergab die Gesellschaft dann erstmalig einen Thomas Mann-Förderpreis. Der 1955 in Münster geborene Uwe Wolff hatte über Hermann Hesse, Thomas Mann und Goethe wissenschaftlich gearbeitet und wurde 1982 im Feuilleton mit seiner Erzählung *Papa Faust* wahrgenommen. Er blieb für lange Zeit der einzige Träger dieses Preises. (Abb. 11)

Nachzutragen bleibt, dass das Ehepaar Lisa und Heinrich Dräger es 1981 schaffte, mit erheblichen finanziellen Aufwendungen eine erste Dauerausstellung zu Heinrich und Thomas Mann im neu geschaffenen Museum Drägerhaus zu eröffnen.

Die literarische Öffentlichkeit schaut nach Lübeck (1985 bis 1994)

Im Frühjahr 1985 wurde Eckard Heftrich, Professor für Literatur an der Universität Münster, Vorsitzender der Gesellschaft. Es gelang ihm, die in Fachkreisen inzwischen gut bekannte Gesellschaft innerhalb weniger Jahre zu einer ersten Adresse der literarischen Öffentlichkeit zu machen. Die von ihm initiierten Frühjahrs- und Herbsttagungen lockten seit 1986 mit »großen« Namen wie Marcel Reich-Ranicki oder Inge und Walter Jens, bekannten Schriftstellern (Christa Wolf, Siegfried Lenz, Günter de Bruyn), Wissenschaftlern mit internationalem Ruf sowie mit einigen jungen Thomas-Mann-Forschern wie Hans Rudolf Vaget und Hermann Kurzke eine bislang nicht bekannte Menge an Interessierten ins Lübecker Rathaus. Immer noch und immer wieder gerne mit von der Partie Prof. Hans Wysling, nebenberuflich Leiter des Thomas-Mann-Archivs in Zürich und doch eine Zentralgestalt der wissenschaftlichen Beschäftigung.

Es wurde üblich, sich für drei Tage im Bürgerschaftssaal zu versammeln. Mehr als einmal reichte auch dieser Saal mit seinen maximal 200 Sitzplätzen

Abb. 11: Gemeinsames Mittagessen in Travemünde im Rahmen der ersten
Verleihung des Thomas Mann-Förderpreises 1982. Von links: Gisela Thoemmes,
Golo Mann, Dr. Ulrich Thoemmes, Otto Hamkens. © Peter Thoemmes

nicht aus, um allen Gästen einen Stuhl anzubieten. Heftrichs »Internationale
Symposien«, dem ersten 1986 (Abb. 12) ging eine anderthalbjährige Planungs-
zeit voraus, machten erstmalig auch überregionale Feuilletons auf die Stadt an
der Trave aufmerksam.

Es kam gelegentlich zu Vortragsduellen, die schon im Vorfeld für publizis-
tische Aufmerksamkeit sorgten. Über eines, schrieb Wolfgang Tschechne am
6. Mai 1990 in den *Lübecker Nachrichten*:

Das mit Spannung erwartete Ereignis dieser Tage war der Doppelauftritt von Walter
Jens und Marcel Reich-Ranicki. Beide hatten ein gemeinsames Thema – Thomas Manns
Roman ›Der Erwählte‹, die Geschichte von dem sündig begnadeten mittelalterlichen
Papst Gregor. ›Aber wir haben uns nicht abgesprochen‹, sagte Reich-Ranicki. Das war
zu spüren. Denn während Jens, ›dieses in Gott heitere Büchlein‹ unter den Aspekten
der Gnade und Erlösung beschrieb und sich nicht scheute, den Roman Thomas Manns
frommstes Buch zu nennen, meinte Reich-Ranicki, im ›Erwählten‹ den bedeutendsten
deutschen Unterhaltungsroman des Jahrhunderts auszumachen. Er jedenfalls habe
immer wieder lachen müssen bei der Lektüre, und mit der so geschätzten wie zuweilen gefürchteten Reich-Ranicki-Apodiktik fügte er hinzu: ›Ich bin überzeugt davon,
niemals unter meinem Niveau zu lachen.‹ Da lachte das Auditorium. Mit Niveau.
So eine Inszenierung kann kein Theater bieten.

int. thomas mann
kolloquium

vom 25. - 27. september 1986
in lübeck

Abb. 12: Schmuckseite des einfach gefalteten DIN A4 Programmzettels des ersten »Internationalen Thomas-Mann-Kolloquiums« vom 25. bis 27. September 1986. © Archiv Deutsche Thomas Mann-Gesellschaft im Buddenbrookhaus

Für die wissenschaftliche Kommunikation war von Bedeutung, dass die Gesellschaft seit 1988 im renommierten Klostermann-Verlag ein *Thomas Mann Jahrbuch* herausbringen konnte. Das Jahrbuch löste die seit 1981 erscheinenden *Hefte der Deutschen-Thomas-Mann-Gesellschaft* ab.

1985, als Eckard Heftrich den Vorsitz der Gesellschaft übernahm, war auch das Jahr, in dem Birgitt Mohrhagen als Schriftführerin in den Vorstand gewählt wurde. Die politisch gut vernetzte Lübeckerin verstand es, bei den städtischen Entscheidungsträgern für die Ideen und Pläne Heftrichs erfolgreich zu werben. Und ein ganz großer Plan war es, nun endlich doch, im zweiten Anlauf sozusagen, das Buddenbrookhaus zu einem Literaturmuseum zu machen. (Abb. 13) Um Lübecker zur aktiven Unterstützung für dieses Vorhaben zu gewinnen, wurde von Mitgliedern der Thomas Mann-Gesellschaft 1989 der »Förderverein Buddenbrookhaus« gegründet. 1991 entschied die Hansestadt, das Haus Mengstraße 4 anzukaufen und zu einer Forschungs- und Gedenkstätte auszubauen. Im Mai 1993 konnte das Literaturmuseum im Beisein von Bundespräsident Richard von Weizsäcker eröffnet werden, der vormittags die neue Dauerausstellung besuchte und nachmittags, so kommentierte er sich selbst, wie ein gelehriger Student seinen Sitzplatz im Bürgerschaftssaal einnahm und einen Vortrag über Thomas Mann und die Musik hörte. Als Eckard Heftrich, inzwischen war aus dem Vorsitzenden ein »Präsident« der Gesellschaft geworden, den Führungsstab 1994 an Professor Ruprecht Wimmer weitergab, war die Zahl der Mitglieder von 246 auf rund 800 angewachsen.

Genauso wichtig wie Heftrichs Geschick als Manager von »öffentlich inszenierter Wissenschaft« war sein Wirken als Wissenschaftsorganisator. Dazu muss noch einmal an die frühe Zeit seiner Tätigkeit als Vorsitzender erinnert werden. Ulrich Thoemmes hatte Heftrich zum Vortrag auf der Jahresmitgliederversammlung 1985 eingeladen, ihm aber noch nicht sofort gesagt, dass er ihm bei Gelegenheit des Vortrages den Vorsitz der Gesellschaft würde antragen wollen. Heftrich teilte in einem Brief am 30. Januar 1985 sein Vortragsthema mit. Es ist zugleich die Skizze eines strategischen Forschungsprogramms: Zeigen, wie die Musik Richard Wagners die großen Spätwerke, insbesondere die Joseph-Romane, kompositionell strukturiert. (Abb. 14). Heftrichs erster Vortrag vor der Gesellschaft war dann der als frisch gekürter Vorsitzender mit einem Plan auch für die wissenschaftliche Zukunft. Für ihn persönlich dürfte der Höhepunkt seines öffentlichen Wirkens im Dienste der Gesellschaft dann das Jahr 1992 gewesen sein mit dem Symposium »Thomas Mann und Altägypten« und der Ausstellung »Joseph und Echnaton« im Lübecker St. Annenmuseum. (Abb. 15) Die Ausstellung ging anschließend auf eine längere Städtereise. Nachzutragen bleibt noch, dass die Gesellschaft erstmals 1990 ein internationales Kolloquium außerhalb Lübecks in der Akademie Sankelmark bei Flensburg veranstaltete und 1993 erstmalig die Thomas Mann-

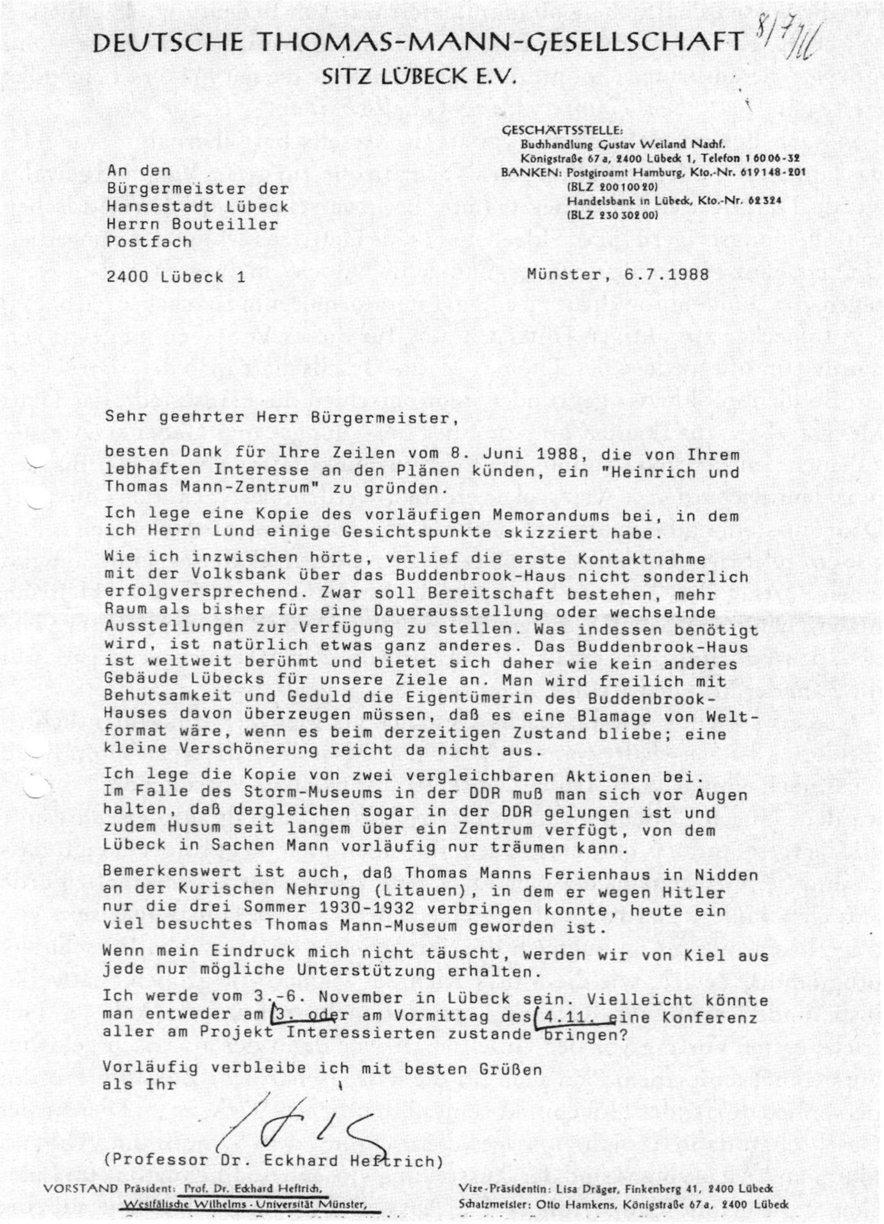

DEUTSCHE THOMAS-MANN-GESELLSCHAFT
SITZ LÜBECK E.V.

GESCHÄFTSSTELLE:
Buchhandlung Gustav Weiland Nachf.
Königstraße 67 a, 2400 Lübeck 1, Telefon 1 60 06-32
BANKEN: Postgiroamt Hamburg, Kto.-Nr. 619148-201
(BLZ 200 100 20)
Handelsbank in Lübeck, Kto.-Nr. 62324
(BLZ 230 302 00)

An den
Bürgermeister der
Hansestadt Lübeck
Herrn Bouteiller
Postfach

2400 Lübeck 1

Münster, 6.7.1988

Sehr geehrter Herr Bürgermeister,

besten Dank für Ihre Zeilen vom 8. Juni 1988, die von Ihrem
lebhaften Interesse an den Plänen künden, ein "Heinrich und
Thomas Mann-Zentrum" zu gründen.

Ich lege eine Kopie des vorläufigen Memorandums bei, in dem
ich Herrn Lund einige Gesichtspunkte skizziert habe.

Wie ich inzwischen hörte, verlief die erste Kontaktnahme
mit der Volksbank über das Buddenbrook-Haus nicht sonderlich
erfolgversprechend. Zwar soll Bereitschaft bestehen, mehr
Raum als bisher für eine Dauerausstellung oder wechselnde
Ausstellungen zur Verfügung zu stellen. Was indessen benötigt
wird, ist natürlich etwas ganz anderes. Das Buddenbrook-Haus
ist weltweit berühmt und bietet sich daher wie kein anderes
Gebäude Lübecks für unsere Ziele an. Man wird freilich mit
Behutsamkeit und Geduld die Eigentümerin des Buddenbrook-
Hauses davon überzeugen müssen, daß es eine Blamage von Welt-
format wäre, wenn es beim derzeitigen Zustand bliebe; eine
kleine Verschönerung reicht da nicht aus.

Ich lege die Kopie von zwei vergleichbaren Aktionen bei.
Im Falle des Storm-Museums in der DDR muß man sich vor Augen
halten, daß dergleichen sogar in der DDR gelungen ist und
zudem Husum seit langem über ein Zentrum verfügt, von dem
Lübeck in Sachen Mann vorläufig nur träumen kann.

Bemerkenswert ist auch, daß Thomas Manns Ferienhaus in Nidden
an der Kurischen Nehrung (Litauen), in dem er wegen Hitler
nur die drei Sommer 1930-1932 verbringen konnte, heute ein
viel besuchtes Thomas Mann-Museum geworden ist.

Wenn mein Eindruck mich nicht täuscht, werden wir von Kiel aus
jede nur mögliche Unterstützung erhalten.

Ich werde vom 3.-6. November in Lübeck sein. Vielleicht könnte
man entweder am 3. oder am Vormittag des 4.11. eine Konferenz
aller am Projekt Interessierten zustande bringen?

Vorläufig verbleibe ich mit besten Grüßen
als Ihr

(Professor Dr. Eckhard Heftrich)

VORSTAND Präsident: Prof. Dr. Eckhard Heftrich,   Vize-Präsidentin: Lisa Dräger, Finkenberg 41, 2400 Lübeck
Westfälische Wilhelms - Universität Münster,   Schatzmeister: Otto Hamkens, Königstraße 67 a, 2400 Lübeck

Abb. 13: Brief des Präsidenten der Gesellschaft vom 6. Juli 1988 an den Bürgermeister der Hansestadt Lübeck: dringende Ermutigung, das Buddenbrookhaus zu einem Museum umzugestalten.
© Archiv Deutsche Thomas Mann-Gesellschaft im Buddenbrookhaus

GERMANISTISCHES INSTITUT
DER WESTFÄLISCHEN WILHELMS-UNIVERSITÄT
ABT. NEUERE DEUTSCHE LITERATUR UND
VERGLEICHENDE LITERATURWISSENSCHAFT
Prof. Dr. Eckhard Heftrich
DIREKTOR

4400 MÜNSTER, **30. Januar** 1985
DOMPLATZ 20-22 · TEL.: (02 51) 83-44 33

Herrn
Dr. med. Ulrich Thoemmes
Grüner Weg 6

2408 Niendorf

Lieber Herr Thoemmes,

inzwischen ist geklärt, daß ich von meiner Nordafrika-Reise
doch zunächst nach Münster zurückkehre. So gibt es keine
Probleme, was meine Reise nach Lübeck betrifft. Damit ist
auch die Frage erledigt, ob ich mit Hilfe einer Einladung
zum Heinrich Mann-Symposion einen Reisekostenzuschuß der
Universität erhalten könnte.

Wir sprachen seinerzeit noch unverbindlich über das Thema
meines Vortrags. Nach reiflicher Überlegung möchte ich doch
nicht ein direkt politisches wählen, ich schlage vielmehr
vor: Richard Wagner im Werk Thomas Manns. Es handelt sich
dabei nicht um die übliche Paraphrase der Wagner-Essays,
sondern um den Nachweis, wie strukturbildend Wagner vom Frühwerk bis zum Faustus gewesen ist. Das bedeutet, daß ich am
Leitfaden der wirklich produktiven Wagner-Rezeption T.M.'s
sein ganzes Werk wenigstens in Auszügen interpretierend
vorführen kann. Vor allem möchte ich mit der Oberflächlichkeit
aufräumen, die leider noch immer gang und gäbe ist, daß der
Einfluß Wagners sich vor allem an den frühen Parodien zeige.
Ich halte diese für weit überbewertet. Interessant ist vielmehr,
wie in den großen Werken ab Zauberberg die viel geheimere, aber
auch viel souveränere Auseinandersetzung mit Wagner sich vollzieht.

Bitte lassen Sie mich wissen, ob Ihnen Thema und Titel recht ist.

Mit besten Grüßen, auch an die Jugend,
Ihr

α 224153

Abb. 14: Brief von Prof. Eckard Heftrich an Dr. Ulrich Thoemmes vom 30. Januar
1985: Skizzierung des Inhaltes eines ersten Vortrages, der zugleich eine Forschungs-
programmatik Heftrichs andeutet. Eckhard Heftrich wusste zu diesem Zeitpunkt
noch nicht, dass ihm der Vorsitz der Gesellschaft angetragen werden und dieses sein
Eröffnungsvortrag als Vorsitzender sein würde.
© Archiv Deutsche Thomas-Mann-Gesellschaft im Buddenbrookhaus

Medaille verlieh. Georg Potempa wurde der erste Träger dieser Auszeichnung für herausragende wissenschaftliche Leistungen im Dienste des Werkes Thomas Manns.

Die jungen Forscher sind gefragt (1994 bis 2006)

Am Ende der Ära Heftrich, die im Gedächtnis vieler Mitglieder als eine erste große Zeit der Gesellschaft nachwirkt, kündigte sich bereits eine verstärkte Wahrnehmung der Bedeutung der Nachwuchsförderung an. Ruprecht Wimmer, Professor für Literatur an der Katholischen Universität Eichstätt, Präsident der Gesellschaft seit Oktober 1994, machte daraus ein Programm. Die Gesellschaft sollte auf ihren Tagungen jungen Forschern ein Forum bieten, sich zu erproben mit dem langfristigen Ziel, das wissenschaftlich fundierte Bild des Autors und seiner Werke offenzuhalten für Wandel. Ein erstes »Treffen junger Thomas-Mann-Forscher« fand am 6. Oktober 1995 im Rahmen eines Internationalen Kolloquiums in Lübeck statt. Nach der konstituierenden Sitzung kam es fortan zu regelmäßigen Kontaktnahmen, und es wurde üblich, sich halbjährlich zu kleinen Tagungen mit lebhaften Methodendiskussionen zu treffen. 1997 organisierten die jungen Forscher, als deren früher Organisator Thomas Klugkist zu nennen ist, erstmals eine eigene Tagung. Im April 1997 wurden die frühen Erzählungen Thomas Manns auf einer Frühjahrstagung der Gesellschaft in Rendsburg unter die Lupe genommen. War es zunächst noch üblich, dass die jungen Forscher am Rande der großen Tagungen zusammenkamen, so rückten sie im Laufe der Jahre immer stärker ins Hauptprogramm, was dem Austausch mit den ›etablierten‹ Forschern zugutekam. Ruprecht Wimmer entdeckte für seine Ziele auch den 1982 erst- und einmalig vergebenen Förderpreis wieder. Er bekam eine klare wissenschaftliche Zielsetzung im Sinne der Förderung junger Wissenschaftler mit soeben abgeschlossenen Magister- und Doktorarbeiten. Im April 2004 wurde Malte Herwig der wissenschaftliche Förderpreis für seine Dissertation *Bildungsbürger auf Abwegen – Naturwissenschaft im Werk Thomas Manns* zum ersten Male verliehen.

Ruprecht Wimmer spornte in seiner Amtszeit die Reiselust der Mitglieder an. Mehrere Tagungen fanden außerhalb Lübecks statt. Unter Eckhard Heftrich war es üblich geworden, regelmäßig im Frühjahr und im Herbst in der Hansestadt zusammenzukommen. 1996 traf sich die Gesellschaft im Frühjahr in Weimar, um über *Lotte in Weimar* zu diskutieren, im Herbst 2002 traf man sich in Berlin, um über das delikate Thema »Thomas Mann und die Juden« zu verhandeln. Gelegentlich erhöhte Wimmer auch die Schlagzahl der Tagungen, so etwa 1997, als Frühjahrstagungen in Lübeck und in Rendsburg angeboten wurden, eine Herbsttagung über »Thomas Mann und Fontane« wiederum in

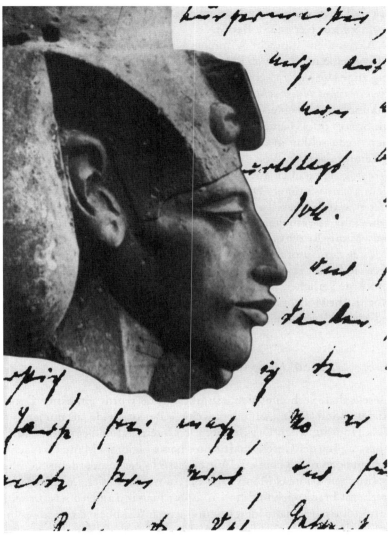

Abb. 15: Schmuckseite der Einladung zur Ausstellung »Joseph und Echnaton. Thomas Mann und Ägypten« am 8. Mai 1992 im Museum für Kunst und Kultur der Hansestadt Lübeck: Eingeladen hatte das Museum, die Staatliche Sammlung Ägyptischer Kunst München und die Deutsche Thomas Mann-Gesellschaft. Die Ausstellung entstand in Zusammenarbeit des Lübecker Museums mit der Staatlichen Sammlung Ägyptischer Kunst München, des Ägyptischen Museums Berlin und des Thomas-Mann-Archivs Zürich. Nach Lübeck wurde die Ausstellung in München, Berlin, Zürich und Bern gezeigt.

Lübeck und auch noch eine zusätzliche Tagung »50 Jahre Doktor Faustus« in der Humboldtuniversität in Berlin.

Die Aktivitäten Ruprecht Wimmers wurden im Vorstand flankiert durch die Öffentlichkeitsarbeit von Professor Manfred Dierks. Er verfasste für jede Tagung zu jedem Vortrag einen Ankündigungstext. Ein großes Printmedium wie die *Lübecker Nachrichten* gestaltete daraus jeweils eine ganze Druckseite als Ankündigung zu einer Tagung. Durch diese starke Medienpräsenz konnte für ein breites öffentliches Interesse außerhalb der Fachwelt gesorgt werden, das sich niederschlug in regelmäßig hohen Teilnehmerzahlen an den dreitägigen Veranstaltungen. Von den Vortragenden wurde im Gegenzug erwartet, ihre Vorträge sprachlich auf ein großes Publikum abzustimmen. Der Erfolg gab dem Team Wimmer / Dierks recht: Als sie 2005 ihre Vorstandtätigkeit beendeten, war die Gesellschaft auf inzwischen 1031 Mitglieder angewachsen.

In das Jahr 2005 fielen als bedeutendstes gesellschaftliches Ereignis der Thomas-Mann-Rezeption die Feierlichkeiten und Veranstaltungen zum 50. Todestag des Autors. Beginnend mit einer Ausstellung in der Lübecker Katharinenkirche am 20. Mai, jenem Tag also, als Thomas Mann 1955 die Ehrenbürgerwürde verliehen wurde, veranstaltete die Gesellschaft im August eine Festwoche. Ihr Höhepunkt waren die Reden von Bundespräsident Horst Köhler und Marcel Reich-Ranicki in der glanzvoll geschmückten Marienkirche.

Die Jahre seit 2006: Neue Wege des Gedenkens

Die Gesellschaft verbreitet sich, räumlich. 2008 wurde ein erster Ortsverein gegründet (Bonn / Köln), 2012 der zweite in Berlin. Beide zusammen vereinen mehr als 120 Mitglieder. Der Bonner Ortsverein lud im September 2013 zu einer Jahrestagung der Gesellschaft zum Thema »Thomas Mann im Nachkriegsdeutschland« an den Rhein ein. Wie engstirnig der bundesdeutsche Blick auf den politischen Thomas Mann nach 1945 war, zeigte sich im internationalen Vergleich mit Frankreich und Italien. Lobte man ihn andernorts für seine vorbildhafte politische Unabhängigkeit und seinen Weitblick, so wurde er in Westdeutschland gescholten, weil er sich nicht vor parteipolitische Karren spannen ließ. Damit ist angedeutet, dass sich die Thomas Mann-Gesellschaft nicht nur örtlich, sondern auch wissenschaftlich verbreitet. Sie war immer ein Forum für germanistische Fachforscher, gegenwärtig ist sie geöffnet für kulturwissenschaftliche Fragestellungen. Es gibt Tagungen zum Verhältnis Thomas Manns zu den Medien, zur bildenden Kunst und zum Mittelalter. Die Referenten für die Themen arbeiten fächerübergreifend.

Da Thomas Mann ein Autor ist, für den sich ein großes Publikum mit unterschiedlichsten Interessen begeistert, ist es auch wichtig, die eigene Medienpräsenz gegenwartsbezogen zu gestalten. Die Gesellschaft legt Wert auf einen Webauftritt in aktuellem Design.

Schaut man im Jahre 2015 auf 50 Jahre Gedenken und Forschen zurück, dann lässt sich sagen: Dass Thomas Mann ein starker Autor ist, wusste die Welt schon vor 1965. Dass er beachtenswerte ethische, moralische und politische Werte entwickelte, wissen heute die Mitglieder der Thomas Mann-Gesellschaft nach 50 Jahren intensiver wissenschaftlicher Beleuchtung. In der größeren Öffentlichkeit wird Thomas Mann als Persönlichkeit immer wieder genussvoll klein geredet. Er wird als Autor von Weltgeltung gelegentlich übertönt vom Hintergrundrauschen des Familiengeflüsters. Aber genauso häufig wird er zitiert, um den Anspruch einer Argumentation Gewicht zu verleihen. Kein Klassiker also, sondern ein lebendiger Autor, der intellektuelle Energien freisetzt.

Quellen und Literatur zur Deutschen Thomas Mann-Gesellschaft

Die wichtigsten Quellen für eine Geschichte der Deutschen Thomas Mann-Gesellschaft sind derzeit das Archiv der Gesellschaft (1974–2005) und das Archiv von Ulrich Thoemmes (1974–1985). Beide Materialsammlungen lagern im Buddenbrookhaus und sind öffentlich zugänglich. Das Archiv von Ulrich Thoemmes, das seine Familie dem Buddenbrookhaus dankenswerterweise als Dauerleihgabe überlies, ist detailliert verzeichnet.

Wer Einsicht nehmen will in den amtlichen Niederschlag der Gesellschaft als Verein (1965–2013), der erhält Auskunft im Amtsgericht der Hansestadt Lübeck, Vereinsregister, Vereinsnummern VR 871 HL und VR 708. Hier finden sich die älteren Satzungen und die wechselnden Zusammensetzungen der Vorstände.

Das private Archiv von Lisa und Dr. Heinrich Dräger ist öffentlich nicht zugänglich, kann aber auf Nachfrage in der Villa Dräger in der Straße Finkenberg eingesehen werden.

Die *Hefte der deutschen Thomas-Mann-Gesellschaft* bieten Informationen am Ende jedes Heftes. Sie sind ein Hilfsmittel für den Zeitraum zwischen 1981 und 1988.

Wer eine detaillierte Übersicht der Tagungsthemen, Tagungsorte und der Preisvergaben sucht, der sei verwiesen auf die von Klaus W. Jonas und Holger R. Stunz herausgegebene Dokumentation *Die Internationalität der Brüder Mann: 100 Jahre Rezeption aus fünf Kontinenten (1907–2008)*, erschienen im Verlag Klostermann, Frankfurt am Main, 2011.

Xenia Goślicka

Der »Wille zur Zukunft«

Thomas Manns Poetik der Auserwählung
und sein Spätwerk *Der Erwählte*

Anfang 1950 hält Thomas Mann Rückschau. Seinen 75. Geburtstag vor Augen
verfasst er den Vortrag *Meine Zeit*, den er zwischen April und Juni in verschiedenen Städten der USA und Europas hält; zu Manns Geburtstag am
6. Juni wird er vom Süddeutschen Rundfunk ausgestrahlt.[1] Dieser Vortrag
über 75 Jahre Lebens- und Werkzeit fällt in die letzten Arbeiten am Gregorius-Roman. Mann hatte gehofft, den *Erwählten* noch vor dem Vortrag und
der anschliessenden Europa-Reise zu Ende zu bringen, doch muss er seine
Arbeit wegen des Vortrags unterbrechen. Bereits drei Monate zuvor scheint
es ihm, der Roman stehe unmittelbar vor seinem Abschluss: »Der ›Gregorius‹
ist sehr bald fertig«, schreibt er am 13. Januar an Alfred Neumann. Und am
11. März heisst es in einem Brief an Ida Herz: »Der kleine Roman [...] ist, so
kann man sagen, unter Dach, wenn auch nicht fertig.« (SKE, 29, 31) Fertig wird
der *Erwählte* erst Ende des Jahres, nach der Europa-Reise. Doch obwohl sich
der Abschluss offensichtlich zäher als erwartet herausstellt: Für Mann ist der
Gregorius-Roman zur Zeit des Vortrags bereits »unter Dach«; 1950 schaut er
auf ein *Gesamt*werk zurück.

Manns Gefühl, ein Letztes, Abschliessendes vor sich zu haben, erhält in
seinen späten Jahren zunehmendes Gewicht – wohl nicht von ungefähr. Schon
als er mit der Arbeit am zukünftigen Gregorius-Roman beginnt, betrachtet
er das geplante Werk unter dem mehrfachen Licht des Letzten: Es ist ihm
»Altersunterhaltung«, »Spätwerk«, ein »Nachspiel« zum Bisherigen und reiner
»Zeitvertreib«. Im März 1948, Mann hat die Arbeit erst gerade aufgenommen,
schreibt er an Otto Basler:

> Ich schreibe ein bißchen an etwas Neuem, d.h. sehr Altem, einer Nacherzählung der
> Legende von ›Gregorius auf dem Steine‹ (nach Hartmann von Aue). Dergleichen mit
> unseren durchtriebenen Mitteln lebendig zu machen, ist ganz reizvoll. Eigentlich aber
> muß ich gestehen, daß mir nach dem Faustus alles fade vorkommt, und das Gefühl

---

[1] Vgl. Thomas Mann: Selbstkommentare. »Der Erwählte«, hrsg. v. Hans Wysling, Frankfurt/
Main: Fischer 1989 (= Informationen und Materialien zur Literatur, Bd. 6890), S. 31, Anm. 85,
nachfolgend zitiert als SKE, sowie detailliert Klaus Harpprecht: Thomas Mann. Eine Biographie,
Reinbek bei Hamburg: Rowohlt 1995, S. 1790–1817.

beherrscht mich, daß es sich nur noch um Nachspiele und Zeitvertreib handeln kann. (SKE, 11 f.)

Zweieinhalb Jahre später ist der Roman abgeschlossen. Unmittelbar danach, im November 1950, schreibt er davon an Paul Amann: »Es ist nichts Besonderes, ein Nachspiel. Die Zeit der Zauberberge und Faustusse ist vorüber. Gut, daß es sie wenigstens gab. Nun unterhält man sich nur noch weiter, so gut es geht.« (SKE, 41)[2]

Ein Nachspiel: Das setzt voraus, dass das eigentliche Spiel schon stattgefunden hat, dass die Spielzeit bereits abgelaufen ist. In Aussagen wie diesen mögen Koketterie und Tiefstapelei mitspielen; unzweifelhaft ernst jedoch ist ihre doppelte Perspektive: Manns Zeit und Werk sehen ihrem Ende entgegen, und aus ebendiesem Grund gilt es, auf sie zurückzuschauen. Diese doppelte Perspektive ist selbstredend auch biografischer Art, doch sie richtet sich ebenso auf das Werk in einem historischen Sinn: Werkgeschichte, Zeitgeschichte. Diese Unterscheidung zwischen Zeitgeschichte und Biografie bringt der erste Satz von *Meine Zeit* zum Ausdruck: »Von meiner Zeit will ich zu Ihnen sprechen, nicht von meinem Leben« (XI, 302). Mit Blick zurück auf das Gesamtwerk ist zu fragen, wie es sich zu seiner Zeit verhalte – zu seiner mehrfachen Zeit. Seine Zeit, das ist die vergangene Zeit seiner Entstehung, die Zeit, von der es zeugt und die sich ihm eingeschrieben hat, die Zeit, von der es erzählt, Erzählzeit, Lektürezeit. Mit Blick nach vorn fragt sich, wie das Werk dereinst betrachtet werde, wie es sich zu den Werken anderer verhalte, ob und inwiefern es ›seine Zeit‹ zu überdauern vermöge. Und zuletzt fragt sich, ob und was die einzelnen Werke aus über fünfzig Jahren Schaffenszeit zu einem Gesamtwerk verbinde, welche Stellung den je einzelnen Werken innerhalb des Gesamten zukomme.

In Thomas Manns späteren Romanen findet diese mehrfache Zeit ihren poetischen Niederschlag auch in der Formation der Auserwählung; nicht zufällig heisst Manns Alterswerk *Der Erwählte*. Im ganzen Spätwerk ist Aus-

---

[2] In Thomas Manns Selbstzeugnissen finden sich zahlreiche weitere ähnlich und gleich lautende Stellen zu Manns Einordnung des *Erwählten*, z.B. »Was noch kommt, kann nur noch Nachspiel und Zeitvertreib sein« (an Agnes Meyer, 17.3.48, SKE, 12); »Man unterhält sich auf seine alten Tage so gut wie man kann« (an Käte Hamburger, 28.10.50, SKE, 38); »Dann habe ich mich wieder an die lange, vernachlässigte Arbeit gemacht und vor ein paar Tagen den ›Erwählten‹ mehr oder weniger glücklich abgeschlossen. So ist doch wieder etwas fertig geworden. Weiter tu' ich mir nicht viel zugute darauf. Die Zeit der Zauberberge und Faustusse ist vorbei. Man unterhält sich danach noch so reizvoll wie möglich« (an Agnes Meyer, 31.10.1950, SKE, 39); »Der Gregorius ist kein Doktor Faustus, aber ein ganz freundliche Altersunterhaltung« (an Louis Leibrich, 18.2.51, SKE, 48); »Schon der Erwählte war ein scherzhaftes Nachspiel, und was ich jetzt treibe [*Felix Krull*, A.d.V.], ist nur noch Zeitvertreib« (an Ferdinand Lion, 28.4.52, SKE, 97). Zu Thomas Manns »Schwermut des Alters« im Anschluss an den *Erwählten* vgl. auch das gleichnamige Kapitel in Harpprecht (zit. in Anm. 1), S. 1890ff.

erwählung mehr als ein Motiv: Sie verwirklicht und reflektiert einen ästhetischen Entwurf des Erzählens und formuliert in einer solchen Poetik der Auserwählung zugleich einen ethischen Anspruch. Damit wird Auserwählung zur Möglichkeit, in der Dichtung und mittels poetischer Verfahrensweisen einen Anspruch zu realisieren, der über Dichtung und Ästhetik hinaus Geltung einfordert. In diesem Anspruch wirkt Auserwählung wieder auf die Zeit zurück – auf unsere Zeit. Immer deutlicher wird dieser Anspruch in Manns spätem Werk. Bei allen spielerischen Verfahrensweisen seiner Narratologie – Humor, Ironie, Parodie: Der ethische Anspruch der Auserwählung wird zum unveräusserlichen Kern, um den gespielt wird.

Dieser ethische Anspruch ist erkannt und vielfach beschrieben worden.[3] Dass die Josephsromane und *Doktor Faustus* vor dem Hintergrund ihrer Zeit zu lesen sind, geben sie deutlich zu erkennen. Ihre historische Zeit ist diejenige der faschistischen Herrschaft in Deutschland, ist Kriegs- und Schreckenszeit. Ihre biografische Zeit ist diejenige von Manns Ausreise, Ausbürgerung und Übersiedlung nach Amerika, ist Exilzeit. Den ethischen Anspruch, den diese Romane vor dem Hintergrund »ihrer Zeit« erheben, ist der Aufruf zur Rückeroberung und Verteidigung der Humanität. In seinem Vortrag zu *Joseph und seine Brüder*, gehalten 1942 im amerikanischen Exil, sagt Mann über die Entstehung der Romane:

Ich war in Bereitschaft gewesen, von einem Gegenstand wie der Josephslegende mich produktiv angesprochen zu fühlen [...] durch eine Disposition zu menschheitlichem Fühlen und Denken [...], die nicht nur das Produkt meiner persönlichen Zeit und Lebensstufe war, sondern dasjenige der Zeit im großen und allgemeinen, *unserer* Zeit, der geschichtlichen Erschütterungen, Abenteuer und Leiden, durch die die Frage des Menschen, das Problem der Humanität selbst uns als Ganzes vor Augen gestellt und unserem Gewissen auferlegt worden ist wie kaum je einer Generation vor uns. (XI, 657)

Die Vorgängerromane des *Erwählten* stellen sich den »geschichtlichen Erschütterungen« ihrer Zeit explizit. Anders steht es im Fall des *Erwählten*, dessen Zeit von Anfang an entlegen, dessen Geltungsanspruch fragwürdig scheinen. Bei seinem Erscheinen wird der Roman kritisch aufgenommen; beanstandet

---

[3] Unter dem Stichwort der *Humanität* und insbesondere im Zusammenhang mit den Josephsromanen umfassend bereits bei Käte Hamburger: Der Humor bei Thomas Mann. Zum Josephs-Roman, München: Nymphenburger 1965, in jüngerer Zeit vermehrt unter dem Stichwort der *Religion*, z.B. in den Beiträgen der Bände 44 und 45 der Thomas-Mann-Studien. Vgl. dazu meine ausführlichen Darlegungen zur Auserwählung in Xenia Goślicka: Die Kraft der Berührung. Eine Poetik der Auserwählung, Paderborn: Wilhelm Fink 2015. Im vorliegenden Zusammenhang und mit Augenmerk auf den *Erwählten* von besonderem Interesse ist der erhellende Beitrag von Heinrich Detering: Das Werk und die Gnade. Zu Religion und Kunstreligion in der Poetik Thomas Manns, in: TMS XLV, 149–165, insbes. S. 157ff.

werden die »Abseitigkeit des Stoffes« (TM Hb, 915), die »Unverbindlichkeit der Aussage, das Fehlen an Inhalt«[4], in Thomas Manns eigenen Worten: die fehlende »moralische Daseinsberechtigung« (SKE, 84) des Romans. Beschränkt sich Auserwählung also gerade in dem Roman, der sie im Titel trägt, auf ein rein ästhetisches Spiel?

Diese Zusammenhänge bilden die Ausgangslage der folgenden Überlegungen. Dabei widmet sich ein erster Abschnitt der Rolle der Auserwählung in Manns Gesamtwerk sowie der Frage, inwiefern von einer Poetik und von einem ethischen Anspruch der Auserwählung die Rede sein kann. Ein zweiter Abschnitt stellt den erwählten Gregorius ins Zentrum und spürt – mit einem längeren Seitenblick auf Joseph – den Zusammenhängen zwischen seiner Auserwählung und der Zeit nach. Der letzte Abschnitt kommt zurück auf die Zeit und die Frage nach der »moralischen Daseinsberechtigung« des *Erwählten*.

Auserwählung als Erzähl- und Denkfigur des Spätwerks

Im April 1952 schreibt Mann dem Germanisten und Yale-Professor Hermann Weigand: »Auch heute ist es möglich, aus seinem Leben und Werk eine Kultur, einen kleinen Kosmos zu machen, in dem alles sich aufeinander bezieht, – der bei aller Diversität ein geschlossenes persönliches Ganzes bildet« (SKE, 100). In diesem »kleinen Kosmos« aus Leben und Werk spielt Auserwählung eine gewichtige Rolle. In den früheren Erzählungen und Romanen tritt sie vor allem als Motiv in Erscheinung, das die Protagonisten begleitet: den kleinen Herrn Friedemann, Tonio Kröger, Hanno Buddenbrook, Klaus Heinrich oder Gustav von Aschenbach. Erwählt, das bedeutet zuvorderst anders als die anderen; Erwählung meint Absonderung. Schon hier kann diese Absonderung in verschiedene Richtungen zeigen, nicht nur zum Rand, wie bei Johannes Friedemann, sondern auch nach oben, wie bei den Zwillingen Sieglind und Siegmund in *Wälsungenblut*.[5] Wie später der Gregorius-Roman verbindet schon diese Erzählung von 1906 Erwählung und Geschwisterinzest. Es ist schon häufig dargestellt worden, dass Auserwähltheit und Künstlertum bei Mann eng zusammenhängen. Evident ist in diesem Fall die Verknüpfung von Leben

[4] Ulla Fix: Entstehung, intertextuelle Bezüge und sprachutopische Elemente des Romans »Der Erwählte« von Thomas Mann, in: Sprache in der Literatur und im Alltag. Ausgewählte Aufsätze, Berlin: Frank & Timme 2013, S. 417–445, hier S. 443. Vgl. zur Rezeption des *Erwählten* auch TM Hb, 912 ff. sowie Ruprecht Wimmer: Der sehr grosse Papst. Mythos und Religion im »Erwählten«, in: TM Jb 11, 1998, 91–107, insbes. 104–107.

[5] Vgl. auch Hermann Kurzke: Thomas Mann. Epoche, Werk, Wirkung, München: Beck [4]2010, S. 295 ff.

und Werk, evident die Verflechtung des Künstlers Thomas Mann mit seiner literarischen Fiktion.

Alle acht Romane Manns, *Felix Krull* mitgezählt, dürften letztlich als Auserwähltengeschichten gelten. Allerdings, und das ist entscheidend, setzt spätestens mit dem *Zauberberg* eine Anreicherung, eine Verdichtung ein: Der Motivkomplex der Auserwähltheit, der den Konflikt des Künstlers zwischen Kunst und Leben ausspielt, wird zur Denkfigur, zur Poetik. Umfassend realisiert wird Auserwählung als so verstandenes Erzähl- und Reflexionsmodell in den Josephsromanen. 1948 beschreibt Georg Lukács diese Transformation des Früheren in Manns Spätwerk mit folgenden Worten, – vor Augen hat er dabei die Josephsromane und den *Doktor Faustus*:

Es [das Spätwerk] ist eine monumentale Rekapitulation, Systematisation aller seiner Jugendthemen. Jedoch aus Etüden, Capriccios und Sonaten sind hier Symphonien geworden. Diese entschiedene Formveränderung ist [...] nie eine bloss formelle Frage. Im Gegenteil: die formellen Fragen, die symphonischen Komplikationen und Synthesen ergeben sich aus der Verbreiterung, Verallgemeinerung, Vertiefung des dichterischen Gehalts der ursprünglichen Motive.[6]

Zu einer solchen Verallgemeinerung und Vertiefung des ursprünglichen Motivs der Auserwählung trägt der Zusammenschluss eines ethischen und eines ästhetischen Anspruchs massgeblich bei. Dass Mann dieser Zusammenschluss mittels Auserwählung gelingt, ist in der religiösen Herkunft des Begriffs angelegt. Die ursprüngliche, religiöse Funktion Auserwählter ist diejenige der Heilsvermittlung. Als Medien gewährleisten sie die Kontaktnahme mit der entzogenen Sphäre des Göttlichen, deren Wahrheit sich umgekehrt in ihnen bestätigt. In Auserwählten wird ein Unfassbares fassbar, in ihnen erneuert sich das religiöse Heilsversprechen. Gleich zweifach wird im Gregorius-Roman Unfassbares fassbar: im Erzählten und im Erzählen. Am erwählten Gregorius manifestiert sich die unfassbar grosse Gnade Gottes, sie wird fass- und benennbar. Extreme Sünde, extreme Busse, extreme Gnade: »Ach, Grigorß«, seufzt seine Mutter und Gemahlin am Ende, als sich schliesslich alles zum Guten gewendet hat, »diese Geschichte ist so extrem, daß darin das Erstaunlichste einen nicht mehr erstaunt.« (VII, 257) Erwählt ist im *Erwählten* nicht nur der Erwählte, sondern auch der Erzähler: Clemens der Ire, der Mönch, der diese extreme Geschichte niederschreibt. Ihn wiederum hat sich der gänzlich abstrakte Geist der Erzählung zum Gefäss erwählt, er ist dessen Inkarnation. Während sich vom Geist der Erzählung nur sagen lässt: »Er ist es«, gibt es Clemens den Iren in der 1. Person. Er hat ein Ich, eine Zeit, einen Ort: An Notkers Pult in St. Gallen sitzend sagt er: »Ich bin es [...], der [...] diese Geschichte erzählt«. (VII, 10)

---

6 Georg Lukács: Thomas Mann, Berlin: Aufbau-Verlag ⁵1957, S. 40.

Auserwählte sind also Gefässe Gottes – oder gar des Geistes der Erzählung? –, zuständig für Heilsvermittlung? Aus religiöser, theologischer Perspektive ist damit im Mindesten zu wenig und im strengsten Sinn Falsches gesagt. Letzteres zeigt sich in den zahlreichen Einwänden gegen den *Erwählten* und Manns Inanspruchnahme des Begriffs der Christlichkeit.[7] Für die Künste, in diesem Fall für die Sprachkunst Thomas Manns, liegt allerdings genau hier der wirkungsmächtige Kern der Auserwählung, denn Heilsvermittlung spricht von Heil *und* von Vermittlung. Damit kristallisieren sich in der Auserwählung ein ethischer und ein ästhetischer Anspruch in ihrem wechselseitigen Zusammenhang.

Auserwählung reflektiert Fragen der Vermittlung und der Darstellung, Fragen also, die für die Dichtung zentral sind. Wie lässt sich Wirklichkeit in der Dichtung gestalten, wie vermitteln? Und wie kann Dichtung umgekehrt auf die Wirklichkeit einwirken? Welches Verständnis von Wirklichkeit und welche Auffassung von den Aufgaben der Kunst sind dabei im Spiel? Die Antworten auf diese im Kern ästhetischen Fragen sind im einzelnen Kunstwerk zu suchen. Auch wenn dieses eigenen Regeln folgt, ist es nicht unabhängig von den äusseren Wirklichkeiten zu denken, die sich ihm einschreiben: Das Kunstwerk ist immer abhängig von seiner mehrfachen Zeit. An dieser Stelle ist bereits der zweite Fragenkomplex nach der Bedeutung von ›Heil‹ angesprochen. Denn wird Heilsvermittlung zu einer Frage der Ästhetik, kann sie nicht länger auf eine absolute Glaubenswahrheit zielen, sondern nur auf den Wirklichkeitsbezug der Kunst selbst. Damit ist ›Heil‹ aus seinem heilsgeschichtlichen Bezug gelöst. Dies hat zweierlei zur Folge. Zum Ersten wird ›Heil‹ geschichtlich: Es ist nicht länger im Ewigen verankert, sondern innerhalb der Zeit. Zum Zweiten ist ›Heil‹ zu suchen: Es ist kein vorgängig bestimmtes Ziel mehr. Denn ohne heilsgeschichtlichen Bezug wird es zur Leerstelle: *Was* ist ›Heil‹, wenn es sich nicht auf eine Glaubenswahrheit bezieht? Unter dieser Voraussetzung ist Auserwählung nicht Heilsbestätigung, nicht von ihrem Ende her gedacht; sie ist Heilssuche, ist von ihrem Anfang her gedacht. Auserwählung ist keine Antwort, sie ist eine Frage.

Diese Transformation der Auserwählung macht Thomas Mann in seinem Vortrag über die Josephsromane explizit. Darin sagt er über den Helden des *Zauberbergs,* Hans Castorp, Folgendes:

---

[7] Vgl. dazu TM Hb, 914, Manns Reaktionen in SKE oder am Anfang von *Meine Zeit*, beginnend mit: »Ich las neulich, daß in Deutschland […] ein geistliches Gremium meinem Lebenswerk jede Christlichkeit abgesprochen habe. Das ist schon Größeren geschehen, es weckt allerlei Erinnerungen. Aber für den eigenen Fall habe ich besondere Zweifel, […]« (XI, 302). Zu diesem Zitat ausführlich Detering (zit. in Anm. 3), S. 158 ff. sowie allgemeiner Goślicka (zit. in Anm. 3), S. 341 ff., Anm. 751.

Der Held jenes Zeitromans war nur scheinbar der freundliche junge Mann, Hans Castorp, auf dessen verschmitzte Unschuld die ganze Dialektik von Leben und Tod, Gesundheit und Krankheit, Freiheit und Frömmigkeit pädagogisch hereinbricht: in Wirklichkeit war es der homo Dei, der Mensch selbst mit seiner religiösen Frage nach sich selbst, nach seinem Woher und Wohin, seinem Wesen und Ziel, nach seiner Stellung im All, dem Geheimnis seiner Existenz, der ewigen Rätsel-Aufgabe der Humanität. (XI, 657 f.)

Pointiert, ja emphatisch stellt Mann diesen Werkzusammenhang im Rückblick von 1950 dar. In *Meine Zeit* heisst es über die *Zauberberg*-Zeit: »Gerade der Antihumanismus der Zeit machte mir klar, daß ich nie etwas getan hatte – oder doch hatte tun wollen –, als die Humanität zu verteidigen. Ich werde nie etwas anderes tun.« (XI, 314) Den »homo Dei, den Menschen selbst mit seiner religiösen Frage nach sich selbst« verkörpern die Auserwählten des Spätwerks, das in ihnen den ethischen Anspruch einer Verteidigung, einer Rückeroberung der Humanität fassbar macht. So ist Manns Wiedererzählen der biblischen Josephsgeschichte das künstlerische Unternehmen einer solchen Rückeroberung. Vor dem Hintergrund ihrer Zeit handelt es sich um die Rückeroberung der Menschlichkeit, die vom nationalsozialistischen Faschismus vernichtet wird. Die bekannte Mann'sche Formel dieser Rückeroberung »Mythos plus Psychologie«[8] meint, dass der vom faschistischen Denken vereinnahmte Mythos mit den Mitteln der Psychologie – genauer: der Freud'schen Psychoanalyse – wieder in den Dienst eines Humanen genommen werden kann und soll. Der Name Freud zeigt an, dass dieses ›Programm‹ der Josephsromane mit Rückeroberung nicht die Rückkehr zum Alten, nicht Wiederherstellung meint, sondern die auflösende Erneuerung: Freud'sche Bewusstwerdung.

Die »religiöse Frage des Menschen nach sich selbst, nach seinem Woher und Wohin« ist nicht nur in den Josephsromanen, sondern auch im *Erwählten* mit Freud zu lesen. Den Weg, den die beiden Auserwählten bei ihrer Heilssuche einzuschlagen haben, nennt Thomas Mann bereits in seinem ersten Freud-Vortrag von 1929: »Der Weg, den [die Lehre Freuds] vorschreibt, ist der der Bewußtmachung, der Analyse, auf welchem es kein Halt und kein Zurück, keine Wiederherstellung des ›Guten-Alten‹ gibt [...]« (X, 280). Keine Wiederherstellung des Guten-Alten: Das gilt für Joseph und für Gregorius gleichermassen. Beide zeichnen sich durch ihren klaren Blick nach vorn, durch ihren »Wille[n] zur Zukunft« (X, 265) aus: Er bildet den Kern ihrer Auserwählung.

Dieser Kern kann nur im Ästhetischen realisiert werden; der ethische Anspruch der Auserwählung wird – wie oben angedeutet – *spielerisch* eingelöst. Dass Illusion und ästhetisches Spiel den moralischen Ernst keinesfalls gefährden, dass gerade sie für eine Suche mit offenem Ende, für das Fragen und nicht

---

[8] Vgl. zusammenfassend TM Hb, 301 f.

für die fertigen Antworten stehen, formuliert Thomas Mann in *Meine Zeit* mit Bezug auf die Beschaffenheit von Ideologie und Totalitarismus: »Als Schriftsteller, als Psycholog, als Darsteller des Menschlichen bin ich der Wahrheit verschworen und auf sie angewiesen. [...] Die Illusion ist künstlerisch; die Lüge ist unerträglich, ästhetisch wie moralisch [...]« (XI, 316). Die spielerische Darstellung des in diesem Sinn ›wahren‹ Menschlichen erfolgt mittels vielfältiger poetischer Verfahrensweisen: Humor, Ironie, Parodie; Realisation, Amplifikation, ›Richtigstellung‹. Auch die zunehmend komplexen Erzählanordnungen der späteren Romane zeugen davon. Sie erlauben den jeweiligen Erzählinstanzen die Einschaltung von einem Ausserhalb der erzählten Welt in dieselbe hinein, erlauben die Kontrastierungen, mittels derer Humor, Ironie, Parodie allererst erzeugt werden. So findet in den Josephsromanen nicht nur der Erwählte zu sich selbst, sondern auch die Geschichte. Durch Kommentar und Erörterung, durch die schriftstellerische Einschaltung und Analyse gewinnt sie Selbstbesinnung – Selbsterkenntnis.[9] Das gilt auch für den Erzähler des *Faustus* – Serenus Zeitblom –, der der »Durchheiterung des düsteren Stoffes« dient (TM Hb, 484). Und es gilt für die Erzählinstanzen des *Erwählten*: den Geist der Erzählung und Clemens den Iren.

Gregorius und Joseph: zwei Auserwählte und ihr »Wille zur Zukunft«

Der siebzehnjährige Joseph, der zu Anfang des ersten Bandes am Brunnenrand sitzt und in die Sterne schaut, weiss bereits: Er ist's. Doch der eingebildete Schönling und sichtbar bevorzugte Lieblingssohn des Vaters verkennt, dass es sich hier nicht um eine fertige Antwort, sondern um eine offene Frage handelt: Wer bin ich? Stattdessen ist es ihm eine ausgemachte Tatsache, dass der göttliche Segen nicht an den erstgeborenen Ruben, sondern an ihn übergehe. Offen bleibt höchstens, wie sich dieser Vorgang genau abspielen werde. Dieser Voraussetzung gemäss lebt er hemmungslos, sehr zum Ärger seiner Brüder, – und landet im Brunnen. Dort, in der Einsamkeit der feuchten Tiefe, wird ihm bewusst, dass er sich vertan hat. Zum einen, weil er seine Auserwählung voreilig vorausgesetzt hat, statt nach ihrer Bedeutung zu suchen; zum anderen, weil er sich damit für die anderen unerträglich gemacht hat. Aus dieser Bewusstmachung erwächst Joseph die Gewissheit, dass es aus dem Brunnen nicht zurück »ins Vorige« (IV, 585), sondern voran in ein Neues gehe: »Eine neue, höhere [...] Erwählung war es, in der es nun, nach der Grube, zu leben galt« (IV, 698).

---

[9] Zu diesen Verfahren vgl. bspw. den genannten Vortrag *Joseph und seine Brüder* von 1942 (XI, 654–667) sowie Goślicka (zit. in Anm. 3), insbes. S. 219–223, 255–324.

Auch bei Gregorius gibt es keine Rückkehr zum ›Guten-Alten‹. Wie Joseph weiss Gregorius schon mit siebzehn Jahren, – und schon bevor er es wirklich weiss –, dass er anders ist als alle anderen: feiner, reiner, »verschieden nach Stoff und Art« (VII, 88). Schon seit jeher fühlt sich das Findelkind auf der Insel St. Dunstan fremd; Gregorius passt weder zu den einfachen Fischern, bei denen er aufgewachsen ist, noch zu den Mönchen, in deren Kloster er Schüler ist. Er ist »ein heimlich Fremder so hier wie dort.« (VII, 88) Der Zornesausbruch seiner Ziehmutter Mahaute, in dessen Verlauf er erfährt, dass seine Eltern nicht seine wahren Eltern sind, ist für ihn deshalb kein Grund zur Verzweiflung. Dass Gregorius darüber aufgeklärt wird, dass er tatsächlich nicht hierher gehört, ist für ihn eine Befreiung:

Wußte niemand doch, wer er war, – welche Schande! Jeder mochte sie ihm ins Gesicht werfen [...] und würde nicht wissen, welche Freude mit dem Schimpf nach ihm warf, die Freude, die ihm die Brust rüttelte, wenn er seine Schande bedachte. [...] Er war unbekannt, aber er war, und jemand mußte er sein. [...] Stand es so unrichtig um seine Richtigkeit? Mußte fortan nicht all sein Leben ihrer Erforschung gehören, wie immer sie nun beschaffen war? Sie war ein Geheimnis. (VII, 104)

Die Aufklärung über seine Herkunft ist die Entdeckung ihres Rätsels. Damit eröffnet sich für Gregorius eine neue Welt voller Möglichkeiten. Er kann die Suche nach sich selbst aufnehmen, kann Vergangenheit und Zukunft neu entdecken. Bei einer solchen Verheissung können die Bemühungen des Abtes nur scheitern, Gregorius mit rationalen Argumenten für den Verbleib auf der Insel und für eine Zukunft als sein Nachfolger im Kloster zu gewinnen. Um zu bleiben, müsste Gregorius wissen, wer er ist. Soviel hat er erkannt, und so entgegnet er dem Abt:

... Ihr habt das beste Leben. Behagen und Gottgefälligkeit mischen sich köstlich darin, und wer es mit Recht sich erwählt, der ist selig. Ich aber kann es nicht teilen oder erben. Ich muß fort, denn seit ich weiß, wer ich nicht bin, gilt mir eines nur: die Fahrt nach mir selbst, die Wissenschaft, wer ich bin. (VII, 109)

»Die Wissenschaft, wer ich bin«: Das ist mit Freud gedacht. Diesen Weg der Aufklärung will Gregorius nun einschlagen, und so sticht er unverzüglich in See. Auf die Frage des Abtes, wohin die Reise denn nur gehen solle, entgegnet Gregorius: »Meiner Tafel nach [...] und wohin Gottes Winde wehen. Ihnen lassen wir unsere Segel.« (VII, 118) Seine Tafel, das ist die reich verzierte Tafel, die Sibylla dem 17 Tage alten Sohn bei seiner Aussetzung mitgegeben hat. Auf ihr hat die Mutter und Tante geschrieben, was ihr wichtig schien, dass der Sohn von sich wisse: Er sei von hoher Geburt und er sei ein ausserordentliches Kind, genauer: ein Kind ausserordentlicher Sünde, nämlich der übergrossen Liebe zwischen Bruder und Schwester.

Entgegen seiner Ankündigung lässt sich Gregorius *nur* von seiner Tafel lei-
ten und stürzt sich damit allzu gedankenlos in das Abenteuer seiner Her-
kunftssuche. Dass er nicht auf dem Weg zu Erkenntnis und Bewusstwerdung
ist, zeigt sich nach 17 windstillen Tagen auf See. Dann nämlich kommt endlich
Gottes Wind auf, allerdings: »Der neue Wind war widrig. Nicht ohne Mühe
kreuzten sie gegen ihn dem Ziele zu.« (VII, 119) Dass Gregorius gegen die
Winde Gottes kreuzt, verheisst nichts Gutes. Er überlässt sich nicht Geist und
Gott, er überlässt sich seiner Tafel, das heisst seinen Trieben. Seine Suche nach
der Herkunft wird so zum grossen, zum extremen Missverständnis: Auf viel zu
direktem Weg findet Gregorius seine Herkunft. Dieser Weg schliesst keinerlei
Bewusstwerdung mit ein, er folgt blind der Tafel und damit seiner festen Überzeugung, ein Ritter zu sein. Dieser Weg führt nicht in die Zukunft, sondern in
die Vergangenheit. Wie der Drache im Traum seiner Mutter kehrt Gregorius an
seinen Ursprung zurück: in den Schoss der Mutter. Mutter und Sohn erkennen
sich – jedoch nicht im Zeichen Freud'scher Bewusstwerdung und Analyse, sondern im biblischen, im geschlechtlichen Sinn. Wie bei Joseph geht Gregorius'
erster Deutungsversuch damit in die Irre. In Ritterschaft und Eheglück findet
er nur eine falsche, eine verkehrte Erhöhung, die nach hinten weist statt nach
vorne. Und wie beim selbstverliebten Joseph ist der Grund, dass er nur die eine
Seite seiner Auserwählung vernommen hat, für die bei Gregorius dessen Tafel
steht: ›Erkenne dich selbst‹. Verbleibt die Realisierung des delphischen Orakels
aber im Unbewussten, so bleibt Auserwählung selbstbezogen und blind; sie
ist nicht mehr als eitle Selbstbespiegelung, Hoffart, Dünkel, Hochmut. Die
Verpflichtung der Auserwählung besteht in zwei Aufrufen, nicht nur ›Erkenne
dich selbst!‹, sondern auch ›Erkenne den anderen!‹

Nach der Enthüllung, dass er nicht nur ein Kind des Inzests sei, sondern
diesen mit seiner Mutter unbewusst selbst wiederholt habe, dämmert es Gregorius endlich: Es gibt kein Zurück. »Grigorß, geliebtes Kind«, so fleht ihn
Sibylla an, »können wir's denn vor der Welt nicht beim alten belassen, ohne je
wieder einander zu nahen und gemeinsam unser Geheimnis tragen?« (VII, 180)
»Fraulich« sei solche Rede, entgegnet Gregorius, und meint damit, sie sei fern
von jeder Erkenntnis. Er aber hat erkannt, dass die Zeit nur eine Richtung hat:
nach vorn. Rückkehr ist nur im Zeichen von Analyse und Erkenntnis möglich,
und damit im Zeichen eines »Wille[ns] zur Zukunft«. Daraus erwächst Gregorius die Gewissheit, dass es für die ausserordentliche Sünde, die auf seiner
und der Mutter-Gattin Schultern ruht, auch Wiedergutmachung gebe, und
so macht er sich erneut auf den Weg: »Nicht auf ritterliche Irrfahrt gehe ich,
wie ich Geck glaubte tun zu sollen, als ich meine Geburt erfuhr, sondern auf
Bußfahrt [...]. So werde ich meinen Ort finden, wie ich im Nebel diesen fand«
(VII, 180). Die Bussfahrt glückt, denn in der Eile vergisst er seine Tafel in des

Fischers Hütte. Und so sind es diesmal nicht die Triebe, die seinen Weg durchs
Ungewiss-Gewisse lenken.

Die Erkenntnis des Vergangenen als Vergangenheit ist die Voraussetzung
für ein Denken, das sich auf die Zukunft richtet. Nur so kommt der Weg in
den Blick und wird Entwicklung möglich. Einiges verbindet die beiden Auserwählten Joseph und Gregorius. Beide gehen in ihrer Bestimmung zuerst fehl,
um dann auf dem Weg der Selbsterkenntnis zu verstehen, dass ihre Auserwählung eine Frage ist und keine Antwort. Beider Wege führen über Freud'sche
Bewusstwerdung, folgen also dem »revolutionäre[n] Prinzip«, dem »Wille[n]
zur Zukunft«. Diese Zusammenhänge stellt Mann bereits in seinem ersten
Freud-Vortrag von 1929 her, *Die Stellung Freuds in der modernen Geistesgeschichte:*

Das revolutionäre Prinzip, es ist schlechthin der Wille zur Zukunft [...], das zu höheren
Stufen leitende Prinzip der Bewußtwerdung und der Erkenntnis; der Drang und Wille,
durch das Bewußtmachen des Unbewußten verfrühte, auf Bewußtlosigkeit unsicher
und moralisch verdienstlos ruhende Scheinvollkommenheiten und Scheinharmonien
des Lebens zu zerstören und auf dem Wege der Analyse, der ›Psychologie‹ [...], hin-
überzuführen [...] zur Kultur des zu vollkommenem Selbstbewußtsein entwickelten
Menschen. Nur dies heißt revolutionär. (X, 264 f.)

Im Zeichen eines solchen »Wille[ns] zur Zukunft« steht die Erfüllung der Erwählung bei Joseph: Er ist nicht der Träger des göttlichen Segens, sondern
wird im Weltlichen und innerhalb der Zeit erhöht. Gross wird er als voraus-
denkender Ernteplaner des Pharaos, als »Herr des Überblicks«, »erfüllt [...]
vom Geist der Vorsorge« (V, 1473). Erhöhung als Überblick meint hier nicht die
eitle Selbsterhebung *über* andere, sondern weise Voraussicht *für* die anderen:
Gross wird Joseph, weil er schaut, was kommt – und handelt, damit das ägyp-
tische Volk die sieben mageren Jahre übersteht. Die dafür notwendige Gabe
Josephs ist die Gottessorge. Sie richtete sich auf eine ›Erkenntnis des anderen‹,
die mit der Erkenntnis Gottes zusammengeht. Gottessorge sei, so heisst es im
Josephs-Vortrag, »nicht allein die Sorge um das ›Hervordenken‹, die Bestimmung und Erkenntnis Gottes, sondern namentlich die um seinen Willen, mit
dem der unsere übereinstimmen muss; um das, was die Glocke geschlagen
hat, die Forderung des Äons, der Weltstunde.« (XI, 668) »Die Forderung des
Äons, der Weltstunde«, das ist die ethische Forderung der Auserwählung, die
im *Joseph* und im *Erwählten* gleichermassen realisiert wird. Was den Geist
der Auserwählten auszeichnet, ist Zeitgefühl: Sie müssen ihre Vergangenheit
erkennen, um sich davon loszulösen und frei für Gegenwart und Zukunft zu
sein. Das erst macht sie zu Menschen, das bedeutet Menschlichkeit.

Im *Erwählten* äussern sich Menschlichkeit und ein solcher »Wille zur
Zukunft« in der Gnade, im hinter »hundert Spässen« liegenden »Ernst« des

Romans (SKE, 82). Gnade – das meint einerseits die unfassbar grosse Gnade
Gottes, der den extremen Sünder und Büsser Gregorius letztlich zum Papst bestimmt. Andererseits meint es diejenige Gnade, die Gregorius als sehr grosser
Papst – so die Überschrift des drittletzten Kapitels – selbst walten lässt: »[S]ein
Ruhm erblühte«, so heisst es da, nicht aus seiner Stärke, sondern aus seiner
»Milde und Demut« (VII, 239). Das Prinzip seines Regnums lautet »Gnade
vor Recht« (VII, 242). ›Gnade vor Recht‹ ist deshalb ein menschliches Prinzip,
weil es dem Einzelfall folgt und nicht einer allgemeinen Regel. Und ›Gnade
vor Recht‹ ist deshalb ein Prinzip der Zukunft, weil es die Gegenwart und das
Kommende zum Massstab nimmt, und nicht die Vergangenheit, die das Recht
hervorgebracht hat. Gnade hat in einem ethischen Sinn mit Zukunft zu tun.
Sie meint Gnade für den Sünder, nicht aber die Vergebung seiner Sünde, denn
Sünde und Sünder sind nicht dasselbe: Die Sünde liegt in der Vergangenheit,
die Gnade der Vergebung erfolgt in der Gegenwart und richtet sich auf das
zukünftige Leben des Sünders. »[B]ei [der Gnade] allein [steht es]«, so Mann
im Vortrag *Meine Zeit,* »das Schuldiggebliebene als beglichen anzurechnen.«
(XI, 303)[10] Mit einem Gegensatzpaar des Philosophen Avishai Margalit meint
Gnade Vergeben, aber nicht Vergessen. Mit Sigmund Freud meint Gnade Bewusstwerdung, aber nicht Verdrängung. Sie bedeutet, trotz und vor allem *mit*
der Vergangenheit weiterzumachen: Im Wissen darum, dass das Alte ein Altes
sei, weiterzuschreiten; es auf ein Neues hin aufzulösen, zu erneuern.

Aus einer solchen Perspektive der Selbst- und Heilssuche kann der Gregorius-Roman als eine Wiederaufnahme, eine Neubearbeitung der Josephs-
erwählung gelesen werden. Bei beiden bedeutet Auserwählung der ethische
Aufruf, sich auf die Suche zu machen nach der eigenen Bestimmung und Aufgabe in der Welt und für die Zukunft. Mit dem Stichwort der Humanität ist
nicht eine Antwort gemeint, sondern der Rahmen dieser Suche gesteckt: Es
geht um Josephs, um Gregorius', um unsere – der Leserinnen und Leser – persönliche Bestimmung in dieser Welt und für die Gemeinschaft. Und es geht
selbstredend auch um diejenige des Autors Thomas Mann und seines Werks.
Wie der Vortrag *Meine Zeit* deutlich zeigt, gelten auch für diese Suche die
Verfahren der Richtigstellung, Präzisierung, Amplifikation, der auflösenden
Erneuerung durch Analyse.

---

[10] Vgl. hierzu und zum Zusammenhang mit dem (Kunst-)Werk auch Detering (zit. in Anm. 3),
S. 159ff.

Im Zeichen des Letzten: Thomas Manns »Endbücher«

Kein Halt und kein Zurück, keine Wiederherstellung des Guten-Alten; das gilt nicht nur für Joseph und Gregorius, es gilt auch für Thomas Mann und zwar im Sinn der mehrfachen Zeit. »Meine Zeit«: Um 1950 ist das Manns Blick auf sein Gesamtwerk, auf den »kleinen Kosmos« aus »Leben und Werk« (SKE, 100), der wie eingangs erwähnt im ebenfalls mehrdeutigen Zeichen des Letzten, des Abschliessenden steht. Rückkehr ist möglich, doch nur unter der Voraussetzung von Analyse und Neuordnung. Eine solche Perspektive der Rückschau prägt die Jahre während und nach dem *Erwählten*. Dieser letzte abgeschlossene Roman steht von allem Anfang an als ein Letztes, ein »Nachspiel« in ständiger Beziehung zum Gesamtwerk. Am 4. April 1951 schreibt Mann über eine Rezension von Werner Weber an Richard Schweizer: »Gewiß *recht* hat er, das Buch als Spätwerk in jedem Sinn zu charakterisieren. Ich habe garnichts [sic] dagegen, ein Später und Letzter, [...] ein Erfüller zu sein. [...] Ich bin einer der wenigen, die noch wissen, was das ist, ein Werk.« (SKE, 52) Auch wenn Mann selbst vom *Erwählten* »nur« als Nachspiel und nichts Besonderem spricht, ist er mit der Rezeption des Romans nicht zufrieden. Die Kritiken sind, so Mann, »säuerlich« (SKE, 58), »übellaunig« (SKE, 62), von »spuckende[m] Widerwille[n]«, »grausig« (SKE, 69), kurz »geradezu interessant, nur etwas deprimierend« (SKE, 61). Mann sieht nicht nur sein jüngstes Werk unverstanden, – mit ihm auf dem Spiel steht in gewisser Weise der ganze »kleine Kosmos« aus »Leben und Werk«.

Inwiefern es nicht nur um den *Erwählten*, sondern um das Gesamtwerk, um Thomas Mann selbst und um seine Zeit geht, zeigt sein Brief an Eberhard Hilscher vom 3. November 1951. Im fast gleichen Wortlaut wie im Brief, den er ein halbes Jahr zuvor an Richard Schweizer schrieb, heisst es da:

Nicht ungern fühle ich mich als einen Späten und Letzten, einen Abschließenden und einen Vollender. [...] Nach mir wird kaum einer die Josephsgeschichte erzählen, und auch dem ›Gregorius‹ habe ich wohl die Spät- und Endform gegeben. Endbücher zu schreiben scheint seit ›Buddenbrooks‹ meine Aufgabe zu sein [...].« (SKE, 85)

Schon der Vortrag *Meine Zeit* legt dar, wie dies zu verstehen sei: »[E]iner, dessen Lebensspanne in zwei Epochen liegt«, so der 1875 geborene Mann, »[erfährt] die Kontinuität, das Übergängliche der Geschichte. Denn in Übergängen, nicht sprungweise vollzieht die Geschichte sich, und in jedem Ancien Régime sind die Keime des Neuen schon lebendig und geistig am Werk.« (XI, 305) In dem, was Mann hier in Bezug auf sich selbst formuliert, scheint der Kern der Auserwählung auf: Die Suche nach dem eigenen Ursprung, der eigenen Bestimmung, der eigenen Aufgabe in der Welt, der Blick nach vorn, – der »Wille zur Zukunft« im Wissen um Herkunft. Das ist der Kern der Auserwählung, und es ist die Perspektive Manns auf sein Leben und Werk. Seine eigene Aufgabe scheint es zu sein, »Endbücher zu schreiben«. Diese zeugen gerade in ihrem Wissen darum, dass sie etwas zu Ende bringen, wenn auch niemals zu einem endgültigen, von den Keimen des Neuen. »Ein Spätling bin ich nun mal – und auch wieder ein Wagehals«, so schreibt Mann 1952, und: »Ihr Gläubiger des Neuen könnt euch im Grunde auf mich verlassen.« (SKE, 93)

Manns Gefühl, es mit einem Letzten, Abschliessenden zu tun zu haben, ist aus seiner Sicht auch das Zeichen seiner Zeit; sie geht zu Ende. Zumindest aus dem Rückblick legt sein gesamtes Werk davon Zeugnis ab – von den *Buddenbrooks* bis zum *Erwählten*.[11] Auch diese Einschätzung kommt in vielen Selbstzeugnissen zum Ausdruck. Mehrfach nennt Mann in diesem Zusammenhang Theodor Fontanes Ausspruch zum Abschluss von *Effi Briest*: »Das kommt nicht wieder.« Wörtlich schreibt Fontane im Dezember 1895 an Maximilian Harden: »So nehme ich Abschied von Effi; es kommt nicht wieder, das letzte Aufflackern des Alten.« (SKE, 19, Anm. 46) Der Ausspruch Fontanes ist für Mann nicht zuletzt deshalb so treffend, weil er dieselbe mehrfache Zeitlichkeit eines Letzten zum Ausdruck bringt, die ihn selbst ein gutes halbes Jahrhundert später beschäftigt: ein Letztes im biografischen, im werk- und im zeitgeschichtlichen Sinn.

Fontane ist knapp 76, als er dies schreibt. Wie Mann blickt er dem Ende seiner eigenen Lebenszeit entgegen; seit drei Jahren weiss er um seine schwere Krankheit. Und wie Mann nimmt Fontane mit dem Abschied von *Effi Briest* zugleich Abschied vom eigenen Werk – er weiss nicht, dass ihm in den letzten drei Lebensjahren noch drei weitere Werke gelingen werden. Und er nimmt auch Abschied von seiner Zeit, dem 19. Jahrhundert; – ein Abgesang, der seine Fortführung in den *Buddenbrooks* finden wird. Das »letzte Aufflackern des Alten«: Es ist der bereits verwelkte, erstarrte Ehrbegriff des 19. Jahrhunderts, der Effi das Lebensglück, ja, letztlich das Leben kostet. Mit seinem Kollegen Wüllersdorf erwägt der gehörnte Ehemann Effis, Geert Innstetten, wie unumgänglich ein Duell zur Wiederherstellung seiner Ehre sei. Um Rat befragt äussert Wüllersdorf den denkwürdigen Satz: »Unser Ehrenkultus ist ein Götzendienst, aber wir müssen uns ihm unterwerfen, solange der Götze gilt.«[12]

Wüllersdorf wird Innstetten beim Götzendienst – beim Duell – sekundieren. Dass die Zeit jedoch bereits abgelaufen ist, in der ein solcher Ehrenkultus wahrhaftige Gültigkeit zu behaupten vermochte, dass dies sowohl dem Duellierenden als auch seinem Sekundanten bewusst ist, dies verrät seine Kennzeichnung als Götze. Eine Wiederherstellung der Ehre kann nicht gelingen, denn es gibt kein Zurück. Das Duell ist bloss ein »letztes Aufflackern des Alten«,

---

[11] Vgl. auch Fix (zit. in Anm. 4), S. 417, Kurzke (zit. in Anm. 5), S. 298.
[12] Theodor Fontane: Effi Briest, Berlin: Insel-Verlag ³2014 (= insel taschenbuch 4026), S. 292 f.

ein Aufflackern aus Mutlosigkeit und vor allem aus Hilflosigkeit gegenüber einem noch unförmigen und ungefestigten Neuen, für das Innstetten jedes Gefühl fehlt. Innstetten ist gerade *nicht* Gregorius; er lebt nach dem genau gegenteiligen Prinzip: ›Recht vor Gnade‹. Damit wird er zum Unmenschen: unmenschlich gegen Effi, gegen die gemeinsame Tochter und unmenschlich auch gegen sich selbst.

»Das kommt nicht wieder.« Manns zeit-, lebens- und werkgeschichtliches Gefühl des Letzten, Abschliessenden ist ein ambivalentes Gefühl. Es schliesst Bedauern ein, – in der Zeit des *Erwählten* durchaus auch Bitterkeit. Mit Sicherheit birgt es Melancholie: Die »Zeit der Zauberberge und Faustusse ist vorüber«. An Erich Kahler schreibt er am 17. Juli 1948: »… Ich hatte, bevor ich wieder ins Dichten kam […], eine lange Zeit der Melancholie und des Hang-over nach dem Faustus, im Zeichen von ›Das kommt nicht wieder‹.« (SKE, 18 f.) Nach Abschluss des *Erwählten* gesellt sich auch Resignation dazu, Resignation über die »Ausweglosigkeit der Weltlage« (SKE, 58), wo auf Krieg und Unmenschlichkeit nicht Frieden, sondern ein neuer, ein Kalter Krieg und die Unmenschlichkeit des »totalitären Dogmatismus« (XI, 316) folgen. An Käte Hamburger schreibt er im April 1951: »Man kann heute den Menschen ein Buch wohl nicht besser empfehlen, als indem man ihm nachsagt, es könne zur Erholung dienen von dem Grauen der Zeit. Was soll werden? Die Lage scheint ausweglos, und unaufhaltsam gleiten wir in Nacht, Katastrophe und Barbarei hinein.« (SKE, 59)[13]

»Das kommt nicht wieder.« Dem Gefühl eines Letzten, Abschliessenden sind jedoch nicht nur Melancholie und Resignation zu eigen, sondern genauso Befriedigung, Stolz und nicht wenig Selbstbewusstsein. Es ist keine geringe Auszeichnung, Stoffe der Weltliteratur zum ›wohl letzten Mal‹ erzählt und ein Werk geschaffen zu haben, in dem sich eine ganze Zeit zum Ausdruck bringt. Die bereits zitierte Stelle aus dem Brief an Eberhard Hilscher lautet weiter:

Endbücher zu schreiben scheint seit ›Buddenbrooks‹ meine Aufgabe zu sein, – ja zuweilen kommt es mir vor, als sei unsere ganze höhere Literatur nichts anderes als ein rasches Rekapitulieren […] der abendländischen Kulturüberlieferung – vor Torschluß, vorm Fallen des Vorhangs, der sich gewiß nur zu einem sehr neuen Stück wieder heben kann, – einem Stück, zu dem wir Künder des Endes, eben als solche, doch auch schon gewisse Beziehungen haben. (SKE, 85)

---

[13] Vgl. dazu auch Manns *Ansprache vor Hamburger Studenten* vom 8. Juni 1953, die den Bogen vom Gnadenthema seines Werks zur ›Weltlage‹ schlägt: »Gnade. Nicht umsonst spielt dieser Begriff in meine späteren dichterischen Versuche – schon in die Josephsgeschichten, dann in den ›Faustus‹, dann in die Wiedererzählung der Gregoriuslegende – immer stärker hinein. Gnade ist es, was wir alle brauchen, […] das Herz bedrängt von dieser gefährlichen Zeit [möchte ich jedem einzelnen] zurufen: Daß Gnade mit ihm sei und ihm helfe, sich aus Wirrnis, Widerstreit und Ratlosigkeit ins Rechte zu finden.« (SKE, 107 f.)

Hier geht es um einiges: Im Rückschlag vom *Erwählten* auf die *Buddenbrooks* geht es um ein Ende der gesamten abendländischen Kulturüberlieferung, das zu erkennen und rekapitulieren Manns Gesamtwerk unternommen habe. Das ist selbstredend eine Überzeichnung. Verständlich wird sie aus dem oben angedeuteten Kontext der kritischen Rezeption des *Erwählten,* in der Mann auch sein Gesamtwerk gefährdet sieht. Der Brief an Hilscher gibt Mann in besonderer Weise die Gelegenheit einer ›Richtigstellung‹ zum viel kritisierten Gregorius-Roman, zu dessen Stellung innerhalb des Gesamtwerks, zur Stellung des Gesamtwerks überhaupt. Denn der erst 24-jährige Literaturwissenschaftler Hilscher arbeitet zu diesem Zeitpunkt an einer Dissertation über Manns jüngsten Roman. An den Doyen der deutschsprachigen Literatur hat er in diesem Zusammenhang einige Fragen gestellt, die Mann im zitierten Brief beantwortet. Vor dem Hintergrund einer bevorstehenden wissenschaftlichen – und damit ›neutralen‹ – Publikation weiss Mann um die mögliche öffentliche Ausstrahlung, die dieser private Brief zu entfalten in der Lage ist. Das zeigt auch der Beginn seiner Stellungnahme zum *Erwählten* im Hilscher-Brief: Sie setzt mit der für Mann entscheidenden Frage ein, mit derjenigen nach der »moralischen Existenzberechtigung eines Buches wie ›Der Erwählte‹ in unserer Zeit« (SKE, 84).

Ausschlaggebend an der Feststellung aber, dass sein Werk vom Untergang der »abendländischen Kulturüberlieferung« zeugt, ist nicht die Überzeichnung, sondern ihr Schluss. Vor dem Hintergrund einer solchen ›Richtigstellung‹ stellt dieser heraus, wie zentral für Mann in der Rückschau dieser Kern der Auserwählung ist, den er sowohl innerhalb der Dichtung seines Spätwerks realisiert als auch in der Rückschau auf seine eigene Zeit: Werkzeit, Lebenszeit. Für Joseph, für Gregorius und für Mann gilt gleichermassen: Wer zu erkennen bereit ist, dass etwas zu Ende geht, der hat das Neue schon im Auge; er hat den »Wille[n] zur Zukunft«.

Unter diesen Voraussetzungen wird deutlich, wie sehr der Vorwurf der fehlenden »moralischen Daseinsberechtigung« Mann wohl getroffen hat. Die wichtigsten Bestandteile für die Einwände gegen den *Erwählten* finden sich in der Rezension von Friedrich Sieburg, auf die ein Grossteil der nachfolgenden Kritiken eingeht. Ihr Titel allein genügt, um zu verstehen, dass Mann sich nicht nur getroffen, sondern fundamental missverstanden gefühlt haben muss: *In der Sackgasse.*[14] Gerade so hat Thomas Mann seine Rede vom Letzten, vom Abschliessenden, vom Endbuch nicht verstanden haben wollen. Und mehr noch als das: Wo Mann Gnade, Milde, Menschlichkeit und den im Sprachspiel realisierten Humor im Zentrum sehen will, sieht Sieburg das Gegenteil: »Es geht von dieser Kunstsprache ein kalter Hauch aus, wie er am Ende der Welt

---

[14] Vgl. auch TM Hb, 912 ff.

wehen mag, wie sie mit Brettern vernagelt ist … Er [Thomas Mann] schreitet in die Sackgasse, als ginge es in die Freiheit.«[15] Vielfach kontert Mann auf diese Zuschreibung der Sackgasse – oft mit ähnlichen Worten, wie er sie an Hilscher schreibt: »Ich bin schon in vielen ›Sackgassen‹ gewesen und immer frei wie der Vogel daraus hervorgegangen.« (SKE, 86)

Verbindet Manns Poetik der Auserwählung den ethischen Anspruch eines »Wille[ns] zur Zukunft« mit dem ästhetischen Anspruch einer »Autonomie der Kunst« (SKE, 84), und nimmt man diese Poetik der Auserwählung ernst, so sind Endbücher keine Sackgasse. Was das Alte ist und was das Neue, dessen Keime im Alten schon geistig am Werk sind: Fassbar wird dies nur am einzelnen, am einzigartigen Werk. Dieses ist nicht unabhängig von den konkreten, äusseren Wirklichkeiten zu denken, die sich ihm einschreiben; es ist immer abhängig von seiner Zeit, seiner mehrfachen Zeit. Aber dass nichts ewig währt, dass sich immer ein Neues zeigt, und dass es gilt, sich auf die Suche zu machen, den »Wille[n] zur Zukunft« zu haben, das ist die Idee der Auserwählung. Erwählt zu sein ist das Privileg Einzelner; ihnen in ihrer Suche nach dem Künftigen zu folgen aber ist der Aufruf, der in Erwählten uns alle meint.

---

[15] Zit. nach Fix (zit. in Anm. 4), S. 443.

Philipp Stoellger

Gott gegen Gott

Zur Narratheologie des *Erwählten* oder: ›kraft der Erzählung‹

> *»Mit den Jahren hat sich auf dem Weg über das Mythologisch-*
> *Religionsgeschichtliche sogar ein gewisses scheues und zartes*
> *Verhältnis zur Theologie hergestellt ...«* [1]

Thomas Mann

1. Hermeneutische Vorbemerkung

Die folgenden Überlegungen handeln *nicht* von ›Thomas Mann‹, sondern lediglich von dem Text *Der Erwählte*. Sie behandeln auch *nicht* den immensen Kontext im Werk Manns oder gar die diachronen oder synchronen Kontexte der Literatur und Kultur der Zeit. Diese Beschränkung ist etwas arg beschränkt, und es wird sich zeigen, wie weit sie durchzuhalten ist. Da die Perspektive des Folgenden einerseits theologisch, genauer systematisch-theologisch, bestimmt ist, andererseits hermeneutisch, läge zweierlei nahe: auf die ›Theologie‹ Manns, seine Weltanschauung oder die ›Systematik‹ *hinter* dem Text abzuzielen, oder ähnlich hermeneutisch nach dem ›Sinn dahinter‹ zu fragen. [2] Aber damit würde der Text schnell Mittel zum Zweck, um sein ›Dahinter‹ zu erkunden. Das ist möglich, aber auch das ist hier nicht leitend. Stattdessen soll versucht werden, *diesen Text* zu bearbeiten (ein Singuläres), und zwar nicht als Mittel, auch nicht als Selbstzweck, sondern *als Narration* – der nichts unmöglich scheint. Diese Narration der Allmacht und die Allmacht der Narration soll näher reflektiert werden in ihren Möglichkeiten und Unmöglichkeiten.

Hermeneutisch wird man fragen, ›wer spricht‹ in dieser Erzählung – und früher oder später auch, wer spricht in dieser Interpretation, die gelegentlich methodische Grenzen überschreitet und dann zur Deutung wird. [3] Die Art der

---

[1] Thomas Mann – Helmuth Burgert, 17. 10. 1953, in: Thomas Mann, Selbstkommentare: »Der Erwählte«, hg. v. Hans Wysling / Marianne Eich-Fischer, Frankfurt/Main: Fischer 1989, S. 110.

[2] Vgl. Paul Tillich, Systematische Theologie Bd. 1, Stuttgart: Evangelisches Verlagswerk ⁴1973, S. 22.

[3] Vgl. zum Begriff der Deutung (in Differenz zur Interpretation) Philipp Stoellger (Hg.), Deutungsmacht. Religion und belief systems in Deutungsmachtkonflikten, Tübingen: Mohr Siebeck 2014, S. 20ff.

Deutung, die hier riskiert wird, sei *responsiv* genannt: Es geht um den Versuch, dem Text zu antworten, um in der Artikulation einer eigenen Antwort zu sagen zu suchen, was sich mir zeigt im Sagen und Gesagten dieses Textes. Was passiert da, was zeigt sich und wie kann man sagen, was da geschieht? Im Zusammenspiel zwischen dem Geist der Erzählung und dessen Inkarnation im Erzähler Clemens entfaltet sich eine mehrdimensionale Selbstdeutung der Narration. Die hermeneutische Hypothese ist, dass diese Narration eine anspruchsvolle Narratologie entfaltet, die als Narra*theo*logie gedeutet werden kann – ohne darum zur närrischen Theologie zu werden.

Die hermeneutische Vermutung ist, dass in Ton, Form, Sprachgesten – kurzum *zwischen* den Zeilen und *im* Sprachspiel dieser Narration ›irgendwie‹ das zur Darstellung und realen Gegenwart kommt, wovon die Rede ist. Das hieße, dass in der Form der Inhalt nicht nur zur Darstellung kommt in wechselseitiger Entsprechung, sondern dass die Form der Inhalt *ist*: das Erzählspiel als Gnadenspiel. Das kann nur zum Zuge kommen, wenn der Leser mitspielt und sich so oder so mitspielen lässt. Im Horizont von Präsenz- und Immersionsforschung wäre die Frage: Worin besteht und wie weit reicht die Präsenzpotenz oder das Immersionspotential dieser Erzählung, oder, mit Ricoeur gefragt, das Refigurationspotential dieser Konfiguration?

Kommt *in* der Erzählung *als* Erzählung die Gnade zur Sprache, mit der die Erzählung spielt? Um nicht eine ›Gnade dahinter‹ zu erfinden, für die die Narration dann dienstbares Medium sein darf, ist hier zu unterscheiden: Es geht nicht nur um die *erzählte* Gnade, sondern die *Erzählgnade* (wie den erzählten Geist und Erzählgeist), also nicht nur um die, *von* der, sondern *in und mit* der erzählt wird. Die Narration wird zum Gnadenspiel, in der die Erzählung mit der Gnade spielt und die Gnade mit der Erzählung? Die Art und Weise des Erzählens – so die Vermutung – verkörpert, inszeniert und vergegenwärtigt die Gönnerlaune und Gnadenlust, den Humor und die sprachliche, imaginative, investigative, experimentelle ›Liquidität‹, mit der gelöst, erlöst und verflüssigt wird, was doktrinal oder allzu fromm verhärtet war.

2. Zum Anfang als Erinnerung: eine Paraphrase

Mit großem Geläut beginnt die Erzählung und öffnet sich mit einer Inklusion von Anfang und Ende des Ganzen: ein glorioser Rahmen, der dem Leser von Beginn an die Gewissheit gibt, am Ende werde alles gut. ›Alles kommt letztlich in Ordnung‹, so die geweckte Erwartung; aber innerhalb dessen wuselt die Unordnung, das Außerordentliche ebenso wie das Widerordentliche. Der Rahmen gewährt dem Leser ein Vorherwissen um das Ende und lässt ihn Bekanntschaft machen mit dem ›Wer‹, der hier die Glocken läutet und eigentlich das Sagen hat.

Wer spricht, wer erzählt hier? Kaum gefragt, beginnt die Erzählung sich zu häuten und entblättert ihre Schichten. Die Erzählwelt im innersten zusammen hält der Geist der Erzählung, wer oder was immer das sei. Dieser gute Geist zeigt sich im Geläut und spricht durch den Mund eines Erzählers, des irischen Mönches Clemens. Der erscheint auf Erden der Erzählung in zweierlei Natur: Erzähler und Inkarnation des Geistes der Erzählung, eine ›natürliche Person‹ in der Erzählwelt und Stellvertreter des übernatürlichen Geistes. Diese Rahmenkonstruktion ist eine Autorisierungsfiktion für Clemens wie für den Text. Wie aus ›heiligen Texten‹ bekannt, sei es die Tora, die Propheten oder die paulinischen Briefe, geht es um eine Ermächtigung, letztlich die Selbstermächtigung des Textes kraft Gottes, des Geistes oder einer Berufung zum Stellvertreter. Wenn Paulus spricht, spricht er im Namen Gottes, auf dass in seinen Briefen Gott selbst sprechen möge. Was Paulus recht ist, ist Clemens billig: Wenn er spricht, spricht der Geist.

Die Erzählwelt formiert sich so als Schöpfung des großen Geistes, der kraft eines Schöpfungsmittlers, des Erzählers, die Welt ins Werk setzt. Wer der Dritte im Bunde wäre neben dem Geist und seiner Inkarnation, bleibt im Dunkeln. Die Position von Gottvater ist in einer Weise latent, dass man einen Gott hinter dem Geist oder einen Autor hinter dem Erzähler vermuten mag. Aber der bleibt weitgehend ›absconditus‹. Der Allmachtsgott tritt nur gelegentlich an den Rändern und zwischen den Zeilen hervor, ansonsten hält er sich diskret im Hintergrund und verlässt sich auf seine Gnadenmittler: den Geist und seine Inkarnation. Narration ist Geistwirken, Narratologie daher Pneumatologie, lautet die These zum *Rahmen*. Der Erzähler ist Inkarnation, eine Person von zweierlei Natur, die Geist ist und Geist gibt, den Lesern Anteil gibt am Geist der Erzählung, lautet die These zum *Erzähler*. ›Clemens‹ fungiert christusgleich als Medium zwischen Erzählung und Lesern. Dazwischen entfaltet sich die Erzählwelt als Schöpfung des Schöpfungsmittlers.

Ist im Anfang und am Ende alles in Ordnung, in plerophorer Harmonie des Glockenklangs, entsteht dazwischen Raum für Störung, Unordnung und manches Außerordentliche. Der Sinn der Welt entfaltet sich in ihrer Vielheit in Differenz zum anfänglich Einen. Das Leben dieser Welt bringt Bewegung in sie – kraft der ›geistlosen‹ Störung der Ordnung und der Harmonie des Geistes. Natur tritt gegen Geist: Wider die harmonische Ordnung öffnet sich der Raum für Bewegung in der Eigendynamik der Erzählwelt. Ohne Störung kein Leben, ohne Eigendynamik der Natur keine Bewegung, oder narratologisch gesagt: ohne unordentliche und außerordentliche Eigendynamik des Mediums keine Erzählwelt. Der Geist bliebe weltlos ohne das gelegentlich widrige Eigenleben seiner Schöpfung. ›Ohne Fall kein Leben‹ oder ›ohne Sündenfall keine Geschichte‹, keine Vergangenheit, Gegenwart und Zukunft, könnte man das theologisch kurzfassen. Diese Umwertung des Unwerts, der Sünde, scheint hier im Hintergrund mitzuschwingen.[4]

Raum gibt die Erzählung der Geschichte von zwei Königskindern, die so exzeptionell wunderschön sind, dass sie *nur einander* lieben können und einander nur *lieben* können – und das daher passenderweise auch nicht lassen können. Was folgt, ist der erste Inzest, der aber eigentlich fast nur natürlich scheint. Allein, dass der treue Hund dabei dran glauben muss und blutig gemetzelt wird, damit er den Inzest nicht stört, ist die eigentliche Sünde wider die Natur.[5] Den inzestuösen Königskindern ward daraufhin ein Kind geboren – an und für sich sündlos, wie jedes Kind, aber doch mit exzeptioneller ›Erbsünde‹ belastet. Ist es doch Frucht größtmöglicher Sünde, Frucht eines ›verdorbenen Baumes‹, so die Unterstellung. Nur ist die Frucht selber darum verdorben? Doch hier spannt und sperrt sich die Erzählung: Dem Sündenpathos mit seinem Komparativ einer Sünde, die größer nicht gedacht werden könne, widerstreitet eine überraschende Natürlichkeit und Naturalisierung des Inzest. Ähnlich sperrig ist die Sündenfrucht eigentlich selber sündlos – Inkarnation eines Paradoxes –, bis das Verdrängte wiederkehrt und wiederholt ausagiert wird mit seiner Mutter.

Für den Fortgang der Geschichte muss der arme Grigorß alle Sünde seiner Eltern auf sich nehmen und als Verkörperung der Erzsünde durch die Erzählwelt wandern. Ärger als Christus, der sündlos empfangen sündlos die Sünd der Welt zu tragen hat, ist der arme Grigorß unverschuldet in Sünde empfangen, an sich sündlos, und muss ganz ohne göttliche Vollmacht die Sünd seiner Welt tragen. Ist doch auch seine Sünde im Folgenden nicht wirklich gewusst und gewollt, sondern unwiderstehlich: ihm vom Geist der Erzählung zugeschrieben und zugemutet. Vom Geist der Erzählung gezeugt, kraft eines Zeugungsmittlers, des bis dato ebenso sündlosen Bruders Wiligis, und von der Jungfrau Sibylla empfangen, wird Grigorß zum Schauplatz eines Gnadenwettstreits: ob denn die Allmacht Gottes so mächtig ist, selbst diesen Maximalsünder zu versöhnen, was allemal mehr und wunderbarer wäre, als seinen sündlosen Vorgänger Christus aufzuerwecken.[6]

---

[4] Das erinnert an die Gnosis, der der Sündenfall als Ausgang aus der fremdverschuldeten Unmündigkeit, der Blendung durch den Demiurgen, gelten konnte. Oder an die Mystik der Sabbathianer: der Fall als Menschwerdung des Menschen und Anfang der Geschichte der Freiheit.

[5] Nach Meinung des Erzählers, vgl. VII, 36 (wie Mann auch in den Selbstkommentaren wiederholt notiert).

[6] Theologisch gesehen ist das ganz traditionelle Topik aller Erwählten, von Moses über die Propheten bis zu Paulus. Keiner wurde aufgrund besonderer Tugenden erwählt, sondern die Demutsrhetorik der Berufungen besagt stets, dass sie *wider Willen, wider Erwarten, trotz ihrer Unfähigkeit* erwählt wurden. Denn Gott liebt üblicherweise gerade die *verlorenen* Schafe (Mt 15,24), die Hässlichen und Kranken (Lk 5,31 f), die Sünder (Lk 19,10 par), und erwählt, was verachtet und verworfen ist von der Welt (1Kor 1,27 f). Vgl. Eberhard Jüngel, Gott als Geheimnis

Auch wenn Grigorß' Weg in die Welt an Mose erinnert (nicht im Weiden-
korb, sondern im Fässlein) und sein kommender Mutterinzest an Ödipus, inszeniert der Geist mit ihm eine Hyperbolé Christi: Von sich aus ohne Fehl
und Tadel, ohne Sünde, ist er dazu in die Erzählwelt gesandt, die Sünd seiner
Welt zu tragen, selber zu übernehmen und zu wiederholen im zweiten Inzest.
Was es heißt, die Sünde zu tragen, zu ertragen, zu tun, um sie abzutragen,
wagt die Erzählung in Grigorß vorzustellen. »Denn er hat den, der von keiner
Sünde wusste, für uns zur Sünde gemacht, damit wir in ihm die Gerechtigkeit
würden, die vor Gott gilt« (2Kor 5,21). Darf man vermuten, dieser Hauptsatz
paulinischer Christologie stehe Modell für Grigorß' Erniedrigung und Erhöhung? Ähnlich dem Philipperhymnus (Phil 2)? So dass er zum Gnadenmittler
wird und sogar letztlich als fast allmächtiger Papst zum Allversöhner oder
Allvergeber? Wäre dem so, wäre die Ironie eine ›ganz besond're‹, eine hyper-
bolische Ironie, hoffnungsvolle Übertreibung: zu schön, um unwahr zu sein;
aber doch auch zu schön, um einfach wahr zu sein. Die Inzestfrucht und der
Maximalsünder würde zum Christus redivivus, oder mehr noch: zum Erweis
einer Gnade, die noch mehr vermag, als sich in Christus offenbart hat. Als
hätte Gott mit Christus erst geübt, was ihm in Grigorß gelingt – als soteriologische Nagelprobe?
 Solch ›fromme Frechheit‹ wäre leicht zu kritisieren. Aber damit wäre das
Ansinnen wie die Zumutung verspielt, ob denn der maßlose Komparativ, die
bis in die Komik und Absurdität übertriebene Gnadenlust, nicht eine theologische Pointe fingiert, die man zu denken wagen sollte: eine Gnade, über die
hinaus größeres nicht gedacht werden kann? Oder noch mehr: die größer ist,
als dass sie gedacht werden kann? Deswegen – so die narratheologische Hypothese – kann sie nicht (widerspruchsfrei) gedacht, sondern nur *erzählt* werden.
Wobei ›nur‹ nicht gering zu schätzen wäre. Ist doch die Freiheit und ›Gnade‹
der Literatur ihre Lizenz zum Unmöglichen: zu erzählen und zu imaginieren
wagen, was nicht real, nicht einmal real möglich, sondern ›inkompossibel‹ ist
(und bleibt?). Davon zehrt jede Hoffnungserzählung, die den Horizont der
gegenwärtigen Welt zu überschreiten wagt. Eschatologie ohne solche Horizontüberschreitungen wäre unsagbar. Literatur hat diese Paradoxie, gegenwärtig Unmögliches als zumindest erzählbar und damit denkbar darzustellen,
nicht nur begriffen, sondern kultiviert. Die Phantastik[7] eines Borges zum Beispiel überschreitet den Horizont des konsistent Denkbaren und kann in diesen imaginativen Expeditionen ins Undenkbare Unmöglichkeiten entdecken,

---

der Welt. Zur Begründung der Theologie des Gekreuzigten im Streit zwischen Theismus und
Atheismus, Tübingen: Mohr Siebeck [8]2010, S. 452.
 [7] Vgl. dazu Renate Lachmann, Erzählte Phantastik. Zur Phantasiegeschichte und Semantik
phantastischer Texte, Frankfurt/Main: Suhrkamp 2002.

die mehrwertig sind: Grund des Möglichen, vielleicht nicht ganz unmöglich. Ähnlich wie die eschatologischen Narrationen der Propheten Horizontüberschreitungen imaginieren, die gelegentlich absurd scheinen, angesichts dessen, was der Fall ist – aber nicht absurd bleiben, wenn man mit und von ihnen leben kann, anders leben. *Der Erwählte* scheint mir nicht weniger zu wagen.

Um den Gnadenkomparativ hoch zu treiben, muss die Erzählung zuvorkommend die Sünde eskalieren, wie im zweiten Inzest von Mutter und Sohn. Ob der un- oder halbwissentlich geschah, kann narrativ im Vagen bleiben. Aber Unwissenheit schützt vor Schuld und Strafe nicht. Daher folgt auf die Sündenerkenntnis des Inzests beiderseitiges Entsetzen, Furcht und Zittern – und der Bruch, die Umkehr, nach gut biblischem Muster, wie es im Bußsakrament geregelt wurde. Bei Sybilla bleibt die Buße unspektakulär durch erneuten und endgültigen Rückzug in die demütige Nächstenliebe der Hospizarbeit. Bei Grigorß hingegen wird es spektakulär mit dem Willen zur Maximalbuße (auch einem Willen zur Macht). Mit Sündenstolz wird er überaus bußwütig und will auf fromme Weise seinem Leben ein Ende machen auf einer einsamen Insel. Mit seinem ›descensus ad inferos‹ sucht er die heroische Einsamkeit der leblosen Insel, einer Totenwelt, die ihm zugleich gute Aussichten bietet, zum angehenden Säulenheiligen (oder besser: Inselheiligen) zu werden. Der Erniedrigung wohnt schon der Keim zur Erhöhung inne. Die Ambivalenz der gesuchten Selbsterniedrigung zeigt sich auf beiden Seiten: im Anfang mit seinem Willen zu Größe der Buße wie im Ausgang der triumphalen Erhöhung.

Die Inselepisode bleibt eine ebenso wundersame wie wunderliche Provinz in dieser Erzählwelt: ein kleiner Hades mit entsprechender Überfahrt. Ein Ort, um alle Hoffnung fahren zu lassen – wäre da nicht die seltsame Spur einer Naturgnade. Der Geist der Erzählung gewährt dem Büßer Nahrung kraft der mythischen Erdmilch, die ihn am Leben erhält. Der absolutistischen, indifferent lebensfeindlichen Natur wird eine Spur von Gnade eingeschrieben. Ein seltsam rationalistisches Motiv, um Grigorß am Leben zu erhalten, mit mythischen Mitteln und metaphysisch-metamorphotischer Wirkung. Denn das Ergebnis ist eine wundersame Wandlung des Menschen in ein Tier, ein zotteliges Naturding, zwischen Moos und Igel (VII, 195). Als müssten Leib und Seele vergehen, aber doch ein Rest an Kreaturkontinuität bestehen bleiben. Kein Ganztod also, aber doch eine Maximalregression in ein gerade noch lebendes Etwas.

Aus dieser äußersten Niedrigkeit (nicht aber aus dem Tod!) wird er daher nicht erweckt, sondern ›nur‹ erhöht. Die zweite wundersame Wandlung steht an, als er von den beiden prominenten Papstscouts entdeckt wird. Was der Geist der Erzählung vorhersagt, geschieht. Und das nicht ohne Spannung und Ambivalenz. Einerseits könnte man meinen, die Erhöhung des Büßers sei Lohn für seine Maximalbuße. Das wäre so traditionell wie erwartbar in der Tradition der Bußtopik. Andererseits ist die römische Doppelvision vom Opferlamm, das den neuen Papst verheißt, so schräg und quer zu allem Lohndenken, dass hier kaum das Schema vom Lohn der Buße das Gnadenkalkül bestimmen kann. Was dann? Auf der Ebene des Erzählten bleibt das dunkel. Nachdem Grigorß zum moosigen Igel regrediert ist, springt der Geist der Erzählung nach Rom, wo ein akuter Papstmangel im Überfluss des Schismas herrscht. Wie ein Pneuma ex machina tritt die doppelte Vision ein, um den Fortgang der Geschichte ›von oben‹ zu dirigieren. Seltsam eigentlich. Hätte hier doch auch eine narrative Selbstmeditation vermitteln können, in der Clemens etwa auf Gottes Gnade reflektiert, seine Wandelbarkeit und vielleicht die Reue oder Anfechtung Gottes bedenkt, mit der er sich erweichen lässt, die Allmacht der Gnade eintreten zu lassen, wo die Ohnmacht der Buße die Geschichte zu Ende zu kommen lassen droht. Aber – stattdessen der Bruch, die harte Fügung zwischen äußerster Niedrigkeit und anhebender Erhöhung. Das Warum der Gnadenwendung bleibt dunkel, als gälte gut augustinisch das nackte ›quia voluit‹ oder mit Grigorß' Gebet: »Deine heilige Alchimie« (VII, 234).

Narratheologisch wäre denkbar, dass hier eine Logik des Außerordentlichen am Werk ist: Die Wendung folgt *nicht* einer etablierten Ordnung: der Buße, des Lohnkalküls, den Heiligenviten, dem leidenden Gerechten oder der Theotopik Christi, auch wenn das alles im Hintergrund mitklingen mag. War doch schon im *Doktor Faustus* im Zwiegespräch Adrians mit dem Teufel die »völlig veraltete« (10.1, 360) Theologie der Reue und Umkehr kritisiert worden.[8] Die Gnadenwahl, den Erniedrigten zu erhöhen, ist ein nicht ›intelligibler Akt‹, sondern ein außerordentliches ›Ereignis‹. Hatte Blumenberg den Willkürgott des Nominalismus als ›theologischen Absolutismus‹ kritisiert, wäre hier von einem Gnadenabsolutismus zu sprechen: größer, als dass er gedacht werden könnte, und anscheinend in diesem entscheidenden Punkte auch wunderbarer, als dass er erzählt werden könnte. Wenn sich der Erzähler oder vielleicht sogar ›Mann selber‹ im Blick auf das Überleben Grigorß' auf der Insel Sorgen machte um die narrative Plausibilität, ist er an diesem Punkt auffällig sorgenfrei gewesen. Als würde die Größe der Gnade durch die Härte der Fügung nur umso eindrücklicher.

Danach läuft die Geschichte wie am Schnürchen, wie eine Karwoche mit Palmsonntagsjubel – nur ohne Gang ans Kreuz. Stattdessen geht's in den Vatikan unter großem Geläut. Der Rahmen schließt sich. Die Narratheologia gloriae eskaliert, weil der Stellvertreter an der Vergebungsvollmacht derart Gefallen findet, dass der Erwählte den Erwählenden übertrifft: »seine verwegene Art, die Gottheit zur Gnade anzuhalten« (VII, 239) erscheint nicht nur

---

[8] Vgl. Friedrich Ohly, Thomas Mann: »Doktor Faustus« und »Der Erwählte«, in: ders., Der Verfluchte und der Erwählte. Vom Leben mit der Schuld, Opladen: Westdeutscher Verlag 1976, S. 123–135, 123.

gnädig, sondern allzugnädig, wenn nicht allzumenschlich. Nicht nur »Gnade vor Recht« (VII, 242), sondern in dubio Gnade *statt* Recht scheint die Maxime, nach der er alles Mögliche und Unmögliche ›löst‹. Die narrative Liquidität dieser Allvergebung wirkt wie eine Liquidierung der strengen Währungshüterschaft der Kurie, die den Thesaurus gratiae bis dato so restriktiv wie möglich verwaltet hatte. Die Vergebungslust wird vom Stellvertreter derart exzessiv ausgelebt, wie es sich selbst ein Gott wohl kaum träumen ließe.

3. Das primum movens: die Gnade als bewegter Beweger

Der ganz »aus Sünde gemacht[e]« (VII, 176, vgl. 138) Grigorß wird erwählt, erniedrigt, errettet und erhöht. ›Es gibt Gnade‹, lautet die Urimpression und das teleologische Movens der Narration,[9] und zwar ›Gnade *trotz allem*‹. Selbst die größte Sünde kann von der Gnade überwunden werden. Damit es Gnade geben kann, bedarf es eines Gnadenbedarfs und daher der Sünde, genauer: einer ›Erbsünde‹, und hier mehr noch einer *unvergebbaren* Sünde. Die theologische Zuspitzung ist demnach das Problem der Vergebung des Unvergebbaren.[10]

Soll man in der Hyperbolik der Gnade – ihrer ordnungswidrigen Erwählung des Maximalsünders und in ihren Eskalationen von ›Gnade statt Recht‹ – ein protestantisches Pathos entdecken: ein das Ethos (gar den Logos) überschreitendes Pathos der Hyperbolé, bei noch so strengem Gesetz ein immer noch gnädigeres Evangelium gelten zu lassen – bis zur Übertreibung von Evangelium *statt* Gesetz? Jedenfalls wird hier Gnade nicht mehr im Rahmen einer Ökonomie verstanden, weder von Tun und Ergehen, noch von Werk und Lohn oder Buße und Vergebung, sondern maßlos, überschwänglich oder ›an-ökonomisch‹. Einerseits ist sie damit ebenso unbedingt (und darin durchaus lutherisch inspiriert) wie absolut, ›legibus solutus‹, und damit ebenso frei wie indes auch nicht mehr recht einsichtsfähig in ihrem Warum, Wem und Wieviel. Solch ein Gnadenabsolutismus *wäre* als mögliche Konsequenz lutherischer Gnadenlehre verstehbar (die allerdings weder christologisch noch rechtfertigungstheologisch näher bestimmt wird). Mir scheint sich diese ungeheure Maßlosigkeit

---

9 Vgl. »eine Geschichte also von Sünde und Gnade« (Mann, Selbstkommentare, S. 35); vgl. »Es ist eine fromme Groteske, bei deren Conception ich viel lachen muß, handelt aber eigentlich von der Gnade« (ebd., S. 10).

10 Vgl. Philipp Stoellger, Vergebung als Gabe, in: Hermeneutische Blätter, Jg. 2002, H. 2, S. 33–46; ders., Bild, Pathos und Vergebung. Ricœurs Phänomenologie der Erinnerung und ihr bildtheoretischer Untergrund (mit Blick auf G. Didi-Huberman), in: Burkhard Liebsch (Hg.), Bezeugte Vergangenheit oder versöhnendes Vergessen. Geschichtstheorie nach Paul Ricœur, Berlin: Akademie-Verlag 2010, S. 179–216.

eher einer literarischen Lizenz zur Übertreibung[11] zu verdanken: kalkulierte Absurditäten und Unmöglichkeiten wirklich werden zu lassen im Medium der Narration. Der Narration ist nichts unmöglich, oder wenigstens fast nichts.

Zunächst sollte man allerdings zur Orientierung Gnade von Gnade unterscheiden:

1. Die *erzählte Gnade* ist zentral die Erwählung des Erzsünders.

2. Der Erwählte und Erhöhte vermag aber darüber hinaus als ›Allvergeber‹ auch Gott weiterzutreiben, weiter als er von sich aus gegangen wäre (»unvergebbare Sünden vergeben«, VII, 242, oder Trajan aus der Hölle loszubeten, vgl. VII, 239). Die ganze Hyperbolik der Vergebung in aller Vollmacht des Papstes übertreibt, treibt die Gnade über sich selbst hinaus. Die erzählte, thematische Gnade erfährt eine Verschiebung und Eskalation kraft der Erzählung in deren Eigendynamik.

3. Rückblickend erscheint in der Erhaltung Sybillas eine andere, leise, unspektakuläre Gnade am Werk, die nicht übersehen werden sollte. ›Schöpfung und Erhaltung‹, diesseits der großen Rettung und eskalierenden Vergebung ist eine ›unmerkliche‹ Gnade, die tragend ist und bleibt, wie eine ›Bundestreue‹. Ähnlich ist die Erhaltung Grigorß' durch die wunderliche ›Erdmilch‹ eine kleine, aber feine Gnade, wenn auch etwas wunderlich.

4. Sowohl Erhaltung als auch Rettung sind die Gnaden, kraft derer Grigorß von hoher See gerettet, vom Abt gehütet und erzogen sowie im Zweikampf gerettet wird. All diese für die Erzählung ›lebensnotwendigen‹ kleinen Rettungen sind gleichsam ›ad hoc‹ Gnaden (der Josephsgeschichte ähnlich), die bei noch so viel Stolz oder Lastern des Helden ihn kraft der Gnade ›trotzdem‹ überleben lassen.

5. Von all den *erzählten* Gnaden ist die *Erzählgnade* zu unterscheiden: nicht die gesagte, dargestellte, sondern die Form und Dynamik der Darstellung als Gnadenmedium. Erzählwelt und Erzählzeit sind bekannt, Erzählgnade ist die narratheologische Pointe des *Erwählten*. In der Erzählung als Erzählung, kraft der Erzählung also, kommt eine Gnade zur Sprache und zur Welt bis hin zu jedem Leser. Diese Gnade ist nicht nur thematisch, sondern ›effektiv‹ oder ›fungierend‹. Sie gehört zur Performanz und medialen Eigendynamik der Narration, ohne die sie nicht wäre und wirkte, was sie alles vermag.

6. Theologisch könnte man weitergehend den Gnaden*begriff* ›dahinter‹ und (nicht zu verwechseln) die ›Gnade *selbst*‹ als Gottes Eigenschaft unterscheiden; oder auch Gnade als ›Ereignis‹ und die Erfahrung des Menschen als ›wirkliche‹ Gnade im Unterschied zur erzählten oder Erzählgnade. Aber diese theologi-

---

[11] Vgl. Alexander Düttmann, Philosophie der Übertreibung, Frankfurt/Main: Suhrkamp 2004; vgl. Bernhard Waldenfels, Hyperphänomene. Modi hyperbolischer Erfahrung, Berlin: Suhrkamp 2012.

schen Differenzen scheinen mir für die Narratheologie des *Erwählten* zwar möglich, jedoch sekundär zu sein.

Der Mehrdimensionalität der Gnade als ›Movens‹ der Erzählung entsprechend sind auch deren Deutungen nicht ganz einig, sondern konfliktiv: *Friedrich Ohly* hatte für den *Erwählten* (im Unterschied zum *Faustus*) überraschend wenig übrig, wenig mehr als einige theologische Kritik. So meinte er, die Gnade sei keine freie Gabe mehr, wenn sie auf Initiative des Menschen Gott nahegelegt oder abgerungen werde:[12]

Der Sünder darf, mit Außer-Ordentlichem auch Gott zu Außer-Ordentlichem treibend, zwar nicht vermessen im Sinne der Praesumptio, aber doch verwegen kalkulieren, dass die Tiefe seines Sturzes seiner Erhebung in die Höhe ihr unglaubliches Maß bestimme.[13]

Christoph Schwöbel meinte dagegen zum Ende des *Faustus*:

Das Paradox der Gnade, die Transzendenz der Verzweiflung ist erst dort erreicht, wo die nach allen menschlichen Maßstäben geforderte Verdammnis eingestanden wird, wo nicht doch noch ein letzter Rest bleibt, der als Bedingung der Begnadigung betrachtet werden könnte. Nur so, in der absoluten Verzweiflung kann das Paradox der Gnade gelten, kann die Gnade im ›sola gratia‹ als bedingungslose Gnade erscheinen.[14]

So erscheint denn das letzte Wort als Bitte um Gnade: »Gott sei eurer armen Seele gnädig, mein Freund, mein Vaterland« (10.1, 738). Auffällig nur, dass Schwöbel hier erstaunlich konvenient formuliert: eine These über den Text, über den Autor (?), über ›die Gnade‹ und über die protestantische Rechtfertigungslehre. *Wer* spricht hier *worüber*? Die Konvenienz ist so auffällig und die Interpretationsthese so deutlich ein Satz des Dogmatikers, dass das Zweifel streut. Ganz dieser affirmativen These folgend, steht Schwöbels Interpretation des *Erwählten* unter dem Titel ›Sola Gratia‹. Hier werde die »Paradoxie der Gnade, mit der *Faustus* endet, in eine Positivität der Gnade« gewendet, »in der es neben der Gnade keine andere Erzähl- und Deutungsperspektive gibt«[15]. Daher werde hier nicht die Gnade ironisiert, sondern: »Aus der Perspektive der ›mit reinem Ernste‹ erfassten Gnade wird alles andere ironisiert«[16]. Wirklich?

---

[12] Vgl. Ohly, »Doktor Faustus« und »Der Erwählte«, S. 132.

[13] Ebd., S. 134.

[14] Christoph Schwöbel, Die Religion des Zauberers. Theologisches in den großen Romanen Thomas Manns, Tübingen: Mohr Siebeck 2008, S. 54.

[15] Ebd., S. 55. »Die ironisch-parodistische Erzählperspektive wahrt gegenüber ihren Gegenständen durch die Ironie nicht das ›Pathos der Distanz‹. Vielmehr ist die Erzählperspektive eine, die alles Geschehen konsequent aus der Perspektive der Gnade ins Auge fasst« (ebd.). Wie indes eine ironische Perspektive *durch* die Ironie *nicht* die Distanz der Ironie wahren kann, bleibt für mein Verständnis näherer Erklärung so fähig wie bedürftig.

[16] Ebd., S. 56.

Zunächst ist es unnötig, zwischen Ironie und Ernst solch eine Differenz zu setzen, dass Ironie nicht ernst sein könne und Ernst nicht ohne Ironie. Zudem aber ist auch nicht wirklich nötig, den ›reinen Ernst‹ der Gnade derart affirmativ aufzufassen und dabei von Selbstkommentaren des Autors[17] auf den Erzähler und die Erzählung zu schließen.[18] Könnte es sein, dass hier die dogmatische Perspektive die Deutung beherrscht und der Erzählung zu wenig Mitsprache zugesteht? Dann würden Differenzen und Eigenarten der Erzählung *als* Erzählung verspielt werden. In Differenz zu Schwöbel trifft die bereits erwähnte und auf andere Weise überschießende Deutung Ohlys, der *Erwählte* »reitet [...] über den Bodensee theologischer Probleme ohne Grausen«[19]. Gnade sei hier gar »keine freie Gabe Gottes«, denn die »Initiative des Menschen legt Gott nahe, eine bei ihm angeregte Gnade als das Seine zu erkennen und zu leisten«[20]. Warum nur argumentiert ein derart gelehrter und geistreicher Interpret wie Ohly derart eindeutig für einen Gnadenbegriff, der keine ›Beweglichkeit‹ Gottes zu kennen scheint? »Hinter Gott steht hier wie eine Nötigung zur Gnade [sic!], es sei denn, er komme ihr zuvor, indem er sich selber gegen sich selbst zu dem ihm nicht Gemäßen nötigt«[21].

Der Deutungskonflikt ist klar: Schwöbels affirmative Deutung im Zeichen des lutherischen sola gratia gegen Ohlys kritische Deutung einer Scheingnade, die nur der Nötigung entspringe und darum keine Gnade mehr sei. Schwöbel trägt eine lutherische confessio als Dogma in die Deutung ein, schließt erstaunlich schnell vom Selbstkommentar Manns auf den Textsinn und schreibt der Erzählung so seine dogmatische These zu. Ohly hingegen deutet unter der Prämisse eines Begriffs der Gnade als ›absolut freier Gabe‹, so dass jede Resonanz und Respondenz Gottes auf die Menschen nicht mehr ›frei‹ und darum keine Gnade mehr sein könne.

Ohlys Prämisse setzt eine ›allzu freie‹ Gabe voraus, als könne und dürfe Gott nicht bewegt werden vom Leid des Sünders und einer Vergebungsbitte. Dagegen sei an Luther erinnert: »Deus est mutabilis quam maxime« (WA 56, S. 234)[22] – Gott ist *maßlos* wandelbar. Wollte man diesen Gegensatz zum Axiom der Apathie bzw. immutabilitas biblisch begründen, wäre an Jona und

---

[17] Vgl. Mann, Selbstkommentare, S. 57: »ernst ist es ihm unter dem allen mit der Idee der Gnade, in deren Zeichen seit langem mein Denken und Leben steht«; vgl. wie es ›pure Gnade‹ sei, dass er nach dem *Faustus* noch dieses »in Gott vergnügte Büchlein hinbringen konnte« (ebd., S. 57; dito 53, 55 f., 58, 61, 73, 74, 75, 82, 84).

[18] Ebd., S. 107 f. Vgl. »Ich kenne die Gnade, mein Leben ist lauter Gnade, und ich bestaune sie. Ist es denn nicht auch pure Gnade, daß es mir vergönnt war, nach dem ›Faustus‹, der mich fast umgebracht hätte, noch dieses in Gott vergnügte Büchlein zu schreiben?« (Ebd., S. 77).

[19] Ohly, »Doktor Faustus« und »Der Erwählte«, S. 130.

[20] Ebd., S. 132.

[21] Ebd., S. 133.

[22] WA = D. Martin Luthers Werke, Weimar: Hermann Böhlau Nachfolger 1883–2009.

Ninive zu erinnern oder an Jahwes Reue und rettenden Selbstwiderspruch (der Barmherzigkeit gegen sein Gericht) wie in Jeremias' Trostrolle.[23] Oder mit Grigorß' Worten, er sucht seine Eltern und erklärt:

Ich muß sie sehen! Ich muß sie suchen über die Welt hin, bis ich sie finde und ihnen sagen kann, daß ich ihnen verzeihe. Dann wird auch Gott ihnen verzeihen, er wartet wahrscheinlich nur darauf. Ich aber, nach allem, was ich von divinitas weiß, ich, der ich nur ein armes Monster bin, werde durch die Verzeihung Menschheit gewinnen (VII, 114).[24]

Ohly sieht jedoch etwas, das Schwöbel zu übersehen scheint: Eine Kreuzung von Ironie und Gnade wie von Glaube und Humor oder Verzweiflung und Erwählung. Diese Chiasmen sind nicht aufzulösen als bloße Ironie gegenüber bloßer Gnade. Der narrative Witz scheint in deren Koinzidenz und Komplikation zu liegen. Der Ernst der Ironie sei unbestritten und die Ironie im Ernst ebenso. Wenn aber Ironie und Gnade einander so kreuzen, kann das zünden und beide wundersam wandeln: Ironie wandelt, modalisiert die Gnade zu einer anscheinend ›allzumenschlichen‹ Gnadenlust und -laune, die sich bewegen, berühren, ja bedrängen lässt, ohne darum nicht mehr Gnade zu sein. Die Gnade ist so frei, auch als erbetene oder genötigte noch Gnade zu sein (Ninive). Aber solch einen logisch oder dogmatisch unreinen Gnadenbegriff kann sich wohl nur die Narration erlauben. Die Ironie scheint das narrative Lösungsmittel für die Gnade zu sein, sie aus ihrer Freiheit und Reinheit zu erlösen wie aus ihrem ›alten Ernst‹.

Im Kontext religiöser Rede oder der Verkündigung wäre solch eine Ironisierung der Gnade wenn nicht ›daneben‹, so doch hochriskant. Man müsste schon Jonas' Handel mit Gott oder Hiobs Klage gegen ihn in Erinnerung rufen, um – ohne Ironie – zu zeigen, dass Gott *angegangen* werden kann und sich angehen lässt, was ihn bewegt. Literatur wie die Narration des *Erwählten* hingegen ist so frei mit ihrer Lizenz zum Unmöglichen, die dogmatischen Unmöglichkeiten nicht nur möglich, sondern wirklich werden zu lassen. Dass das dann dogmatisch nicht ganz stubenrein ist, versteht sich. Suchte man nach einer dogmatischen Legitimierung solcher Unreinheiten, sei nochmals auf die ›Mutabilität‹ Gottes, seine Beweglichkeit oder Responsivität hingewiesen. Das

---

[23] Jer 31,20: »Ist nicht Ephraim mein teurer Sohn und mein liebes Kind? Denn sooft ich ihm auch drohe, muß ich doch seiner gedenken; darum bricht mir mein Herz, dass ich mich seiner erbarmen muß, spricht der Herr.«

[24] Damit ist am Rande eine bemerkenswerte These zu Gottes Vergebungsvollmacht im Spiel: dass Gott nicht an den Opfern vorbei vergeben kann. Die weitergehende These, dass wenn Grigorß verzeiht, werde das auch Gott, ist so plausibel – wie sie an einer Unklarheit krankt. Wie ›kann‹ er verzeihen? Ist das ein Wollen und Können? ›Wie man das macht‹, Vergeben, bleibt (auch hier) unklar.

narrative Gedankenexperiment, Gottes Gnade derart beweglich zu denken, ist auch dogmatisch nicht unsinnig. Umgekehrt die erzählte Gnade als gut lutherisches ›sola gratia‹ zu affirmieren, verkennt die Liquidisierung und Labilisierung ›*kraft der Erzählung*‹. Ganz abgesehen davon, dass die von der erzählten Gnade zu unterscheidende ›Erzählgnade‹ damit noch gar nicht im Blick ist (wie der erzählte Geist im Unterschied zum Erzählgeist).

Tritt die narrative Gnaden›lehre‹ im Medium der Distanzkunst der Ironie auf, scheint eine wechselseitige Potenzierung beider die Folge zu sein: eine Art Eskalation, mit der das ›Lösungsmittel‹ der Ironie das ›Erlösungsmedium‹ der Gnade steigert, hochtreibt, so dass es größer nicht gedacht werden kann und größer wird, als dass es noch gedacht werden könnte – während andererseits an diesen Eskalationen der Gnade die Ironie ihren Spaß hat und sich hochtreiben lässt. Die beiden befördern einander aufs Lustigste. Zu dieser ›quecksilbrigen‹[25] Liquidität des *Erwählten* trägt die Art und Weise der Ironie entscheidend bei. Der Einwand (wie ihn etwa Ohly zu vertreten scheint) ist nur naheliegend, im *Erwählten* sei ›alles nur Ironie‹ und damit etwas arg leichtfüßig, am Ende nur eine Unterhaltung Gottes (nur, was hieße hier ›nur‹?). Ironie und Religion haben bei Mann die gemeinsame Wurzel einer Spannung von ›Geist und Leben‹ (bzw. Natur) sowie die anthropologische Funktion, die Stellung des Menschen in dieser Spannung zu gestalten.[26] Die Ironie wird zum ›Pathos der Mitte‹, weniger pathetisch gesagt: zum Mittler, Medium, zum lebendigen Zwischenraum dieser Spannung. Dass dabei ›Ironie‹ nicht kognitiv verfasst ist als Aufklärung des Nichtwissens in allem Wissen (Sokrates), dass sie auch nicht die Erhebung des romantischen Subjekts über die Endlichkeit ist (Schlegel), nicht absolut negativ, wie Hegel einwandte, oder nicht bloß ästhetische Existenz (Kierkegaard), macht den Unterschied Manns aus. Ob er von Kierkegaards ästhetischer Hoch- wie religiöser Geringschätzung der Ironie unbetroffen bliebe, wäre einen Vergleich der beiden wert.

Manns Ironie ist Medium der Labilisierung und Liquidität: einer narrativen Verflüssigung des ›alten Ernstes‹ (Blumenberg) und starrer Differenzen wie metaphysischer Monster wie einer abstrakt gewordenen Allmacht. Diese außerordentliche Liquidität ›kraft der Narration‹ liquidiert Altes, um aus dem Fluss der Erzählung Neues entspringen zu lassen. Insofern könnte man sie auch schöpferische oder genauer *eschatologische Ironie* nennen: im Gestus der Vollendung das Alte am Alten vergehen und das Neue entstehen zu lassen. Dass

---

[25] Vgl. Neal Stephenson, Quicksilver, München: Goldmann 2004; vgl. auch online http://www.nealstephenson.com.

[26] Vgl. Christoph Schwöbel, Ironie und Religion. Theologische Bemerkungen zu ihrem Verhältnis in Thomas Manns Werk, in: Niklaus Peter / Thomas Sprecher (Hg.), Der ungläubige Thomas. Zur Religion in Thomas Manns Romanen, Frankfurt/Main: Klostermann 2012, S. 167–189, 183.

darin eine neue, ultimative ›Härtung‹ entstehen könnte, die ›Vollendungsform‹, die Mann (in den Selbstkommentaren) immer wieder prätendiert, wäre auch eine praesumptio, die weder nötig noch wünschenswert ist. Mit Ironie wird die Religion der Alten verflüssigt und das alt Gewordene daran, nicht aber, um sie im Orkus des Vergessens vergehen zu lassen. In der ironischen Arbeit an der Religion ist die Religion ihrerseits an der Arbeit. Sie gibt der Ironie ihren Ernst, im *Erwählten* den von Mann ja immer wiederholten unbedingten Ernst von ›Sünde und Gnade‹. Nicht dass dieser Ernst ironiefrei wäre, aber die Ironie zeigt ihr Gewicht erst in ihrem Ernst.[27]

Analoges ließe sich zum Humor sagen, wenn Mann (mit Verweis auf Albrecht Goes) zustimmend formuliert, »die Sphäre des Glaubens sei die des Humors«[28]. Im doppelten Genitiv verdoppelt sich die Metapher der Gnade des Humors und des Humors der Gnade – bis in die Ununterscheidbarkeit.[29] Im Sinn ist hier kein ›bloßer‹ Humor,[30] sondern ein vielleicht ›existentiell‹ zu nennender Humor,[31] mit einem recht eigenen soteriologischen Charakter: »Das Komische, das Lachen, der Humor erscheinen mir mehr und mehr als Heil der Seele«[32]. Vielleicht kann man das *Antinihilismus* nennen. Gegen den Nihilismus, vor dem er floh, setzt er einen nihilismuskritischen Nihilismus, als könnte in dieser Negation des Negativen ein kurzer Blick auf einen anderen, humorigen Horizont eröffnet werden. Gegenüber der »Ausweglosigkeit der Weltlage, die krankhaft gespannte Atmosphäre«[33] könne das Buch »zur Erholung dienen von dem Grauen der Zeit. Was soll werden? Die Lage scheint ausweglos und unaufhaltsam gleiten wir in Nacht, Katastrophe und Barbarei hinein«[34].

---

[27] In der Theologie könnte man von Remetaphorisierung der Metaphysik sprechen (in Weiterführung Blumenbergs), um an den metaphysisch verhärteten Themen noch in imaginativer Variation arbeiten zu können. Remetaphorisierung ist der Narrativierung verwandt, oder einer Wendung an den Tropen und Figuren.

[28] Mann, Selbstkommentare, S. 58; vgl. Thomas Mann – Wolf Jobst Siedler, 23.4.1951, in: Mann, Selbstkommentare, S. 56; vgl. Philipp Stoellger, Grenzreaktionen Gottes. Hat Gott etwas zu lachen?, in: TheoLogica, Jg. 2000, H. 1, S. 14–21.

[29] Vgl. zur ›theologischen Humoristik‹ Mann, Selbstkommentare, S. 89; Humor richte sich gegen ›menschliche Verzweiflung‹ (ebd., S. 59); »dieses in Gott vergnügte Büchlein« (ebd., S. 64 u. ö.); vgl. Das Privilegirte Ordentliche und Vermehrte Dreßdnische Gesang-Buch, Dresden/Leipzig: Verlag der waltherischen Buchhandlung 1759, S. 347, »Eines wahren Christen wahre Vergnügung in Gott, welcher seines Herzens Trost und Theil«, Nr. 565: Jede der 16 Strophen beginnt »Ich bin vergnügt« und endet mit »... in Gott vergnügt.«

[30] Auch wenn manche Selbstäußerungen Manns so klingen mögen: »Mich verlangt durchaus nach Komik« (Mann, Selbstkommentare, S. 15); aber vgl.: »Man sollte wohl nicht solche Allotria treiben« (ebd., S. 23).

[31] Vgl. Thomas Mann – Albrecht Goes, 21.4.1951, ebd., S. 55 f.; vgl. ebd. S. 41, zu »höhere[r] Heiterkeit«.

[32] Ebd., S. 7; vgl. auch 30, 36.

[33] Ebd., S. 58.

[34] Ebd., S. 59; vgl. ebd., S. 71.

Das ist ein Hinweis auf den ›Sitz im Leben‹ dieser Narration. Ist doch der *Erwählte* ein Buch *zwischen den Zeiten*, genauer ›zwischen den Kriegen‹: zwischen dem zweiten Weltkrieg und dem kalten Krieg. Ob ›bewusst‹ oder nicht, diese Erzählung ist *auch* ein politisches Buch, eine Intervention, und sei es in Form indirekter Mitteilung. Wenn dieses Buch so in den Horizont seiner Zeit eingebettet wird, drängt sich eine narratheologisch ›häretische‹ Rückfrage auf: Darf man die Vermutung wagen, die dergestalt hochgetriebene, wenn nicht übertriebene Gnade insinuiere eine Vergebung des Unvergebbaren? Sie lasse das Undenkbare, wenn nicht denkbar, so doch erzählbar werden? Eine *Vergebung der Shoa*? So zu fragen, ist deswegen wohl ›häretisch‹, weil es kurzschlüssig wäre und im Übrigen auch Manns Geste der Distanz zu Politik und Moral unterliefe. Und dennoch: Wenn es mit der Gnade so ›ernst‹ ist, ist die theologische Frage zumindest schwer zu unterlassen. ›Es gibt die Vergebung des Unvergebbaren‹, so wie es Unvergebbares gibt. Wenn diese Paradoxie der Vergebung auf *die* Maximalsünde der Shoa bezogen wird – was dann? Manns Selbstkommentare zum *Erwählten* geben m.W. keinen belastbaren Hinweis[35] auf solch eine ›applicatio‹ oder diesen möglichen Hintersinn. Und dennoch – es wäre eine Antwort auf Adorno, die zumindest erzählbar wäre. Das Medium der Narration wäre so gnädig, die Vergebung des Unvergebbaren wenigstens erahnen zu lassen.

4. *Was war die Sünde?: das secundum movens*

In der Erzählung geht es explizit um anderes, auch wenn keineswegs klar ist, was denn eigentlich ›die Sünde‹ sein soll. Was ist ›das Problem‹, das die Erzählung zu lösen unternimmt – zu erlösen? Der doppelte Inzest? Der gilt in der Erzählung ›eigentlich‹ als ›nur natürlich‹, so wie in Manns Selbstkommentaren wiederholt betont.[36] Hier konfligieren möglicherweise antike, christliche und spätneuzeitliche Auffassungen: Ödipus vergeht sich an einer metagöttlichen Weltordnung (des Kosmos). Der mittelalterliche Gregorius vergeht sich an einer Schöpfungsordnung. Gregoriß' vergeht sich – woran eigentlich genau? Am Inzesttabu, einer Rechtsordnung, einer Moralvorstellung? Wäre die Sünde nur

---

[35] Vgl. ebd., S. 75, 94. Dass Manns Kritik des Nationalsozialismus und seine Nähe zu Frisch in diesem Punkt für die oben gewagten Vermutungen sprechen könnten, sei nur notiert. Vgl. dazu u. a. Katrin Bedenig, Thomas Mann und Max Frisch in der Tradition des politischen Schriftstellers 1945 bis 1955, in: TM Jb 25, 2012, S. 275–290, 277 f.; Kurt Sontheimer, Thomas Mann und die Deutschen, München: Langen-Müller 2002, S. 212 et passim.

[36] Thomas Mann – Walter Rilla, 11. 1. 1951: »Der kleine Inzest-Roman, der unter der Hand zu verstehen gibt, daß das ›Unnatürliche‹ doch eigentlich etwas recht Natürliches ist, da man sich nicht wundern darf, wenn Gleich und Gleich sich liebt [...]« (Mann, Selbstkommentare, S. 47).

der Inzest, ein natürlich allzu-natürlicher Moralverstoß, wäre die narrative Lösung eine gnädige Suspension der Moral mit einer recht modernen Ausdifferenzierung der Natur- von der Moralordnung. Aber sollte das alles gewesen sein? Dazu hätte es der narrativen Hyberbolik der Gnade nicht bedurft. Was war die Sünde? Zumal eine Sünde, für die man nichts kann?

Die Geschwisterliebe ist so naheliegend wie natürlich. Sollen Gregoriß' Zeugung und Geburt ihn zum Erbsündenträger machen, als hätte im Hintergrund der späte Augustin das Sagen? Gregoriß' Mutterliebe ist wie die Geschwisterliebe nur zu naheliegend, zumal für einen Freudleser. Ist er also ein Sünder ohne Wahl und Wissen oder im Grunde ohne Fehl und Tadel? Per se und ursprünglich eigentlich sündlos? Was ist ›der Inzest‹? Tabubruch, Moralvergehen, Rechtsbruch? Jedenfalls, so Clemens wie Mann, eigentlich gar nicht wider die Natur. Und – das ist entscheidend – *nicht gegen Gott, gegen Glaube oder gegen Liebe* gerichtet.

Die Erzählung stellt den doppelten Inzest als nur zu natürlich dar, als menschlich und allzumenschlich. Allerdings bedarf es der Dramatik der ›Erzsünde‹, um die Erzählung in Gang zu bringen, zu halten und in der Gnadenallmacht gipfeln zu lassen, bis zur Peripetie der Allvergebung durch den Papst. Angesichts der Gnadenhyperbolik erscheint der doppelte Inzest beinahe lächerlich banal, eher unterhaltsam als ungeheuer. Hinge die Vergebungsallmacht *daran*, wäre sie doch kaum der Rede wert. Ein Literaturkritiker könnte einwenden, dass die Erzählung hier auf die falsche Sünde gewettet hat, zu leicht, zu natürlich. Mit diesem Gegner kann die Gnade nicht so hochgetrieben werden, wie es der Gang der Erzählung bedarf. Ein theologischer Kritiker könnte einwenden, hier werde viel Kluges über die Gnade erfunden. Aber leider, leider werde zu wenig über die Sünde nachgedacht, die seltsam blass bleibt, obwohl dauernd von ihr die Rede ist. Was also mag Sünde sein – im Allgemeinen, im theologisch Besonderen und im narrativ Singulären?

Hier ist eine theologische Unterscheidung nötig, die in der Erzählung (und in Manns Selbstkommentaren) leider nicht deutlich wird: Sünde im Unterschied zu Sünden.[37] *Sünden* im Plural, in einem substantiellen oder moralischen Sinn sind wesentlich Handlungen oder Ordnungsverstöße. In dem Sinn wird noch heute allgegenwärtig von Sünden gesprochen, meist im moralisierten Sinn, oft auch im trivialisierten (Diät etc.). *Sünde* im singulare tantum, im theologischen Sinn, ist der Gegenbegriff zu Glaube, und daher nicht eigentlich ein *defectus* von Wissen oder Wollen. Sowenig Glaube primär eine Frage von Wissen und Wollen ist, sowenig kann das für Sünde im theologischen Singular gelten. Als Gegenbegriff zu Glaube ist sie nicht *malefactum*, sondern schlicht ›Unglaube‹ in einem keineswegs moralischen Sinn. Anders gesagt: Gottesbeziehungsstö-

---

[37] Vgl. aber Mann, Der Erwählte, S. 45: »ich sage ›Sünden‹ und nicht ›Sünde‹«.

rung, Gott-losigkeit, Indifferenz oder Glaubens- und Lieb- und Hoffnungs-
losigkeit. So wie Glaube eine Qualifikation des Gottesverhältnisses ist, so auch
Sünde: entweder ein verfehlendes oder fehlendes Gottesverhältnis. Sünde und
Glaube sind gegenläufige Relationsbestimmungen von Mensch zu Gott. Dass
und wie beide zusammen ausgesagt werden könnten (simul iustus et peccator),
muss hier nicht erörtert werden. Nur sollte dieser theologische Sinn von Sünde
klar sein im Unterschied zu moralisch verstandenen Sünden.

Dann mag der erzählte Inzest eine mehr oder minder lässliche der Sünden
sein. Sünde im theologischen Singular ist er keineswegs. Das heißt – narra-
tionskritisch – allerdings, dass Sünde in einem theologisch strikten Sinn hier
gar nicht thematisch wird: Unglaube, Gottlosigkeit, von Gott nichts wissen
wollen, Gott los sein (wollen). Sollte dann das Ergebnis sein, hier werde ein
Gnadentheater gespielt, bei der die Vergebungsallmacht eigentlich gar nichts
zu vergeben hat? Die Vergebung des Unvergebbaren bekäme den Nebensinn,
dass hier nichts zu vergeben wäre.

Adrian Leverkühn sagte zum Teufel im *Faustus*:

Die contritio ohne jede Hoffnung und als völliger Unglaube an die Möglichkeit der
Gnade und Verzeihung, als die felsenfeste Überzeugung des Sünders, er habe es zu
groß gemacht, und selbst die unendliche Güte reiche nicht aus, seine Sünde zu verzeihen, – erst das ist die wahre Zerknirschung, und ich mache euch [den Teufel] darauf
aufmerksam, daß sie der Erlösung am allernächsten, für die Güte am allerunwider-
stehlichsten ist. Ihr werdet zugeben, daß der alltäglich-mäßige Sünder der Gnade nur
mäßig interessant sein kann. In seinem Fall hat der Gnadenakt wenig Impetus, er ist nur
eine matte Betätigung. Die Mittelmäßigkeit führt überhaupt kein theologisches Leben.
Eine Sündhaftigkeit, so heillos, dass sie ihren Mann von Grund aus am Heil verzweifeln
läßt, ist der wahrhaft theologische Weg zum Heil. […] Und doch kommt es erst durch
dies Non plus ultra zur höchsten Steigerung der dramatisch-theologischen Existenz,
das heißt: zur verworfensten Schuld und dadurch zur letzten und unwiderstehlichsten
Herausforderung an die Unendlichkeit der Güte (10.1, 360 f.).

Ohly sprach hier vom »verwegenen Anschlag auf das Dogma von der Sünde
wider den heiligen Geist«[38], den Adrian Leverkühn gegen den Teufel wagt.

Was immer mit dieser ›Sünde wider den heiligen Geist‹ gemeint sein mag
(Mt 12,22–32; Mk 3,22–30; Lk 11,14–23; vgl. Joh 8,48; Heb 6,4–8; 10,26–29;
2Thess 2,3), war Gegenstand unendlicher ›Sündenforschung‹. Eine möglichst
schlichte Auffassung davon wäre, Gott nicht die Sündenvergebung zuzutrauen,
also sein Heilshandeln anzuzweifeln, sei es in existentieller Verzweiflung oder
Ignoranz, Indifferenz oder auch Sündenstolz. Nicht darauf zu vertrauen, dass
Gott auch noch die größte Sünde zu vergeben vermag und sucht, also letztlich
schlicht Unglaube gegen Gottes Heilswillen und -wirken. Dass Gott selbst den

---

[38] Ohly, »Doktor Faustus« und »Der Erwählte«, S. 124.

zu versöhnen vermag, ist Grundüberzeugung allen Gottesglaubens, sonst gäbe es ihn gar nicht. Das heißt, Adrian trifft sehr genau die Pointe: ›von Grund aus am Heile verzweifeln‹ ist die dramatisch zugespitzte Version, Gottes Gnade nicht die Sündenvergebung zuzutrauen und damit Gott letztlich nicht zu vertrauen. Ebendies scheint im *Erwählten* aus- und vorgeführt: die Maximalsünde,[39] die dann aber nicht der Inzest ist, sondern Grigorß Regression in die fast tödliche Buße als Ausdruck seiner *Gewissheit von der Unmöglichkeit der Vergebung*: eine letale Liaison von *desperatio* und *praesumptio*. Das ist die eigentliche ›Sünde‹ im *Erwählten*. Gegen *sie* tritt Gottes Vergebungsallmacht an und auf. Ohly sah darin eine besondere Entdeckung Manns. Nur – die Hybris der Demut ist spätestens Nietzsches Entdeckung. Für einen Nietzscheleser dürfte das eingängig und präsent sein.

Adrians »vermessene[…] Gnadenerwartung« ist »in die Verzweiflung«[40] eingebettet. Theologisch formuliert ist sie in noch so großer desperatio eine immer noch größere praesumptio. Bei *Grigorß* verhält es sich etwas anders. Er verkörpert bei noch so großer praesumptio eine immer noch größere desperatio. Er mag mit Bußwut und Sündenstolz auf die Insel gegangen sein, mit einem gärenden Gemisch von desperatio und praesumptio; aber es kann schwerlich dabei geblieben sein. Was aus ihm wird, der moosige Igel, erscheint jenseits dessen oder weit diesseits und unterhalb derer. Die praesumptio dürfte ihm gründlich vergangen sein in seiner ›retour à la nature‹. Aber die Sünde im theologischen Singular ist er damit keineswegs losgeworden. Eberhard Jüngel schlug vor, Sünde zu bestimmen als ›Drang in die Beziehungslosigkeit‹, und dementsprechend Tod als ultimative Beziehungslosigkeit.[41] Dann wäre Grigorß auf der Insel letztlich am Ziel: ohne Beziehung zu Welt und Gott, Selbst und Nächstem, wie ein Stück Moos auf dem Felsen (mit dem vergeblichen Nebensinn, dass Natur *diesseits* von gut und böse ist, der Sünde nicht fähig). Buße in dieser eskalierten Form erscheint oberflächlich als ungeheuer fromm und unbedingter Wille, Gott zu gefallen in der Selbstkasteiung. Sie führt aber auf der einsamen Insel in eine gottlose Beziehungslosigkeit. *Das* war und ist die Sünde, um die es hier eigentlich geht, theologisch gelesen.

---

[39] »Extreme Sündhaftigkeit, extreme Buße, das schafft Heiligkeit – durch die Gnade; und des Fischers Frau erkennt in dem Bettler den Heiligen. Auch hält Grigorß sich ganz im Sinne des hl. Chrysostomus für der Sünder größten, ein Titel, den die Zerknirschung seiner Mutter ihm streitig machen. Ein christlicher Wettstreit!« (Mann, Selbstkommentare, S. 74).

[40] Ohly, »Doktor Faustus« und »Der Erwählte«, S. 124. Vgl. auch ders., Desperatio und Praesumptio. Zur theologischen Verzweiflung und Vermessenheit, in: Ausgewählte und neue Schriften zur Literaturgeschichte und zur Bedeutungsforschung, hg. v. Uwe Ruberg und Dietmar Peil, Stuttgart / Leipzig: Hirzel 1995, S. 177–216.

[41] Vgl. Eberhard Jüngel, Tod, Gütersloh: Mohn ⁵1993.

Das erlaubt noch einen Rückblick auf den Inzest: Oberflächensemantisch gilt der Inzest als ›malefactum‹, als gewusstes und gewolltes Tun wider die Ordnung (der Natur, der Kultur, der Moral, der Religion?). Tiefengrammatisch hingegen ist das eigentlich Üble am Inzest eine bestimmte Beziehungslosigkeit der erweiterten Selbstliebe. Ob hier Augustins ›amor sui‹ nachklingt, sei dahingestellt. Gewichtiger als die doxographische Frage ist, dass die Narration ›aus Versehen‹ (?) die Sünde im Unterschied zu Sünden entdeckt: dass Sünde (wie Glaube) eine Bestimmung des Gottesverhältnisses ist, nicht des Tuns, Wissens oder Wollens. Wenn Liebe vor allem Selbstliebe ist, ein unbedingtes ›sich selbst lieben‹ und dabei des Anderen ermangeln, *des* Anderen, der nicht nur alter ego ist. Wenn Liebe also zum Spiegelverhältnis wird, fehlt die Offenheit für Andere, für die Welt wie für Gott. Diese ›incurvatio‹ (lutherisch formuliert) oder des Anderen wie des Unendlichen zu ermangeln (mit Kierkegaard) ist das eigentliche malum daran, das malum *theologicum* zu nennen ist: Gott-losigkeit. – Mit bemerkenswertem Sinn für erhellende Widersprüchlichkeiten wird kraft der Erzählung aber die Selbstliebe in sich unterschieden: Die Liebe darin kann nicht Sünde sein, sondern ist im Grunde Natur (und damit sündlos), und mehr noch ist sie als Liebe eine Verwandte der Gnade, auch eine Erwählung. In der Selbstliebe den Narzissmus daran von der Liebe darin zu unterscheiden, das ist phänomenal und theologisch so gewagt wie gewichtig.

Die ›römische‹ Wendung dieser Selbstsuche von der Selbstsucht des Büßers in die Suche nach den Anderen in Taten der Liebe wird dann als Wirkung der Gnade und Versöhnung der Sünder verständlich. Als sollte gelten, gratia non tollit, sed perficit naturam, erzählt die Geschichte gut scholastisch von Vergebung und Versöhnung weder als absolutem Riss noch als Selbstvollendung. Die so natürliche wie gnädige Dynamik der Liebe wird ›nur‹ umgelenkt, von sich zu den Nächsten: so bei Sibylla, die ihr Leben im Hospiz verbringt, und analog im Leben des Papstes, das wesentlich im Vergeben besteht, im überfließenden Weitergeben des Widerfahrenen.

Im Nebeneffekt wird *Der Erwählte auch* zu einer kleinen feinen Theodizee: zu einer Geschichte davon, wie Gott und malum miteinander bestehen können, wobei das malum kraft der Erzählgnade vergeht. Die Lösung ist schlicht, das malum entsteht nicht aus ›freiem Willen‹, sondern aus der Ambivalenz des Begehrens. Gott verhält sich zu dem so ungewollt entstandenen Übel nicht richtend und vernichtend, sondern gnädig und überwindend. Wenn der Abt des Klosters ›Not Gottes‹ dessen Bedeutung umschreibt mit den Worten »Gott hatte unsere Sünde zu Seiner Not gemacht« (VII, 84), trifft das eine Theodizee im Zeichen der compassio und damit *passio* Gottes. Dabei ist diese narrative Theodizee klüger als manche rationalistischen Versuche. Tritt rationalistisch das pure ›quia voluit‹ des Sünders dem ›quia voluit‹ der Gnade Gottes gegenüber (ein doppelter, nicht einsichtsfähiger Voluntarismus von Sünde versus Gnade), so wird vom *Erwählten* die Genealogie der Sünde ›tiefer gelegt‹: sie entsteht aus der Dynamik des *ambivalenten* Begehrens. Nicht eigentlich Wissen und Wollen begründen den Sündenfall, sondern Sünde wird behutsam ›naturalisiert‹: Ist es nicht nur zu natürlich und naheliegend, dass die beiden ›exzeptionellen‹ Geschwister einander lieben? Und dementsprechend auch Sohn und Mutter – im Drang der Natur oder natürlichen Drang zu Seinesgleichen? Was aber nur zu natürlich erscheint, hat destruktive Nebenwirkungen, die derart eskalieren, dass eine Geschichte daraus wird. Nur die Vergebung kann hier noch helfen, die Erzählgnade, der die Wendung der Geschichte zu verdanken ist.

5. Gott gegen Gott: Gotteskonflikte

Der Erwählte operiert auf mehreren Ebenen mit konfliktiven Differenzen, die die Erzählung in Gang bringen und halten, und von deren wundersamer Wandlung ›kraft der Erzählung‹.

1. Zentral ist ›natürlich‹ Sünde gegen Gnade und Gnade gegen Sünde. Die leitende Grundfigur ist eine Sünde ›quo nihil maius cogitari potest‹, die auf eine Gnade trifft, von der man ebenso sagen kann, dass über sie hinaus nichts größeres gedacht werden kann – bis dahin, dass sie in der ›harten Fügung‹ am Ende der Erzählung größer erscheint, als dass sie noch gedacht werden könne. Dieser doppelte und agonale Komparativ, diese Kompetition von Sünde und Gnade scheint das movens der Erzählung zu sein, mit der Wette: Stark wie die Sünde ist die Gnade – und letztlich doch stärker, immer noch größer als gedacht.

2. Unterhalb dieser dramatischen Großwetterlage spielt der Konflikt von Natur gegen Moral (Inzest gegen Inzestverbot), nicht aber Natur gegen Natur oder Widernatürliches gegen die Natur. Auch wenn der Erzähler Clemens wie die christliche Vorlage von einer Identität von Moral und Natur ausgehen mögen, von einer Schöpfungsordnung (wie einem Naturrecht), wird (anachronistisch) Moral als thesei, nicht physei eingeführt: als verhandelbares Menschenwerk, nicht als ewige Ordnung Gottes.

3. Dem Konflikt von Natur gegen Moral entsprechend ist die Parallelaktion Gnade gegen Moral. Denn Gnade tritt hier erstaunlich ›außermoralisch‹ auf. Moral ist Menschenwerk, kann man vermuten, Gnade dagegen Gotteswerk.

4. Im Gefolge dessen treten allerdings zweierlei Ordnungen aus- und gegeneinander: Die Ordnung der Moral und die der Liebe und Vergebung. So spricht Grigorß gegen seine Mutter und Frau:

›Frau‹, sagte er, ›redet nicht so und übergebt Euch nicht der Verzweiflung – es ist wider das Gebot. Denn an sich selbst mag der Mensch verzweifeln, nicht aber an Gott und seiner Gnadenfülle (VII, 179).

Bei noch so großer Ordnungswidrigkeit und noch größerer Verzweiflung gilt Grigorß die Regel: Gott ist immer noch gnädiger als gedacht. Kritisch gelesen hieße das: bei noch so großer desperatio eine immer noch größere praesumptio? Konstruktiv hingegen hieße es: Sowohl desperatio als auch praesumptio werden von Gottes Gnade überwunden kraft einer Vergebungslust, die maius quam cogitari potest erscheint. Die mediale Form dieser Vergebungslust ist die Erzählung selber als Medium der Erzählgnade.

5. Im Hintergrund geht es um einen Strukturkonflikt, den man Ordnung gegen Außerordentliches nennen kann. Dreht sich doch alles um das ›Exzeptionelle‹, Außergewöhnliche oder Außerordentliche, das einerseits wider die Ordnung ist, andererseits eine neue Ordnung entdecken oder gar entstehen lässt: bei noch so großer Sünde eine immer noch größere Vergebung. Man könnte das ästhetische Theodizee nennen oder Anthropodizee oder auch ›Malitätsbonisierung‹ (Marquard), als Entsündigung der Sünde durch Naturalisierung (gleich und gleich liebt sich gern), durch Moralkritik (Nietzsche) gegen eine puritanische Moral, durch Ironisierung und Humor als Liquidisierung, Labilisierung und Distanzgewinn, durch Narrativierung in narrativer Genealogie der Sünde, durch theologische Differenzierung von Sünde versus Sünden, und durch Vergebung in einer Hyperbolik der Gnade, die weder der Moral noch dem Tun-Ergehen bzw. Lohngedanken folgt.

6. In theologischer Lesart kann man diese Konfliktkaskade noch etwas weitertreiben und darin dem Drang zur Übertreibung der Erzählung begegnen. Geht es um Sünde gegen Gnade und Gnade gegen Sünde, geht es theologisch um den Konflikt von Gerechtigkeit Gottes gegen seine Gnade, oder lutherisch: um Gesetz gegen Evangelium. Die Erzählung ist so gesehen ein narratives Experiment auf die Allmacht der Gnade, und zwar mit theologisch triftiger Pointierung der Allmachtsfrage. Es geht nicht um die logische oder ontologische Allmacht eines Metaphysikmonsters, sondern um das religiös allein Relevante, die *Allmacht der Gnade* – die ebenso begrenzt wie fokussiert ist auf das, was der Erzählung (ähnlich wie Mann selber) entscheidend und ernst ist: Vergebungsallmacht, also ob Gott so mächtig ist (gedacht, erzählt, geglaubt) werden kann, dass er noch das Maximalübel überwinden kann. Das ist *soteriologische* Allmacht zu nennen (im Unterschied zu bloß logischer Allmacht, die die bekannten Logeleien provozierte).[42]

7. Im Grunde wird hier ein *Gotteskonflikt* auserzählt und ausgelebt: *Gott gegen Gott*. Ruft doch Clemens Goethes Erfindung »Nemo contra Deum, nisi

---

[42] Allerdings, ob Gottes Gnade stark ist wie der Tod? Und damit im Grunde stärker? Wäre doch ›stark wie‹ der Tod nur das, was er nicht überwinden kann und das darum zugleich stärker wäre als er.

Deus ipse« auf (VII, 66, groß geschrieben), anlässlich der wunderbaren Errettung Grigorß' aus den Wellen.

Nun seht, wie Gott es fertigbrachte und gegen sich selbst mit größter Gewandheit durchsetzte, daß Herrn Grimalds Enkel, das Kind der schlimmen Kinder, in dem Fäßlein glücklich zu Lande kam (VII, 79).

Warum Gott gegen sich selbst? Gott als Ordnungshüter, als Gerechter, der sein Gesetz geltend macht und strafen müsste, trifft auf Gott als Versöhner und Vergebender. Das ist im AT vorbereitet (Gottes Erbarmen gegen seinen gerechten Zorn über Israel), im NT grundlegend (Evangelium gegen Gesetz) und bei Luther hyperbolisch hochgetrieben, wenn er zur Kreuzigung zu sagen wagte: »da streydet Got mit Gott« (WA 45, 370).[43] Bei Luther war der Konflikt auf Golgatha im Sinn: Christus gegen seinen Vater, den er anklagt (warum hast Du mich verlassen?), worin der revelatus gegen den absconditus antritt, die Verkörperung der Vergebung gegen die richtende Gerechtigkeit. Christus spielt zwar im *Erwählten* keine explizite Rolle. Es geht vielmehr um ein »Zögern der Allmacht« (VII, 19)[44] und ein immer weiter gehendes ›Nachgeben‹: eine Geschichte des Gnädigwerdens Gottes, bis er schließlich vom ›großen Papst‹ immer weitergetrieben wird, ja sogar überboten und übertrieben ›kraft der Vergebung‹ alles Möglichen.[45] Im *Erwählten* scheint es noch etwas komplizierter zu sein als auf Golgatha, weil ›mehr Götter‹ im Spiel sind: der Naturgott (oder die Natur als Göttin), der Moralgott (als Ordnungshüter), der Gnadengott (der bei aller Allmacht und Vorsehung mit sich reden und handeln lässt), und nicht zuletzt der Geistgott (der Geist der Erzählung). Der ist womöglich das probate Medium, den Gotteskonflikt zu inszenieren – und einer Lösung zuzuführen, einer ebenso humorigen wie gnädigen Erlösung. Der Geist als luftiges wie lus-

---

[43] Vgl. WA 45, S. 370, 34–38: »Der kampff deß todts ym gartten Jst mit dem nicht zuvergleichen. Denn da streydet Got mit Gott, yhm gartten hat er noch ein got gehabt, der yhm gnedig sey, Denn eß ist khein ungluck und leyden so groß, wir konnens ertragen, Wo nur der Trost ist: Wir haben noch Einen Gnedigen Gott, Eß sey umb unser Leyden, wie eß wolle«; vgl. WA 43, S. 202, 16–18: »Haec tentatio non potest vinci, et longe maior est quam a nobis possit compraehendi. Est enim contradictio, qua ipse Deus sibi ipsi contradicit, hoc carni impossibile est intelligere«; vgl. WA 5, S. 167, 15; vgl. ebd. S. 204, 25–27: »Proinde aliae omnes tentationes sunt huius perfectissimae velut rudimenta et praeludia, in quibus assuescamus ad deum contra deum confugere«; vgl. Jan Bauke-Ruegg, Die Allmacht Gottes. Systematisch-theologische Erwägungen zwischen Metaphysik, Postmoderne und Poesie, Berlin / New York: Walter de Gruyter 1998, S. 502; vgl. Carl Heinz Ratschow, Der angefochtene Glaube. Anfangs- und Grundprobleme der Dogmatik, Gütersloh: Bertelsmann 1957, S. 236.

[44] Die Geburt der beiden Kinder geschieht »nach langem Zögern der Allmacht« (VII, 19); Satan ist »nicht allmächtig« (VII, 258).

[45] Die traditionelle Allmachtsformel, dass vor Gott ›kein Ding unmöglich‹ ist, wird von Clemens im Kapitel ›Die Buße‹ zu Beginn aufgerufen (vgl. VII, 189), nur um das gleich wieder zu retrahieren (vgl. VII, 190).

tiges Medium der Liebe unterscheidet und vermittelt den Konflikt, allerdings so, dass die außerordentliche Vergebung das letzte Wort hat.

6. Der Geist der Erzählung – oder der Geist als Erzählung?

In der Erzählung zeigt der Erzähler, wessen Geistes Kind er ist: des Geistes der Ironie wie der Vergebung, vergebender Ironie und ironischer Vergebung. Dieser Geist des Kreuz und Quer ist quecksilbrig wie Hermes, einerseits mit apollinischem Maß, andererseits von dionysischer Übertreibung. Zwischen den Falten der Gewänder griechischer Götter tritt ein wunderlich wundervoll liebender Vater hervor, der sich immer noch mehr gefallen lässt, als er selbst gedacht hätte. Dieses Götterspiel trägt griechische Masken, aber versteckt hinter Ödipus ist ein Sündenmaximus, der den Christus gibt: Im Grunde sündlos trägt er die Sünd der Erzählwelt, um sein Leben zu geben für alle Sünder dieser Welt. Anders als Christus ist dieser Erlöser allerdings erlösungsbedürftig, ein erwählter Sünder, der sich nicht selbst erlösen kann, sondern kraft des Erzählgeistes und seiner Erzählgnade erlöst wird.
Wie meinte Reich-Ranicki,

mit der Idee von Sünde und Gnade ist es Thomas Mann schon sehr ernst. Nur wäre zu fragen, wer es denn ist, der im *Erwählten* Gnade walten lässt? Gott etwa, an den Thomas Mann nicht recht glauben kann? Nein, Gnade lässt walten, der im 1. Kapitel die Glocken Roms läutet – der Geist der Erzählung.[46]

Wer spricht, oder wer hat hier das Sagen in Sachen Gott und Geist? Reich-Ranicki kraft Amtes der Kritik? Mann selber in seinen Kommentaren? Nolens volens der Leser und verspätete Interpret? Aus Gründen hermeneutischer Diät (oder Epoché) würde ich vorziehen: Erstlich und letztlich der Geist der Erzählung, der sich zum Fürsprecher des Gnadengottes macht, aber mit ihm *kraft ästhetischer Differenz* nicht identisch sein kann. Es mag zwar von Gott, Geist und Gnade erzählt werden, aber der erzählte Gott ist vom Erzählgott zu unterscheiden, wie der erzählte Geist vom Erzählgeist. Der Geist der Erzählung ist ein genitivus subiectivus, kraft dessen die Erzählung das Sagen hat, was hier Erzählgeist zu nennen ist.
Darum wüsste man gern mehr als die Erzählung von ihm verrät. Wer ist der Geist der Erzählung, als dessen Inkarnation sich der Erzähler Clemens ausgibt (in frommer Hybris?)? *Der* Geist *Gottes*? Der Geist *der* Erzählung,

---

[46] Marcel Reich-Ranicki, Die Liebe ist nie unnatürlich. Über Thomas Manns unterschätzten und beinahe vergessenen Roman »Der Erwählte«, in: FAZ, Jg. 42, Nr. 127 (2. Juni 1990), S. 2.

von Erzählung *überhaupt*?[47] Der Geist *dieser* Erzählung, *über* den wenig, aber *von* dem alles erzählt wird, der Geist, der *in* der Erzählung *als* Erzählung zur Sprache kommt, zur Welt, zur Lese- und Leserwelt? Der Geist, *in dem* erzählt wird, hieße auch, es ist kein Allgemeingeist, sondern der Geist, der in dieser Erzählung weht: der Geist der allseitigen Gnade, vielseitigen Liebe und unbeherrschten Vergebung. So direkt zu formulieren, wird leicht zu affirmativ, als könnte man vom Erzählgeist auf den erzählten schließen, um bei einem längst bekannten Gnadengott zu landen. Ist der Geist der Erzählung ›nur‹ der Geist des Gnadengottes, der hier seine listig-labyrinthischen Vergebungslüste auslebt, um aus der Unordnung der Welt doch noch Ordnung werden zu lassen? Oder ist es der Geist der *Erzählung*, Geist des *Erzählgottes* und der an ihn Glaubenden, der Leser?

Dann könnte man in gewagter Vermutung noch weiter gehen als Reich-Ranicki: Es sei nicht ›*nur*‹ der Geist *der* Erzählung, sondern der Geist *als* Erzählung, wie die Erzählung *als* Geist. Wer inkarniert hier wen und worin? Die Erzählung ist die Verkörperung des Geistes. Denn der Geist ohne die Erzählung wäre körperlos, wie nicht gewesen oder weniger als ein Gespenst. Reich-Ranicki meinte Geist statt Gott, nur ist das eine sonderbare Opposition. Es ist durchaus Gott, der hier waltet: der Erzählgott und sein Erzählgeist. Und beiden ist nun wirklich gar nichts unmöglich. Ist es doch die Erzählung *als* Erzählung, die eine Vergebung des Unvergebbaren *in der Erzählung als Erzählung* wirklich werden lässt. Diese ›unmögliche Vergebung‹ *wird* möglich und wirklich, weil der allmächtigen Erzählung ›nichts unmöglich‹ ist – ergo: indem die Erzählung als Erbin von Gottes Eigenschaften auftritt.[48] Doch da stockt man schon. Als Erbin? Nach dem Tode Gottes?

Der Geist, verkörpert als Erzählung, ist allmächtig und allwissend, allvergebend und allversöhnend. Er tötet und macht lebendig (vgl. VII, 57), vollbringt Wunder, lässt die Glocken läuten, ist der Schöpfer der Geschichte, ihr Beender und Vollender. Er macht Worte über Worte, eine Erzählung über die Erzählung: über das Erzählen. Er versucht sich an einer Narratodizee, nicht nur, wie Erzählen nach der Shoa noch möglich sei, sondern was die Erzählung als Erzählung vermag: Vergebung des Unvergebbaren.

---

[47] Wie meinte Mann: »Die Geschichte lasse ich von einem irischen Mönch, der in St. Gallen zu Besuch ist, zur Unterhaltung aufschreiben. Er ist etwas abstrakt von Person, eigentlich ›der Geist der Erzählung‹, und es ist weder ganz sicher, *wann* er dort sitzt, noch in welcher Sprache er eigentlich schreibt. Er sagt, es sei die Sprache selbst«, Mann, Selbstkommentare, S. 11. »Was liegt an sprachlichen Landesgöttern? Mir scheint, über den Sprachen steht die Sprache«, ebd., S. 18. Daher kann er den *Erwählten* auch »sheer narrative« nennen, ebd., S. 60.

[48] Vgl. Philipp Stoellger, Potenz und Impotenz der Narration. Zur Allmacht der Erzählung – und deren Kritik, in: Albrecht Grötzinger / Andreas Mauz / Adrian Portmann (Hg.), Religion und Gegenwartsliteratur. Spielarten einer Liaison, Würzburg: Königshausen & Neumann 2009, S. 33–51.

Die Erzählung also als Erbin Gottes? Die moderate Deutung wäre, es gehe nicht um einen friendly oder unfriendly takeover von Gottes Eigenschaften, sondern die Erzählung inszeniere sich als *Medium Gottes*, nicht als sein Konkurrent oder Nachfolger. Dann wäre die Erzählung ›nur‹ Gnadenmedium. Aber wann wäre je ein Medium *nur* ein Medium? Wettet die Erzählung auf ihre Medialität, auf ihre Lösungsenergie für die genannten Konflikte? Wird *ihr* ›Wort allein‹ zum Erlösungsmedium für die erzählte Welt, die erst als Erzählwelt ihre höhere Ordnung findet?

Der Leib des Geistes *ist* die Erzählung, so wie sein Inkarnat der Erzähler. Der Geist ward Wort – nicht Fleisch, sondern Buchstabe. Und die Buchstaben sind lebendig kraft des Geistes. Kraft des Geistes allein? Nicht ohne Leser, nicht ohne den Lesergeist, der im Buchstaben den Geist erweckt. Wäre das der Gipfel der Erzählgenüsse: dass Geist Geist erkennt? Nicht diese Geistunmittelbarkeit, sondern ihre Verzögerung, ihr Umweg über die Buchstaben, lässt die Geister erst kommunizieren. Denn das Leben des Geistes besteht in der Bewegung, im Spiel der Buchstaben als dem Leben der Erzählung. Wie Geist mit Buchstabe und Buchstabe mit Geist (mit Lesergeist) zusammenspielen, ist die ›sakramentale‹ Kommunion der Erzählung: der Erzählung als verbum efficax. In ihr wird präsent, ironisch realpräsent, wer sie erzählt. Seinesgleichen geschieht *in* Erzählung *als* Erzählung. Sie *gibt* den ›Geist der Erzählung‹ – *er gibt sich in ihr* als Mittler von Sünde und Gnade, von Geist und Natur, wie von Erzähl- und Leserwelt.

7. Narratheologie und narrative Theologie

Im *Erwählten* entfaltet sich eine Narratologie, die man *Narratheologie* nennen kann. Im Anfang war Tohuwawohu, die Unordnung, aus der alle Ordnung entsteht – kraft der Erzählung, kraft des Geistes und seines Wortes allein. Das Tohuwawohu allerdings muss sorgfältig gepflegt werden. Denn die Ordnung bedarf der Unordnung, um in Bewegung zu bleiben. Sonst wäre alles nur in Ordnung und die Erzählwelt wüst und leer. Die Sünde war und ist daher movens der Erzählung, nicht primum movens vielleicht, aber doch secundum. Das Zweite bringt das Erste erst in Bewegung. Der Geist wird zum bewegten Beweger, bewegt vom lebendigen Antagonisten, der Natur und ihrer wirren Wuselei. Wozu und zu welchem Ende aber führt dieses Spiel von Geist und Natur? Stark wie die Sünde ist die Vergebung, wäre vielleicht ein allzu frommes Motto. Aber letztlich geht es doch gut aus, allzu gut, mag man meinen. Kommt letztlich wieder alles in Ordnung? Oder kommt eine *neue* Ordnung zur Welt (in der Erzählung als Erzählung)? Ist diese Narratheologie vor allem Lübecker Protestantismus oder doch etwas außerordentlich Anderes? So gefragt, wäre die Frage schon entschieden. Dass hier hingegen beides *zusammenspielt*, lässt die Narratheologie des *Erwählten* so spannend werden.

Eine Natur- und davon zu unterscheidende Moralordnung vorausgesetzt, kommt die Erzählung in Gang durch die Ordnungsstörung und -verletzung, lebt im Fortgang aber von der (ironischen oder mehr als ironischen?) Wette auf einen ›fröhlichen Wechsel‹: dass aus der Verletzung eine *höhere* Ordnung entsteht, eine neue Ordnung maßloser Vergebung, als ginge es um einen Protestantismus jenseits von gut und böse im Zeichen einer Liebe, die maßloser ist, als dass sie noch konsistent gedacht werden könnte. Narratologisch ungewöhnlich scheint mir, dass hier nicht die Erzählung als Orientierungs- und Ordnungsgefüge gefeiert, sondern gegen die vorgängige Natur- und Moralordnung, deren Störung, wenn nicht sogar Zerstörung riskiert und forciert wird. Nicht einfach fromme oder ordentliche Orientierung, sondern hinreichend unfromme Desorientierung leistet sich die Erzählung, in der Wette auf eine immer noch frömmere Orientierung an der Macht der Vergebung – oder der Macht der Erzählung? Ihrer Deutungsmacht, die Leser glauben zu machen, solch eine Erzählgnade sei mehr als nur möglich?

Narratologisch bleibt die Frage, wie sich die Welten zueinander verhalten werden: die Welt des Erzählten, der Erzählung, des Erzählers (Geist) und die vielen Welten der Leser. Mit Ricoeur formuliert wird die Wette auf die Erzählgnade entschieden erst in der ›Refiguration‹ der Leserwelt. Geht die Performanz der Erzählung soweit, den Leser glauben zu machen und leben zu lassen im Zeichen der Erzählgnade? Die Erzählung setzt sich dem Leser aus: *ecce narratio*. Was folgt auf solch eine Exposition an den Leser, der aus der Erzählwelt eine Ordnung machen kann, in der er seinen Willen zum Sinn durchsetzt, zur Ruhe und Ordnung. Kommt letztlich alles in Ordnung? Spannend bliebe es, wenn die Erzählwelt des Geistes soviel Desorientierung und Widerstand böte, dass ebenso der fromme wie der unfromme Wille zum Sinn irritiert in der Schwebe bleiben. Nichts kommt ›in Ordnung‹, sondern es dreht sich alles um ein absurd Außerordentliches (Vergebung trotz allem)?

Einem *Theologen* mit Sinn für Narration könnte nur zu leicht der Lapsus unterlaufen, hier seine Vormeinungen bestätigt zu finden: mit dem Aufatmen aus ästhetischer Distanz alles wieder in Ordnung kommen zu sehen. Einem *Theologie- und Religionskritiker* hingegen könnte der entsprechende Lapsus unterlaufen, hier auch nur seine Vormeinung bestätigt zu finden: mit dem Lachen aus ästhetischer Distanz die Gnade nur für Ironie zu halten und die Inszenierung der Ordnung für lächerlich. Beide nutzten die Erzählung, um ihren Lesergeist zu befriedigen, den unbedingten Willen zum Glauben oder zum Unglauben. *Beide* verpassten damit die Eigendynamik der Erzählung, ihre dynamis, die *Deutungsmacht*, den Leser *anders* lesen zu lassen, als zuvor gedacht: ihn anders sehen, denken und glauben zu machen, als er zuvor meinte und gerne hätte.

Die Stärke dieser kleinen ›Gnadenmär‹ zeigt sich darin, beide Bedürfnisse *nicht* zu befriedigen. Es kommt weder einfach alles in Ordnung, noch endet es in *bloßer* Ironie. Die Gnadenlust bringt alles in Außerordnung – und eskaliert. Sie überschreitet die Erwartungs- und Erfahrungshorizonte der frommen wie der unfrommen Dispositionen. Dabei ist die Erzählgnade nicht die altbekannte Gnade, sondern wider alle Ordnung und nicht kirchlich verwaltet, sondern nur in der Erzählung als Erzählung zu finden. Sie ist auch nicht ›nur‹ ironisiert, sondern Ironie wird zum Lösungsmittel für alte Ordnungen ebenso wie für alte Religionskritik. »Ist dieser Geist ›nur‹ der Geist des Gnadengottes … Oder ist es der Geist der *Erzählung*, Geist des Gottes der Erzählung und der an sie Glaubenden?« war oben die Frage. Es ist die Erzählung als Geist und der Geist als Erzählung: Narration als Inkarnation des Geistes, der nie leiblos sein kann.

Was heißt dann *Glaube* im Spiel der Erzählgnade? Mann meinte:

Und doch bleibt in dieses Begreifen ein Glaube eingeschlossen an die Autonomie der Kunst und daran, daß von ihr unter allen Umständen, auch wenn sie sich nicht als gesellschaftliche Fackelträgerin gebärdet, eine läuternde, befreiende, befriedende Wirkung ausgeht auf den Menschengeist; anders gesagt, ein platonischer Glaube an das Schöne, das frei Spielende, Reizende, das Gefühl der Anmut Verbreitende ist damit verbunden, und wie ich bin, kann ich nicht hoffen oder wünschen, diesen – mag sein altmodisch-idealistischen – Glauben je zu besiegen.[49]

Das drängt zu einer Unterscheidung. Denn es könnte in einen humanistisch nur zu bekannten (und bankrotten) Kunstglauben führen, ähnlich wie wenn Kunst als Rettungsmedium der Religion gefeiert wird. Meine Vermutung wäre, Glaube wird hier zu einem *Anders*glauben: weder alter noch neuer Glaube, sondern *Erzählglaube*. Denn die Deutungsmacht der Erzählung wettet allein auf ihre Wortmacht. Die Erzählung kann uns sehen lassen und sehen machen, bis dahin uns glauben zu lassen und Glauben zu machen, was sie erzählt. Dazu bedarf es eines gehörigen Maßes an Wortglauben und auch ›Willen zum Glauben‹: Sprach-, Narrations- oder Literaturglaube. Es ist nicht der Lübecker Protestantenglaube, auch nicht schlicht der noble Kunstglaube, sondern – ecce narratio – ein Vertrauen in die dynamis der Erzählung als Erzählung.

Die im *Erwählten* wirksame ›Allmacht Gottes‹, der ›nichts unmöglich sei‹, erwies sich als Allmacht der Erzählung, der nichts unmöglich ist. Theologisch gerät das in riskante Nähe zur Häresie; aber da scheint Gelassenheit ebenso angebracht wie theologische Konzilianz. Denn wenn Gott wäre, wäre er machtlos ohne Worte. Selbst ein Gott bedarf der Erzählung, um sagbar zu werden und

---

[49] Mann, Selbstkommentare, S. 84, vgl. ebd., S. 111 f.

zur Welt zu kommen. Die Macht Gottes ist eine ›hybride Macht‹: nicht einfach ›seine eigene‹, die er souverän und unmittelbar zur Geltung bringt, sondern sie ist angewiesene Macht, angewiesen auf die Eigendynamik der Medien, wie der Erzählung.

Wollte man hier noch deutlicher werden, müsste man fragen, ob nicht Gottes Macht stets *geliehene* Macht ist: von der Erzählung geliehen, und darin teils auch verliehen von Autor und Lesern mit ihrem Willen zum Glauben. Anstößig wäre das nur für Theologien, die von der reinen Gottheit Gottes ausgingen, die sie nur zu schnell gefährdet sähen. Für eine Theologie, die vom ecce homo ausgeht, vom Gekreuzigten, sieht das anders aus. Was immer ihm in seiner Ohnmacht an Macht zukommt, wird ihm im Rückblick zugeschrieben, verliehen oder auch aufgeladen.

Eberhard Jüngel formulierte einst programmatisch den Grundsatz seiner narrativen Theologie: Gottes Sein ist »im Kommen«[50]. »Gott hat nicht Geschichte, er ist Geschichte«[51], weswegen »die Menschlichkeit Gottes sachgemäß auch in einer post-narrativen Zeit [1977] nur als Geschichte erzählt werden kann«[52]. Jüngel schränkte diese Hochschätzung der Erzählung indes umgehend wieder ein: »Der Gottesgedanke kann nur als – *begrifflich kontrollierte* – Erzählung von Geschichte gedacht werden.« Und dennoch folgt bei ihm: »Will das Denken Gott denken, muß es sich im Erzählen versuchen«[53]. Nun sei unbestritten, dass ex post die Reflexion eine Erzählung kritisch befragen kann, so wie die Metaphernkritik überschießende Metaphern oder die Bildkritik die gelegentlich seltsame Eigendynamik des Bildglaubens. Aber wenn die begriffliche Kontrolle das erste und letzte Wort haben soll, würde die dynamis der Narration, ihr Imaginationspotential und ihre riskante Horizonterweiterung von vornherein beschnitten. Es gälte eine Hermeneutik des Verdachts der Narration gegenüber, die – wie ein Bild – zu eigendynamisch erscheint, als dass man sie sich selbst überlassen könnte. Es bedürfte der begrifflichen Kontrolle, auf dass der Begriff herrscht über die Erzählung wie über das Bild. »Die Argumentation auf der Ebene des Begriffs muß geleistet werden, damit dann die Erzählung der Geschichte selbst argumentieren kann«[54].

Was soll man dazu sagen? Für die Theologie gilt die Regel, das Christentum beginne mit dem Übergang vom Verkündiger zum Verkündigten, vom

---

[50] Jüngel, Gott als Geheimnis der Welt, S. 430.

[51] Ebd., S. 428 f.

[52] Ebd., S. 426. Kurz darauf präzisiert Jüngel: »*Gottes Sein als Geschichte* läßt sich zwar durch *Geschichten* andeuten, aber doch nicht einholen. Sie hat als Passionsgeschichte ihre eigene Anschauung an sich« (ebd., S. 428). *Diese* Grundgeschichte ist das ›dynamische Objekt‹ aller weiterer Geschichten – aber sie ist ihrerseits nur als Geschichte sagbar.

[53] Ebd., S. 414, kursiv P. S.

[54] Ebd., S. 428; vgl. dazu auch IV, 432 f.

verkündigenden Jesus zum verkündigten Christus. Das ist noch etwas weiterzutreiben: Denn Christus wird erst praesens, wenn er in der Verkündigung miterzählt und gegenwärtig wird, also wenn der Verkündigte selber zum (Mit)Verkündigenden wird. Vom Verkündiger zum Verkündigten erneut zum Verkündiger – *das* wäre die passende Weiterführung, wenn Christus praesens wird in den supplementären Medien seiner Realpräsenz. Das ist analog auch narratologisch zu formulieren: vom Erzähler zum Erzählten zum in der Erzählung von ihm Miterzählenden.[55]

Ist das der Narratheologie im *Erwählten* so fern? In dieser Erzählung wird nicht nur von Gott und Gnade erzählt, sondern sie wird ›herbeierzählt‹ *kraft* der Erzählung. Die Erzählung ist nicht nur Repräsentations-, sondern Präsenzmedium. Allerdings – nicht gleich einem Sakrament Realpräsenzmedium, sondern Real*absenz*medium (kraft ästhetischer Differenz), aber darin *Imaginärpräsenz*medium. Das Imaginäre wird durchaus realpräsent, bleibt aber imaginär. Nur wird darin die Erzählgnade in der Erzählung als Erzählung durchaus wirklich und wirksam – ein effektives Ansinnen an die Leser.

Dabei *bedarf* die Erzählung keineswegs der begrifflichen Kontrolle oder Grundlegung. Narratheologie und narrative Theologie treten hier auseinander, bei noch so großer Nähe. Nach der Narratheologie des *Erwählten* zu fragen, treibt eine Differenz von Narration und Theologie hervor. Denn die imaginäre Inszenierung eines Singulären und Außerordentlichen kann wider die Ordnung stehen und sperrt sich gegen die generalisierende Arbeit des Begriffs. Aber, kann nicht ein Singuläres das Generelle, die Regel herausfordern und womöglich sogar widerlegen? Oder kann ein Singuläres (Christus) nicht eine *neue* Regel zur Welt kommen lassen? Die generelle These, dergleichen sei unmöglich, wird widerlegt durch die Möglichkeit und schon eine einzige Wirklichkeit. Und genau das vermag die narrative Inszenierung zu zeigen: dass es erzählbar ist und damit durchaus möglich.

Wenn man das zugesteht, wird im Imaginären der Literatur denkbar und möglich (gemacht), was der Theologie in der Regel als unmöglich gilt: dass Gott wider alle Vernunft, Moral und Ordnung handeln könnte. ›Kraft der Erzählung‹ kann dargelegt, gezeigt, auch narrativ argumentiert werden, wenn man diese Kraft ›beim Wort‹ nimmt. Die Deutungsmacht der Narration besteht darin, etwas zu ermöglichen, was sonst als unmöglich exkludiert bliebe: etwas glauben zu lassen bis dahin, ›Glauben zu machen‹. Etsi gratia plena daretur …

---

[55] Das wäre etwa an der Emmausgeschichte zu exemplifizieren. Vgl. Philipp Stoellger, Im Vorübergehen. Präsenz im Entzug als Ursprung der Christologie, in: Elisabeth Hartlieb / Cornelia Richter (Hg.), Emmaus – Begegnung mit dem Leben. Die große biblische Geschichte Lukas 24,13–35 zwischen Schriftauslegung und religiöser Erschließung, Stuttgart: Kohlhammer 2014, S. 99–110.

Das wird auf konstruktive Weise theologiekritisch: Gottes Allmacht gilt seit ihrer ersten Konzeptualisierung im 11. Jh. bei Petrus Damiani als eine generelle logische und ontologische Frage. Dass bei Gott nichts unmöglich sei, wird als metaphysische Allmacht verhandelt. Dagegen sitzt Manns Pointe, dass die *soteriologische* Allmacht die eigentlich relevante Frage ist. Ist Gottes Macht so groß zu denken, dass sie seinem Gesetz widerstreiten und es überschreiten kann? Die biblisch begründbare Antwort wäre ein riskantes Ja mit Jona und Jeremia 31. Auch die Gleichnisse oder die Auferweckung Jesu wären je singuläre Exempla dafür.

Um aber eine ›billige Gnade‹ oder ›Amoralität‹ auszuschließen, wird theologisch, auch protestantisch, in der Regel das Evangelium eingehegt durch das Gesetz. Gott sei ›mit seiner Gnade im Recht‹, konnten Barth und Jüngel formulieren. Damit soll die Kontinuität und Geltung des Bundes wie Gesetzes gewahrt bleiben und die Gnade nicht als deren Aufhebung oder gar Bruch gelten. Was aber, wenn Gott so frei wäre? Wäre das nicht Willkürfreiheit, die den theologischen Absolutismus wiederholt, und sei es im freundlichen Gewand eines Gnadenabsolutismus? Die theologisch riskante Konsequenz wäre: Gottes Gnade ist womöglich immer noch freier und mächtiger als gedacht, und vielleicht größer, als dass sie stets konsistent gedacht werden könnte. – Nur, aus dieser Vermutung eine generelle These zu machen, wird schnell absurd. Für solche Konjekturen (der ars coniecturalis des Cusanus verwandt) bedarf es einer Lizenz zur Imagination, die sich die Theologie meist verboten sein lässt. Dann wird Literatur nötig, um solche Vermutungen dennoch zu wagen – es zu wagen, sich seiner Einbildungskraft zu bedienen, wenn die kritische Vernunft etwas für unmöglich erklärt. Für eine imaginative und investigative Theologie wird die Narration dann zur ›mehr als notwendigen‹ Horizonterweiterung, um noch vorstellen zu können, was ansonsten unvorstellbar bliebe.

Um eine methodische Konsequenz zu formulieren: Die Narratheologie ist eine außerordentlich sinnvolle Methode, um Exklusionen im Namen einer generellen Regel zu korrigieren und Horizontüberschreitungen wagen zu können, die sonst undenkbar und ungedacht blieben. Narrative Vernunft wäre die Arbeit an der Grenze von möglich und unmöglich, womöglich eine experimentelle Verschiebung dieser Grenze.

Für Literaten und Literaturwissenschaftler könnte das trivial klingen. Wenn man daraus eine methodische Konsequenz für eine Wissenschaft zieht (wobei Theologie nicht nur Wissenschaft ist), wird es durchaus untrivial: Das Narrative wird zur imaginativen Variation und Investigation der Theologie. Sünden- und Gnadenforschung bedürfen der Erzählung *als* Erzählung. Dafür wird zumeist die biblische Tradition aufgerufen, was ja auch immer wieder erhellend ist (wie in der Reue oder Anfechtung Gottes). Mann erweitert das um die legendarischen Traditionen des Christentums, auch gut. Im Grunde indes geht es um eine Zeitgenossenschaft, um geistesgegenwärtige Narration, bis in die Narrativität der theologischen Vernunft selber. Sie ist keine leiblose Vernunft des möglichst reinen Begriffs, sondern in ihrer Sprache und Stimme in Logos, Ethos und Pathos auf die Erzählung und ihre Verwandten angewiesen. Wenn Theologie etwas zu sagen hat, sollte sie sich einiges erzählen lassen.

Ruprecht Wimmer

Laudatio

Verleihung des Thomas Mann-Förderpreises an Hannah Rieger
für die Master-Arbeit: »Die altersgraue Legende«. Thomas Manns
»Der Erwählte« zwischen Christentum und Kunstreligion

I.

Ein rundes Dutzend Bewerbungen ist für den diesjährigen Thomas Mann-Förderpreis eingegangen – das Spektrum reicht von der Bachelorarbeit über die
Master- bzw. Magisterarbeit bis hin zur ausgewachsenen Dissertation, gelegentlich schon im Druck erschienen; die Autorinnen und Autoren kommen
aus ganz Deutschland und dem europäischen Ausland.

Und so möchte diese Laudatio allgemeiner ansetzen, indem sie festhält, dass
ein Großteil der eingereichten Arbeiten ein hohes Niveau aufweist und eindrucksvoll unter Beweis stellt, dass Thomas Mann und sein Umfeld auch die
jüngere Forschergeneration nach wie vor interessieren und herausfordern. Es
war ein dichtes, ja ein fast geschlossenes Feld von Bewerberinnen und Bewer-
bern – und die Jury konnte sich ihre Entscheidung wirklich nicht leicht machen.

Wenn ich zunächst einige Charakteristika dieser jugendlichen Analysen und
Darstellungen anspreche, darf und muss es auch um Schwächen gehen. Doch
sei hier in aller Eindringlichkeit hervorgehoben, dass diese Eigenheiten recht
ungleichmäßig, ja sparsam verteilt sind und keineswegs Material für eine pau-
schale Abwertung der Nachwuchsforschung liefern, sie können auch nicht
dazu dienen, den Großteil der Kandidatinnen und Kandidaten von der Preisträgerin »abzusetzen«: die allermeisten Autorinnen und Autoren dürfen stolz
auf ihre Leistung sein.

Also und trotzdem:
- Manches Mal erscheinen Ikonen der Doktormütter und Doktorväter, die im
  Blick der breiteren wissenschaftlichen Öffentlichkeit zu verblassen beginnen,
  in neuem Glanz.
- Gleiches gilt auch für den Jargon der Lehrer- und Vorbildfiguren. Leider
  geht das – sogar in Druckfassungen – gelegentlich Hand in Hand mit sprach-
  lichen »Ausrutschern«, die nicht immer nur der elektronischen Textherstel-
  lung anzulasten sind.
- Dann führt öfter die Unsicherheit angesichts der fast unüberschaubaren
  Forschungsquantität, gerade in Sachen Thomas Mann, zu pseudo-befreien-

den Rundumschlägen, eine krampfhafte »Hinweg mit euch, jetzt komme ich«-Attitüde verrät sich in Wendungen wie »Thomas Mann muss endlich neu gelesen werden«, um nur *ein* Beispiel zu nennen.

II.

Das alles sind Krankheiten, an denen wir samt und sonders während unserer wissenschaftlichen Jugendjahre gelitten haben, und an denen unsere jeweiligen Lehrer und Vorbilder mitschuldig waren. Unsererseits zu »Lehrern« geworden, haben wir sie dann bei unseren Schülerinnen und Schülern beileibe nicht immer verhindert. Es muss aber hier von einem Älteren selbstkritisch angemerkt werden, dass in den letzten Jahren bei der jungen Generation selbständig gefundene Perspektiven, gründliche Recherche-Arbeiten und differenzierte Forschungs-Diskussionen dominieren – und so lassen Sie mich jetzt zu Hannah Rieger, der diesjährigen Preisträgerin und ihrer Master-Arbeit über die »altersgraue Legende« von Thomas Manns *Erwähltem* kommen.

Die Verfasserin liest Thomas Mann nicht neu, sie liest ihn erneut, mit dem genauen, wachen Blick auf die Forschung. Und sie diskutiert diese Forschung, durchaus kritisch in manchen Fällen, immer aber mit kritischem Respekt. Dabei kommt ihr zustatten, dass sie in mittelalterlicher Literatur weit über Durchschnitt beschlagen ist. Das hat auch ihre beiden Gutachter, Heinrich Detering und Caroline Emmelius, dazu veranlasst, ihr »auf Augenhöhe« zu begegnen. Mir ist selten ein so ernsthaftes, engagiertes Gespräch zwischen Gutachtern und zu Begutachtenden begegnet.

III.

Doch nun einige thematische Schlaglichter. Hannah Rieger nimmt den *Erwählten* ernst. Sie misstraut Thomas Manns halbkoketter Ausflaggung als »Romänchen«. Der Autor selbst sorgt ja trotz solcher Koketterien immer wieder dafür, dass man den *Erwählten* nicht als Leichtgewicht abtut. Mir ist eine Tagebuchnotiz in Erinnerung, worin er gereizt auf die Bewertung Ludwig Marcuses reagiert, der den Text vorwiegend als brillante Lachnummer charakterisiert hatte: »Und ist es auch gottlob zum Lachen, so ist es doch nicht nur zum Lachen!« merkt er mürrisch an. Nein, die Preisträgerin hat von Anfang an recht: wir haben es weder mit einem Nachspiel noch mit einem Kleinformat zu tun. So liest sie den *Erwählten* nicht konventionell als ein Dokument, das vor allem zur weiteren Erhellung der historischen Biografie des Autors beiträgt, sondern als eine späte und grundsätzliche Station einer lebenslangen künstlerischen Selbstinszenierung, wobei ein weitgespannter Horizont moderner Methoden sichtbar wird. (Hier genügen Namen wie Roland Barthes, Boris Tomaševskij und Stephen Greenblatt.)

Als eine von mehreren wichtigen Motivationen des »Selbstregisseurs« Thomas Mann erscheint dessen zeittypische Mittelalter-Faszination, die sich aus verschiedenen Quellen speist: im Hintergrund stehen unterschiedliche »Mittelalter«-Muster: so spielen das Mittelalter der neuen Wissenschaftsbegeisterung, das Thomas Mann schon als Gaststudent kennengelernt hatte, und »die Mittelalter« Richard Wagners und Friedrich Nietzsches ineinander, überdies steuert die Perspektive des Schopenhauerschen Humors den Wechsel von Scherz und Ernst. Der Hartmannsche Gregorius und Thomas Manns Grigorß erscheinen schon dem ersten Blick als »Papierheilige«, deren Konstruktion sich in verschiedener, abgestufter Weise von den dogmatischen Prämissen mittelalterlichen Christentums entfernt.

IV.

Diese bereits in der Einleitung sich abzeichnenden Silhouetten werden nun in drei Teilen ins Einzelne vertieft, werden gewissermaßen dokumentierend durchgezeichnet – und zu einer neuen, aufregenden These geweitet. Meine jetzt folgende Skizze soll beileibe kein drittes Gutachten werden, meine sehr verehrten Damen und Herren, vielmehr will ich versuchen, durch eher aphoristisch aufgesetzte Akzente Ihre Leselust zu wecken.

Der erste dieser drei Teile stellt einen Vergleich an zwischen dem Gregorius Hartmanns von Aue und Grigorß, dem Helden des *Erwählten*. Natürlich muss das von der Grundposition Thomas Manns ausgehen: von dessen undogmatischem Religionsbegriff, von der Psychologisierung des Mythos, welche die Überführung des Religiösen in ein zeitloses Phänomen mit sich bringt. Die Neuauflage des mittelalterlichen Stoffes wird zu einer »Heilungsgeschichte einer kollektiven Neurose«. Das wäre ohne C. G. Jung (und indirekt ohne dessen Antipoden und Vorgänger Sigmund Freud) nicht denkbar gewesen. Thomas Mann wird durch deren Dimensionen sensibilisiert und motiviert für einen genaueren Blick auf die Quelle Hartmann von Aue. Er erkennt deren freieren Umgang mit dem älteren »harten« Antagonismus zwischen Gut und Böse, er sieht die bereits hochmittelalterliche neue Unschärfe der Grenze zwischen Welt und Jenseits, zwischen Immanenz und Transzendenz. Dass aus diesen Voraussetzungen eine Vorstellung der wechselseitigen Erzeugung von Gott und Mensch allmählich hervorzuwachsen begann, ein »Hervordenken« Gottes durch den Menschen – eben das hatte der Autor (Denkanstöße von Friedrich Nietzsche und Max Scheler aufnehmend) in eigenen früheren Werken seinerseits bereits »vorgedacht«. »Was der gute Hartmann für Augen machen würde« – diese von Hannah Rieger in ihrem Titel der ersten Fassung zitierte gespielt-ironische Äußerung Thomas Manns kann durchaus verstanden werden als Kompliment, das der Autor sich selbst macht, als stolze Zufriedenheit über die Kühnheit der eigenen Fortschreibung der mittelalterlichen Legende.

Ich gebe Ihnen bei dieser guten Gelegenheit eine Probe von Hannah Riegers beispielhaft klarer und uneitler Prosa, die eine nach und nach sich bildende Gestaltungs-Konsequenz längs des gesamten Werkes formuliert: »Thomas Mann wendet sich mit der Josephs-Trilogie einem biblischen, mit der Gregorius-Legende einem legendarischen Stoff zu. Dabei bildet er die christliche Religion nicht affirmativ ab und bestätigt sie, sondern er spitzt sie zu, leitet sie her und verneint sie sogar in Teilen.«

Was sich in der Arbeit Riegers anschließt, ist verblüffend folgerichtig. Individualisierungs- und Ökumenisierungsansätze des mittelalterlichen Textes, das »weiche Gottesbild« Hartmanns helfen dem Autor Thomas Mann einen Papst schaffen, der die Welt insgesamt hereinnimmt in ein neues, frei konzipiertes Christentum, damit kann die Geschichte vom Erfolg dieses Papstes für ihren Gestalter zu einem Instrument der Selbstrechtfertigung werden, es scheinen neue Vorstellungen von Buße und Gnade auf – und mit dem Blick auf den *Doktor Faustus* wird darüber hinaus die Großdimension eines weiteren Themenkomplexes sichtbar: das Problem der deutschen Schuld und der Möglichkeit ihrer zukünftigen Vergebung. Damit wird vorausgewiesen auf eine neue, persönliche Qualität von Erlösung und Gnade durch die Kunst.

V.

Im zweiten Teil wird *der Erwählte*, der soeben als sensible Weiterentwicklung Hartmannscher Werktendenzen sichtbar gemacht wurde, in den Zusammenhang des Thomas Mannschen Gesamtwerkes eingetragen. Dieses Œuvre erscheint einmal mehr als »große Konfession«, deren Einzelteile bei all ihrer Verschiedenheit im Rückblick als aufeinander bezogene und auseinander hervorgehende »Bruchstücke« verstanden werden wollen – wie das ja auch der expliziten Selbstdeutung des Autors entspricht.

Dabei werden neue Verbindungen und Anknüpfungen aufgezeigt, die zu einem wesentlichen Teil der mediävistischen Professionalität der Verfasserin zu verdanken sind.

Lassen Sie mich hier eine Anekdote einfügen, die zunächst den Eindruck meiner persönlichen Unbescheidenheit erwecken könnte, am Ende aber auf ein indirektes, weil weit zurückliegendes Lob unserer Preisträgerin – und zwar aus berufenstem Munde – hinausläuft.

Auch ich hatte als Mediävist begonnen, allerdings ohne wie Hannah Rieger schon während der Entstehung der Doktorarbeit einen so brillanten Ausflug in die Neugermanistik zu wagen. Nein, ich hatte zunächst brav in mittelalterlicher Literatur promoviert, allerdings bei einem bis heute hochbedeutenden Vertreter der Mediävistik, bei Hugo Kuhn in München. Dann aber wechselte ich das Fach und ging zur Neueren deutschen Literatur über, unter anderem eben auch zu Thomas Mann. Mein Doktorvater, dessen Assistent ich bereits war, mag darüber enttäuscht gewesen sein – er ließ es sich aber nicht anmerken; und die große, souveräne Geste seines Abschiedswortes macht mich stolz bis heute, sie sollte aber auch Hannah Rieger stolz machen. Hugo Kuhn sagte zu mir, und ich habe das noch Wort für Wort im Ohr: »Denken Sie immer daran; unsereiner – er sagte wirklich »unsereiner«! – hat Möglichkeiten bei der Deutung von literarischen Texten, von denen die anderen – damit meinte er die »Neugermanisten« – nur träumen können.«

Wie erscheint nun das scheinbare »Romänchen« innerhalb des Gesamtwerkes von Thomas Mann? Entlang seines gesamten Lebenswerkes entwirft der Autor – mit Blick auf sich selbst – Künstlerfiguren, die den Weg des Außenseiters hin zum Erkennenden einschlagen und darauf unterschiedlich weit kommen, bis hin zum Status der »Auserwählten« oder eben des *Erwählten*. So präsentieren sich auf einer letzten Wegstrecke Thomas Mann selbst und seine Entwürfe Adrian Leverkühn und Gregorius / Grigorß innerhalb eines Frage-Antwort-Systems. Dem »Endwerk« des *Doktor Faustus*, das seinen Helden in einem unentschiedenen Grenzbereich zwischen Katastrophe und Hoffnung enden lässt und indirekt die Losung auszugeben scheint, dass nun nichts mehr komme, dass nichts Weiteres mehr möglich sei – diesem Endwerk folgt ein »Trotzdem«, ein »Spätwerk«, das den scheinbar ausgeschöpften Gestaltungsmitteln eine unerwartete Fortsetzung und Überbietung beschert und nach der nur zögernd aufgehellten Trostlosigkeit in neuer Leuchtkraft die »Hoffnung danach« verkündet.

VI.

Nun sind wir an der Schwelle des dritten Teiles angekommen, der, in letzter Aufgipfelung, die »kunstreligiöse Inszenierung« des Legenden-Romans ins Relief treibt.

Die Verfasserin zeigt, wie Thomas Mann sich und seinen Text mit Vorbehalten einreiht in die seit der Romantik aufkommende Modellfolge der »Kunstreligionen« (das reicht von Friedrich Schlegel über Richard Wagner und Friedrich Nietzsche bis hin zu Stefan George). Er reiht sich »mit Vorbehalten« ein; es geht ihm nämlich nicht um eine gewissermaßen ungeschützte Sakralisierung der Kunst, sondern um ein hohes Spiel mit Rollenmustern; er macht sich selbst als Nachfahre der Nietzsche-Figur Leverkühn zum »erfüllenden Vollender« und schafft sich damit eine »Lebensreligion«, die sich – nach ersten Anfängen, die bereits vor dem Beginn des *Erwählten* liegen – nach dem Erscheinen des Legenden-Romans sogar andeutend realisiert im Papstbesuch von 1953. Dieser Besuch bedeutet kein Aufgehen in der Dogmatik des Katholizismus, er entzeitlicht und entkonfessionalisiert das Papsttum. Sehen wir uns hier dem »Gründungsmythos« einer Art neuer Weltreligion gegenübergestellt? Hat Thomas Mann etwas »hervorgedacht«, um in eigener Regie eine Instanz zu schaffen, deren Gnadenerweis ihn selbst erreichen soll?

VII.

Wie auch immer: In dieser Arbeit hat sich das »Romänchen« Thomas Manns endgültig als »Großformat« erwiesen. Wen wundert es, dass hier eine Master-Arbeit den direkten Sprung zum Buch schafft: Hannah Riegers Untersuchung wird demnächst im Druck erscheinen – dabei hat die Verfasserin ihre Dissertation noch unter der Feder: nach ihren Studienjahren in Göttingen ist sie nach Kiel gewechselt; sie promoviert dort im Rahmen eines DFG-Projektes über ein Thema aus der mittelalterlichen Tier-Epik.

Trotzdem erlaube ich mir jetzt schon den Versuch, sie noch einmal zu Thomas Mann zurück zu locken – mir kommt nämlich dessen zweites »Spätwerk« in den Sinn, das eben auch kein »Endwerk« ist oder sein will, und das in fast noch radikalerer Weise in die Anfänge zurückreicht, weil es schon in den Jugendjahren des Autors begonnen, mehrfach zurückgestellt, aber nie aufgegeben wurde, freilich dann nicht mehr abgeschlossen werden konnte. Ich meine natürlich den *Felix Krull*. Er ist nicht wie Gregor / Grigorß ein »Papierheiliger«, aber vielleicht ein »Papierhochstapler«, dessen Geschichte der Autor in verschmitzter Anlehnung an Goethes zweiten *Faust* als »(sehr ernste) Scherze« bezeichnet.

Wer anders als Hannah Rieger wäre wohl imstande, dieses subtil-kontrastierende Duo zweier Spätwerke richtig zu lesen. Antwortet da ein »Lebenscredo« auf ein anderes? Erhält der Entwurf einer »Weltreligion« die unvollendete Antwort durch einen Weltentwurf von kosmischem Format, durch eine versuchte Philosophie von Sein und Nicht-Sein?

Doch genug damit. Ein Laudator soll sich nicht verlieren oder gar verirren. Zum Schluss also: Verehrte, liebe Frau Rieger! Als Sprecher einer ganzen Thomas-Mann-Gemeinde gratuliere ich Ihnen von ganzem Herzen für Ihren glänzenden Einstieg in die Literaturwissenschaft. Sie werden es richtig verstehen, dass ich mich dabei noch einmal vorsichtig an unseren Autor anlehne: ich gratuliere Ihnen (einen halben Blick auf Tonio Kröger werfend) mit ein bisschen »schwermütigem Neid« und rückhaltloser Begeisterung!

Hannah Rieger

Dankrede zur Verleihung des wissenschaftlichen Förderpreises der Deutschen Thomas Mann-Gesellschaft 2015[*]

»Es kenne mich die Welt« (Tb, 13. 10. 1950). Dieses Motto wählt Thomas Mann im Oktober 1950 für seine Tagebücher und zitiert damit August von Platens: »Es kenne mich die Welt, auf daß sie mir verzeihe«.[1]
Er stilisiert sich damit zum Erlösungsbedürftigen und begibt sich in die Pose des Reumütigen, der äußere Absolution durch die Preisgabe seines Inneren erreichen möchte, und legt in selbigem Tagebucheintrag den Zeitpunkt zu deren Veröffentlichung fest. Wenige Tage danach beendet er den Roman *Der Erwählte*. Die Gedankenfigur des Erlösungswillens und der Erlösungsfähigkeit durch eine Offenlegung des Privatesten, durch öffentliches Bekennen, findet hier eine erstaunliche Entsprechung: In der Wiederaufnahme des traditionsreichen Gregorius-Stoffes beschreibt Mann, dass der Weg zu Vergebung und Gnade ausschließlich über die Konfrontation mit dem Innersten und dessen lücken- und schonungsloses Aussprechen führe. »Wir sollen ausdrücklich sprechen und die Dinge beim Namen nennen zu unserer Kasteiung. Denn Wahrheit sagen, das ist Kasteiung« (VII, 177),[2] lässt er dementsprechend den im Roman zum Papst gekrönten Grigorß sagen.
Autor und Werk geraten in diesen Äußerungen in ein Verhältnis, das sich lohnt, näher in den Blick zu nehmen. Dies ist in der bisherigen Forschung bereits getan worden, dabei ist die unterstellte Einflussrichtung jedoch durchgehend die vom Autor zum Werk; der Roman wird in diesem Sinne als »ein

---

[*] Große Teile der Dankrede sind inhaltlich und zum Teil auch wörtlich aus der mit dem Förderpreis ausgezeichneten Arbeit: »Die altersgraue Legende«. Thomas Manns »Der Erwählte« zwischen Christentum und Kunstreligion, Würzburg: Königshausen & Neumann 2015 (= Epistemata, Bd. 838), entnommen.

[1] Vgl. Hans Rudolf Vaget: Fünfzig Jahre Leiden an Deutschland. Thomas Manns »Doktor Faustus« im Lichte unserer Erfahrung [2001], in: Thomas Mann. Neue Wege der Forschung, hrsg. v. Heinrich Detering und Stephan Stachorski, Darmstadt: Wissenschaftliche Buchgesellschaft 2008, S. 177–201, S. 198, Zitat ebd. Schon an anderer Stelle, in den *Betrachtungen eines Unpolitischen*, zitiert er ebendiesen Vers und kennzeichnet sich damit als einen der »Söhne dieser [gemeint ist das 19. Jahrhundert, H. R.] Bekenner-Epoche« (13.1, 21).

[2] Hier und im Folgenden zitiere ich nach den Textausgaben: Hartmann von Aue: Gregorius, hrsg. v. Hermann Paul, neu bearb. v. Burghart Wachinger, Berlin/New York: de Gruyter [16]2011 (= ATB, Bd. 2); sowie Thomas Mann: Der Erwählte. Roman [1951], in: VII, 9–261. Zitate werden von hier an unter Angabe der Vers-, bzw. Seitenzahl im Fließtext angegeben.

Lebenszeugnis«[3], als »Symptom einer auch das Religiöse umfassenden Tiefen-
erfahrung des Autors«[4] verstanden.

Doch einige Selbstaussagen rund um den *Erwählten* ermöglichen es, den
Roman nicht nur als »Symptom« oder Spiegel von Thomas Manns Innenleben zu lesen, sondern – ausgehend von der Theorie Boris Tomaševskijs – als
krönendes Mosaikteilchen einer vom Autor selbst aktiv gestalteten ›Lebenslegende‹.[5] Sowohl der Inhalt des Romans als auch die in der Forschung bereits
nachgewiesene und diskutierte kunstreligiöse Selbstinszenierung[6] Manns zu
Zeiten der Entstehung und der Veröffentlichung markieren die Funktion, die
dieser Text in der ›Lebenslegende‹ haben kann: Er reguliert Manns Verhältnis
zu Religiosität und zu der Institution der christlichen Kirche.

Um nicht doch in biographistisches Fahrwasser zu geraten, erzwingt eine
solche Lesart, zwischen dem realhistorischen Autor Thomas Mann und der
über seine Texte kommunizierten Autorsilhouette – mit Roland Barthes – zwischen Autorperson (»*personne civile*«) und Autorfigur (»*figure*«) zu unterscheiden.[7] In diesem Sinne kann Mann bei diesem Vorhaben nicht als ›Autorperson‹,

---

[3] Helmut Koopmann: Art. »Der Erwählte«, in: TM Hb, S. 498–515, hier S. 507.

[4] Hans Küng: Gefeiert – und auch gerechtfertigt? Thomas Mann und die Frage der Religion,
in: Ders./Walter Jens: Anwälte der Humanität. Thomas Mann, Hermann Hesse, Heinrich Böll,
München: Kindler 1989, S. 81–157, S. 139.

[5] Vgl. Boris Tomaševskij: Literatur und Biographie [1923], in: Texte zur Theorie der Autorschaft, hrsg. und komm. v. Fotis Jannidis u. a., Stuttgart: Reclam 2000 (= RUB, Bd. 18058),
S. 49–61.

[6] Vgl. zur kunstreligiösen Inszenierung des späten Thomas Mann Andreas Tönnesmann:
Heiligung und Selbstheiligung bei Thomas Mann, in: Zwischen Himmel und Hölle. Thomas
Mann und die Religion. Die Davoser Literaturtage 2010, hrsg. v. Thomas Sprecher, Frankfurt/
Main: Klostermann 2012 (= TMS, Bd. 44), S. 171–201, passim.; sowie Bernd Hamacher: Tho-
mas Manns Medientheologie, in: Autorinszenierungen. Autorschaft und literarisches Werk im
Kontext der Medien, hrsg. v. Christine Künzel und Jörg Schönert, Würzburg: Königshausen
& Neumann 2007, S. 59–77, passim. Heinrich Detering: Das Werk und die Gnade. Zu Religion und
Kunstreligion in der Poetik Thomas Manns, in: Der ungläubige Thomas. Zur Religion in Thomas
Manns Romanen, hrsg. v. Niklas Peter und Thomas Sprecher, Frankfurt/Main: Klostermann
2012 (= TMS, Bd. 45), S. 149–165, beschreibt unter Rückgriff auf frühe poetologische Essays die
kunstreligiöse Inszenierung des jungen Thomas Mann und zeigt anhand des *Erwählten* auf,
wie sich beim späten Thomas Mann in diese Kunstreligion auch fromme Aspekte von Religion
mischen (vgl. ebd., S. 161–163).

[7] Vgl. Roland Barthes: Le plaisir du texte, Paris: Éditions du Seuil 1973 (= Collection Tel
Quel), S. 45 f., Zitate S. 45 und S. 46, H.i.O. Dies bedeutet für die Textinterpretation, dass dem
realhistorischen Autor die Funktion eines hermeneutischen Schlüssels für Inhalte seiner Texte
entzogen wird. Ein literaturwissenschaftliches Interesse kann sich nur noch auf ihn als aus dem
Text rekonstruierbares »imaginäres Autorsubjekt« beziehen (vgl. Carlos Spoerhase: Autorschaft
und Interpretation. Methodische Grundlagen einer philologischen Hermeneutik, Berlin/New
York: de Gruyter 2007 [= Historia Hermeneutika, Bd. 5], S. 19 f., Zitat S. 19, Spoerhase beruft
sich mit diesem Begriff auf Detlev Schöttker).

sondern als ›Autorfigur‹, sollte das Vermittelte über sein Leben nicht als Teile der Biographie, sondern als ›Biographeme‹[8] betrachtet werden.

Zieht man neben dem zentralen Text, *Der Erwählte*, auch Kommentare, Selbstaussagen und Essays von Thomas Mann hinzu und liest sie im Sinne eines Epitextes,[9] dann lässt sich aus diesen Selbstäußerungen das Profil einer Autorfigur nachzeichnen, das in vielfältiger Weise mit seinem letztbegonnenen Roman in Verbindung steht.

Die im *Erwählten* entworfene Religiosität ist durch den Vergleich mit seinem Prätext, dem *Gregorius* Hartmanns von Aue, besonders gut herauszuarbeiten. Denn in der Bearbeitung der Vorlage wird die Autorfigur greifbar. Sie gewichtet, trifft Entscheidungen, fügt Elemente hinzu oder entfernt sie. Die Rückverfolgung der sichtbar werdenden Auseinandersetzung mit dem *Gregorius* ist dabei gerade im Sinne der Äußerung der eigenen Religiosität ein gutes Analyseinstrumentarium, erweist sie sich doch gleichzeitig als eine Auseinandersetzung mit traditionell christlichen Denkmustern. Durch den Vergleich mit dem *Gregorius* kann nicht nur sichtbar gemacht werden, wie Mann sich zu seiner literarischen Vorlage verhält, sondern auch zu den traditionellen christlich-katholischen Grundwerten, die diese vermittelt.

Die Veränderungen, die dabei nachgezeichnet werden können, betreffen die Definitionen der einzelnen Religionsbestandteile. Durch die montageartige Unterfütterung mit Elementen aus verschiedenen religiösen, philosophischen und psychologischen Diskursen seiner Zeit erschafft Mann eine synkretistisch modifizierte christliche Religion. In diesem modifizierten Christentum präsentiert sich das Heilige nicht mehr strikt getrennt vom Profanen, die Sünde wird als Teil des Menschen in ihrer moralischen Verwerflichkeit relativiert. Die Grenzen zwischen Gut und Böse erscheinen nicht nur in Bezug auf den Menschen und sein Tun aufgeweicht, sondern auch in der Gotteskonzeption, die zudem zwischen heidnischem Mutterkult und christlicher Gottvatervorstellung changiert. Das Gottesbild ist nicht allein hinsichtlich seiner Bewertung verändert, sondern vielmehr auch in Bezug auf sein Verhältnis zum Menschen. Mann weicht die hierarchisierte Grenze auf, Menschliches und Göttliches ver-

---

[8] Mit dem Konzept des ›Biographems‹ bezeichnet Barthes kleine bedeutungstragende Einheiten, die der Rezipient als Teile der Biographie der Autorfigur erkennt. Damit erhält Roland Barthes dennoch eine durch den Text vermittelte Person, als das, was der Autor von sich vermitteln und für die Nachwelt hinterlassen möchte: »quelques détails, [...] quelques goûtes, [...] quelques inflexions, disons: ›biographèmes‹ dont la distinction et la mobilité pourraient voyager hors de tout destin et venir toucher [...] quelque corp future, promis à la même dispersion« (zit. n. ebd., S. 20, Anm. 79).

[9] Vgl. zum Begriff des ›Epitextes‹ die Definition von Gérard Genette: Paratexte, mit einem Vorwort von Harald Weinrich, aus dem Franz. v. Dieter Hornig, Frankfurt/Main u. New York: Campus-Verlag 1989, bes. S. 328–331.

schwimmen, Gott wird als eine Hervorbringung des Menschen mit ihm auf eine Ebene gestellt.

Diese Veränderungen, die den Menschen in den Mittelpunkt der Religion rücken, haben Folgen für die im Roman beschriebenen religiösen Praktiken und Dogmen. Gemäß des veränderten Gottesbegriffes geht es dieser »synkretistische[n] Humanitätsreligion«[10], wie Helmut Koopmann sie nennt, in der Bußtheologie nicht darum, mit auf einen äußeren Gott gerichteten Taten für begangene Fehler zu büßen, sondern die Begnadung erfolgt in der Konfrontation mit sich selbst und durch die Aussprache der eigenen Sündhaftigkeit. Aber auch andere Dogmen verändern sich. So liberalisiert Grigorß die Liturgie der Anbetungs- und Gottesdienstordnungen, nimmt synkretistisch Kulte fremder Kulturen in sie auf und verändert die Dogmen der Kirche so, dass (nahezu) jeder Mensch von ihm von seiner Schuld freigesprochen wird.

Diese Änderungen sind nicht so zu verstehen, dass sie die Christlichkeit des Textes zerstören, im Gegenteil: Christliche Denkmodelle wie die Existenz einer transzendenten Macht, die Möglichkeit, Buße zu tun bzw. Rechtfertigung zu erlangen, und vor allem der Glaube an eine von der transzendenten Instanz gespendete Gnade lassen die im Roman künstlich erdachte Religion weiterhin in christlichen Denkfiguren funktionieren. Schließlich wird die veränderte christliche Religion mit der Papstkrönung in der Institution und der Architektur der katholischen Kirche angesiedelt und greift auf deren Personal und Symbolik zurück: Grigorß wird kein Schamane oder Therapeut, sondern er wird zum Papst mitsamt traditioneller Kleidung und dem symbolisch aufgeladenen Fischerring.

Dabei wird die Funktion von dieser Religiosität als therapeutische bestimmt. Wenn Freud 1927 noch von der Religion als »kollektiver Zwangsneurose«[11] spricht, so beschreibt Mann 1951 mit dessen Hilfe eine Religiosität, die den neurotischen Menschen zu heilen verspricht; der Papst Grigorß wird als »Arzt der Seelenwunden« (VII, 246; vgl. *ein heilære / der sêle wunden* [V. 3791 f.]) bezeichnet.

Im Roman wird somit eine Religion begründet, die das Christentum nicht überwindet, sondern es zu einem solchen (humanistischen) Christentum modelliert,[12] das in Kongruenz zu den Grundeinstellungen steht, die Mann sich auch in anderen von ihm veröffentlichten Texten zuschreibt. Auch wenn er für

---

[10] Koopmann (wie Anm. 3), S. 515.

[11] Wolf-Daniel Hartwich: Psychoanalyse als humanistische Mythologie. Über Sigmund Freud und Thomas Mann, in: Humanismus in Geschichte und Gegenwart, hrsg. v. Richard Faber und Enno Rudolph, Tübingen: Mohr Siebeck 2002 (= Religion und Aufklärung, Bd. 10), S. 77–102, S. 98.

[12] Auf dieses Ziel Manns, mit dem er sich von anderen auf die Überwindung des Christentums zielenden Unitariern absetzt, verweist auch Heinrich Detering: Thomas Manns amerikanische

den *Erwählten* oft Diminutive verwendet – das »Werkchen« (XI, 691) fügt sich damit als »the little thing [which] is especially close to [his] heart« (DüD III, 431) in die Konstruktion seiner Autorfigur ein.[13]

Die wohl größte und wichtigste Schnittstelle zwischen Roman und Autorfigur ist die Modellierung des Themenkomplexes der Gnade. Mann gibt in Tagebucheinträgen und Briefen preis, sein Impuls, das Werk zu verfassen, erwachse aus dem Streben nach Gnade für vorangegangene Verfehlungen. Den Erfolg seiner Bußbemühungen legt er dabei implizit selbst fest. Am 29.4.1952, etwa ein halbes Jahr nach der Fertigstellung des *Erwählten*, schreibt er an Hermann J. Weigand:

> Diese Insel, ›Der Erwählte‹, liegt zwar schon wieder weit zurück im Strome, aber es war doch ein merkwürdig erheiternder, neuartiger Aufenthalt, den ich dort hatte […].[14]

Diese Inszenierung seines Schreibprozesses als Äquivalent zur Buße des im *Erwählten* beschriebenen Sünderheiligen lädt erstens das Schreiben Manns semantisch als Bußleistung auf, verweist zweitens darauf, dass diese Bußleistung von Erfolg gekrönt ist (schließlich konnte Mann wie Gregorius und Grigorß die Insel wieder verlassen), und deutet drittens die hagiographische Aufladung der Autorfigur Thomas Mann an, die sich nicht zuletzt auch durch die Stellung des *Erwählten* im Gesamtwerk konstituiert.

Schließlich nimmt *Der Erwählte* im Werk Manns, der nach eigenen Aussagen »einer der wenigen [ist], die noch wissen, was das ist, ein Werk« (DüD III, 383), als letztbegonnener Roman, als »Spätwerk« (XI, 690) des Autors, für den »erst Todesreife wahre Lebensreife ist« (14.1, 274), einen exponierten Platz ein.

Mann selbst legt die Zusammenschau mit dem *Doktor Faustus* nahe, an dem er durch den *Erwählten* »[g]ewissermaßen fort[dichte]« (DüD III, 355). Zeitgenössisch wird er dementsprechend schon als »das Satyrspiel nach der Tragödie«[15] rezipiert.

Der Erwählte ist in diesem Diptychon als »Gegenroman«[16] zum *Doktor Faustus* zu lesen. Grigorß überwindet genau jenes Problem, das Leverkühn

---

Religion. Theologie, Politik und Literatur im kalifornischen Exil. Mit einem Essay von Frido Mann, Frankfurt/Main: S. Fischer 2012, S. 138.

[13] Dafür, »die vorgebliche Coda des *Erwählten* und des *Krull*« trotz der vielen »bagatellisierende[n] Privataussagen« Manns ernst zu nehmen, plädiert auch Ruprecht Wimmer: Die altdeutschen Quellen im Spätwerk Thomas Manns, in: Thomas Mann und seine Quellen. FS für Hans Wysling, hrsg. v. Eckhart Heftrich und Helmut Koopmann, Frankfurt/Main: Klostermann 1991, S. 272–299, Zitate S. 298 f. und S. 299.

[14] Thomas Mann: Brief an Hermann J. Weigand [29.4.1952], in: Thomas Mann. Selbstkommentare: »Der Erwählte«, hrsg. v. Hans Wysling, Frankfurt/Main: Fischer-Taschenbuch-Verlag 1989, S. 97–102, S. 97.

[15] Karl Kerényi: Vorbetrachtungen, in: BrKer, S. 11–33, S. 27.

[16] Koopmann (wie Anm. 3), S. 502.

verkörpert und an dem er scheitert. Dem pessimistisch-nihilistisch enden-
den Künstlerroman wird ein in grenzenlosen Humanismus und Optimismus
mündender entgegnet. In der Abfolge beider Protagonisten – Grigorß' Biographie ist bereits als »Gegenkurve« zur »biographischen Kurve des Leverkühn«[17] beschrieben worden – bedient Mann das typologische Prinzip der
mittelalterlichen Bibelexegese und stilisiert Grigorß innerhalb seines Werks
als Erlöserfigur. Eine Erlöserfigur, die nicht nur innerhalb des Textes bzw. des
Textcorpus wirksam ist, sondern die in ihrer therapeutischen Funktion auch
möglich macht, an eine Begnadung des in Schuld gefallenen deutschen Volkes
zu glauben.[18]

Doch nicht nur seine Figur lädt Mann in der Inszenierung Grigorß' religiös
auf, sondern auch sich selbst. Der pompösen, auf Außenwirkung angelegten
»Tempelpublicität« (Notb II, 134) von Wagner, dem »überspannte[n] und über-
spannende[n] Verlangen nach ›Höhenkunst‹, ›Tempelkunst‹« (Notb II, 174) von
George stellt er ein halbes Jahrhundert später ein kunstreligiöses Gegenmodell
anheim.[19] Über veröffentlichte Fotografien[20], die Inszenierung seiner Stimme
in Radioansprachen[21] und nicht zuletzt die Einrichtung seiner Wohn- und
Arbeitsstätten[22] lädt er sich selbst und sein Werk auf stillere, aufs Private bezogene Weise kunstreligiös auf. Mit der medialen Selbststilisierung zum Propheten korrespondiert eine stetige Annäherung Manns an das Christentum,
die in Anbetracht der »nationalsozialistischen Barbarei« zu ihrem Höhepunkt
kommt.[23] Durch die Entwicklung seiner »synkretistischen Humanitätsreligion«, die Elemente aus Psychologie, Mythologie und Philosophie an die Werte
des traditionellen Christentums anbindet und somit eine Modifizierung, nicht
aber eine Ablösung vornimmt, steht Manns kunstreligiöses Tun und dessen

---

[17] Ebd, S. 503; ähnlich auch Rüdiger Görner: Thomas Mann. Der Zauber des Letzten, Düs-
seldorf/Zürich: Wissenschaftliche Buchgesellschaft 2005, S. 182.

[18] Vgl. zum *Doktor Faustus* als Deutschlandroman Peter Sprengel: Teufels-Künstler. Faschis-
mus- und Ästhetizismus-Kritik in Exilromanen Heinrich, Thomas und Klaus Manns [1981], in:
Exilliteratur 1933–1945, hrsg. v. Wulf Koepke und Michael Winkler, Darmstadt: Wissenschaftliche Buchgesellschaft 1989 (= Wege der Forschung, Bd. 647), S. 424–450, S. 434–446. Den Status
des ›Deutschlandromans‹ muss man auch dem *Erwählten* zubilligen, der die Verdammungs-
geschichte des *Faustus* in eine Begnadungsgeschichte überführt.

[19] Darauf, dass Manns Selbststilisierung nicht, wie bei Rilke oder George, auf »Außenreprä-
sentanz« angelegt ist, verweist Tönnesmann (wie Anm. 6), S. 200.

[20] Vgl. ebd., passim.

[21] Vgl. Hamacher (wie Anm. 6), passim.

[22] Vgl. Tönnesmann (wie Anm. 6), S. 187–201.

[23] Unter Rückgriff auf Thesen Kurt Alands teilt Gunther Wenz: Thomas Manns Protestantismus, in: Zwischen Himmel und Hölle. Thomas Mann und die Literatur. Die Davoser Literaturtage 2010, hrsg. v. Thomas Sprecher, Frankfurt/Main: Klostermann 2012 (= TMS, Bd. 44),
S. 203–226, hier S. 209f., Zitat S. 210, das Verhältnis Thomas Manns zum Christentum in drei
Phasen ein, die eine stetige Annäherung erkennen lassen.

Produkt – anders als bei Wagner, George oder Nietzsche – nicht in Konkurrenz zum Christentum, sondern in Korrespondenz zu ebendiesem.

Dies funktioniert vor allem über die Suggestion einer lebensweltlichen Relevanz der literarisch hergestellten Religion und ihres Oberhauptes. So sind Manns Beschreibungen von seinem Besuch im Vatikan und die der Audienz bei Pius XII. durch die Überblendung mit Inhalten seines Romans gekennzeichnet, die wohl am deutlichsten wird auf einer Postkarte vom 22.4.1953 an Richard Schweizer, auf der er vermerkt: »Hier, umseitig, residierte Gregorius.« (Br III, 293) Der Besuch beim Papst ist also nur insofern an das reale Christentum angeschlossen, als dieses Teil der von Mann synkretistisch modifizierten Religion ist. Dieser nutzt den Vatikan als Kulisse zur Inszenierung der Verehrung *seines* Christentums. Dies tut er sicher nicht in blasphemischer Absicht, schließlich werden christliche Denkmuster im *Erwählten* in aller Ernsthaftigkeit tradiert. Anders als bei Wagner und George aber ist diese Inszenierung nicht auf ›Tempelpublicität‹ angelegt, sondern konzentriert sich auf Mann allein. Auch wenn er seine realweltliche Verehrung der künstlich hergestellten Religion öffentlich mitteilt, ist dies nicht auf die Bildung einer Gemeinschaft hin ausgerichtet, sondern eher als ein individuelles Zeugnis zu verstehen.

Die literarisch erschaffene Religion wird Zielpunkt von Manns Gnadengesuchen und somit in zweifacher Weise Teil seiner kunstreligiösen Inszenierung: Die Niederschrift des Romans ist erstens als Erschaffung einer Religion, vielleicht sogar als Gründungsmythos derselben, zu lesen. Zweitens ist er zugleich auch der Versuch, mit dem Schreiben genau jene aus dem Werk hervorgehenden Instanzen zur Gnade bewegen zu können. Am Ende seines Gesamtwerks, das Hermann Kurzke als »eine riesige Beichte, die Selbstrechtfertigung eines Sünders vor Gott und den Menschen«[24] bezeichnet, steht sein »Werkchen«, aus dem eine Religion mit einem Oberhaupt hervorgeht, welches das *Absolvo te* endlich sprechen kann. Damit wird der Roman *Der Erwählte* als ein Scharnier in der Lebenslegende Thomas Manns lesbar, das sein verändertes Verhältnis zur Religion nicht nur abbildet, sondern mit dem dieses aktiv gestaltet wird.

Doch die typisierende und psychologisierende Erzählweise ist auch als Ausweitung der Begnadungsgeschichte auf die ganze Menschheit zu lesen. Denn die Erzählung von Grigorß erzählt nicht nur von Sünde, Buße und Gnade einer einzelnen Figur, sondern sie entwickelt die Funktion von Religion in diesem Dreischritt dahingehend weiter, dass sie ein tiefenpsychologisches Verfahren – die Freud'sche *talking cure* – zur größtmöglichen Buße erklärt. Erlöst werden kann damit jeder, der sich der religiösen Therapie einer Selbstkonfrontation unterzieht.

---

[24] Hermann Kurzke: Mondwanderungen. Wegweiser durch Thomas Manns Joseph-Roman, Frankfurt/Main: Fischer-Taschenbuch-Verlag 1993, S. 122.

»[D]ie altersgraue Legende«[25], wie Mann seinen Romanstoff selbst in einem Brief an Eberhard Hilscher vom 3. 11. 1951 nennt, ist damit nicht nur der traditionsreiche Gregorius-Stoff, sondern diese Bezeichnung trifft auch auf seinen Produzenten zu, der sich in seinem Spätwerk eine Religion schafft, zu deren Propheten er sich selbst stilisiert. So kommt er in ebendem Brief auch schon im übernächsten Satz auf sich und seine Rolle als Autor des *Erwählten* zu sprechen: »Nicht ungern fühle ich mich als einen Späten und Letzten, einen Abschließenden und einen Vollender.«[26]

Diese hier kurz umrissene Arbeit, für deren Auszeichnung ich mich bei der Deutschen Thomas Mann-Gesellschaft herzlich bedanke, zu schreiben, wäre ohne verschiedene Personen nicht möglich gewesen.

Ein großer Dank gilt zunächst meinen Göttinger Freunden und Kollegen, die mir bei der Entstehung und der Überarbeitung der Arbeit mit Korrekturen und anregenden Gesprächen zur Seite standen. Maren Ermisch danke ich dafür, dass sie sich bei der Drucklegung der Arbeit um einen reibungslosen Ablauf gekümmert hat.

Inhaltlich hätte das Buch nicht in dieser Weise entstehen können ohne meine beiden Betreuer, die die Themenfindung und alle bei der Bearbeitung auftretenden Probleme interessiert und engagiert begleitet haben.

Zum einen ist hier Jun.-Prof. Dr. Caroline Emmelius (Düsseldorf) zu nennen, die mein Mediävistik-Studium von Beginn an begleitet hat und meine Arbeit weit über das normale Maß einer Zweitbetreuung hinausgehend mitgestaltet hat. Ihr bin ich sehr dankbar, dass sie mir diesen für viele Germanisten so abwegigen Zweig unseres Fachs so leicht eröffnet hat.

Mein großer Dank gilt Prof. Dr. Dr. h.c. Heinrich Detering (Göttingen), der mich am Ende meines Studiums doch noch einmal für die Neugermanistik begeistern und einnehmen konnte und der mit seinem Hinweis auf den *Erwählten* eine Abschlussarbeit über Thomas Mann überhaupt erst denkbar gemacht hat. Ihm danke ich herzlich für die großzügige nicht nur finanzielle Förderung, die ich von ihm über mein Studium hinausgehend erhalten habe.

---

[25] Thomas Mann: Brief an Eberhard Hilscher [3. 11. 1951], in: Thomas Mann. Selbstkommentare: »Der Erwählte«, hrsg. v. Hans Wysling, Frankfurt/Main: Fischer-Taschenbuch-Verlag 1989, S. 84–87, hier S. 85.
[26] Ebd.

Jonas Narchi

»Seltsamer, romantisch-trister Reigen«

Haupt- und Leitmotive von Franz Schuberts *Winterreise* im *Zauberberg*

Im Frühjahr 1920 entdeckt Thomas Mann – sein Roman *Der Zauberberg* ist ungefähr beim fünften Kapitel angelangt – »als Musikhörer wie als Romancier, die großen Möglichkeiten des Grammophons« (5.2, 34): In seinem Tagebuch berichtet er von einem Musikabend, dessen »Clou« das vorzügliche Grammophon und die Schallplattenauswahl von Wagners *Tannhäuser*, über Puccinis *Bohème* bis zu Verdis *Aida* gewesen seien. Darunter notiert er: »Neues Motiv für den ›Zbg.‹, gedanklich und rein episch ein Fund.« (Tb, 10. 2. 1920) Etwa zu dieser Zeit entsteht das Kapitel *Hippe*, in dem sich der bürgerliche Held des Romans, Hans Castorp, auf eine Wanderschaft mit schwerwiegenden Konsequenzen begibt. Auch zeichnet sich eine erste Vorstellung des Musikkapitels *Fülle des Wohllautes* ab (vgl. 5.2, 34). In diesem taucht nicht nur das *Aida*-Finale als eine der Lieblingsplatten Hans Castorps wieder auf, der Protagonist findet sich auch in dem lyrischen Ich des *Lindenbaums* aus Franz Schuberts Müller-Vertonung *Die Winterreise* wieder. *Die Winterreise* Schuberts, ein »[s]eltsamer, romantisch-trister Reigen« (Tb, 12. 11. 1937), bietet sich dem Leser kurz vor Ende des Romans als Schlüssel zum Verständnis Hans Castorps und des gesamten *Zauberbergs* an. Wenn sich Hans Castorps Leben im Sanatorium in der Retrospektive in eine Winterreise verwandelt, ist genau diese Retrospektive einmal zu wagen: Enthüllt sich das Musikkapitel wirklich als »die Gelenkstelle im Œuvre dieses Autors«[1]? Wie dienen der *Lindenbaum* und der Zyklus, in dem dieser steht, der Deutung des *Zauberbergs*? Auch wenn der *Lindenbaum* nur als isoliertes Lied im Roman auftaucht und von der *Winterreise* auf den ersten Blick keine Rede ist, ist es vielleicht »der Zyklus als Ganzes, der den im Roman so stark betonten funebren Grundton erzeugt« (Sz, 59). Es gilt, diesen Grundton der Zauberbergsmusik, dieses epische Motiv, genauer zu betrachten und durch eine Analyse wichtiger Passagen des Werks unter Zuhilfenahme der Sekundärliteratur[2] die Frage zu beantworten: Lässt sich der *Zauberberg* als Winterreise Hans Castorps lesen?

---

[1] Hans Rudolf Vaget: Seelenzauber. Thomas Mann und die Musik, Frankfurt/Main: Fischer 2006, S. 9, nachfolgend zitiert als »Sz«.

[2] Mit dem Verhältnis des *Zauberbergs* zur *Winterreise* haben sich vor allem Karl-Josef Müller,

I. Hauptmotive der Winterreise im Zauberberg

In seinem Vortrag *Einführung in den Zauberberg* empfiehlt Thomas Mann, den *Zauberberg* zweimal zu lesen, denn »… sein Charakter als Komposition bringt es mit sich, daß das Vergnügen des Lesers sich beim zweiten Mal erhöhen und vertiefen wird, – wie man ja auch Musik schon kennen muß, um sie richtig zu genießen.« (XIII, 75) Es zeigt sich, dass dieser Vergleich mit einem Musikstück alles andere als zufällig gewählt ist:

Der Roman war immer eine Symphonie, ein Werk der Kontrapunktik, ein Themengewebe, *worin die Ideen die Rolle musikalischer Motive spielen.* […] [B]esonders folgte ich Wagner auch in der Benützung des *Leitmotivs*, das ich in die Erzählung übertrug, und zwar nicht, wie […] noch in meinem eigenen Jugendroman ›Buddenbrooks‹ […] auf eine bloß naturalistisch-charakterisierende, sozusagen mechanische Weise, sondern *in der symbolischen Art der Musik.* (XIII, 75, Hervorh. des Verf.)

Die Musik findet sich im *Zauberberg* auf drei verschiedene Weisen: Die Komposition des Romans ist (1) der einer Symphonie nachempfunden; wie die Musik Richard Wagners weist der *Zauberberg* (2) symbolische Leitmotive auf; die Musik hat (3) als eine Konstante im Leben Hans Castorps selbst Leitmotiv-Charakter. Vor allem der zweite und dritte Punkt bedürfen einer genaueren Betrachtung, da sie aus Thomas Manns Selbstaussage noch nicht vollständig ersichtlich werden. Wie treten in der Erzählung *Ideen* an die Stelle musikalischer Leitmotive? Spielt die Musik selbst die Rolle einer solchen leitmotivischen Idee? Johannes Odendahl stellt fest, dass in der Sekundärliteratur zu Thomas Mann kein Begriff so häufig ohne genaue Eingrenzung gebraucht wird, wie der des Leitmotivs.[3] Seine Definition des Begriffs lässt sich wie folgt zusam-

Charles E. Passage und Helmut Gutmann beschäftigt. Müller gelingt es als Einzigem, nicht nur den *Lindenbaum*, sondern auch den gesamten *Winterreise*-Zyklus zu berücksichtigen. Seine Analyse bleibt jedoch skizzenhaft und wird zugunsten einer vagen Theorie der »zweifelnden Liebe« und der modernen Kunst hintangestellt. Passage stellt gelungen die Bezüge der Lieblingsplatten Castorps untereinander dar und analysiert den *Lindenbaum* in Hinblick auf die Beziehung Castorps zu seinem Vetter, thematisiert jedoch keine weiteren Bezüge des *Zauberbergs* zur *Winterreise*. Gutmann betont die politische Dimension der romantischen Musik, für die der *Lindenbaum* steht, interessiert sich jedoch nicht für über das Musikkapitel hinausgehende intertextuelle Zusammenhänge zwischen *Winterreise* und *Zauberberg*. Dazu unten mehr. Vgl. Karl-Josef Müller: »die Leidenschaft als zweifelnde Liebe«. Schuberts »Winterreise« in Thomas Manns »Zauberberg«, in: Germanisch-Romanische Monatsschrift, Jg. 1994, H. 44, Heidelberg: Universitätsverlag Carl Winter, S. 191–204; Charles E. Passage: Hans Castorp's Musical Incantation, in: The Germanic Review, Jg. 1963, H. 38, New York: Taylor & Francis, S. 238–256; Helmut Gutmann: Das Musikkapitel in Thomas Manns »Zauberberg«, in: The German Quarterly, Jg. 1974, H. 47, Hoboken, New Jersey: Wiley-Blackwell, S. 415–431.

[3] Johannes Odendahl: Literarisches Musizieren. Wege des Transfers von Musik in die Literatur bei Thomas Mann, Bielefeld: Aisthesis 2008, S. 143.

menfassen: Das Leitmotiv fungiert als häufig wiederkehrendes Zeichen und Symbol und erfährt durch eine bestimmte Kontextuierung seine Bedeutungsaufladung. Dabei kann der Kontext des Leitmotivs auch erweitert und verändert werden, was dem Verfasser dazu dient, die Handlung gewissermaßen indirekt zu kommentieren.[4] Was in Wagners *Parsifal* das Gralsmotiv ist, ist im *Zauberberg* eine *Idee* aus dem »Spannungsfeld zwischen Gesundheit und Krankheit, bürgerlicher Lebensform und Sanatorium, Bewusstsein und Traum, Politik und Musik, Moral und Eros« (TM Hb, 403). Ein besonders prominentes Leitmotiv aus diesem Spannungsfeld ist die mit Politik verbundene und verwickelte Musik. Die Bedeutungsaufladung geschieht hier ebenfalls wie in der Musik Wagners durch die Einordnung in einen Kontext: Die Musik steht im Roman oft in unmittelbarer Nähe zu politischen Diskursen oder enthält selbst politische oder politisch instrumentalisierbare Aussagen. Dabei kann davon ausgegangen werden, dass »wann immer im Zauberberg kontextgebundene Musik erscheint, [...] dieser Kontext in einer vom Autor kalkulierten Beziehung zum Erzählzusammenhang steht«[5]. Wie die Musik, besonders in der Verwicklung mit Politik, den *Zauberberg* durchdringt und in welcher Beziehung zum Erzählzusammenhang sie erscheint, soll im Folgenden analysiert werden. Dabei liegt ein besonderes Augenmerk auf der Frage, ob sich die *Winterreise* tatsächlich als »episches Motiv von ungeahnter Symbolkraft« (Sz, 63) erweist.

Ursprünglich hatte Thomas Mann vorgehabt, den *Zauberberg* mit dem Bericht über Hans Castorps Jugend beginnen zu lassen, 1920 jedoch nahm er eine entscheidende Änderung vor: Nun beginnt die Geschichte mit Hans Castorps Fahrt ins Hochgebirge und das Motiv der Reise eröffnet den Roman (vgl. TM Hb, 401). Die ersten Worte Hans Castorps sind bezeichnenderweise »Ich bin aber noch nicht da« (5.1, 14); seine letzten Worte sind die *Lindenbaum*-Strophenfetzen, die er singt, während er in einer anonymen Masse von Soldaten auf die Schlachtfelder des Weltkriegs taumelt. Anfang und Ende des *Zauberbergs* könnte man mit den ersten Worten des Wanderers in der *Winterreise* passend zusammenfassen: »Fremd bin ich eingezogen, / fremd ziehe ich wieder aus«[6]. Es lassen sich weitere Übereinstimmungen solcher Art finden, die erklären, wieso Hans Castorp im Wanderer der *Winterreise* eine Identifikationsfigur findet: Der Protagonist ist ein recht profil- und namenloser, junger Angehöriger des Bürgertums, der aus dieser Sphäre entrissen wird und sich auf eine Reise begibt.[7] Die Einfachheit der Hauptperson spiegelt sich in der scheinbar schlichten Form der Erzählung wider: *Die Winterreise* lehnt sich in ihrer Strophenform

---

    4 Vgl. ebda. S. 174, 196–198.
    5 Johannes Odendahl: Literarisches Musizieren, S. 51.
    6 Franz Schubert: Die Winterreise D911, *Gute Nacht*, in: Walther Dürr (Hg.): Franz Schubert: Neue Ausgabe sämtlicher Werke Bd. IV., Kassel: Bärenreiter 1964–.
    7 Winterreise: *Gute Nacht*, *Wetterfahne*: Der Wanderer flieht vor den Schranken der bürger-

an Volkslieder an, der *Zauberberg* wirkt wie ein klassischer Bildungsroman. Dabei verbirgt sich darin jedoch in beiden Fällen eine nahezu metaphysische Geschichte von überraschender Komplexität, die über das Einzelschicksal des Protagonisten weit hinausgeht. Ein ständiger Begleiter des Wanderers ist die Musik, sei es im Posthorn, im eigenen Gesang oder in der Kurortskapelle. Besonders betont wird die Winterkälte der Landschaft, die den Reisenden umgibt und seine Sehnsucht nach vergangenem Frühlingsglück bestärkt.[8] Diese Sehnsucht wird von zahlreichen Traumerscheinungen und Illusionen[9] begleitet und wirkt sich auch auf den Körper der Hauptperson aus: Im Mittelpunkt steht hier das Herz als physisches und psychisches Personenzentrum.[10] In die Heimatssehnsucht, die auch durchaus politischen Charakter haben kann, mischt sich eine Liebes- und Todessehnsucht in tiefster Einsamkeit.[11] Dabei sind diese beiden Pole nicht immer klar zu trennen und die Suche nach Liebe und Geborgenheit, nach dem verlorenen »Liebchen«, wechselt sich ständig mit der Suche nach einem Ende im Tod ab. Dabei ist jedoch der Suizid keine Option: Der an den Styx erinnernde Bach im *Leiermann* ist eingefroren, während er in *Die schöne Müllerin* das Grab des Wanderers geworden ist. Herrn Albins angekündigter Suizid (5.1, 123) wird von Hans Castorp nicht ernsthaft erwogen. Als er in den Weltkrieg hineingezogen wird, bleibt offen, wie er eine Straße geht, »die noch keiner ging zurück«[12].

So deutlich diese generellen Übereinstimmungen auch sind, sie reichen noch nicht aus, um von einer bewussten Rezeption der *Winterreise* im *Zauberberg* zu sprechen. Es gilt, nach Motiven zu fragen, die eindeutig aus der Beschäftigung mit der *Winterreise* gewonnen sind. Nach dem Hauptmotiv der Verwicklung von Politik und Musik sollen einzelne Leitmotive[13] nach der Reihenfolge ihres Auftretens im *Zauberberg* betrachtet werden.

---

lichen Gesellschaft (»Das Mädchen sprach von Liebe, / Die Mutter gar von Eh', –«); Zauberberg: *Ankunft, Von der Taufschale und vom Großvater in zwiefacher Gestalt.*

[8] Winterreise: *Erstarrung, Der Lindenbaum, Frühlingstraum*; Zauberberg: *Hippe, Schnee.*

[9] Winterreise: *Irrlicht, Täuschung, Nebensonne*; Zauberberg: *Schnee, Walpurgisnacht, Fragwürdigstes.*

[10] Winterreise: *Erstarrung, Auf dem Fluße, Frühlingstraum, Die Post, Mut*; Zauberberg: Geradezu leitmotivisch, besonders ausführlich in *Natürlich, Ein Frauenzimmer!*: »Wenn ich nur wüsste‹, fuhr Hans Castorp fort, indem er beide Hände zum Herzen führte wie ein Verliebter, ›warum ich die ganze Zeit solches Herzklopfen habe, – es ist so beunruhigend, ich denke schon länger darüber nach. Siehst du man hat Herzklopfen, wenn einem eine ganz besondere Freude bevorsteht oder wenn man sich ängstigt, kurz bei Gemütsbewegungen, nicht? Aber wenn einem das Herz nun ganz von selbst klopft, [...]«‹ (5.1, 111).

[11] Winterreise: *Irrlicht, Einsamkeit, Das Wirtshaus, Lindenbaum*; Zauberberg: *Fülle des Wohllautes.* Dazu unten mehr.

[12] Winterreise: *Der Wegweiser.*

[13] Die leitmotivisch auftretende Bezeichnung Settembrinis als »Drehorgelmann« (5.1, 89, 100f., 131, 228, 244, 304, 340, 365, 329) erinnert zwar – wie schon Müller feststellte – an den

I.1. »Politisch verdächtig«: Hans Castorp und die Musik

Schon im *Vorsatz* des *Zauberbergs* deutet der Erzähler an, dass die Geschichte des Protagonisten stets auch als Mentalitätsgeschichte des Kollektivs gelesen werden kann: Von Anfang an wird die Geschichte Hans Castorps »nicht um seinetwillen« erzählt, »sondern um der Geschichte willen« (5.1, 19). Darauf kommt er auch in der ausführlichen Beschreibung der Jugend und Herkunft Hans Castorps, die in der ursprünglichen Fassung das erste Kapitel des *Zauberbergs* bildete, wiederholt zu sprechen. So ist die scheinbar harmlose Geschichte eines jungen Mannes, der seinen Vetter im Sanatorium besucht und sich dann selbst für einige Zeit dort aufhält, nicht bloß die Geschichte eines Individuums. 1925 schreibt Thomas Mann in einem Brief: »Hans Castorp ist am Ende ein Vortypus und Vorläufer, ein Vorwegnehmer, ein kleiner Vorkriegsdeutscher« (23.1, 151). Und so sind auch die weiteren Figuren des Romans »lauter Exponenten, Repräsentanten und Sendboten geistiger Bezirke, Prinzipien und Welten« ohne dabei jedoch »Schatten und wandelnde Allegorien« (XIII, 77) zu werden. Statt die Entstehung des Ersten Weltkriegs anhand großer historischer Begebenheiten und Personen nachzuzeichnen, widmet sich der Autor den mentalitätsgeschichtlichen Voraussetzungen des Desasters (vgl. Sz, 11). Man kann den *Zauberberg* mit Mann als »eine Art von summa des europäischen Seelen- und Geisteszustandes der Vorkriegszeit«[14] bezeichnen.

Um dies zu veranschaulichen, lässt sich ein exemplarischer Blick auf die Jugend Castorps werfen, die sich als kleine Mentalitätsgeschichte des Kaiserreichs lesen lässt: Das Kapitel *Von der Taufschale und vom Großvater in zwiefacher Gestalt* beginnt mit der Heimatlosigkeit Hans Castorps, der früh seine Eltern verliert und Geborgenheit in der Strenge des Großvaters sucht. Das Bild des »Ältervaters« prägt sich dem jungen Castorp »viel tiefer, deutlicher und bedeutender« (5.1, 40) ein, als das seiner Eltern. Der deutsche Flickenteppich des 19. Jahrhunderts sehnt sich in seiner Mittelalterromantik nicht in die unmittelbare Vergangenheit zurück, sondern in die goldenen Tage Karls des Großen oder Friedrich Barbarossas. Denn angesichts des altehrwürdigen Porträts des Großvaters im »altmeisterlichen Stile« (5.1, 43) kann Hans Castorp nicht umhin, »diese seine bildhafte Erscheinung als seine eigentliche und wirkliche zu empfinden und in dem Großvater des Alltags sozusagen einen Interims-Großvater« (5.1, 44) zu sehen. Mit »Interim« fällt ein eindeutig politisch konnotierter Begriff, der *Großvater in zwiefacher Gestalt* ist Bild

Leiermann, es kann jedoch nicht davon ausgegangen werden, dass Mann sich bewusst auf die *Winterreise* bezieht. Hans Wißkirchen hat überzeugend dargelegt, dass die Bezeichnung »Drehorgelmann« in der Kaiserreichzeit häufig für politisch verdächtige Menschen gebraucht wurde (vgl. TMS XI, 93 f.).

[14] So Thomas Mann selbst in einem Brief, zitiert nach 5.2, 29.

des zerstreuten Deutschlands zwischen dem Zusammenbruch des Heiligen Römischen Reiches Deutscher Nation und der Gründung des Kaiserreiches, welche mit Kaiser Wilhelm »Barbablanca« verspricht, das Reich Barbarossas zu erneuern.[15] Hört Hans Castorp »seitwärts geneigten Kopfes, mit nachdenklich oder auch gedankenlos-träumerischen Augen und andächtig-schläfrigem Munde« (5.1, 38) – also mit der Miene, mit der er später *Musik* hören wird – das »Ur-Ur-Ur-Ur« (5.1, 38) seiner Ahnenreihe und den Erzählungen von alten Tagen zu, so wird er von einer eigenartigen Sehnsucht ergriffen:

[E]in schon erprobtes Gefühl kam ihn an, die sonderbare, halb träumerische, halb beängstigende Empfindung eines zugleich Ziehenden und Stehenden, eines wechselnden Bleibens, das Wiederkehr und schwindelige Einerleiheit war. (5.1, 40)

Es ist dieses romantisch-deutsche Gefühl der *Rückneigung*, welches Hans Castorp fortan bei jeder Art von Musik empfinden wird und welches der Humanist Lodovico Settembrini mit Entschiedenheit bekämpfen wird.[16] Denn in dieser ruhenden und gleichzeitig schwankenden Haltung Hans Castorps bzw. Deutschlands verbirgt sich eine politische Sprengkraft, die sich 1914 auf fatale Weise entladen wird. Settembrini und Naphta, die zwei politischen Pole von Revolution und Reaktion, die im Sanatorium Berghof um den Deutschen kämpfen werden, sind in anderer Form bereits in der Jugend Hans Castorps angedeutet. Die Bürger Hamburgs blicken gespannt auf den Patriziersohn:

Man konnte neugierig sein, wie er wohl einmal Partei bekennen würde, der junge Castorp. Äußerlichkeiten mochten täuschen, aber eigentlich sah er ganz so aus, wie man *nicht* aussah, wenn die Demokraten auf einen rechnen konnten, und die Ähnlichkeit mit dem Großvater war unverkennbar. Vielleicht würde er ihm nacharten, ein Hemmschuh werden, ein konservatives Element? Das war wohl möglich – und ebensowohl auch das Gegenteil. (5.1, 58)

Hans Castorp führt von Jugend an ein schwankendes Wetterfahnendasein mit einer Tendenz zum Konservativismus. Er »ist keine Persönlichkeit, er verhält sich passiv-reflektiv; das Ziel, auf das er hinarbeiten könnte, ist weder ihm, noch dem Verfasser bekannt.« (TM Hb, 420) Durch eine solche Position ist Hans Castorp besonders anfällig für eine Radikalisierung in jede Richtung. Auch auf dem Sanatorium Berghof findet sich der Protagonist hin- und hergerissen zwischen Liebe und Tod, Musik und Politik, Revolution und Reaktion, die in Gestalt der Sanatoriumsgäste um ihn streiten. Aber – so Thomas Mann – er »will sich nicht festlegen. Sobald Settembrini in ihn dringt, geht er [...] der Entscheidung aus dem Wege. Diese Haltung scheint mir der Zwischenstel-

---

15 Vgl. Herfried Münkler: Die Deutschen und ihre Mythen, Hamburg: Rowohlt 2011, S. 59 ff.
16 Vgl. Helmut Gutmann: Das Musikkapitel in Thomas Manns »Zauberberg«, S. 420 f.

lung Deutschlands zu entsprechen – und sofern ist etwas zutiefst Deutsches in Hans Castorp.«[17] Nirgendwo drückt sich dieses »zutiefst Deutsche« mehr aus als in Hans Castorps Verhältnis zur Musik. Wie später in *Doktor Faustus*, in dem der Teufelspakt des Tonsetzers Leverkühn den Weg Deutschlands in den Zweiten Weltkrieg abbildet, so präludiert im *Zauberberg* die Verbindung des Protagonisten mit der »politisch verdächtigen Musik« (5.1, 168) den Ausbruch des Ersten Weltkriegs. Wie sieht diese komplexe Verwicklung von Musik und Politik, die man sogar als »das eigentliche Lebensthema« (Sz, 11) Thomas Manns bezeichnet hat, im *Zauberberg* aus?

Eine ausführliche Erörterung dieses Problems findet sich im Kapitel *Politisch verdächtig!*, welches der ersten Wanderschaft und anschließenden Erkrankung Hans Castorps vorausgeht. Die Sanatoriumsgäste, darunter Hans Castorp und Joachim Ziemßen, versammeln sich zur morgendlichen Kurmusik, der italienische Humanist Settembrini schließt sich der Gesellschaft an und kommentiert sogleich: »Bier, Tabak und Musik. […] Da haben wir Ihr Vaterland! Ich sehe, Sie haben Sinn für nationale Stimmung« (5.1, 172). Es kommt zu einer kurzen Diskussion, in der der Literat bekennt: »Ich hege eine politische Abneigung gegen die Musik« (5.1, 174). Ihren politischen Aspekt gewinnt diese Abneigung dadurch, »daß er die der Musik zugeschriebenen Eigenschaften […] auch am Deutschen entdeckt und verurteilt«[18]:

Musik … sie ist das halb Artikulierte, das Zweifelhafte, das Unverantwortliche, das Indifferente. Vermutlich werden Sie mir einwenden, daß sie klar sein könne. Aber auch die Natur, auch ein Bächlein kann klar sein, und was hilft uns das? Es ist eine nichtssagende und zu nichts verpflichtende Klarheit, eine Klarheit ohne Konsequenzen, gefährlich deshalb, weil sie dazu verführt, sich bei ihr zu beruhigen … (5.1, 173)

Nicht nur durch das Beispiel des Baches, welcher als ein prominentes romantisches Motiv z. B. in Schuberts Zyklen *Die schöne Müllerin* und *Die Winterreise* auftaucht, ist klar, dass sich Settembrini hier auf das Romantische bezieht, ohne es beim Namen zu nennen.[19] Settembrini warnt Hans Castorp vor dem trügerischen Versprechen von Geborgenheit, welches der romantische Bach ihm gibt: »Musik allein bringt die Welt nicht vorwärts. Musik allein ist gefährlich. Für Sie persönlich, Ingenieur, ist sie unbedingt gefährlich« (5.1, 174). In *Die schöne Müllerin* wird das Flussbett zum Grab des einsamen Wanderers. Eine ähnliche Gefahr scheint Hans Castorp zu drohen:

---

[17] Volkmar Hansen / Gert Heine (Hg.): Frage und Antwort. Interviews mit Thomas Mann 1909–1955, Hamburg: Albrecht Knaus 1983, S. 76.
[18] Helmut Gutmann: Das Musikkapitel in Thomas Manns »Zauberberg«, S. 419.
[19] Karl-Josef Müller: »die Leidenschaft als zweifelnde Liebe«, S. 196.

Die Kunst ist sittlich, sofern sie weckt. Aber wie, wenn sie das Gegenteil tut? Wenn sie betäubt, einschläfert, der Aktivität und dem Fortschritt entgegenarbeitet? Auch das kann die Musik, auch auf die Wirkung der Opiate versteht sie sich aus dem Grunde. Eine teuflische Wirkung, meine Herren! (5.1, 175)

Das potentielle »Opium für das Volk« ist im Falle der Deutschen also die (romantische) Musik. Settembrini ist besonders hier »Mundstück des Autors« (XIII, 77): Es spricht hier nicht mehr nur der italienische Humanist, sondern auch Thomas Mann, der im *Zauberberg* sowie in *Doktor Faustus* das Gefahrenpotential des deutschen Musikkults erkennt: Die »verführerische« deutsche Romantik, der Siegeszug der deutschen Musik sowie der kulturelle und politische Expansionstrieb des Kaiserreichs bildeten eine explosive Mischung. Der deutsche Musikkult verursachte »ein Suprematiedenken und eine Überlegenheitsmentalität, die sich im Handumdrehen zur Legitimierung des politischen Hegemonieanspruchs, der sich 1914 [*Zauberberg*!] und 1939 [*Doktor Faustus*!] aufs massivste manifestierte, instrumentalisieren ließen.« (Sz, 12). Hans Rudolf Vaget ist in seiner Untersuchung zu dem Ergebnis gekommen, dass Thomas Mann in der Musikidolatrie der Deutschen eine nicht zu unterschätzende Voraussetzung für die zwei Weltkriege entdeckte: Er war der Überzeugung, »dass es die Musik war, also das seiner Auffassung nach Beste, was die deutsche Kultur hervorgebracht hatte, die die Deutschen besonders empfänglich machte für das politische Hegemonieverlangen und die moralische Regression« (Sz, 23). Doch das Vorkriegsdeutschland ist sich dieser politischen Gefahr der Musik nicht bewusst, die Mahnrede Settembrinis geht in den Klängen einer Polka unter (5.1, 176) und Hans Castorp bricht zu einer Wanderschaft mit schwerwiegenden Folgen auf.

II. Leitmotive der *Winterreise* im *Zauberberg*

Die aus der Beschäftigung mit der *Winterreise* gewonnenen Leitmotive sollen nun in einem Dreischritt von dem Original Wilhelm Müllers, über die Vertonung Franz Schuberts, bis zur literarischen Rezeption bei Thomas Mann betrachtet werden, um den Prozess von Neu-Kontextuierung und Bedeutungsaufladung nachzuvollziehen.

II.1. »Der Hut flog mir vom Kopfe«: Clawdia Chauchat und der Tod

Das Erste, was Hans Castorp bei der Begegnung mit seinem kranken Vetter auffällt, ist seine Hutlosigkeit: »[U]nd wie er hinaussah, stand unter seinem Fenster Joachim selbst auf dem Perron, in braunem Ulster, ganz ohne Kopfbedeckung.« (5.1, 14) Man überliest eine kurze Anmerkung wie diese schnell einmal, ist bald jedoch genau so überrascht wie Hans Castorp, dass im Gegensatz zu dem »Flachländler« keiner der Bewohner des Kurorts mit Kopfbedeckung geht. Spätestens bei der siebten expliziten Nennung des Hutes bzw. der Hutlosigkeit (5.1, 14, 65, 85, 113, 146, 168, 176) ist dem Leser klar, dass es sich hierbei um ein wichtiges Leitmotiv handelt. Dass sich dieses auf geradezu frappierende Art auf das *Lindenbaum*-Lied aus der *Winterreise*[20] bezieht oder sogar daraus entnommen ist, könnte dabei helfen, die Bedeutung des Motivs im Erzählkontext zu erschließen.

Und seine Zweige rauschten, / Als riefen sie mir zu:
Komm her zu mir, Geselle, / Hier find'st du deine Ruh'!
Die kalten Winde bliesen / Mir grad' ins Angesicht;
Der Hut flog mir vom Kopfe, / Ich wendete mich nicht.[21]

Bei Müller helfen die kalten Winde, die den Hut vom Kopf des Wanderers wehen, den Kontrast zwischen vergangenem Glück und gegenwärtiger Mühsal zu verstärken. Der Moment, in dem der Wanderer seinen Hut verliert, ist ein Moment der Desillusionierung und zugleich eine gesellschaftliche Entkleidung: Der Protagonist wird aus seinem idyllischen Traum und der bürgerlichen Sphäre gleichermaßen gerissen. Dass er sich dabei jedoch nicht wendet, bringt seine grimmige Entschlossenheit angesichts von Sturm und Unglück zum Ausdruck. In Schuberts Vertonung wird die Dramatik des Gedichts durch den Dur-Moll-Wechsel und das das Rauschen des Lindenbaums evozierende Klavierspiel um einiges gesteigert. Der Sturm schwillt musikalisch zu einer Todesdrohung an; durch den melancholischen Gesang wird aus der schlichten Heimatsehnsucht eine tiefere, geradezu metaphysische Sehnsucht nach Ruhe (im Tod). Auch bei Mann wird der Hut mit Bürgertum und Heimat assoziiert, eine besondere Verbindung zum Tod ist jedoch auch von Anfang an spürbar. Besonders deutlich werden diese Dimensionen von bürgerlichem Anstand und Tod in der Sterbesakrament-Szene, von der Joachim Hans Castorp berichtet (5.1, 83–88). Joachim hat angesichts des katholischen Priesters, der einem Sterbenden das letzte Sakrament bringt, keine Möglichkeit der Ehrerbietung:

›Einen Hut zum Abnehmen hatte ich nicht auf –‹ ›Siehst du wohl!‹ unterbrach ihn Hans Castorp rasch noch einmal. ›Siehst du wohl, daß man einen Hut aufhaben soll! Es ist mir natürlich aufgefallen, daß ihr keinen tragt hier oben. Man soll aber einen aufsetzen, damit man ihn abnehmen kann, bei Gelegenheiten, wo es sich schickt.‹ (5.1, 85)

---

20 Vgl. Johannes Odendahl: Literarisches Musizieren, S. 54f.
21 Die Winterreise, *Der Lindenbaum*.

Für Hans Castorp dient der Hut zur Ehrerbietung vor dem Heiligen, der Krankheit und dem Tod.[22] Er ist Ausdruck von dem »Bedürfnis seines Geistes, Leiden und Tod ernst nehmen und achten zu dürfen« (5.1, 449), die Würde des Todes »zu schützen und vor sich selber aufrecht zu halten, war er im Innern treulich bestrebt, so schwer es ihm fallen mochte […] unter denen hier oben« (5.1, 450). Der Hut, den Castorp am Anfang noch trägt, zeichnet ihn vor den barhäuptigen Patienten als »Flachländler« aus und unterstreicht seine Fremdheit, bzw. die Fremdheit der Sanatoriumswelt, die außerhalb dieser gesellschaftlichen Konvention zu schweben scheint. Besonders die Barhäuptigkeit Joachims und Clawdia Chauchats fällt wiederholt auf. Wie sich zeigen wird, ist dies kein Zufall und sogar sexuell konnotiert:

Als Hans Castorp singend zu einer Wanderschaft »aufs Geratewohl in die Welt hinein« (5.1, 179)[23] aufbricht, die vom Klopfen des Herzens (5.1, 179) und Rauschen eines Baches (5.1, 182) begleitet wird, trägt er die klassische Wanderer-Ausrüstung: Hut und Stock (5.1, 180). Die Bezüge zur *Winterreise* sind eindeutig. Was als Spaziergang begann, verwandelt sich bald in eine Gratwanderung, bei der der Wanderer plötzlich mit Tod, Liebe und Sexualität konfrontiert wird. Die politische Dimension der Musik fehlt auch hier nicht ganz: Spontan fällt dem Protagonisten ein Lied mit den harmlosen Versen »Die Barden sollen Lieb und Wein, / Doch öfter Tugend preisen« (5.1, 180) ein und er beginnt, es mit Pathos zu singen. Wie so oft, ist es hier der Teil des Lieds, den Thomas Mann bewusst *nicht* zitiert, der eine besondere Rolle spielt: Die Verse stammen aus dem Volkslied *Stimmt an mit hellem, hohem Klang* nach Matthias Claudius, welches außer der zitierten Stelle deutschtümlerische Formulierungen enthält wie »Lied der Lieder, / des Vaterlandes Hochgesang« und »Ihr Kraftgesang soll himmelan mit Ungestüm sich reißen, / und jeder echte deutsche Mann soll Freund und Bruder heißen.« Die Anmaßung Hans Castorps trotz ärztlicher Anweisungen einen Aufstieg in die Berge zu wagen, erhält dadurch eine politische Dimension. Die Ähnlichkeit der Szene zur *Winterreise* und der politische Aspekt der romantischen Musik werden in Hans W. Geißendörfers Verfilmung des *Zauberbergs* ebenfalls betont: Hans Castorp wird statt des Wanderlieds der Anfang des *Lindenbaums* »Am Brunnen vor dem Tore« (in der Schubert-Melodie) in den Mund gelegt.[24] Der junge Wanderer

---

[22] Interessant ist, dass diese Ehrerbietung vor dem Tod mit der Musik auf eigentümliche Weise verbunden ist: So steht Hans Castorp vor der Leiche des Herrenreiters »mit einer Miene ähnlich derjenigen, mit der er Musik zu hören pflegte« (5.1, 443), also mit der Miene der Rückneigung und romantischen Sehnsucht.

[23] Diese Stelle kann als Anspielung auf das Hänschen-Klein-Märchen oder auf eine brisante Stelle in der *Winterreise* gelesen werden: »Lustig in die Welt hinein / Gegen Wind und Wetter! / Will kein Gott auf Erden sein, / Sind wir selber Götter!« (Die Winterreise, *Mut*).

[24] Der Zauberberg: nach dem Roman von Thomas Mann, R.: Hans W. Geißendörfer, Dreh-

sucht in seiner romantischen Sehnsucht in der »intim geschlossenen Landschaft von friedlich-großartiger Bildmäßigkeit« (5.1, 182) nach einer Heimat wie der des Lindenbaums, findet sie jedoch anders als erwartet. An einem Wassersturz lauscht Hans Castorp dem Rauschen des Wassers, »denn rauschendes Wasser liebte Hans Castorp ebenso sehr wie Musik« (5.1, 182) – man hört förmlich die rauschenden Zweige des Lindenbaums oder das Flussrauschen in Schuberts lautmalerischer Vertonung – als er durch plötzliches Nasenbluten zusammenbricht und in einer Vision in die ferne Vergangenheit seiner Schultage entrückt wird. Hier leiht sich der junge Hans Castorp in einer stark sexuell konnotierten, »bei aller Einfachheit gewagten und herzberauschenden Situation« (5.1, 183) einen Bleistift von seinem begehrten kirgisenäugigen Mitschüler Pribislav Hippe und erkennt in ihm den Urtypen seines sexuellen Begehrens nach Madame Chauchat. Als er wieder zu sich kommt und zu einem psychoanalytischen Vortrag über »Die Liebe als krankheitsbildende Macht« (5.1, 179) eilt, wirft Hans Castorp Hut und Stock von sich (5.1, 190). Mit diesem Schritt entblößt sich Hans Castorp und seine lange verborgene oder sublimierte Sexualität bricht in einem zweifachen Fieber der Krankheit und der Liebe aus: Während des Vortrags, bei dem Dr. Krokowski bezeichnenderweise zu dem Ergebnis kommt, alle Krankheit sei verwandelte Liebe (5.1, 196), versenkt sich Hans Castorp in die Kontemplation des Leibes der vor ihm sitzenden kirgisenäugigen Clawdia Chauchat und liebt *in ihr* seinen einstigen Mitschüler Pribislav Hippe. Er schwebt dabei beständig »zwischen Knaben- und Frauenliebe« (TM Hb, 420), seine bürgerlich-behütende Maske ist abgestreift und sein Begehren enthüllt. Mit Krokowskis freudianischer Theorie gesprochen: Hans Castorps homosexuelle Liebe zu Pribislav Hippe wird verdrängt und sublimiert und bricht als Begehren nach der kirgisenäugigen Madame Chauchat sowie psychosomatisch als Herz- und Lungen- Erkrankung wieder aus.

Es folgen mehr als hundert Seiten über das Leben Hans Castorps im Sanatorium, auf denen die Hutlosigkeit der Gäste nicht erwähnt wird; der Protagonist scheint sich daran gewöhnt zu haben. Das Leitmotiv des Huts taucht erst nach langem Aufenthalt und nach fortgeschrittener Erkrankung wieder auf – erneut in Verbindung mit Madame Chauchat und dem Themenkomplex Liebe und Tod, den diese »Eros- und Thanatos-Gottheit zugleich« (TM Hb, 405) verkörpert: Hans Castorp und Joachim begegnen der »lieblichen Kranken« (5.1, 357) und ersterer ergreift in seiner Verliebtheit die Chance, sie »ehrerbietig (wieso eigentlich: ehrerbietig)« mit einer »hutlosen Verneigung« (5.1, 357) zu begrüßen. Klar ist: Hans, nun einer »Derer hier oben«, ist *hutlos* und krank und somit in die Sanatoriumswelt eingegliedert. Was der seltsame Einschub

buch: Werner Geißendörfer, BRD: Franz Seitz Film/ZDF/Iduna-Film 1981, TV-Fassung (305 min.), TC: 00:53:10–00:53:16.

»(wieso eigentlich: ehrerbietig)« zu bedeuten hat, ist durch die Verbindung mit dem *Winterreise*-Leitmotiv der Hutlosigkeit ersichtlich: Wie zuvor Joachim den Priester mit dem Sterbesakrament hutlos grüßte, so grüßt nun Hans Castorp die Krankheit, den Tod und die Liebe in Person der »wurmstichigen« Madame Chauchat. Spätestens jetzt hat Hans Castorp die bürgerlich-sklavische Ehrerbietung vor dem Tod, die der Hut symbolisiert, überwunden: Er steht dem Tode sozusagen auf Augenhöhe gegenüber. Dazu war eine lange Wanderschaft und eine Konfrontation mit der eigenen Sexualität, Krankheit und Sterblichkeit erforderlich. Hans Castorp gelangt in seiner Reise hinaus »über die ihm angeborene Devotion vor dem Tode« und begreift eine Menschlichkeit, »die die Todesidee und alles Dunkle, Geheimnisvolle des Lebens zwar nicht rationalistisch übersieht […], aber sie einbezieht, ohne sich geistig von ihr beherrschen zu lassen.« (XIII, 77 f.) Diese Auffassung, dass ein Durchgang durch Krankheit und Tod notwendig für Wissen, Leben und Liebe ist, macht den *Zauberberg* zu einem Initiationsroman (vgl. XIII, 78). Der Moment der Initiation ist aufgrund der Analyse des *Winterreise*-Leitmotivs genau zu bestimmen: Es ist der Moment, in dem Hans Castorp den Hut vom Kopf nimmt, ohne sich zu wenden.

II.2. »Hier find'st du deine Ruh'«: Joachim Ziemßen und der Tod

Nach der Initiation und Eingliederung in die Sanatoriumswelt, der Abreise Madame Chauchats und dem Tod Joachim Ziemßens findet sich Hans Castorp in *Fülle des Wohllautes* einsam träumend neben dem neu erworbenen Grammophon wieder, auf dem er neben französischen und italienischen Stücken am liebsten das deutsche »Volksgut und Meisterwerk« (5.1, 985) Franz Schuberts, den *Lindenbaum*, spielt:

Ich träumt in seinem Schatten / So manchen süßen Traum.
Ich schnitt in seine Rinde / So manches liebes Wort;
Es zog in Freud und Leide / Zu ihm mich immer fort.[25]

In Müllers Zyklus ist der Lindenbaum neben der verlorenen Geliebten, einem fremden Köhler und dem verstoßenen Leiermann der einzige wirkliche Gefährte des Wanderers. In seinem Schatten fühlt er sich geborgen, ihm vertraut er durch das Einschnitzen lieber Worte seine Geheimnisse an und zu ihm zieht es ihn immer fort. Der Lindenbaum erscheint fast personal, mit der Wärme eines geliebten Menschen spricht er durch das Rauschen seiner Zweige zu dem Wanderer: »Komm her zu mir Geselle, / Hier find'st du deine Ruh'!«

---

[25] Die Winterreise, *Der Lindenbaum*.

Es ist verständlich, dass Hans Castorp nach dem Verlust seiner Geliebten und seines Vetters bei einem solchen Gefährten Geborgenheit sucht. Es wird besonders betont, dass Schuberts »Kunstgesang« viel eher als »das herrliche Lied im Volks- und Kindermunde« (5.1, 986) eine solche Wirkung bei dem Zuhörer erzielt. Dies liegt nicht nur an der Komplexität und Tiefe der Komposition Schuberts, sondern auch an der dabei teilweise gewahrten Schlichtheit des Volkslieds.[26] Das Lindenbaumlied hat eine besondere Stellung als künstliches Volkslied, es ist »tief und fromm erfunden« und zugleich ein Produkt »geistiger Kunst«, steht wie Hans Castorp zwischen naivem Volkstum und künstlerischer Reflexion.[27] Das Lied ist genau wie die Figur Hans Castorp »Ausdruck und Exponent eines Geistig-Allgemeineren« (5.1, 987), welches man als das Romantisch-Deutsche[28] bezeichnen könnte. *Der Lindenbaum* löst in Hans Castorp eine Sehnsucht aus, die er schon so lange kennt, nun jedoch zum ersten Mal kritisch reflektiert:

> Worin bestanden denn aber Hans Castorps Gewissens[...]zweifel an der höheren Erlaubtheit seiner Liebe zu dem bezaubernden Liede und seiner Welt? Welches war diese dahinter stehende Welt, die seiner Gewissensahnung zufolge eine Welt verbotener Liebe sein sollte? Es war der Tod. (5.1, 988)

Es ist also nicht nur das Lied selbst, sondern die gesamte dahinterliegende romantische Gefühlswelt, die Hans Castorp zur Sehnsucht nach Todesruhe unter dem Lindenbaum führt.[29] Der Schlüsselbegriff, der diese Verbindung des Lieds und Hans Castorps zum Tod bezeichnet, ist der der Rückneigung (5.1, 989) im individuell-psychischen und im gesellschaftlich-politischen Bereich: In der Psyche Hans Castorps findet eine Rückneigung zu einer bestimmten Person statt. Die Sehnsucht nach dem Tod ist genau genommen Sehnsucht nach einem Toten, dem Vetter Joachim Ziemßen, dem der Soldatentod auf dem Schlachtfeld versagt blieb, weil er auf dem Krankenbett sterben musste. Es lohnt sich, mit Charles E. Passage erneut einen Blick auf die Lieblingsplatten Hans Castorps zu werfen: Dem *Lindenbaum* geht das »Gebet des Valentin« aus Charles Gounods *Faust*-Oper vorher. Hier betet der Soldat Valentin, »den aber Hans Castorp im Stillen anders nannte, mit einem vertrauteren, wehmutsvollen Namen« (5.1, 984), für seine Schwester Margarethe, die er verlassen muss. Hans Castorp identifiziert die Stimme aus dem Grammophon mit Joachim

---

[26] Vgl. Arnold Feil: Franz Schubert. »Die schöne Müllerin« – »Winterreise«, Stuttgart: Reclam 1975, S. 111 f.

[27] Vgl. Karl-Josef Müller: »die Leidenschaft als zweifelnde Liebe«, S. 196 f.

[28] Für Thomas Mann sind diese Begriffe bei Hans Castorp ebenso wie bei Franz Schubert untrennbar. Schon in *Musik in München* beobachtet er: »Schubert ... Fast scheint es, als fiele diesem Musiker der Begriff des Deutschen mit dem des Romantischen zusammen« (15.1, 193).

[29] Vgl. Helmut Gutmann: Das Musikkapitel in Thomas Manns »Zauberberg«, S. 420.

Ziemßen. Die Worte, die eigentlich an das »Schwesterblut« (beachtenswerte Betonung der Blutsverwandtschaft!) Margarethe gerichtet sind, rühren Hans Castorp »in tiefster Seele« (5.1, 985). Im Kapitel *Fragwürdigstes* ist es gerade die Platte mit dem Valentinsgebet, die bei einer Séance die Erscheinung des Geistes Joachims bewirkt (5.1, 1030ff.). Vor diesem Hintergrund erschließt sich eine neue Bedeutungsebene der Lindenbaumpassage. Von den wenigen direkt zitierten Versen des Lieds fällt vor allem das »›Zu *ihm* mich immerfort‹« (5.1, 986) auf. Was hat diese Kursivsetzung zu bedeuten? Zum einen ist das »ihm« in Schuberts Vertonung durch das für ein Volkslied bereits sehr hohe zweigestrichene e betont, was sich mit einer Kursivsetzung ausdrücken ließe, zum anderen wird in der Forschung die Meinung vertreten, das »ihm« beziehe sich hier nicht mehr nur auf das Dativobjekt »Lindenbaum«, sondern auf eine männliche Person, wahrscheinlich Joachim Ziemßen.[30] Spätestens ab dem Kapitel *»Mein Gott, ich sehe!«*, in dem Hans Castorp während einer Durchleuchtungsuntersuchung das schlagende Herz seines Vetters sieht (5.1, 332), verbindet Hans Castorp und Joachim Ziemßen eine sehr intime Freundschaft. Hans Castorp legt großen Wert darauf, klar zu machen, dass Joachim eigentlich gar kein Blutsverwandter sei, denn er sei der Sohn der Stiefschwester von Hansens Mutter. Charles E. Passage kommentiert: »Nähere Verwandtschaft macht eine homoerotische Liebe implausibel; überhaupt keine Verwandtschaft macht eine solche Liebe fast selbst-evident.«[31] Diese homoerotische Liebe zu Joachim Ziemßen ist keine des Fleisches, sondern eine des Herzens, während das Begehren nach Madame Chauchat im Gegenteil ein fleischliches und herzloses bleibt: Die Innenaufnahme Joachims zeigt nichts als das schlagende Herz, das Negativ Madame Chauchats ihren herzlosen Brustkorb.[32] Vor der Durchleuchtungsuntersuchung schließt Hans Castorp die Augen, »da es ganz gleichgültig war, ob man sie offen hielt oder nicht, so schwarz war die Nacht« (5.1, 329) – ein Moment, der an das »da hab' ich noch im Dunkeln die Augen zugemacht« des *Lindenbaums* erinnert –, erblickt dann in Joachims entblößter »Grabesgestalt« (5.1, 332) sein eigenes Grab und macht dazu »ein Gesicht, wie er es zu machen pflegte, wenn er Musik hörte« (5.1, 333). Durch diese Sehnsuchtsmiene der Rückneigung wird enthüllt, dass Hans Castorps Liebe

---

[30] Charles E. Passage: Hans Castorp's Musical Incantation, S. 250f.

[31] Ebda. S. 251. Übers. vom Verf.

[32] Geißendörfer lässt dieses homoerotische Moment in seiner Verfilmung fast vollständig verschwinden, lädt den *Lindenbaum* jedoch ebenfalls erotisch auf, indem er eine innige Blick-Begegnung Madame Chauchats und Hans Castorps an einem Flügel geschehen lässt, auf dem gerade der *Lindenbaum* gespielt wird. Vgl. Der Zauberberg, Teil 1, 1981, TC: 01:37:20–01:41:00. Auch lässt Geißendörfer den *Lindenbaum* in dem Moment ertönen, in dem das Negativbild von Madame Chauchats Brustkorb Hans Castorp in den Händen zerspringt. Vgl. Der Zauberberg, Teil 3, 1981, TC:00:11:31–00:11:36.

zu Joachim tiefer reicht als erwartet. Als Joachim übereilt zum Militärdienst abreist und mit den Worten *»Hans*, komm bald nach« Abschied nimmt, sind es der sonst stets vermiedene Vorname und die Berührung der Hände, die dem Moment eine im Werk einmalige Intimität geben.[33] Die »verbotene Liebe« (5.1, 988), die Hans Castorp in *Fülle des Wohllautes* ergreift und Gewissenszweifel verursacht, ist vermutlich nicht nur die Todesliebe, sondern auch die homoerotische Liebe zu Pribislav Hippe und Joachim Ziemßen. Auch diese Liebe bleibt jedoch eng mit Sterben und Tod verbunden: Am Ende sterben die beiden Gefährten den Tod des jeweils anderen: Ziemßen stirbt als Zivilist an seiner Krankheit, Hans Castorp als Soldat im Krieg. In Gestalt Valentins betet Joachim für Hans Castorp, in Gestalt des Lindenbaums ruft er ihn zu sich und einer Vereinigung im Tod: Hans Castorp kommt auf dem Schlachtfeld nur bis »›Und sei-ne Zweige rau-uschten, / Als rie-fen sie mir zu – ‹« (5.1, 1084), bevor er »im Getümmel, in dem Regen, in der Dämmerung« (5.1, 1084) aus den Augen des Erzählers gerät. Der Ruf des Lindenbaums wird nicht mehr verzeichnet: »Komm' her zu mir Geselle, / Hier find'st du deine Ruh'« oder: *»Hans*, komm bald nach.«

Neben der Rückneigung zum verstorbenen Joachim Ziemßen reflektiert Hans Castorp auch seine Suche und die Suche seines Volkes nach nationaler Identität. Er erkennt mittels des Lindenbaumlieds die Rückneigung zur Welt der Romantik, »die ja ihrerseits zu einem guten Teil Rückneigung war in die Welt des Mittelalters und in die nationale Vergangenheit«[34], als politischen »Seelenzauber mit finsteren Konsequenzen« (5.1, 989f.) und erahnt damit die bevorstehende Katastrophe des Weltkriegs. Im Jahr 1925 schreibt Thomas Mann anlässlich der politischen Umwälzungen in der Weimarer Republik: »Die Kandidatur Hindenburgs ist ›Lindenbaum‹ – gelinde gesagt.« (23.1, 151) Der Lindenbaum wird hier zum Schlagwort für die politische Reaktion und die im deutschen Musikkult angelegte »Ausbeutung der romantischen Triebe des deutschen Volkes« (23.1, 151). Ist Hans Castorp selbst Opfer der Ausbeutung romantischer Triebe geworden, wenn er auf dem Schlachtfeld den *Lindenbaum* singt? Ist der *Lindenbaum* für ihn ein nationalistisches Kriegslied? Hans W. Geißendörfers Verfilmung legt dies nahe: Hier begleitet Jürgen Kniepers pathetische, warnende Musik mit einer ironisch ins Heroische gewendeten Melodie des *Lindenbaums* den Kriegsausbruch.[35] Das Kapitel *Fülle des Wohllautes* jedoch spricht eine andere Sprache, Hans Castorp verfällt der Sehnsucht nach dem Tode und dem Nationalismus *nicht* und kehrt zu seinem

---

[33] Vgl. Charles E. Passage: Hans Castorp's Musical Incantation, S. 252.
[34] Helmut Gutmann: Das Musikkapitel in Thomas Manns »Zauberberg«, S. 420.
[35] Der Zauberberg, 1981, TC: 01:40:59–01:48:20. Das Stück weist mit seinen warnenden Posaunenstößen auch Anklänge an Gustav Holsts *I. Mars, the Bringer of War* auf, was seine Martialität unterstreicht.

Ideal der Schneevision, der Mensch solle dem Tode keine Herrschaft einräumen über seine Gedanken (5.1, 748), zurück:

> Man brauchte nicht mehr Genie, nur viel mehr Talent, als der Autor des Lindenbaum-liedes, um als Seelenzauberkünstler dem Liede Riesenmaße zu geben und die Welt damit zu unterwerfen. Man mochte wahrscheinlich sogar Reiche darauf gründen, ir-disch-allzu irdische Reiche, [...] in welchen das Lied zur elektrischen Grammophon-musik verdarb. Aber sein bester Sohn mochte doch derjenige sein, der in seiner Über-windung sein Leben verzehrte und starb, auf den Lippen das *neue* Wort der Liebe, das er noch nicht zu sprechen wußte. Es war so wert, dafür zu sterben, das Zauberlied! Aber wer dafür starb, der starb schon eigentlich nicht mehr dafür und war ein Held nur, weil er im Grunde schon für das Neue starb, das neue Wort der Liebe und der Zukunft in seinem Herzen – – (5.1, 990)

Hans Castorp erkennt die romantische Bindung an Vergangenheit und Tod »als wesentlichen Teil seiner persönlichen und nationalen Konstitution«[36], überwin-det diese und ergreift das Ideal der Liebe und Lebensfreundschaft. So stirbt er letztlich Seite an Seite mit den blinden Verzauberten, die sehnsüchtig dem Tod entgegeneilen, als tatsächlicher »Sohn« des Lindenbaumlieds für das neue Wort der Liebe. Das Ende des Musikkapitels bietet somit eine Antwort auf die Frage, mit der der Roman endet: »Wird auch aus diesem Weltfest des Todes, auch aus der schlimmen Fieberbrunst, die rings den regnerischen Abendhim-mel entzündet, einmal die Liebe steigen?« (5.1, 1085) In einem Brief von 1925 fasst Thomas Mann zusammen: Hans Castorp ist »sinnlich und geistig verliebt in den Tod (Mystik, Romantik); aber diese schlimme Liebe läutert sich wenigs-tens moment- und erleuchtungsweise zu einer Ahnung neuer Humanität, die er als Keim im Herzen trägt, während der Bajonettangriff ihn mit sich reißt.«[37] Es ist kein Zufall, dass er in diesem Moment nicht *Die Wacht am Rhein* oder das Deutschlandlied auf den Lippen hat, sondern den *Lindenbaum*.

III. Fazit

Das Kapitel *Fülle des Wohllautes* ragt kurz vor Ende des *Zauberbergs* als Warte aus der Erzählung hervor, von der aus Hans Castorp und der Leser die vergangenen sieben Jahre auf dem Sanatorium reflektieren können. Die Musik, die bis zu diesem Punkt ein Hintergrundrauschen und Grundton der Erzäh-lung war, wird nun benannt und ausführlich diskutiert. Es zeigt sich, dass nicht nur der *Lindenbaum*, sondern auch der Liederzyklus, in dem dieser steht, die Erzählung von Anfang an auf die eine oder andere Weise durchzogen haben.

---

[36] Helmut Gutmann: Das Musikkapitel in Thomas Manns »Zauberberg«, S. 426.
[37] zitiert nach TM Hb, 421.

Zunächst gibt es generelle Übereinstimmungen, die erklären, wieso sich Hans
Castorp mit dem Wanderer der *Winterreise* identifizieren kann: Beide sind ein-
same, junge Wanderer, die aus der bürgerlichen Sphäre entrissen werden und
mit Tod, verlorener Liebe und Sehnsucht konfrontiert werden etc. Mit dieser
Erkenntnis einiger Parallelen zwischen Wilhelm Müllers Gedichten und Hans
Castorps Leben ist jedoch nicht viel gewonnen, erst Schuberts Musik »läßt
die Gedichte auf eine Weise erklingen, in der sie ihre subversive Kraft entfal-
ten können.«[38] Schuberts Vertonung verwandelt die *Winterreise* und gibt ihr
beispielsweise beim *Lindenbaum* eine Tiefe und Komplexität, die weit über
Silchers Chor-Volkslied hinweggeht. Wie Schubert Müllers Dichtung und das
Volkslied verwandelt, so verwandelt Thomas Mann mit Schubert auch Hans
Castorps Leben. Hans Castorp ist nicht nur ein Individuum, sondern auch der
Typus des Romantisch-Deutschen schlechthin. In ihm wie in Schubert fallen
das Romantische und Deutsche für Mann zusammen. Aus der Beschäftigung
mit Schuberts *Winterreise* gewinnt Thomas Mann mit dem Motiv der Hut-
losigkeit und dem Lindenbaummotiv zwei der prominentesten Leitmotive des
Zauberbergs. Darüber hinaus wird der *Lindenbaum* für ihn Sinnbild der deutschen »Rückneigung« vor allem im politischen Bereich. Nirgendwo kommt das
Hauptmotiv der verdächtigen Verwicklung von Politik und Musik besser zum
Ausdruck als in Hans Castorps ambivalenten Verhältnis zum *Lindenbaum*.
Der »Seelenzauber« dieses Lieds könnte Reiche errichten und niederwerfen,
könnte Menschen dazu bringen, für es zu sterben. Indem Hans Castorp sich
aber über die politische Gefahr der Musik bewusst wird, gelingt es ihm, sie
frei von solcher als Ausdruck eines »neuen Worts der Liebe« zu genießen und
für diese Idee der Humanität zu sterben. Während das Ende der *Winterreise*
bei Müller und Schubert offen bleibt, ist die Winterreise Hans Castorps damit
abgeschlossen, dass er als der »beste Sohn« des Lindenbaums stirbt, »auf den
Lippen das neue Wort der Liebe«.

---

[38] Karl-Josef Müller: »die Leidenschaft als zweifelnde Liebe«, S. 195.

Claire de Oliveira

»Ein enzyklopädisches Werk«

Neue Fundstücke zum *Zauberberg* anlässlich der ersten
kritischen Ausgabe in französischer Sprache
Ein Nachtrag zum Kommentar von Michael Neumann[1]

Ein enzyklopädisches Vorhaben liegt dem *Zauberberg* zugrunde, dessen aus
verschiedenen Ländern stammende Handlungsträger für unterschiedliche Wis-
sensgebiete und geistige Strömungen stehen; ein allumfassendes Wissen erstre-
ben, wenn auch auf ganz verschiedene Weise, der Dilettant Hans Castorp und
Settembrini mit seinem Buchprojekt eines soziologischen Nachschlagewerks,
das »ein enzyklopädisches Werk«[2] sein soll, und einen Wesenszug des Romans
widerspiegelt. Dieses *Mixtum compositum* sperrt sich einer zügigen Lektüre,
und der Übersetzer, der für den akribischen Vorgang des Wortgebens und Ans-
Licht-Bringens[3] verantwortlich ist, forscht über bestimmte Einzelheiten der
langen, die Handlung retardierenden Dialoge. Welche Kenntnisse sind in den
Roman eingegangen, und welche Aufgabe stellen sie dem Verfasser einer kritischen Ausgabe in französischer Sprache? In der sophistischen Scheinwelt der
extremistischen Streitgespräche, in den Beliebigkeiten des amateurhaften *placet
experiri*[4] der Hauptfigur sowie in den Beschreibungen des allwissenden Erzählers zeigt sich ein breites Spektrum, wo zahlreiche Wissensbereiche flüchtig
angerissen werden. Der junge Anhänger ist so empfänglich für hochvirulente
Bazillen wie für approximative biologische, anatomische und geisteswissen-
schaftliche Kenntnisse, die den Leser zuweilen übermässig beanspruchen: diese
sog. »Humaniora« und »Forschungen« bilden Castorps Gedankengut aus, das
höchst formbar und verformbar ist. Woher stammt beispielsweise der Titel

---

[1] Thomas Mann: Der Zauberberg, hrsg. von Michael Neumann, Frankfurt/Main: S. Fischer
2002 (Grosse kommentierte Frankfurter Ausgabe, Bd. 5.1 u. 5.2).

[2] 5.1, 365.

[3] So nennt Schleiermacher den Prozess der Übersetzung in seiner Abhandlung »Über die
verschiedenen Methoden des Übersetzens« (1813), in: Das Problem des Übersetzens, hrsg. von
Hans Joachim Störig, Stuttgart: H. Goverts 1963, S. 66.

[4] Diese von Petrarca, der Leitfigur des Humanismus, geprägte Formel ist entscheidend in
Nietzsches Philosophie; im *Zauberberg* wird der Spruch siebenmal aufgeführt, als Motto für den
Faust'schen Drang, die Welt zu entdecken, und als Motto des italienischen Pädagogen, der den
Zögling dazu ermuntern will, Versuche anzustellen, auf die Gefahr hin, in einen unkontrollierten
Dilettantismus zu verfallen. Siehe dazu Joseph Erkme: Nietzsche im »Zauberberg«, Frankfurt/
Main: Klostermann 1996 (= TMS, XIV), S. 49.

des Unterkapitels »Operationes spirituales«? Um ein solches Rätsel zu lösen, das bislang kein Kommentator ausgedeutet hat, muss man der »Enzyklopädie« mit angemessenen und detaillierten Auslegungen gerecht werden. Diese Überschrift des 6. Kapitels z. B. bezieht sich direkt auf Ignatius von Loyola, den spanischen Gestalter des Jesuitenordens. Der erste Satz seiner *Exerzitien* enthält gerade diesen Begriff: »Unter diesem Namen der geistlichen Übungen versteht man jede Art, das Gewissen zu erforschen, zu betrachten, zu beschauen, mündlich und geistig zu beten, und anderer geistlicher Tätigkeiten (*operationes spirituales*).«[5] So darf dieser rätselhafte Titel als einleuchtender Hinweis auf den pädagogischen Einfluss des Jesuitenschützlings Naphta erfasst werden, der ja von der Grosszügigkeit der Gesellschaft Jesu Nutzen zieht und einen starken Bekehrungseifer kundtut.

Die im Roman zusammengewürfelten Begriffe wirken befremdlich, ja verwirrend und chaotisch – nicht im abschätzigen Sinne des Worts, sondern als Zeichen dafür, dass sich in der Wirrsal der kulturellen Bezüge eine komplexe Dynamik anbahnen könnte. Der Neuling Hans macht sich die naheliegenden Probleme der europäischen Naturkunde zu eigen und entdeckt, in makroskopischer und mikroskopischer Herangehensweise, die ungeheure Mannigfaltigkeit des Lebendigen und Ideellen, bevor er sich mit umfassenderen philosophischen Fragen auseinandersetzt und zu einem Denker und Forscher heranreift. Er pendelt zwischen Heimat- und Weltkultur, Innen und Aussen, Diesseits und Jenseits, wobei Naturkunde und Geisteswissenschaften komplementäre Aspekte eines scheinbar gesamtwissenschaftlichen Weltbildes sind, das Immanenz und Transzendenz in Einklang zu bringen versucht. Dass der *Zauberberg* auf inhaltlicher und struktureller Ebene ein philosophischer Roman ist, erwies sich in Bezug auf Schopenhauer und Nietzsche als fruchtbar. Genügt aber der Rückbezug auf diese beiden philosophischen Systeme, um die wesentlichen Aspekte des Romans zu erklären? Manche Textmerkmale aus diesen Referenzsystemen abzuleiten, birgt in sich die Gefahr, ein nur bedingt gerechtfertigtes Sinnsystem auf das Buch zu projizieren. Mit anderen Denkern aus verschiedenen Horizonten könnte das Spektrum der philosophischen Bezüge ergänzt werden, obwohl es sich fast nie eindeutig entscheiden lässt, welche Hintergrundkonstellationen in Betracht kommen. »Was ist die Zeit? […] Wäre aber keine Zeit, wenn keine Bewegung wäre? Keine Bewegung, wenn keine Zeit? […] Was zeitigt sie denn? Veränderung!«[6], lautet der Anfang der bekannten Mann'schen Ausführung über die Zeit. Die Zeittheorie, die den Anfang des sechsten Kapitels ausmacht, wird in der Kommentar-Ausgabe aus

---

[5] Ignatius von Loyola: Exercitia spiritualia (1548), übers. von Alfred Feder, Regensburg: Manz, 1922, S. 3.

[6] 5.1, 521.

Schopenhauers *Welt als Wille und Vorstellung* hergeleitet, ohne dass diesem Bezug sehr ähnliche Formulierungen zugrunde liegen.[7] Ein weiterer Hypertext dieser Fragestellung könnte Aristoteles' *Physik* sein, wo folgende Ausführung zu lesen ist: »So erhellt, dass die Zeit nicht ohne Bewegung und Veränderung ist. Dass nun also weder Bewegung, noch ohne Bewegung die Zeit ist.«[8] Ob die aristotelische Theorie, von der Thomas Mann nur bruchstückhaft und wahrscheinlich vermittelt durch Nachschlagewerke erfahren hatte, relevant für das Verständnis des Werkes ist, bedarf sicher einer näheren Untersuchung. Seine Rezeption von Aristoteles, sowie diejenige von Augustin oder Aquin, ist umso wahrscheinlicher, als sie im Zeichen der Enzyklopädie steht – sowohl des Rückgriffs auf Enzyklopädien als auch des Schaffens eines enzyklopädisch anmutenden Werks.

Eine *Neuübersetzung* des *Zauberberg* war im französischen Sprachbereich längst fällig, da die erste und einzige Übertragung des Meisterwerks auf das Jahr 1931 zurückging. Der Entschluss des Verlags Fayard, eine Neuveröffentlichung des Werks im Herbst 2015 erscheinen zu lassen, geht auf die Bewertung von Germanisten und Philosophen zurück, die im Laufe der Jahre auffallende Diskrepanzen in der Sinnerschliessung und der werkimmanenten Intention zwischen dem Originaltext und der älteren französischen Version feststellten. Eine *kritische Ausgabe* war nicht weniger notwendig; ohne ihren poetischen Wert einzubüssen, ist die Übersetzung als wissenschaftliche Aufgabe konzipiert und mit Kommentaren versehen, die dem Leser Neues bieten können. Seit Jahrzehnten brauchte die frankophone Leserschaft ein relativ umfangreiches Material, das in der Interpretation bzw. in der Komparatistik verwendet werden kann, ein Nachwort mit einigen Sinnrichtungen zur Auslegung des Textes sowie einen textkritischen Apparat, an dem sich der Leser noch genauer orientieren kann. Der Anmerkungsapparat, der den Frankophonen zugedacht ist, unterscheidet sich selbstverständlich von dem der deutschen Ausgabe. Diese Verschiedenheit besteht nicht unbedingt deshalb, weil die Schwerpunkte in Richtung der Zielkultur verlagert werden, sondern vor allem wegen der mangelnden Kenntnis einiger Bereiche der Ausgangskultur, wofür Belege und Informationen – bzw. über literarische Muster wie die Walpurgisnacht im *Faust* – geliefert werden mussten. Es sind hauptsächlich Informationen, die durch sachliche Richtigkeit den *Zauberberg* in einem gewissen kulturgeschichtlichen Kontext verankern sollen, oder Angaben zu den literarischen Mustern, die den Autor zur Anverwandlung durch parodistische Verfahren

---

[7] Arthur Schopenhauer: Sämtliche Werke, Bd. 2: Die Welt als Wille und Vorstellung I, Mannheim: Brockhaus 1988, S. 4.

[8] Aristoteles: Physik, Buch IV, Eilftes Capitel, übers. von Julius von Kirchmann, Leipzig: Dürr'sche Buchhandlung 1882, S. 128.

herausforderten. Thomas Mann hat Experten zu Rate gezogen und Werke exzerpiert – zu Wissensinhalten, die sogar dem deutschsprachigen Leser noch fremd sein könnten. Was den Übersetzer bei der erneuten Expedition auf den *Zauberberg* begleitet, ist die Tätigkeit des Recherchierens: es wäre undenkbar, ein solches Werk textgerecht wiederzugeben, ohne gleichzeitig mikrotextuelle Probleme im Rahmen seiner Forschungstätigkeit zu lösen.

Eine Neuübersetzung ist fast immer eine Neuinterpretation – nicht nur, weil sie durch andersartige Gegebenheiten des Entstehungskontexts bedingt ist, sondern weil sie einem Vorhaben entsteht, das sich vom vorigen wesentlich absetzen möchte. Beim Übersetzen hatte ich die Möglichkeit, eigene Ermittlungen in die Noten einzutragen, die freilich lapidar formuliert werden mussten, um die Seitenzahl nicht erheblich zu vergrössern. Diese Entdeckungen verdanke ich einfach der Übersetzungstätigkeit, die klärend wirkt und ihrem grundsätzlichen Wesen gemäss hermeneutisch verfährt. Diese Funde sind wohl geeignet, die *Grosse kommentierte Frankfurter Ausgabe* zu ergänzen, die in Zusammenarbeit mehrerer europäischer Forscher – und leider keines französischen Spezialisten – entstand. Sie betreffen zunächst Thomas Manns Verhältnis zu Frankreich (Voltaire, d'Hervey …) und Italien, aber auch die deutsche Gedankenwelt, da Manns kulturgeschichtliche Spannungslinie oft zwischen dem Norden Europas und der romanischen Geistes- und Gefühlswelt verläuft.

In den 20er Jahren wandte sich der Schriftsteller der französischen Kultur immer mehr zu. Das Verhältnis zu Voltaire war wohl belastet durch den Artikel von Heinrich Mann aus dem Jahre 1910, in dem der französische Philosoph dem Anti-Revolutionär, dem Quietisten, gegenübergestellt wurde. Thomas Manns Voltaire-Rezeption lässt sich durch sein ganzes Leben verfolgen, von der frühen *Candide*-Lektüre zu dem *Friedrich*-Roman-Projekt[9] und den *Betrachtungen eines Unpolitischen*. Selbst im *Zauberberg* finden sich etliche unauffällige Bezüge auf *Candide*, vielleicht selbst die anfängliche Charakterisierung von Hans Castorp als »einfacher junger Mensch«, was dem ebenfalls auf der ersten Seite des philosophischen Romans benutzten Ausdruck »l'esprit le plus simple« entspricht.[10] Wichtiger als die eigene Lektüre ist vielleicht die Vermittlung durch andere Voltaire-Leser wie etwa Nietzsche, Schopenhauer oder Goethe. Seit 1918 äussert sich Thomas Mann mit einem erkennbar aufklärerischen Anliegen zu Fragen, die in den *Zauberberg* hinüberspielen. In

---

[9] Siehe dazu Friedhelm Marx: Thomas Manns Roman-Projekt über Friedrich den Grossen im Spiegel der Notizen, in: Wirkendes Wort 40 (1990), S. 487 f.

[10] Siehe dazu Ulla Stemmermann: »Ein einfacher junger Mensch reise …«. Thomas Manns Transposition des »Candide« Voltaires in den »Zauberberg«, Würzburg: Königshausen & Neumann 2003.

diesem Zusammenhang ist Settembrinis Formel »Écrasez l'infâme«[11] das wohl-
bekannte Schlagwort von Voltaire gegen die katholische Kirche (»Rottet das
Niederträchtige aus!«), wobei das Niederträchtige mit dem von dem Philosophen oft gegeisselten Aberglauben gleichgesetzt werden darf.[12] So übt auch
Settembrini schärfste Kritik an der Verquickung der katholischen Institution
mit der weltlichen Macht. Der italienische Freimaurer betrachtet den Spruch
als künftige Parole der Freimaurer und verwendet es als Aufruf zum Kampf
gegen religiösen Wahn überhaupt – wobei Naphta schlagfertig antwortet, wie
intolerant dieser Aufruf zur Toleranz sei.

Voltaire verachtete den Romanschriftsteller Lesage, der einen geschmack-
losen Kalauer über seinen Namen (»Je prends mon vol terre à terre«) zum
Besten gegeben hatte. In dieser Hinsicht ist »der hinkende Teufel«[13], wieder
aus Settembrinis Mund, ein höchst wahrscheinlicher Hinweis auf René Lesa-
ges Erfolgsroman *Le diable boiteux* (1707), dessen deutsche Übersetzung von
L. Schücking 1865 eben unter dem Titel *Der hinkende Teufel* erschien. Die
Parallelität der beiden Romane fällt auf: nachdem ein abenteuerlustiger Student
den Dämon Asmodeus aus der Flasche eines Zauberers befreit hat, bietet ihm
dieser eine unerhörte Offenbarung an, um ihm seine Dankbarkeit zu bezeugen:
der Teufel nimmt ihn mit auf eine Reise in der Luft über die Stadt, während
welcher sich die Dächer öffnen, um Einblick auf Szenen zu gewähren, die sonst
verborgen bleiben. Ob man bei diesem entlarvenden Höhenflug an den Ritt
des Schwarzkünstlers Faust auf einem Fass denkt, der in den Faustbüchern
erstmals 1589 beschrieben wurde, oder an Hans' Aufenthalt in der Höhe mit
dem mephistophelischen Offenbarer Settembrini, kann die thematische Übereinstimmung des *Hinkenden Teufels* mit dem *Zauberberg* – innerhalb des
Faust'schen Intertextes – keinem Zweifel unterliegen.

Obwohl er viel ausserdeutsche Literatur kannte, hat Thomas Mann kaum
fremdsprachige Literatur im Original gelesen; er gestand selbst von seinem
Französisch: »Ohne die Sprache zu beherrschen, verstehe ich mich auf sie, habe
von ihrem Geiste in mir«[14]. Zwei befreundete Literaten, Bruno Frank und Josef
Chapiro – letzterer sprach gemäss dem Autor selbst »pariserisch mit slavischem
Akzent und deutsch mit französischem«[15] –, erklärten sich bereit, die Formulierungen des Gesprächs zwischen Hans und Mme Chauchat zu korrigieren,

[11] 5.1, 777.
[12] Die verkürzte Formulierung findet sich als Schlussformel in Briefen an den Schriftsteller
Étienne Damilaville über die Affäre Jean Calas: der hugenottische Kaufmann war 1761 zum Tode
verurteilt worden, weil man ihn fälschlicherweise des Mordes an seinem Sohn bezichtigt hatte.
(Voltaire: Correspondance, Tome VII, Paris: Gallimard, La Pléiade 1985)
[13] 5.1, 365.
[14] BrA, 1. 10. 1915, S. 34.
[15] 15.1, 1155.

wonach Mann ihre Änderungsvorschläge einarbeitete und den französischen Dialog neu ins Reine schrieb. Thomas Mann hat dieses Zwiegespräch als »Dialogue au bord du lit«[16] bezeichnet, was ein klarer Hinweis auf Maupassants frivole Erzählung *Au bord du lit* (1883)[17] ist. Kompetentere Kenner der französischen Sprache und Kultur hätten wohl herangezogen werden können: in der Kritischen Ausgabe werden die Sprachfehler mit keinem Kommentar versehen. So entsteht der Eindruck beim deutschen Leser, der in der französischen Sprache nicht ganz bewandert ist, dass der Dialog zwar etwas linkisch, aber durchkorrigiert und demnach grammatikalisch korrekt ist. Barbarismen wie »bouchement«[18] (statt »engorgement«), »enchantante«[19] (statt »enchanteresse«) oder »exhalation«[20] (statt »exhalaison«, Ausdünstung) sind nicht als solche angegeben worden, und dasselbe gilt für die Wortverwechslungen, die weder Frank noch Chapiro aufgefallen sind. Die französischen Partien sind nicht fehlerfrei; einige Verwechslungen mögen sogar das Verständnis einiger Sequenzen erschweren. Aus diesem Grunde kann eine zugehörige Endnote nur von Nutzen sein, und auch die deutsche Leserschaft über verwunderliche »falsche Freunde« aufklären, die als sog. Interferenzfehler zu betrachten sind:

›Jamais, Clawdia. Jamais je te dirai ›vous‹, jamais de la vie ni de la mort, wenn man so sagen kann, – man sollte es können. Cette forme de s'adresser à une personne, qui est celle de l'Occident cultivé et de la civilisation humanitaire, me semble fort bourgeoise et pédante. Pourquoi, au fond, de la forme? La forme, c'est la pédanterie elle-même!‹[21]

So wettert Hans in dieser Faschingsnacht gegen die Form schlechthin und das Siezen, das seinen Verführungswunsch kaum begünstigen würde. Der Autor übersetzt hier »Pedanterie« wortwörtlich durch »pédanterie«, was eines Kommentars bedarf. Der falsche Freund »pédant« bedeutet auf Französisch »schulmeisterlich« und entspricht nicht dem Sinn des Scheingallizismus »pedantisch«, dessen Bedeutung eher mit »übergenau« oder »penibel« sinnverwandt ist.

»Je n'ai pas eu l'honneur de connaître ce chevalier«[22] versteht der Germanist sofort als weitere Lehnübersetzung des Substantivs »Kavalier«. In einem anderen Kontext könnte das Wort »chevalier« »Kavalier« im Sinne von »Edelmann« zutreffend wiedergeben, aber hier ist ein taktvoller, eleganter Charakter gemeint, dessen Sinn eher dem Ausdruck »galant homme« entsprechen würde.

---

[16] Tb, 8.5.1921.

[17] Guy de Maupassant: Au bord du lit, in: Contes et Nouvelles, Tome 1, Paris: Gallimard, La Pléiade 1974.

[18] 5.1, 513.

[19] 5.1, 519.

[20] 5.1, 520.

[21] 5.1, 517.

[22] 5.1, 511.

Das medizinische Fachwort »feuchte Stelle« (frisch verheilter Schaden in der Lunge) wird wortwörtlich durch »tache humide«[23] wiedergegeben, die kein französischer Leser mit der Lunge assoziieren würde – da wäre »lésion fraîche« oder »lésion suintante« verständlicher.

Und mit »photographie intime«[24] und »atelier de photographie intime« (!) meint Hans »photographie intérieure« (radiographie), d. h. das Röntgenbild des Oberkörpers von Clawdia. Etwas später erscheint das deutsche Wort »Innenphotographie«[25]. Die Frage, ob eine schlüpfrige Polysemie vom Autor selbst absichtlich eingesetzt worden sein könnte, scheint mir müssig, weil er Hinweise auf solche Intimbereiche vermeidet oder umschreibt, und weil die sonstigen erwähnten Fehler eher auf eine unvollkommene Beherrschung des Französischen schliessen lassen.

In seiner stark anatomisch orientierten Liebeserklärung an Mme Chauchat redet dann Hans von den »grandes branches des vases et des nerfs«[26], obwohl er eigentlich ihre Gefässe meint, was auf Französisch »vaisseaux« heissen sollte; auf dieselbe Weise redet Clawdia selbst von den »vases de lymphe«[27] (und meint eigentlich die »vaisseaux lymphatiques«); und Hans wieder von »rameaux«[28] (Reiser, kleine Zweige) statt »ramifications« (Verzweigungen). Der Autor, der mit Hilfe eines zweisprachigen Lexikons seinen eigenen Text ins Deutsche übersetzte, hat die Polysemie dieser Termini falsch eingeschätzt, was in beiden Fällen zu einem Missverständnis führt. Beim Lesen des Wortes »vases« (dt: Vase), gewinnt der Leser den Eindruck, dass andere Organe als Blutgefässe metaphorisch-entschärfend umschrieben werden – solche Verwechslungen können der Absicht des Autors nicht entsprechen.

Luca Crescenzi (Pisa) hat zu Recht darauf hingewiesen, dass viele rätselhafte Aspekte des Faschingsabends und des *dialogue au bord du lit* als irrational, ja halluzinatorisch aufgefasst werden dürfen.[29] Wie sollte man sonst erklären, dass Hans, trotz seiner unzureichenden Sprachkenntnisse, sich so gewagt und hochtrabend »in französischer Konversation versucht«? So könne man die Logik verstehen, nach der Thomas Mann ein solches fremdes Gespräch in den Roman eingefügt hat: in einem somnambulen Zustand müsse Hans Castorp Französisch sprechen, als Zeichen für ein im Schlaf sich ereignendes Delirium. Man darf in der Tat vermuten, dass die ausserordentlichen Umstände des Faschingsfestes sowie die Aufnahme eines riskanten Cocktails aus Burgunder

---

[23] 5.1, 513; 619; 701. Auf S. 529 ist zu lesen: »petit endroit humide«.
[24] 5.1, 517; 514.
[25] 5.1, 584.
[26] 5.1, 519.
[27] 5.1, 513.
[28] 5.1, 519.
[29] Luca Crescenzi: Traummystik und Romantik, in: TM Jb 24, 2011, 109.

und Champagner die Ausdrucksweise des jungen Dilettanten vollkommen verwirrt hat. Dass er Deutscher ist (und Mme Chauchat russischsprachig), mag wohl auch erklären, dass die beiden künftigen Liebhaber Sprachfehler machen – aber nicht gerade diejenigen, die Thomas Mann hätte vermeiden wollen, da das Manuskript von zwei Bekannten verbessert wurde, die der Aufgabe nicht ganz gewachsen waren. Sprachfehler wie »intime« statt »intérieure« oder »vases« statt »vaisseaux« haben ausserdem den Nachteil, die Sexualisierung des Dialogs durch einen libidinösen Überschuss zu erhöhen, der fehl am Platze ist, auch wenn Hans Castorp durch seine überspannten Liebeserklärungen eine starke Abweichung vom bürgerlich-moralisierenden Normensystem vornimmt. Was die erotische Dimension des Romans angeht, hat Hermann Kurzke richtig bemerkt, dass gerade die Aussparung von Liebesszenen und Gefühlsbekundungen zu einer »sinnlichen Aufladung«[30] des Geschilderten führen. Auch aus diesem Grunde kann die richtige Einschätzung des semantischen Werts der Einzelwörter zu einem genaueren Verständnis der ganzen Liebesszene beitragen. Diese sprachliche Genauigkeit ist zugegebenermassen wichtiger für die französische Leserschaft – weniger für die deutsche –, da es hier um die Verbesserung versehentlicher Fehler geht.

In der Behandlung der »fragwürdigsten« Parapsychologie[31] ist ein Bezug auf die damalige französische Wissenschaft vorhanden: einen zentralen Platz nehmen Medizin und insbesondere Psychologie im *Zauberberg* ein, der auch in medizinhistorischer Hinsicht ein Zeitroman ist: der Roman gibt nicht nur die Verhältnisse der Medizin zur Zeit der Jahrhundertwende wieder, er handelt auch vom wechselseitigen Zusammenhang von Krankheit und zeitgenössischer Kultur. In der Bewertung der Krankheit und der Patienten zeigt sich das Spektrum der damaligen Kenntnisse, die im Kontext der europäischen Psychologie und Anthropologie dargestellt werden. In dieser Hinsicht kann ein seltsam anmutendes Accessoire eines psychophysischen Phänomens, ein Seerosenkranz, gedeutet werden: Im Rahmen der Hypnose-Experimente hat eine dänische Mitpatientin Gesichte, die als Produkt ihrer Materialisierungsfähigkeit gedeutet werden. Wenn Ellen verschiedene Gestalten auftauchen lässt, wie zum Beispiel ihre eigene Schwester, hat diese Vision ihren Ursprung im Unbewussten des Mediums, das auch schöpferisch wirken kann: so hat sie ihre in Amerika verheiratete Schwester Sophie auf der Treppe des Elternhauses stehen sehen. Bald verflüchtigt sich die Erscheinung und Ellen erfährt danach, dass Sophie zur selben Stunde an einer Herzentzündung gestorben ist. Die Schwester hat ein weisses Kleid angehabt und sonderbarerweise einen Kranz von »Wasser-

---

[30] Hermann Kurzke: Thomas Mann. Epoche – Werk – Wirkung, 4. Aufl., München: Beck 2010, S. 194.
[31] »Fragwürdigstes«, 5.1, 990–1034.

rosen, schilfigen Mummeln«[32], der die Aufmerksamkeit der Forschung nicht erregt hat. Seerosen sind Zauberpflanzen, die als Symbol für Keuschheit gelten und in den Klöstern als sedierendes Mittel benutzt wurden – Seerosensamen sollen früher Nonnen in der Einhaltung des Keuschheitsgelübdes unterstützt haben. Balzac verwendet die Metapher des Seerosenkranzes, um eine alte Jungfer zu charakterisieren: »Suzanne ne quitta pas Alençon sans changer en fleurs de nénuphar les fleurs d'oranger qui couronnaient la mariée«[33]. Auf die junge Ehefrau werden möglicherweise einige Eigenschaften des unverheirateten Mediums projiziert, so dass dieses okkulte Phänomen es erlaubt, die Erscheinung mit Frigidität bzw. Keuschheit in Verbindung zu setzen. Die Wahl eines solchen Requisits verrät wahrscheinlich, dass die sonderbare Vision, die in die Geschichte des kollektiven Unbewussten gehört, interkulturell zu deuten ist.

Innerhalb der Darlegungen, denen ein offensichtliches Interesse an der Seelenkunde zugrunde liegt, wird der Traum als Produkt des Triebwunsches und Verräter seelischer Spannungen in Betracht gezogen. In einer Ausführung des Unterkapitels »Fragwürdigstes« wird das sog. »Traumleben« der Menschen als Thema von Dr. Krokowskis Konferenzen erwähnt, ein wahrscheinlicher Hinweis auf Karl Albert Scherners Monographie *Das Leben des Traums* (1861), ein ebenfalls erfolgreiches Buch, dessen psychologischer Inhalt mehrere Forscher der damaligen Zeit anregen konnte, und dessen Autor Freud als Entdecker der Traumsymbolik betrachtete. Am Anfang desselben Kapitels äussert sich der Autor zum Problem der besonderen Wahrnehmung der Zeitlichkeit, die den Rauschgiftsüchtigen eigen ist und im Traum zum Vorschein kommt:

Träume also, deren imaginärer Zeitraum ihre eigene Dauer um ein Gewaltiges überstieg, und in denen eine unglaubliche Verkürzung des Zeiterlebnisses herrschte, die Vorstellungen sich mit solcher Geschwindigkeit drängten, als wäre, wie ein Haschischesser sich ausdrückt, aus dem Hirn des Berauschten ›etwas hinweggenommen gewesen wie die Feder einer verdorbenen Uhr‹.[34]

Wer kann dieser Haschischesser sein? Die Suche in Thomas de Quinceys *Bekenntnissen eines englischen Opiumessers* erweist sich als aussichtslos. Das vorhandene kurze Zitat, »[als wäre] etwas hinweggenommen gewesen wie die Feder einer verdorbenen Uhr« stammt nämlich aus dem Buch *Les rêves et les moyens de les diriger* (*Träume und die Mittel, sie zu lenken*, 1867), worin der französische Sinologe Léon d'Hervey de Saint-Denys erstmals die Theorie aufstellt, bewusstes Träumen sei eine erlernbare Fähigkeit, wodurch sich die

---

[32] 5.1, 1000.
[33] Honoré de Balzac: La Vieille Fille, Paris: Gallimard 1978 (= Folio, 1024), S. 177. Eine vergleichbare Idee entwickelt er in seiner *Physiologie der Ehe* (La Physiologie du Mariage, Paris: Furne 1848, S. 47).
[34] 5.1, 817.

Vorstellungen mit grosser Geschwindigkeit drängen und die Erinnerungsfä-
higkeit – wie etwa in der Nähe des Todes – gesteigert wird: »Il me semblait que
quelque chose fût parti de mon cerveau, comme le ressort d'une horloge détraquée, et que toute la chaîne de mes souvenirs voulût se dérouler d'elle-même
avec une incohérence et une rapidité inouïe.«[35] Der Vergleich »comme le ressort
d'une horloge détraquée« entspricht wortwörtlich der deutschen Formulierung
»wie die Feder einer verdorbenen Uhr«.[36] D'Herveys Buch ist eine Zeitlang in
Vergessenheit geraten, weil die darin beschriebenen Experimente, vor allem die
Entwicklung der Methode, seine Träume selbst zu lenken, wenig glaubwürdig
gewirkt haben mag. Jenes Dokument einer zwanzigjährigen Klartraumfor-
schung wurde nichtsdestoweniger in Freuds *Traumdeutung* (1899) erwähnt:
»Der Marquis d'Hervey behauptete, eine solche Macht über seine Träume gewonnen zu haben, dass er ihren Ablauf nach Belieben beschleunigen und ihnen
eine ihm beliebige Richtung geben konnte.«[37] Seine damals neuen Experimente
haben Thomas Mann sicher interessiert, der Hans Castorp vier Träume haben lässt, dank welchen er der Verwandtschaft Mme Chauchats mit seiner
verdrängten Jugendliebe Hippe gewahr wird.[38] D'Hervey de Saint-Denys gilt
inzwischen als Bahnbrecher der Traumforschung, und viele Wissenschaftler
beziehen sein Werk in ihre Arbeiten mit ein.

Ein ähnlicher Bezug auf die damalige Wissenschaft befindet sich in einer
Ausführung des 6. Kapitels, worin sich Naphta und sein Gegner über die
Schwerverbrecher und die Todesstrafe auseinandersetzen:

Die Franzosen hatten mit ihren Deportationen sehr schlechte Erfahrungen gemacht.
Man wußte einfach nicht, was man praktisch mit gewissen menschenähnlichen Wesen
anfangen sollte, außer, sie einen Kopf kürzer zu machen.
Das seien keine ›menschenähnlichen Wesen‹, belehrte ihn Herr Settembrini; es seien
Menschen, wie er, der Ingenieur, und wie der Redende selbst, – nur willensschwach
und Opfer einer fehlerhaften Gesellschaft.[39]

Die »menschenähnlichen Wesen« sind eigentlich die Anthropoiden oder an-
thropomorphe Wesen, die Cesare Lombroso in *L'Uomo delinquente* (1897)[40]
typisiert hat. Lombrosos Schule der Kriminologie sorgte dafür, dass zuneh-

---

[35] Léon d'Hervey de Saint-Denys: Les rêves et les moyens de les diriger, Paris: Amyot 1867,
S. 480.

[36] Diese Stelle zitiert auch Carl Du Prel in seinem Buch *Die Philosophie der Mystik* (1885),
das Thomas Mann in Davos gelesen hat.

[37] Sigmund Freud: Die Traumdeutung (1899), Leipzig und Wien: Franz Deuticke 1939, S. 470.

[38] Manfred Dierks: Spukhaft, was? Über Traum und Hypnose im »Zauberberg«, in: TM Jb
24, 2011, 77.

[39] 5.1, 693.

[40] Cesare Lombroso: L'uomo delinquente. In rapporto all'antropologia, alla giurisprudenza
ed alle discipline carcerarie, Turin: Bocca 1876 (dt.: Der Verbrecher in anthropologischer, ärzt-

mend ausgebildete Fachleute sich der Kriminalität annäherten – mit dem Nach-teil, dass seine Typisierung von Verbrechern anhand äusserer Körpermerk-male den Nationalsozialisten als Vorlage für ihre rassenbiologischen Theorien diente.

Innerhalb der romanischen Gedankenwelt mag der Autor der italienischen Kultur den Vorrang geben. Zwischen 1895 und 1898 hat er fast zwei Jahre lang in Italien gelebt, und ist später mehr als zwanzigmal für kurze Aufenthalte dorthin gereist.[41] Italienische Namen und Zitate gewinnen in seinen Roma-nen der mittleren Jahre eine grosse Bedeutung, vor allem wenn sie anregend und plastisch wirken. Zu dem von Settembrini viermal benutzten Terminus »guazzabuglio« (Durcheinander, Mischmasch)[42] wird in der Kommentar-Aus-gabe Folgendes angemerkt: »Der Ausdruck ist nach Auskunft von Elisabeth Galvan im Italienischen völlig unüblich«[43]. Im heutigen Italienischen ist es in der Tat eher ungewöhnlich, hatte sich aber im 19. Jahrhundert beträchtlich eingebürgert. Es lag nahe, das Wort in einem Klassiker der italienischen Li-teratur zu suchen, Alessandro Manzonis *I Promessi Sposi* (1827), wo zu lesen ist: »cosi fatto è questo guazzabuglio del cuore umano« (Von solcher Art ist die verworrene Natur des menschlichen Herzens)[44]. Im Roman erscheint das Wort mehrmals im Sinne von »Durcheinander«. Thomas Mann kannte dieses Buch, das sich auch in seiner persönlichen Bibliothek befand.[45] Manzonis Na-men erwähnt er auch am Anfang des *Zauberbergs*.[46] Gerade dieses Zitat aus dem wohl berühmtesten Roman der italienischen Romantik ist zum geflügel-ten Wort geworden.

Der in Settembrinis Aussagen auftauchende Begriff »idioma gentile«[47] (lie-benswürdige Sprache) ist der Titel eines Werks von Edmondo de Amicis zum Problem der Sprachen in Italien, *L'idioma gentile* (1905), das in Europa Aufse-hen erregte, da der Autor das Florentinische als Standardsprache befürwortete und von manchen Wissenschaftlern wie Benedetto Croce kritisiert wurde. In Anlehnung an De Amicis' Formel hat er dann seinem Felix Krull die hoch-trabende Formel vom »idioma celeste«[48] in den Mund gelegt.

---

licher und juristischer Beziehung, Hamburg: J. F. Richter 1887; fr.: L'homme criminel, Paris: Félix Alcan 1887).

[41] Siehe dazu Manfred Beller: Thomas Mann und die italienische Literatur, in: TM Hb, 245 ff.

[42] 5.1, 698; 747; 882.

[43] 5.2, 300.

[44] Alessandro Manzoni: I promessi sposi (Kap. 10), Mailand: Mondadori 1985, S. 123. Zitiert wird nach der deutschen Übersetzung von Daniel Lessmann, Hamburg: Gutenberg 1929.

[45] In der Nachlassbibliothek des Autors (TMA, Zürich) steht folgende Ausgabe: Alesssandro Manzoni: Die Verlobten, übers. von Daniel Lessmann, Leipzig: Reclam 1907.

[46] 5.1, 242.

[47] 5.1, 148.

[48] 12.1, 175.

Settembrinis Zitat aus Pietro Aretino (»Die Fröhlichkeit«, sagte er, »halte glanzvoll Hof im Saale seiner Brust«[49]) stammt aus dem Dritten Tag der *Ragionamenti*, diesen Gesprächen zwischen Kupplerinnen und Huren: »Die Fröhlichkeit hielt glanzvoll Hof im Saale seiner Brust, und sein Herz tanzte auf der Hochzeit, die seine Gläubigkeit mit meinen Lügen feierte.«[50] Mit dieser Anspielung versetzt sich Settembrini implizit-humorvoll in die Lage des Kupplers, während er zwischen Naphta und Hans vermittelt. Und der Ausdruck *princeps scholasticorum*[51], womit Settembrini seinen Gegner Naphta sarkastisch beehrt, bezeichnet eigentlich Thomas von Aquin, der als Fürst der Scholastiker galt und deren *Summa theologiae* manche theologische Summe der Scholastik überragt. Im Hintergrund spielt Settembrini auf die Tatsache an, dass Thomas von Aquin 1880 von Papst Leon XIII. zum Schutzpatron der katholischen Schulen erklärt wurde. In einer solchen Schule unterrichtet ja der Jesuitenanhänger und -schützling Naphta.

Selbstverständlich gewinnt jedes kulturgeschichtlich geprägte Wort einen ironisch-verdächtigen Nachgeschmack, wenn es vom konservativen Revolutionär Naphta ausgesprochen wird. Ohne in den Mittelpunkt des Geschehens zu rücken, da sie durch den enzyklopädischen Blick relativiert wird, nimmt die deutsche Kulturwelt eine Schlüsselstellung im *Zauberberg* ein: sie durchzieht das gesamte Werk, das sich nicht nur mit den von Nietzsche und Wagner ausgehenden Impulsen auseinandersetzt, sondern auch mit der Spätaufklärung sowie mit dem Goethe'schen Schaffen – dem *Wilhelm Meister* und hauptsächlich dem ersten Teil des *Faust*. Nach dem Revidieren der eigenen chauvinistischen Betonung der Überlegenheit der deutschen »Gemütstiefe«[52] scheint Thomas Mann die politischen Implikationen der Vorstellung von Kultur im modernen Zeitalter zu bedenken und seine eigenen Gedanken zu präzisieren: die Erneuerung deutscher Kultur entspringt nicht mehr der bellizistischen Ansicht einer Rechtfertigung des Krieges bzw. der Revolution als wiederbelebenden und schöpferischen Vorkommnisses.

In einem Streitgespräch mit Settembrini über Revolution und Geistigkeit benutzt Naphta zweimal das Wort »Basalte«, das bis jetzt mit keinem Kommentar versehen wurde:

Tatsächlich ist toter Geist dem lebendigen widerwärtiger als irgendwelche Basalte, die wenigstens nicht den Anspruch erheben, Geist und Leben zu sein. Solche Basalte, Reste ehemaliger Wirklichkeiten, die der Geist so weit hinter sich gelassen hat, daß er sich

---

[49] 5.1, 564.
[50] Pietro Aretino: Ragionamenti, Kap. 9, Dritter Tag (Wie Anna und Pippa der Gevatterin und der Amme zuhörten, die sich über die Kunst der Kuppelei unterhielten).
[51] 5.1, 564.
[52] Thomas Mann: Deutschland und die Deutschen, in: XI, 1133.

weigert, den Begriff des Wirklichen überhaupt noch damit zu verbinden, erhalten sich träge fort [...].[53]

Damit wird der berühmte »Basaltstreit« des späten 18. Jahrhunderts thematisiert, eine naturwissenschaftliche Auseinandersetzung um Welterklärungsmodelle, die aus einer theologischen Fragestellung entstanden ist. Im Rahmen der Theodizee-Diskussion über die Rechtfertigung Gottes in einer von Übeln bedrohten Welt, die 1755 durch das Erdbeben in Lissabon ausgelöst wurde, kämpften »Neptunisten« gegen »Vulkanisten« um die richtige Theorie der Weltentstehung; es galt zu wissen, ob der Basalt aus dem Meer oder aus dem Magma entstanden war. In seiner Schrift *Über den Granit* (1784) tendierte Goethe zu den Neptunisten, deren evolutionäres Modell in seiner Regelhaftigkeit verständlicher war als die revolutionäre Vorstellung, dass aus dem Chaos eines Vulkanausbruchs eine Formgebung möglich sei: der Vulkanismus war ihm als Sinnbild der Zerstörung zutiefst zuwider. Dass sich Mephistopheles im zweiten Teil der Tragödie *Faust* zum Vulkanismus bekennt,[54] legt es in intertextueller Perspektive nahe, dass der Begriff »Basalte« als Anspielung auf den soeben erwähnten Basaltstreit aufzufassen ist.

In diesem Sinne funktionalisiert der Autor auch andere Referenzen auf die *Faust*-Tragödie, wie etwa die Beschreibung des Arbeitskabinetts von Settembrinis Vater (»Vollgepfropft war das Stübchen mit Büchern und Handschriften«[55], lehnt sich an Fausts Monolog im ersten Teil der Tragödie an: »Mit Gläsern, Büchsen rings umstellt, / Mit Instrumenten vollgepfropft«[56]). Und das »Faulbett« (des Mönchs)[57], das der tüchtige und scharfsichtige Literat Settembrini verabscheut, wenn er in einem Kolloquium erwähnt, wie sich die beiden Pädagogen um die »arme Seele« von Hans streiten, ist wieder eine Faust'sche Reminiszenz an das Gespräch zwischen Faust und Mephistopheles (»Werd ich beruhigt je mich auf ein Faulbett liegen, / So sei es gleich um mich getan!«[58]). Ein solcher Bezug ist nicht ganz unbedeutend: darin spiegelt sich die Abneigung des italienischen Gelehrten gegen Nachlässigkeit und Sich-gehen-Lassen als Gegenteil des »Lebensdienstes«. Letzten Endes ist es ihm ein Anliegen, dem deutschen Zögling zu zeigen, dass hinter der chaotischen Faulheit das Prinzip des Todes steht.

---

[53] 5.1, 765.
[54] Mephistopheles spricht im Sinne der vom Vulkanismus implizierten revolutionären Auffassung: »Steigst ab in solcher Greuel Mitten, / Im gräßlich gähnenden Gestein? / Ich kenn' es wohl, doch nicht an dieser Stelle, / Denn eigentlich war das der Grund der Hölle«. Johann Wolfgang von Goethe: Faust II, Akt IV, »Hochgebirg«, V. 10070–72.
[55] 5.1, 147.
[56] Goethe: Faust I, »Faust-Monolog«, V. 5.
[57] 5.1, 569.
[58] Goethe: Faust I, »Studierzimmer«, V. 1692.

Über den überwältigenden Sprachzauber hinaus kann der *Zauberberg* als Dokument europäischen Denkens und Wissens im ersten Viertel des zwanzigsten Jahrhunderts gelten; mit der Vielfalt der kulturellen Textbestände wird die Zeitverbundenheit des vom Verfasser selbst genannten »Zeitromans« untermauert. In eine zeitlich orchestrierte Struktur, die von Leitmotiven gespickt ist, werden Einsprengsel zeitgenössischer oder vergangener Kulturen eingefügt, welche die Spannweite des Wissens erweitern. Soziokulturell gesehen, gewähren sie auch einen Einblick in den Kosmopolitismus, der zur geistigen Lebensform der Weimarer Republik geworden war, und den Thomas Mann bis zu seinem Tode verkörpern wird, obwohl er es einmal geleugnet hat.[59] Die sprachlichen Versuche im Sinne einer Internationalisierung sind zuweilen unvollkommen und schluderig, wie es im Falle einiger Einzelheiten des »Dialogue au bord du lit« auffällt; der Forscher darf es nicht nur bemerken, er muss es kommentieren – und sich fragen, ob die Sprachfehler als Unvollkommenheiten nicht etwa über sich selbst hinausweisen und die Grenzen des menschlichen Wissens – bzw. der Rationalität – entlarven sollen und demnach in weitere Fragestellungen integriert werden könnten.

Ferner stellt sich die Frage der Identifizierung und Lesbarkeit dieser Einsprengsel durch den Leser von gestern und heute: nur wenige dürften sie durchschaut haben; vielmehr sind diese Stellen Beleg eines wissbegierigen Umgangs mit ausländischer und nationaler Kultur, der das Werk Thomas Manns so nachhaltig prägt – so lassen sich voranstehende Angaben bilanzieren. Trotz der herausragenden Qualität der Frankfurter Kommentar-Ausgabe können ihre Ergebnisse ständig ergänzt werden, weil gewisse Innuendos bis zur Unkenntlichkeit verschleiert worden sind. In diesem Mantel der enzyklopädisch bestrebten und immens vielseitigen und freien Fiktion ist der Autor wohl geschützt vor der Zumutung der vereinfachenden Aussagen. Daher die Komplexität der bewusst durchbrochenen Kodierungen, die trotzdem als solche erkannt werden sollten, denn dadurch wird letztlich doch das Mitwissen des Publikums aktiviert. Aufgabe und intellektuelle Leistung der Thomas-Mann-Exegeten ist es, das zwischen den Zeilen sich Verbergende zu verdeutlichen, das durch die hohe Kunst der Sprache Angedeutete zum Klingen zu bringen, und die mit ironisch raschelnden Gewändern ausstaffierten Sprachkörper zu entblössen. Um mit Dr. Behrens zu reden, der seine medizinischen Kenntnisse, seine laienhaften Künstlerversuche – und höchstwahrscheinlich auch seine erotischen Erfahrungen mit Mme Chauchat – meint: »Es ist eben gut und kann gar nicht

---

[59] Er hat auf eine Umfrage geantwortet, er sei »gar kein Kosmopolit, durchaus kein Weltmann, nichts weniger als polyglott«. Zitiert in Thomas Sprecher: Thomas Mann und die Weltliteratur, in: Vom weltläufigen Erzählen. Vorträge des Kongresses in Zürich 2006, hrsg. von Manfred Papst und Thomas Sprecher, Frankfurt/Main: Klostermann 2008 (= TMS, XXXVIII), S. 19.

schaden, wenn man auch unter der Epidermis ein bißchen Bescheid weiß und
mitmalen kann, was nicht zu sehen ist [...].«[60] Manns kulturelle Andeutungen
sind nämlich weniger informativ als primär suggestiv: sie sind oft unter dem
Gestus der Parodie – und weiterhin der ironischen Grundhaltung – zu subsu-
mieren, indem eine gewisse Figur – oft ein Pädagoge wie Settembrini – einen
gewissen kulturellen Inhalt zitiert, ihn aber in anderem Sinn verwendet. Es
geht auch – besonders wenn der Kulturbestand das Produkt von Hans' nächt-
lichen »Forschungen« auf dem Balkon ist – um eine raffiniert-mittelbare Bewahrung vergangenen Reichtums, mit welchem der Autor, so modern er auch
ist, nicht brechen möchte, weil er anhand dieser zahlreichen und bedeutungs-
vollen Kulturbezüge einen grossartigen Beitrag zur Humanität leistet.

Die literaturwissenschaftliche Erforschung kultureller Hinweise steht seit
geraumer Zeit nicht mehr am Anfang, da das enzyklopädische Vorhaben des
Romanschriftstellers im Vordergrund steht und seine Werke unter diesem Gesichtspunkt betrachtet worden sind. Die jeweiligen Neuübersetzungen sollten
die Forschung bereichern und davon zeugen, dass Übersetzen nicht unbedingt mit Defiziten gleichgesetzt werden muss: was in der Übersetzung ver-
lorengeht, mag sich durch andersartige Gewinne ausgleichen. Gerade weil die
Andeutungen nicht immer ins deutsche Kulturleben eingebettet sind, wäre es
wünschenswert, kritische Ausgaben in Zusammenarbeit mit zahlreichen europäischen – und nicht-europäischen – Wissenschaftlern vorzubereiten. Ein weiterer Wunsch der Forscherin – und derjenige der nicht nur mit der Sinnsuche
beschäftigten Übersetzerin – wäre nämlich, dass die erste kritische Ausgabe
in französischer Sprache dazu beiträgt, Vergnügen beim Lesen eines modernen
Klassikers der deutschen Kultur zu wecken, das Interesse an diesem grossartigen Werk im neuen Gewand aufleben zu lassen und neue Impulse für die
internationale Forschung zu liefern.

[60] 5.1, 392.

Siglenverzeichnis

[Band arabisch, Seite]	Thomas Mann: Große kommentierte Frankfurter Ausgabe. Werke – Briefe – Tagebücher, hrsg. von Heinrich Detering, Eckhard Heftrich, Hermann Kurzke, Terence J. Reed, Thomas Sprecher, Hans Rudolf Vaget und Ruprecht Wimmer in Zusammenarbeit mit dem Thomas-Mann-Archiv der ETH Zürich, Frankfurt/Main: S. Fischer 2002 ff.
[Band römisch, Seite]	Thomas Mann: Gesammelte Werke in dreizehn Bänden, 2. Aufl., Frankfurt/Main: S. Fischer 1974.
Br I–III	Thomas Mann: Briefe 1889–1936, 1937–1947, 1948–1955 und Nachlese, hrsg. von Erika Mann, Frankfurt/Main: S. Fischer 1962–1965.
BrA	Thomas Mann: Briefe an Paul Amann 1915–1952, hrsg. von Herbert Wegener, mit 3 Abbildungen, Lübeck: Schmidt-Römhild 1959 (= Veröffentlichungen der Stadtbibliothek Lübeck, Neue Reihe, Bd. 3).
BrAd	Theodor W. Adorno – Thomas Mann: Briefwechsel 1943–1955, hrsg. von Christoph Gödde und Thomas Sprecher, Frankfurt/Main: S. Fischer 2003.
BrKer	Thomas Mann – Karl Kerény: Gespräch in Briefen, hrsg. von Karl Kerény, Zürich: Rhein 1960.
DüD I–III	Dichter über ihre Dichtungen, Bd. 14/I–III: Thomas Mann, hrsg. von Hans Wysling unter Mitwirkung von Marianne Fischer, München: Heimeran; Frankfurt/Main: S. Fischer 1975–1981.
Notb I–II	Thomas Mann: Notizbücher 1–6 und 7–14, hrsg. von Hans Wysling und Yvonne Schmidlin, Frankfurt/Main: S. Fischer 1991–1992.

Tb, [Datum]   Thomas Mann: Tagebücher. 1918–1921, 1933–1934, 1935–
               1936, 1937–1939, 1940–1943, hrsg. von Peter de Mendels-
               sohn, 1944–1.4.1946, 28.5.1946–31.12.1948, 1949–1950,
               1951–1952, 1953–1955, hrsg. von Inge Jens, Frankfurt/
               Main: S. Fischer 1977–1995.

TMA   Thomas-Mann-Archiv der ETH-Bibliothek Zürich.

TM Hb   Thomas-Mann-Handbuch, 3. Aufl., hrsg. von Helmut
               Koopmann, Stuttgart: Kröner 2001.

TM Jb [Band]   Thomas Mann Jahrbuch 1 (1988) ff., begründet von
               Eckhard Heftrich und Hans Wysling, hrsg. von Katrin
               Bedenig und Hans Wißkirchen (ab 2014), Frankfurt/
               Main: Klostermann.

TMS [Band]   Thomas-Mann-Studien 1 (1967) ff., hrsg. vom Tho-
               mas-Mann-Archiv der ETH Zürich, Bern / München:
               Francke, ab 9 (1991) Frankfurt/Main: Klostermann.

Thomas Mann: Werkregister

Personenregister

Die Autorinnen und Autoren

Dr. Manfred Eickhölter, Reiherstieg 25, 23564 Lübeck.

Dr. Jens Ewen, Friedrich-Schiller-Universität Jena, Institut für Germanistische Literaturwissenschaft, Fürstengraben 18, 07743 Jena.

Dr. Xenia Goślicka, Universität Zürich, Abteilung für Allgemeine und Vergleichende Literaturwissenschaft (AVL), Romanisches Seminar, Plattenstrasse 43, CH-8032 Zürich.

PD Dr. Bernd Hamacher, Universität Hamburg, Institut für Germanistik, Von-Melle-Park 6, 20146 Hamburg.

Dr. Tim Lörke, Freie Universität Berlin, Friedrich-Schlegel-Graduiertenschule für literaturwissenschaftliche Studien, Habelschwerdter Allee 45, 14195 Berlin.

Dr. Matthias Löwe, Friedrich-Schiller-Universität Jena, Institut für Germanistische Literaturwissenschaft, Fürstengraben 18, 07743 Jena.

Jonas Narchi, Geheimrat-Schott-Str. 15a, 69181 Leimen.

Dr. Claire de Oliveira, 7 rue Paul Dupuy, F-75016 Paris.

Hannah Rieger, Christian-Albrechts-Universität Kiel, Germanistisches Seminar, Olshausenstraße 40, 24098 Kiel.

Prof. Dr. Philipp Stoellger, Lehrstuhl für Systematische Theologie: Dogmatik und Religionsphilosophie, Theologisches Seminar, Universität Heidelberg, Kisselgasse 1, 69117 Heidelberg.

Frank Weiher, Kaarster Str. 26, 40670 Meerbusch.

Prof. Dr. Ruprecht Wimmer, Schimmelleite 42, 85072 Eichstätt.

Prof. Dr. Hans Wißkirchen, Kulturstiftung Hansestadt Lübeck, Schildstraße 12, 23552 Lübeck.

Dr. Regine Zeller, Seminar für deutsche Philologie, Universität Mannheim, Schloss, 68131 Mannheim.

Auswahlbibliographie 2014–2015

zusammengestellt von Gabi Hollender

1. Primärliteratur

Pringsheim, Hedwig: Tagebücher, hrsg. und kommentiert von Cristina Herbst, Göttingen: Wallstein 2015, Bd. 4: 1905–1910, 855 S.

2. Sekundärliteratur

Albracht, Miriam: Die Gefährdung der patriarchalischen Ordnung: Keuschheit und Sexualität in Thomas Manns Roman »Joseph und seine Brüder«, in: Thomas Mann Jahrbuch 2015, S. 63–73.

Albracht, Miriam: Thomas Mann »Joseph und seine Brüder« (1933–1943), in: Klein, Sonja (Hrsg.): Die deutsche Exilliteratur 1933–1945, Darmstadt: Wissenschaftliche Buchgesellschaft 2015, S. 18–31.

Armbrust, Heinz J.: »Liebe Freundin, …«: Frauen um Thomas Mann, Frankfurt/Main: Klostermann 2014, 293 S.

Assmann, Jan: Mose gegen Hitler: die Zehn Gebote als antifaschistisches Manifest, in: Thomas Mann Jahrbuch 2015, S. 47–61.

Bacon, Henry: Lo sguardo e la morte, in: Bono, Morte a Venezia, S. 113–128.

Bauer, Esther: Masculinity in crisis – aging men in Thomas Mann's »Der Tod in Venedig« and Max Frisch's »Homo Faber«, in: German quarterly, Jg. 88, H. 1, 2015, S. 22–42.

Bedenig, Katrin: »Thomas-Mann-Archiv Online«: neue Recherchemöglichkeiten eröffnen neue Themenfelder für die Thomas-Mann-Forschung, in: Thomas Mann Jahrbuch 2015, S. 267–269.

Bedenig, Katrin: Thomas Manns Exilzeitschrift »Mass und Wert« und Ernst Krenek als deren Mitarbeiter, in: Henke, Schönheit und Verfall, S. 119–133.

Beimdieke, Sara: »Ein konzessionslos radikaler Stürmer?«: Ernst Krenek in Klaus Pringsheims Rezension zu »Jonny spielt auf«, in: Henke, Schönheit und Verfall, S. 35–55.

Benedict, Hans-Jürgen: »Eine knochige Jüdin mit schwer zu bändigendem Wollhaar«: jüdische Gestalten und Karikaturen im Werk Thomas Manns, in: Goßmann, Gestalten und Geschichten der Hebräischen Bibel im Spiegel der Literatur des 20. Jahrhunderts, S. 411–429.

Blom, Ivo: »Morte a Venezia« tra fotografia, pittura e cinema, in: Bono, Morte a Venezia, S. 129–148.

Böggemann, Markus: Mahler-Projektionen: Bruno Walter, Ernst Krenek, Thomas Mann, in: Henke, Schönheit und Verfall, S. 57–70.

Boes, Tobias: Thomas Mann, world author – representation and autonomy in the world republic of letters, in: Seminar: a journal of Germanic studies, Jg. 51, H. 2, 2015, S. 132–147.

Bono, Francesco und Sarro, Gianni: »Un film suo. Deve tutto e niente a Mann«: »Morte a Venezia« secondo la critica, in: Bono, Morte a Venezia, S. 205–222.

Bono, Francesco und Sarro, Gianni: »Morte a Venezia«: bibliografia, in: Bono, Morte a Venezia, S. 223–234.

Bono, Francesco (Hrsg.): Morte a Venezia: Thomas Mann, Luchino Visconti – un confronto, Soveria Mannelli: Rubbettino 2014, 238 S.

Borchmeyer, Dieter: »The modern divine comedy«: die Wirkung der »Joseph«-Romane in Europa und Amerika 1930–1950, in: Thomas Mann Jahrbuch 2015, S. 9–46.

Braunbehrens, Volkmar: Thomas Mann als Tanzmeister, in: Busch-Salmen, Gabriele (Hrsg.): Der Tanz in der Dichtung – Dichter tanzen, Hildesheim: Olms 2015 (= Terpsichore, Bd. 8), S. 267–276.

Büttner, Urs: Absteigesysteme 1907–1914: Handschrift und Alpinismus in Thomas Manns »Zauberberg«, in: Büttner Urs (Hrsg.): Diesseits des Virtuellen: Handschrift im 20. und 21. Jahrhundert, Paderborn: Fink 2015 (= Zur Genealogie des Schreibens, Bd. 18), S. 213–228.

Cambi, Fabrizio: »La Morte a Venezia« di Thomas Mann e Luchino Visconti, in: Bono, Morte a Venezia, S. 53–62.

Caracheo, Armando: Hans Castorp and the mechanization of nature, in: Thomas Mann Jahrbuch 2015, S. 167–195.

Caroccia, Antonio: Un singolare rapporto a tre: Mann, Mahler e Visconti, in: Bono, Morte a Venezia, S. 149–170.

Cimmino, Luigi: Mann – Visconti: miti a confronto, in: Bono, Morte a Venezia, S. 41–52.

Clericuzio, Alessandro: »In aggraziate forme tra i grattacieli di New York«: novella e film nella cultura angloamericana, in: Bono, Morte a Venezia, S. 171–204.

Conte, Domenico: Grandezza e tenebre: Thomas Mann interprete di Goethe, in: Freschi, Marino (Hrsg.): Goethe: libri e viaggi, Napoli: Università degli studi Suor Orsola Benincasa 2015 (= Cultura tedesca, Bd. 47/48), S. 57–80.

Crescenzi, Luca: Zur Soziologie der Zauberberggesellschaft, in: Koopmann, Lebenstraum und Todesnähe, S. 99–112.

David, Philipp: »Zelebrant des Lebens«: Joseph als ethisch-ästhetische Figur in Thomas Manns »Joseph und seine Brüder«, in: Goßmann, Gestalten und Geschichten der Hebräischen Bibel im Spiegel der Literatur des 20. Jahrhunderts, S. 263–293.

De Giusti, Luciano: »Je prends mon bien où je le trouve«: Visconti e la letteratura, in: Bono, Morte a Venezia, S. 29–40.

Detering, Heinrich: Das Akut-Männliche: Thomas Manns »Gedanken im Kriege« und ihre Vorgeschichte, in: Thomas Mann Jahrbuch 2015, S. 115–128.

Dittmann, Britta, Eickhölter, Manfred und Pils, Holger: Thomas und Katia Mann – Maximilian Brantl: Briefe 1909–1951 und zugehörige Korrespondenzen, in: Pils, »Ganz entre nous«, S. 27–167.

Dlugosch, Michael: Die mediale Rezeption des Romans »Königliche Hoheit« von Thomas Mann, Berlin: epubli 2015, 274 S.

Dottorini, Daniele: Lo sguardo impuro del cinema: Visconti, Mann, Proust, in: Bono, Morte a Venezia, S. 91–100.

Eckel, Winfried: Dämonisierung der Musik und humanistisches Kulturmodell in Thomas Manns »Doktor Faustus«, in: Eckel, Winfried: Ut musica poesis: die Literatur der Moderne aus dem Geist der Musik: ein Beitrag zur Poetik der Figuration, Paderborn: Fink 2015, S. 377–409.

Eickhölter, Manfred: Maximilian Brantl (1881–1951): Rechtsanwalt und Lyriker, in: Pils, »Ganz entre nous«, S. 169–231.

Eigler, Jochen: Medizin und Sterben im »Zauberberg«: gegenwartsbezogene Anmerkungen aus ärztlicher Sicht, in: Koopmann, Lebenstraum und Todesnähe, S. 113–134.

Elste, Martin: Loblieder – Thomas Mann, Ernst Krenek und ihre Wertschätzung der Schallplatte, in: Henke, Schönheit und Verfall, S. 71–98.

Engel, Eric: Thomas Mann: Homoerotik in Leben und Werk, Berlin: Wissenschaftlicher Verlag 2015, 103 S.

Etaryan, Yelena: »Höheres Abschreiben« – zur Funktion der Intertextualität in »Ein weites Feld« von Günter Grass und »Doktor Faustus« von Thomas Mann, in: Neuhaus, Volker (Hrsg.): Freipass, Berlin: Christoph Links 2015 (= Schriften der Günter und Ute Grass Stiftung, Bd. 1), S. 211–220.

Flügge, Manfred: Das Jahrhundert der Manns, Berlin: Aufbau 2015, 416 S.

Galli, Matteo: A morte Venezia: lo sguardo di Aschenbach, in: Bono, Morte a Venezia, S. 101–112.

Galvan, Elisabeth: Nord- und südliches Gelände: zur Topographie des »Zauberberg«, in: Koopmann, Lebenstraum und Todesnähe, S. 135–148.

Gerigk, Horst-Jürgen: Turgenjew: eine Einführung für den Leser von heute, Heidelberg: Winter 2015 (= Beiträge zur neueren Literaturgeschichte, Bd. 338), 287 S.

Gerigk, Horst-Jürgen: Turgenjew unterwegs zum Zauberberg: Thomas Mann und Turgenjew: Merkmale einer Nachfolge, in: Gerigk, Turgenjew, S. 174–188.

Gerigk, Horst-Jürgen: Wo beginnt der Kitsch?: Turgenjews »Frühlingsfluten« und ihre Varianten: »Eugene Pickering« (Henry James), »Ginevra« (Ferdinand von Saar) und »Luischen« (Thomas Mann), in: Gerigk, Turgenjew, S. 202–207.

Goebel, Eckart: Esmeralda: deutsch-französische Verhältnisse in Thomas Manns »Doktor Faustus«, Göttingen: Wallstein 2015 (= Manhattan manuscripts, Bd. 12), 350 S.

Goebel, Eckart: Esmeralda: Victor Hugo – Goethe – Thomas Mann, in: Vinken, Barbara (Hrsg.): Translatio Babylonis: unsere orientalische Moderne, Paderborn: Fink 2015, S. 127–143.

Goślicka, Xenia: Die Kraft der Berührung: eine Poetik der Auserwählung: das Körperbild der Stigmatisation – Clemens Brentanos Emmerick-Projekt – die Josephsromane Thomas Manns, Paderborn: Fink 2015, 382 S.

Goßmann, Hans-Christoph (Hrsg.): Gestalten und Geschichten der Hebräischen Bibel im Spiegel der Literatur des 20. Jahrhunderts, Nordhausen: Traugott Bautz 2015 (= Jerusalemer Texte, Bd. 13), 434 S.

Heißerer, Dirk: Kurz, gütig und bedeutend: Briefe Thomas Manns im Antiquariatshandel seit 1995, in: Aus dem Antiquariat, Neue Folge, Jg. 13, H. 2, 2015, S. 92–95.

Henke, Matthias: Neues aus den Zauberbergen: Thomas Manns Zeitroman »Der Zauberberg« und Ernst Kreneks Zeitoper »Jonny spielt auf«, in: Henke, Schönheit und Verfall, S. 13–34.

Henke, Matthias (Hrsg.): Schönheit und Verfall: Beziehungen zwischen Thomas Mann und Ernst Krenek: (mehr als) ein Tagungsbericht, Frankfurt/Main: Klostermann 2015 (= Thomas-Mann-Studien, Bd. XLVII), 391 S.

Karthaus, Ulrich: Anmerkungen zu Schillers Wirkung auf Thomas Mann, in: Schwarz, Hans-Günther (Hrsg.): Ästhetik als Orientierung: Schiller und die Welt: Ehrengabe für Fritz Heuer, München: Iudicium 2015 (= Schriftenreihe des Instituts für Deutsch als Fremdsprachenphilologie, Bd. 15), S. 20–33.

Kennaway, James: Pathologische Musik im »Zauberberg«, in: Koopmann, Lebenstraum und Todesnähe, S. 17–34.

Keppler-Tasaki, Stefan: Thomas Manns Auftritte in deutschen und internationalen Wochenschauen: zur Filmkarriere eines Schriftstellers, in: Deutsche Vierteljahrsschrift für Literaturwissenschaft und Geistesgeschichte, Jg. 88, H. 4, 2014, S. 551–574.

Koopmann, Helmut: Davos-Rückblick, in: Koopmann, Lebenstraum und Todesnähe, S. 9–16.

Koopmann, Helmut: Laudatio auf Thomas Sprecher, in: Thomas Mann Jahrbuch 2015, S. 147–158.

Koopmann, Helmut und Sprecher, Thomas (Hrsg.): Lebenstraum und Todesnähe: Thomas Manns Roman »Der Zauberberg«: die Davoser Literaturtage 2012, Frankfurt/Main: Klostermann 2015 (= Thomas-Mann-Studien, Bd. XLIX), 190 S.

Koopmann, Helmut: Nachrede: Ansicht, Einsicht, Durchsicht, Aussicht – und Nachsicht, in: Koopmann, Lebenstraum und Todesnähe, S. 169–174.

Koopmann, Helmut: Thomas Mann, Heinrich Mann und Lübeck – Einblicke und späte Rückblicke, in: Bunners, Christian (Hrsg.): Norddeutsche Dichterorte – ihre Spuren in den Werken von Schriftstellern, Rostock: Hinstorff 2015 (= Beiträge der Fritz Reuter Gesellschaft, Bd. 25), S. 75–87.

Koopmann, Helmut: Wie wirklich ist das Unwirkliche?: Hans Castorp träumt, in: Koopmann, Lebenstraum und Todesnähe, S. 59–78.

Kreis, Georg: Die politischen Allgemeinplätze in den »Betrachtungen eines Unpolitischen«: zu Thomas Manns Rechtfertigen des Krieges von 1914–1918, in: Thomas Mann Jahrbuch 2015, S. 129–145.

Lahann, Birgit: Familie Mann: (Carla Mann † 1910, Julia Mann † 1927, Nelly Mann † 1944, Klaus Mann † 1949, Michael Mann † 1977): »Sie hatte bei ihrer Tat kein Solidaritätsgefühl«, in: Lahann, Birgit: Am Todespunkt: 18 berühmte Dichter und Maler, die sich das Leben nahmen, Bonn: Dietz 2014, S. 53–70.

Lampart, Fabian: Der Mann, die Manns: Visualisierung als Popularisierung literaturhistorischer Revisionsprozesse, in: Hölter, Achim (Hrsg.): Literaturgeschichte und Bildmedien, Heidelberg: Synchron 2015 (= Hermeia, Bd. 14), S. 245–258.

Lampart, Fabian: Zitat, Spur, Anspielung: zur narrativen Reflexion produktiven Traditionsverhaltens in Thomas Manns »Joseph und seine Brüder«, in: Besslich, Barbara (Hrsg.): Schöpferische Restauration: Traditionsverhalten in der Literatur der Klassischen Moderne, Würzburg: Ergon 2014 (= Klassische Moderne, Bd. 21), S. 207–219.

Linder, Jutta: Weimar in Davos, in: Koopmann, Lebenstraum und Todesnähe, S. 149–168.

Lintz, Katja: Subversivität als Prinzip modernen Erzählens in Thomas Manns »Joseph und seine Brüder«, in: Thomas Mann Jahrbuch 2015, S. 97–113.

Löwe, Matthias: Hobbyforscher, Märchenonkel, Brunnentaucher: der unzuverlässige Erzähler in Thomas Manns Josephsromanen und seine ästhetische Funktion, in: Thomas Mann Jahrbuch 2015, S. 75–96.

Luckscheiter, Christian: Noch einmal: Thomas Mann und die Intertextualität am Beispiel des »Erwählten«, in: Weimarer Beiträge, Jg. 61, H. 2, 2015, S. 229–250.

Meyer-Kalkus, Reinhart: Die konzeptuelle Vortragbarkeit des modernen Romans: Thomas Manns »Bekenntnisse des Hochstaplers Felix Krull«, in: Herrmann, Hans-Christian von (Hrsg.): Lesen: ein Handapparat, Frankfurt/Main: Klostermann 2015 (= Klostermann Rote Reihe, Bd. 77), S. 191–203.

Moennighoff, Burghard: »Vermählung mit dem Wort«: zur Darstellung von Musik in Thomas Manns »Doktor Faustus«, in: Bernstorff, Wiebke von (Hrsg.): Literatur und die anderen Künste, Hildesheim: Universitätsverlag 2014 (= Hildesheimer Universitätsschriften, Bd. 30), S. 142–161.

Moll, Björn: Störenfriede: Poetik der Hybridisierung in Thomas Manns »Zauberberg«, Frankfurt/Main: Klostermann 2015 (= Thomas-Mann-Studien, Bd. L), 288 S.

Müller-Salget, Klaus: Adrians Lachen: leidende »superbia« in Thomas Manns »Doktor Faustus«, in: Breuer, Ingo (Hrsg.): Die Sieben Todsünden, Paderborn: Fink 2015 (= Morphomata, Bd. 27), S. 233–241.

Mummendey, Dorothea (Hrsg.): Mehr Schein als Sein: Hochstapelei in Literatur, Film, Musik, Kunst und Wissenschaft, Münster: Neues Literaturkontor 2015, 92 S.

Mummendey, Hans: Felix Krull, dieser Hochstapler: über Thomas Manns »Bekenntnisse«, in: Mummendey, Mehr Schein als Sein, S. 15–26.

Nicolaysen, Rainer: Auf schmalem Grat: Thomas Manns Hamburg-Besuch im

Juni 1953, in: Zeitschrift des Vereins für Hamburgische Geschichte, Jg. 101, 2015, S. 115–161.

Pangaro, Giorgio: Tempo e modo di morire: a Venezia, in: Bono, Morte a Venezia, S. 81–90.

Pils, Holger: Amerika! Thomas Mann, April 1937, in: Literatur in Bayern: Kulturzeitschrift, Jg. 30, H. 121, 2015, S. 323–325.

Pils, Holger: Briefkonvolut Thomas Mann – Maximilian Brantl: Sammlungskontext, Umfang und ein Erwerbungskrimi, in: Pils, »Ganz entre nous«, S. 13–25.

Pils, Holger: Elisabeth Mann Borgese: Engagement und elterliches Erbe, in: Jahrbuch 2015: Freunde der Monacensia e. V., S. 211–225.

Pils, Holger, Dittmann, Britta und Eickhölter, Manfred (Hrsg.): »Ganz entre nous«: Thomas Mann im Briefwechsel mit dem Juristen und Lyriker Maximilian Brantl, Lübeck: Schmidt-Römhild 2015 (= Aus dem Archiv des Buddenbrookhauses, Bd. 2), 288 S.

Pittrof, Thomas: »Wir bringen aber die Zeiten – untereinander«: Synkretismus und Epochenschwelle: Stationen einer Modellgeschichte zwischen Spätantike und literarischer Moderne: mit Interpretationen zu Hölderlin, Heine, Keller, C. F. Meyer und Thomas Mann, Freiburg i. Br.: Rombach 2015 (= Rombach Wissenschaften, Reihe Cultura, Bd. 51), 408 S.

Reilly, Patrick: Dead on arrival: »Death in Venice«, in: Reilly, Patrick: Bills of mortality: disease and destiny in plague literature from early modern to postmodern times, New York: Lang 2015 (= Currents in comparative romance languages and literatures, Bd. 223), S. 71–103.

Ruge, Nikolaus: Wortbildung bei Thomas Mann: Grundlagen und Beispielanalysen, in: Immer, Nikolas (Hrsg.): Grenzen und Gestaltung: Festschrift für Georg Guntermann zum 65. Geburtstag, Trier: Wissenschaftlicher Verlag 2015, S. 277–290.

Samoilow, Tatjana Kielland: Forfallets tid: en lesning av Thomas Manns »Buddenbrooks« og Uwe Tellkamps »Der Turm«, in: Norsk litteraturvitenskapelig tidsskrift, Jg. 17, H. 2, 2014, S. 86–101.

Schenk, Irmbert: »Psicopatologia del disfacimento e della rovina«: Mann e Visconti: »Der Tod in Venedig«, »Morte a Venezia«, in: Bono, Morte a Venezia, S. 9–28.

Schlemmer, Friederike: Venedig als Bühne: seine Theatralität in der Literatur, Frankfurt/Main: Lang 2015 (= Münchener Studien zur literarischen Kultur in Deutschland, Bd. 49), 288 S.

Schmeling, Manfred: Weltkrieg – Weltbürger – Weltliteratur: zur Kontroverse zwischen Romain Rolland und Thomas Mann in Kriegszeiten, in: Spickermann, Heike C. (Hrsg.): Weltliteratur interkulturell: Referenzen von Cusanus bis Bob Dylan: für Dieter Lamping zum 60. Geburtstag, Heidelberg: Universitätsverlag 2015 (= Intercultural studies, Bd. 3), S. 49–60.

Schmiedebach, Heinz-Peter: Sonderlinge, Psychopathen und andere Bergbewohner bei Thomas Mann, in: Koopmann, Lebenstraum und Todesnähe, S. 35–58.

Schmidt, Matthias: »Unangreifbar nur die Gestalt«: Thomas Mann – Ernst Krenek – Theodor W. Adorno und die Musik im »Doktor Faustus«, in: Henke, Schönheit und Verfall, S. 135–153.

Schomers, Walter Ludwig: Einführung in die Ausstellung »Thomas Mann und Frankreich« im Goethe Museum Düsseldorf, in: Thomas Mann Jahrbuch 2015, S. 253–266.

Schomers, Walter Ludwig und Hansen, Sebastian: Thomas Mann [und] Frankreich: Begleitheft zur Ausstellung: Goethe-Museum, Schloss Jägerhof, Düsseldorf, 14. Februar bis 30. März 2014, Düsseldorf: Goethe-Museum Düsseldorf 2014, 13 S. [Walter Ludwig Schomers lehnt die Verantwortung für das Beiheft der Ausstellung 2014 ab.]

Schwanebeck, Wieland: Überwindung des klassischen Hochstaplerparadigmas: [Tom Ripley und Felix Krull], in: Schwanebeck, Wieland: Der flexible Mr. Ripley: Männlichkeit und Hochstapelei in Literatur und Film, Köln: Böhlau 2014 (= Literatur – Kultur – Geschlecht, Grosse Reihe, Bd. 66), S. 110–159.

Schwennsen, Anja: Mythische Rede in der Literatur: mit Analysen zu Thomas Manns »Joseph und seine Brüder« und Marcel Prousts »À la recherche du temps perdu«, Würzburg: Königshausen & Neumann 2015 (= Epistemata, Reihe Literaturwissenschaft, Bd. 845), 233 S.

Schwieren, Alexander: Krieg und Alter als Ende der Geschichte (Thomas Mann), in: Schwieren, Alexander: Gerontographien: eine Kulturgeschichte des Alterswerksbegriff, Berlin: Kadmos 2014 (= LiteraturForschung, Bd. 23), S. 281–301.

Seipp-Isele, Nicole: »Und somit fangen wir an«: ambivalente Poetologie in Thomas Manns »Zauberberg«, Würzburg: Königshausen & Neumann 2015, 271 S.

Selbmann, Rolf: München liegt am Meer: literarische Topographie zwischen Kurischer Nehrung und italienischer Riviera bei Thomas und Klaus Mann, in: Thomas Mann Jahrbuch 2015, S. 197–209.

Spedicato, Eugenio: Grandezza e miseria dell'estetismo in »Der Tod in Venedig« e »Morte a Venezia«, in: Bono, Morte a Venezia, S. 63–80.

Sprecher, Thomas: Dank für die Verleihung der Thomas-Mann-Medaille, in: Thomas Mann Jahrbuch 2015, S. 159–165.

Sprecher, Thomas: Der große Schwindel, in: Koopmann, Lebenstraum und Todesnähe, S. 79–98.

Sprecher, Thomas: »Little remarks on a great work«: Ernst Kreneks Rezeption von Thomas Manns »Joseph«-Romanen, in: Henke, Schönheit und Verfall, S. 99–118.

Sprecher, Thomas: »Mehr Recht, mehr Glück«: Thomas Mann und das Recht im Exil, in: Publications of the English Goethe Society, Jg. 84, H. 1, 2015, S. 1–17.

Stoupy, Joelle: La littérature française dans »Betrachtungen eines Unpolitischen« [1918] de Thomas Mann, Frankfurt/Main: Lang 2015 (= Interkulturelle Begegnungen, Bd. 19), 295 S.

Stromberg, Eberhard: Thomas Mann: Mythos und Religion in seinem Leben und Werk, Würzburg: Königshausen & Neumann 2015, 400 S.

Thomas Mann Jahrbuch 2015, hrsg. von Katrin Bedenig und Hans Wißkirchen, in Verbindung mit der Deutschen Thomas Mann-Gesellschaft Sitz Lübeck e.V., Frankfurt/Main: Klostermann 2015 (= Thomas Mann Jahrbuch, Bd. 28), 302 S.

Vaget, Hans Rudolf: »Wehvolles Erbe«: zur künstlerischen und historischen Bedeutung Richard Wagners für Thomas Mann, in: Jarlert, Anders (Hrsg.): Richard Wagner: Werk und Wirkungen = his works and their impact: a Wagner symposium 2013, Stockholm: Kungl. Vitterhets Historie och Antikvitets Akademien 2014 (= Konferenser, Kungl. Vitterhets Historie och Antikvitets Akademien, Bd. 86), S. 139–157.

Vanselow, Wendy: Thomas Manns »Tonio Kröger« (1903), in: Vanselow, Wendy: Die Konstruktion von »eigen« und »fremd« in ausgewählten Texten in Realismus, Früher Moderne und »völkischer Literatur«, Kiel: Ludwig 2015 (= Geist und Wissen, Bd. 20), S. 212–246.

Weichmann, Martin: »In hochachtungsvoller Ergebenheit an … den Bolschewismus«: Thomas Manns Kampf für Meinungsfreiheit und Humanität im Schulterschluss mit der Roten Hilfe, in: Thomas Mann Jahrbuch 2015, S. 231–252.

Wickerson, Erica: The judgment of Felix: mythologizing history in Thomas Mann's »Bekenntnisse des Hochstaplers Felix Krull«, in: German Quarterly, Jg. 88, H. 1, 2015, S. 43–59.

Wiese, Heidi: Von Felix Krull zu Frank Abagnale, in: Mummendey, Mehr Schein als Sein, S. 27–40.

Wilper, James P.: Rewritings, adaptations, and gay literary criticism: Thomas Mann's »Death in Venice«, in: Adaptation: the journal of literature on screen studies, Jg. 8, H. 1, 2015, S. 1–15.

Wirthensohn, Simon: Spuren der »Buddenbrooks« in Joseph Roths »Radetzkymarsch«, in: Thomas Mann Jahrbuch 2015, S. 211–229.

Unger, Torsten: Thomas Mann in Weimar, Heidelberg: Morio-Verlag 2015 (= Stationen, Bd. 14), 71 S.

Valentin, Sonja: »Steine in Hitlers Fenster«: Thomas Manns Radiosendungen »Deutsche Hörer« (1940–1945), Göttingen: Wallstein Verlag 2015, 335 S.

Ziegler, Heide: Exile and self-censorship: Thomas Mann and Vladimir Nabokov, in: Hartmann, Johanna (Hrsg.): Censorship and exile, Göttingen: V & R unipress 2015 (= Internationale Schriften des Jakob-Fugger-Zentrums, Bd. 1), S. 13–36.

Zitova, Olga: Thomas Mann und Ivan Olbracht: der Einfluss von Manns Mythoskonzeption auf die karpatoukrainische Prosa des tschechischen Schriftstellers, Stuttgart: Ibidem 2014 (= Literatur und Kultur im mittleren und östlichen Europa, Bd. 7), 139 S.

Mitteilungen der Deutschen Thomas Mann-Gesellschaft, Sitz Lübeck e.V., für 2016

Gemeinsame Herbsttagung der Deutschen Thomas Mann-Gesellschaft und der Theodor-Storm-Gesellschaft 2015, Lübeck – »Bürger auf Abwegen. Thomas Mann und Theodor Storm«

Vom 9. bis zum 13. September 2015 fand die Herbsttagung der Deutschen Thomas Mann-Gesellschaft in Zusammenarbeit mit der Theodor-Storm-Gesellschaft zum Thema »Bürger auf Abwegen. Thomas Mann und Theodor Storm« in Lübeck statt. Das Programm der Tagung begann zuvor in Husum am 4. bis 6. September 2015.

Lebenslang hat Thomas Mann die Novellen und Gedichte Theodor Storms zu den prägenden Vorbildern seines eigenen Schreibens gezählt. Von seiner frühen Jugend bis zu seinem Tod beschäftigt er sich mit Theodor Storm und seinem Schaffen. Immer wieder ist es eine brüchig gewordene Bürgerlichkeit der Lebensentwürfe, des Selbst- und Weltverständnisses und der Kunstauffassungen, in der Thomas Mann sich Storm tief verwandt fühlt. Einer grundlegenden Sehnsucht nach bürgerlich geordnetem Leben stehen hier zerbrechende Familienordnungen und gesellschaftlich sanktionierte sexuelle Neigungen gegenüber, der norddeutschen Heimatgebundenheit das politisch bedingte Exil, der Sehnsucht nach Geborgenheit im Glauben ein todverfallener Pessimismus, dem Halt des Bürgerlebens die Abgründe des Künstlers als Abenteurer. So entdeckt der Nobelpreisträger von der Ostsee in Storms Leben und Werk genau die Widersprüche, um die sein eigenes Lebenswerk kreist und erkennt sich selbst im großen Realisten von der Nordsee wieder. Für ihn wie für sich selbst hat er proklamiert, Dichtertum sei »die lebensmögliche Form der Inkorrektheit«.

Das Lübecker Programm begann am Abend des 9. Septembers mit der Buchpräsentation »*Ganz entre nous«. Thomas Mann im Briefwechsel mit dem Juristen und Lyriker Maximilian Brantl* mit Britta Dittmann, Dr. Manfred Eickhölter und Dr. Holger Pils.

Nach der Vorstandssitzung am Vormittag des folgenden Tages wurde die Tagung vom Präsidenten der Deutschen Thomas Mann-Gesellschaft Prof. Dr. Hans Wißkirchen und dem Präsidenten der Theodor-Storm-Gesellschaft Prof. Dr. Heinrich Detering eröffnet. Daran schloss sich die erste Sektion zum Thema »Der Künstler als Bürger« an, moderiert von Prof Dr. Andreas Blödorn, mit den Teilnahmen von Prof. Dr. Heinrich Detering durch seinen Vortrag *»Nicht ganz korrekt«. Thomas Mann und Theodor Storm als entlaufene Bür-*

ger und von Prof. Dr. Friedhelm Marx durch seine Erläuterungen über *Husum als geistige Lebensform. Thomas Mann über Theodor Storm.* Im Anschluss fand eine Diskussion mit den beiden Referenten statt.

Die zweite Sektion namens »Der Bürger als Künstler« wurde von Dr. Ole Petras mit dem Vortrag *Machtlose Kraft, kraftlose Macht. Zur Problematik des Bürgerlichen in Storms »Sylter Novelle« und Thomas Manns »Der kleine Herr Friedemann«* eröffnet. Es folgte der Beitrag von Jens Ole Schneider *Künstlertum mit bürgerlichem Gewissen. Manns Storm-Rezeption und die Ästhetik des ›Uneigentlichen Erzählens‹ in »Buddenbrooks«.* Abgeschlossen wurde die Sektion, die von Prof. Dr. Elisabeth Galvan moderiert wurde, mit der Diskussion mit den Referenten. Nach der Präsentation des Thomas Mann-Handbuchs *Leben – Werk – Wirkung* von Prof. Dr. Friedhelm Marx und Prof. Dr. Andreas Blödorn schlossen sich die Beiträge des Kreises der jungen Thomas Mann-Forscher unter dem Titel »Von Denkfiguren und Klischees. Eine Forschungsgeschichte zu Thomas Mann in Schlagworten« an. Diese gliederten sich in zwei Themengebiete. Zum Thema »Schreibweisen« trugen Dr. Matthias Löwe, Dr. Regine Zeller und Dr. Jens Ewen die entsprechenden Vorträge *Anachronistisches Erzählen: Moderne vs. Realismus, Autobiographisches Schreiben / radikale Autobiographie* und *Ironie* vor. Unter der Überschrift »Begriffsstrategien« folgten die Beiträge von Frank Weiher, Dr. Tim Lörke und PD Dr. Bernd Hamacher mit den Titeln *Die Antithesen Bürger-Künstler und Geist-Leben in der Thomas Mann-Forschung, Thomas Manns Republikanische Wende?* und *Goethe-Imitation.*

Am Abend fand die Ausstellungseröffnung »Bürger auf Abwegen. Thomas Mann und Theodor Storm« im Katharineum zu Lübeck statt, abgerundet von einem Gang durch die Ausstellung und dem Empfang im Buddenbrookhaus.

Am Samstag schloss sich die dritte Sektion zum Thema »Wissen, sehen, erkennen: Entwürfe dichterischer Wirklichkeiten« an. Prof. Dr. Yahya Elsaghe eröffnete diese mit dem Vortrag *Theodor Storm und Thomas Mann als Zeitzeugen des medizinischen Fortschritts und seiner mentalitätsgeschichtlichen Weiterungen.* Es folgte der Beitrag von Dr. Nadja Reinhardt *Der experimentelle Blick des Jünglings – Inszenierung eines Wagnisses unbefangen-befangener Sinnlichkeit bei Theodor Storm und Thomas Mann* und der von Prof. Dr. Andrea Bartl *Von der Eigendynamik der Dinge. Eine vergleichende Lektüre von Theodor Storms und Thomas Manns Prosa.* Es schloss sich die Diskussion mit den drei ReferentInnen an. Moderiert wurde die dritte Sektion von PD Dr. Bernd Hamacher.

Das Nachmittagsprogramm bot literarische Spaziergänge, ein Blind Date mit der Jahrhundertausstellung »Lübeck 1500« in der Aegidienkirche, Führungen im Buddenbrookhaus durch die Sonderausstellung »Bürger auf Abwegen. Thomas Mann und Theodor Storm« und die Mitgliederversammlung.

Den Abschluss des Tages bildete der Festakt zum 50. Geburtstag der Deutschen Thomas Mann-Gesellschaft im Dom zu Lübeck. Die Senatorin für Bildung und Kultur der Hansestadt Lübeck Kathrin Weiher, die Ministerin für Justiz, Kultur und Europa des Landes Schleswig-Holstein Anke Spoorendonk und die Präsidentin der Thomas Mann Gesellschaft Zürich Dr. Katrin Bedenig richteten Grußworte an die Mitglieder und Gäste der Deutschen Thomas Mann-Gesellschaft. Den Festvortrag zum 50-jährigen Bestehen der Gesellschaft hielt ihr Präsident Prof. Dr. Hans Wißkirchen.

Die vierte Sektion mit dem topographischen Thema »Der Norden als literarische Heimat«, moderiert von Prof. Dr. Friedhelm Marx, enthielt die Beiträge von Prof. Dr. Andreas Blödorn *Meeresrauschen: Immanente Transzendenz bei Theodor Storm und Thomas Mann* und von PD Dr. Bernd Hamacher *»Was wollte er? Das ist der Norden« – Zur literarischen Topographie Thomas Manns und Theodor Storms.*

Den Abschluss der Tagung bildete die Verleihung des Thomas Mann-Förderpreises an Hannah Rieger.

Im Anschluss wurden die Tagungsteilnehmer seitens des Präsidenten verabschiedet.

Mitteilungen der Thomas Mann Gesellschaft Zürich 2016

2016 feierte die Thomas Mann Gesellschaft Zürich ihr 60-Jahr-Jubiläum. Seit 1958 bringt sie ihre Publikationsreihe der *Blätter* heraus. Golo Mann eröffnete 1971 Heft Nummer 11 mit einem kurzen persönlichen Rückblick:

Die ›Blätter der Thomas Mann Gesellschaft‹ treten in ihr elftes Jahr – für mich eine willkommene Gelegenheit, dem Präsidenten, den Sachwaltern, den Mitgliedern im Namen von Thomas Manns Familie herzlich zu danken. Die Organisation hat Gutes in Fülle hervorgebracht; Gutes im Sinn der Pietät; Gutes auf dem Gebiet der Forschung, der Analyse, der Farbe und Licht gebenden Funde. [...] Was mir an ihnen besonders gefällt: hier wird keine Mythologie getrieben. Die Irrtümer, die Illusionen, die Klagen und Bitternisse, die ein schöpferisches Leben begleiteten, werden nicht verschleiert; und wohl mag es vorkommen, daß der andere Briefpartner irgendeine Situation, zum Beispiel die deutsche im Spätherbst 1945, klarer sieht. Warum nicht? [...] Mögen der Thomas Mann-Gesellschaft noch viele solche Hefte gelingen, möge sie nicht aufhören, ihre bewahrende, erhellende Tätigkeit zu üben.[1]

Ihre Jubiläumstagung, die am 11. Juni 2016 im Literaturhaus Zürich stattfand, widmete die Thomas Mann Gesellschaft Zürich »Thomas Manns Zürcher Exiljahren 1933 bis 1938«. Die Präsidentin eröffnete die Tagung mit einem kurzen Rückblick auf die Geschichte der bereits ein Jahr nach Thomas Manns Tod auf Anregung der Erben gegründeten Gesellschaft. Anschließend wurden Thomas Manns Schweizer Exiljahre sowohl aus literaturwissenschaftlicher als auch aus zeithistorischer Sicht beleuchtet. Die Literaturwissenschaftlerin PD Dr. Julia Schöll hielt den Vortrag »*Weit klüger ist's, dem Vaterland entsagen*«. *Konstruktionen von Heimat und Fremde in den Exiltexten Thomas Manns*. NZZ-Feuilleton-Redaktor Thomas Ribi referierte sodann *zu den vielfältigen Bezügen von Thomas Manns Zürcher Umfeld der 1930er Jahre*. Das abschließende Podiumsgespräch mit den beiden Referenten moderierte einmal mehr spannend und sachkundig Manfred Papst, Ressortleiter Kultur der NZZ am Sonntag.

Nach insgesamt 13 Jahren im Vorstand trat Manfred Papst zu allgemeinem Bedauern aus seiner ehrenamtlichen Tätigkeit zurück. Ganze acht Jahre davon hatte er die Thomas Mann Gesellschaft Zürich präsidiert. Die Präsidentin dankte ihm im Namen der Mitglieder und des Vorstands in der Generalversammlung sehr herzlich für sein langjähriges ehrenamtliches Engage-

---

[1] Blätter der Thomas Mann Gesellschaft 11 (1971), 3 f.

ment und sein umsichtiges Präsidium der Gesellschaft von 2003 bis 2011. In all diesen Jahren stellte Manfred Papst der Gesellschaft nicht nur seine reiche Thomas-Mann-Kenntnis zur Verfügung, sondern bezog über seine vielfältigen persönlichen Kontakte und Freundschaften zu zeitgenössischen Autoren auch diese in Veranstaltungen mit ein.

Anlässlich des Jubiläums bestand für die Mitglieder die Möglichkeit, zum Abschluss der Jahrestagung an einem gemeinsamen Mittagessen in der Wirtschaft Neumarkt in der Zürcher Altstadt teilzunehmen. Die Tagung klang auf diese Weise in heiterem Rahmen aus.

Zwei zusätzliche Veranstaltungen bereicherten das Berichtsjahr: Am 2. März 2016 referierte der Nietzsche-Experte Dr. Friedrich Schmidt kontrovers und anregend zum Thema *Prophetie oder Verherrlichung des Bösen? Thomas Mann und der späte Nietzsche*. Prof. Hans Rudolf Vaget hielt am 5. April 2016 vor begeistertem Publikum den Vortrag *Leiden und Grösse des ›Unpolitischen‹: Thomas Mann und Willy Brandt*.

DIE BRIEFE DER MANNS
EIN FAMILIENPORTRÄT

Herausgegeben von Tilmann Lahme,
Holger Pils und Kerstin Klein

Mit
über 100
unbekannten
Briefen

S. FISCHER

Zärtlich umgarnend, frech zugespitzt und maßlos übertrieben:
Die Geschichte der Familie Mann in Briefen

Die Vielfalt der Tonlagen in den Briefen von Katia und Thomas Mann mit ihren sechs Kindern ist grenzenlos. Tilmann Lahme, Holger Pils und Kerstin Klein legen uns eine Auswahl dieser zum großen Teil unbekannten Familienbriefe vor.

Ein originelles Familienporträt vor dem Hintergrund der Geschichte des 20. Jahrhunderts.

ca. 600 Seiten, gebunden,
mit zahlreichen Fotos
ca. € (D) 25,–

S. FISCHER
www.fischerverlage.de